新时代
大学生安全教育

宋卓尧 程星晶 顾 英 主编

郑玉娇 高腾刚 蔡运刚 副主编

禹彦芳 潘琴 张娟 彭勇 陈娟 王力 梁秋露 赵伦 周聘 邹雪 杨海华 程超 参编

杨云江 主审

U0360922

清華大学出版社
北京

内 容 简 介

本书内容涵盖政治安全与意识形态安全、校园安全、健康安全、生活安全及安全防范与防控。全书分为五篇共 17 章,介绍了党的十八大、十九大和二十大以来党和国家对政治安全、意识形态安全、国家安全的重要论述,以及对大学生安全教育的重视,详解当代大学生安全注意事项,以确保大学生的生命财产安全,每章都配有案例。

本书定位是高等院校的公共基础课教材,也可以作为中职学校学生、研究生的安全教育教材及企事业单位和政府部门安全教育培训用书,并可以作为中小学校开展安全教育的参考书。

图书在版编目(CIP)数据

新时代大学生安全教育/宋卓尧,程星晶,顾英主编.—北京:清华大学出版社,2024.1
ISBN 978-7-302-64325-8

Ⅰ.①新… Ⅱ.①宋… ②程… ③顾… Ⅲ.①大学生－安全教育－教材 Ⅳ.①G641

中国国家版本馆 CIP 数据核字(2023)第 137685 号

责任编辑:袁勤勇 杨 枫
封面设计:刘 键
责任校对:韩天竹
责任印制:沈 露

出版发行:清华大学出版社
    网   址:https://www.tup.com.cn,https://www.wqxuetang.com
    地   址:北京清华大学学研大厦 A 座   邮 编:100084
    社 总 机:010-83470000   邮 购:010-62786544
    投稿与读者服务:010-62776969,c-service@tup.tsinghua.edu.cn
    质量反馈:010-62772015,zhiliang@tup.tsinghua.edu.cn
    课件下载:https://www.tup.com.cn,010-83470236
印 装 者:三河市龙大印装有限公司
经 销:全国新华书店
开 本:185mm×260mm   印 张:18.75   字 数:445 千字
版 次:2024 年 1 月第 1 版   印 次:2024 年 1 月第 1 次印刷
定 价:59.00 元

产品编号:097473-01

前　言

党的二十大报告指出,国家安全是民族复兴的根基,社会稳定是国家强盛的前提。必须坚定不移贯彻总体国家安全观,把维护国家安全贯穿党和国家工作各方面全过程,确保国家安全和社会稳定。

对于刚刚踏入大学校门的学生而言,一切都是那么新鲜和刺激,离开了父母的管束,开始独立生活,必须学会适应社会。刚进入大学校门的学生,对一切美好事物和生活充满了向往。然而,大学生安全问题也随之而来。什么是安全? 安全是指没有受到威胁,没有危险、危害、损失,人类的整体与生存环境资源和谐相处,互相不伤害,不存在危险、危害的隐患,是免除了不可接受的损害风险的状态。安全涉及大学生的方方面面,如学习、生活等。

本书按照教材编写的相关规定,认真贯彻落实相关文件精神。本书定位为大学生公共基础课教材,内容涵盖五大方面,共17章,由长期从事相关课程教学、经验丰富的一线教师编写而成。其具体内容包括:政治安全、意识形态安全、国家安全;消防安全、校园网络安全、校园突发事件应急处置、民族地区大学生安全教育;饮食安全、大学生健康安全;社会生活安全、交往安全、交通安全、生命财物安全、职前教育安全;防范诈骗、防范自然灾害、疾病防控等。这些领域的安全由于部分执行者执行不到位,经常被忽视,酿成安全事故。因此,高校在积极培养社会主义建设者和接班人的同时,必须高度重视学校安全,政治安全、意识形态安全、消防安全、大学生的心理健康安全等都必须得到足够的重视。

本书应当代大学教育、教学以及人才培养的需要,有针对性地编写涉及大学生整个大学阶段所涉及或遇到的安全问题,具有时代性的特点及现实性的意义,对后期的教育、教学有一定的指导和帮助作用。全书内容翔实、语言简练,案例教学和实践教学融为一体,具有较强的时代感和实用性。同时将党的二十大会议精神和素质教育理念融入教材之中,有较强的理论研究价值和线下教学意义,能有效促进大学生健康成长。

由于作者水平有限,书中难免有不妥之处,敬请读者指正!

编　者

2023 年 10 月

CONTENTS

目　　录

第 1 篇　政治安全与意识形态安全

第 2 篇　校 园 安 全

第3篇 健康安全

第 4 篇　生 活 安 全

第 5 篇　安全防范与防控

第1篇

政治安全与意识形态安全

政 治 安 全

1.1　树立正确的政治观念

政治安全就是政治主体在政治意识、政治需要、政治内容、政治活动等方面免于内外各种因素侵害和威胁而没有危险的客观状态。

1.1.1　政治安全的重要性

政治安全事关党和国家的生死存亡；政治安全事关中国特色社会主义发展全局；政治安全事关党和国家的长治久安，更与民族复兴、人民福祉休戚相关。政治安全是指国家主权、政权、政治制度、政治秩序以及意识形态等方面免受威胁、侵犯、颠覆、破坏的客观状态。在当代中国，维护国家政治安全集中表现为对外保持中华人民共和国的主权独立、领土完整，对内坚持中国共产党的领导、人民民主专政、社会主义政治制度和社会政治秩序稳定、马克思主义意识形态的主导地位。

1. 深入践行总体国家安全观

坚持人民安全、政治安全、国家利益至上有机统一。人民安全是国家安全的宗旨，做好国家安全工作，根本的任务就是全方位保障人民安全，维护人民根本利益，保障人民当家作主各项权利，保障人民生命财产安全和其他合法权益，为人民创造良好生存发展条件和安定生产生活环境。坚持以人民安全为宗旨，既要把人民安全作为维护国家安全的根本目的，也要把人民群众作为维护国家安全的主体力量。要切实提高全民国家安全意识，增强全民国家安全责任感，构筑维护国家安全的强大力量。政治安全是国家安全的根本。以政治安全为根本，就是要坚持党的领导和中国特色社会主义制度不动摇，把制度安全、政权安全放在首位，为国家安全提供根本政治保证。国家利益反映的是国家作为整体的需求，具有至高无上的特点。坚决捍卫国家利益是国家安全工作的根本使命和最高目标。坚持国家利益至上，就是要把国家利益作为制定国家安全战略的出发点，牢固树立捍卫国家利益的机遇意识，强化捍卫国家利益的底线思维，创新捍卫国家利益的方式方法，更坚决、更有效地维护好国家利益尤其是核心利益。只有坚持人民安全、政治安全、国家利益至上的有机统一，才能实现人民安居乐业、党的长期执政、国家长治久安。

2. 维护国家安全的重要性

《中华人民共和国国家安全法》（以下简称国家安全法）第一章第二条提到，国家安全是

4

指国家政权、主权、统一和领土完整、人民福祉、经济社会可持续发展和国家其他重大利益相对处于没有危险和不受内外威胁的状态，以及保障持续安全状态的能力。由此可见，国家安全包含的内容并非单一的，只有政治安全、经济安全、社会安全以及其他方面的安全共同维护好，才能保障国家持续安全。

虽说我们现在已经处于和平的年代，但国家安全问题仍然很严峻，尤其是现代网络的迅速发展、管理制度的不完善，让危险因素乘虚而入。

国泰民则安，国家的安定使我们拥有良好的成长环境，不让我们饱受战争、饥荒、暴力、恐怖分子等危险的威胁，而如今的安全问题却并未彻底解决，只有从政治、经济、社会等各个方面共同维护国家安全，才能促进政治稳定、经济发展、社会稳定，才能真正做到国泰民安、繁荣昌盛。

3. 政治安全

政治安全涉及国家主权、政权、制度和意识形态的稳固，是一个国家最根本的需求，是国家生存和发展的基础条件。在当代中国，维护政治安全最根本的就是维护中国共产党的领导和执政地位、维护中国特色社会主义制度，为实现"两个一百年"奋斗目标创造良好的内外部环境。政治安全也是人类安全议程的一部分，要保障人民避免受到政治迫害、系统性侵犯人权和军事化的威胁。"四个意识"是政治安全的主要要件之一，当代大学生必须注意"四个意识"的培养，要增强"四个意识"，切实做到对党忠诚、为党分忧、为党担责、为党尽责。

（1）政治意识。

政治意识要求从政治上看待、分析和处理问题。我们党作为马克思主义政党，讲政治是突出的特点和优势。政治意识表现为坚定政治信仰，坚持正确的政治方向，坚持政治原则，站稳政治立场，保持政治清醒和政治定力，增强政治敏锐性和政治鉴别力；严肃党内政治生活，严守政治纪律和政治规矩，研究制定政策要把握政治方向，谋划推进工作要贯彻政治要求，解决矛盾问题要注意政治影响，发展党员、选人用人要突出政治标准，对各类组织要加强政治领导、政治引领，对各类人才要加强政治吸纳。

（2）大局意识。

大局意识要求自觉从大局看问题，把工作放到大局中去思考、定位、摆布，做到正确认识大局、自觉服从大局、坚决维护大局。增强大局意识，就是要正确处理中央与地方、局部与全局、当前与长远的关系，自觉从党和国家大局出发想问题、办事情、抓落实，坚决贯彻落实中央决策部署，确保中央政令畅通。

（3）核心意识。

核心意识要求在思想上认同核心、在政治上围绕核心、在组织上服从核心、在行动上维护核心。增强核心意识，就是要始终坚持、切实加强党的领导特别是党中央权威和集中统一领导，更加紧密地团结在以习近平同志为核心的党中央周围，更加坚定地维护党中央权威，更加自觉地在思想上、政治上、行动上同党中央保持高度一致，更加扎实地把党中央部署的各项任务落到实处，确保党始终成为中国特色社会主义事业的坚强领导核心。

（4）看齐意识。

看齐意识要求向党中央看齐，向党的理论和路线方针政策看齐，向党中央决策部署看齐,做到党中央提倡的坚决响应、党中央决定的坚决执行、党中央禁止的坚决不做。这"三个看齐""三个坚决"是政治要求,也是政治纪律,各级党组织和广大党员、干部要树立高度自觉的看齐意识,经常和党中央要求"对表",看看有没有"慢半拍"的问题,有没有"时差"的问题,有没有"看不齐"的问题,主动进行调整、纠正、校准。

4. 维护国家主权独立和领土完整

中华民族五千多年的发展进程,统一始终是历史演进的主旋律,维护统一、反对分裂深深融入了中国人民的血液和灵魂。近代中国积贫积弱,在西方列强入侵后,经历了百余年山河破碎、备受欺侮的悲惨历史。台湾曾被外族侵占长达半个世纪,是中华民族历史上极为惨痛的一页。1945 年,中国人民同世界各国人民一道,取得了中国人民抗日战争暨世界反法西斯战争的伟大胜利,台湾随之光复,重回祖国怀抱。其后不久,由于中国内战延续和外部势力干涉,海峡两岸陷入长期政治对立的特殊状态。一水之隔、咫尺天涯,两岸迄今尚未完全统一是历史遗留给中华民族的创伤。所有中华儿女应该共同努力,谋求国家统一,抚平历史创伤。

党的十八大以来,习近平总书记站在党和国家事业发展全局和中华民族伟大复兴的战略高度,敏锐洞察国内外形势和台海形势新变化,深刻总结党中央对台工作大政方针及实践,提出一系列内涵丰富、思想深邃的重要理念、方针政策,形成关于对台工作的重要论述。2019 年 1 月 2 日,习近平总书记在《告台湾同胞书》发表 40 周年纪念会上发表重要讲话,全面阐述了立足新时代、在实现中华民族伟大复兴征程中推进祖国和平统一的重大政策主张。这是习近平总书记关于对台工作的重要论述的新篇章,是党中央对台工作大政方针的新发展,是新时代对台工作的根本遵循和行动指南。在党中央坚强领导和习近平总书记关于对台工作的重要论述科学指引下,我们坚持对台工作大政方针毫不动摇,牢牢把握两岸关系发展正确方向,有效应对台湾局势变化,坚定推进反"独"促统,保持台海形势总体稳定。2022 年 6 月,以"历史新方位与中华民族伟大复兴"为主题的第二届"携手圆梦——两岸同胞交流研讨活动"在北京举行,在 6 月 15 日国台办例行新闻发布会上,国台办发言人马晓光强调祖国统一是历史大势,中华民族伟大复兴的铿锵步伐没有任何势力能够阻挡,希望广大台湾同胞始终站在历史正确一边,旗帜鲜明反对"台独"和外部势力干涉,共同致力于推进祖国统一、实现民族复兴的历史伟业。

5. 维护政权安全和制度安全

(1) 认识政权和制度的内涵和外延。

作为国家安全的核心,政权安全与制度安全所指向的政权与制度,并非普通意义上的政权与制度。它们既不是法律之外的政权与制度,也不是普通法律上的政权与制度,而是《中华人民共和国宪法》(以下简称宪法)所确定的政权与制度。作为国家的根本法,宪法就政权与制度作出了一系列基本规定,具体而言,可以划分为取得政权与制度的基本规定和确认政权与制度的基本规定,前者集中在宪法的"序言"中,后者散见于宪法的各项具体规定里。在宪法的"序言"中,国家的斗争历史、旧民主主义革命和新民主主义革命、国家的根本任务、四项基本原则、实现社会主义现代化的条件、宪法的地位和作用等,均是对取得政权与制度的基本规定,阐释了政权与制度的历史。在宪法的各项具体条文中,对基本制度(国体、政体及基本经济、政治、文化、社会制度等),公民的基本权利和义务,国家机构等的规定,都是对政权与制度的确认,它们规定了政权与制度的基本构造和运行机制。以宪法思维观察,维护政权安全与制度安全就是维护宪法安全。这既是党依宪执政在政法工作领域的具体体现,也是政法机关维护宪法尊严、保证宪法实施的固有职责。需要强调的是,将政权与制度界定为宪法所规定的范畴,是因为宪法作为国家的根本法,是其他法律制定的依据和其效力的来源,其他法律有关政权与制度的规定,与宪法保持着完全的一致性,维护宪法所规定的政权与制度,同时就在根本上维护了其他法律所规定的政权与制度。作为政法机关,尤其是各级党委政法委,理应以维护宪法所规定的政权与制度为核心。

(2) 以法治方式维护政权安全与制度安全。

中国共产党治国理政的经验告诉我们,依法治国是坚持和发展中国特色社会主义的本质要求和重要保障。保障我国的政权安全与制度安全,并在此基础上发展和完善中国特色社会主义制度,法治方式是不二选择。作为政法机关,对政权安全和制度安全的维护,也须臾离不开法治方式。对各种危害政权安全与制度安全的违法犯罪行为:在立法层面上,对于法律尚未作出明确规定的,政法机关应通过法定程序提出立法建议,积极促成立法空白的填补,使应受惩处的危害政权安全与制度安全的行为受到惩处;在执法层面上,政法机关应发挥党委部门统筹协调各方的作用,督促各执法部门以事实为依据,根据危害政权安全与制度安全的违法行为的事实、性质、情节及社会危害程度,使行为人承担法律上相应的不利后果;在司法层面上,凡涉嫌犯罪的危害政权安全和制度安全的行为,侦查、起诉和审判机关均应依法行使侦查权、检察权、审判权,使犯罪人承担应有的刑事责任,预防危害政权安全和制度安全的犯罪行为再次发生;在守法层面上,政法机关应主动推动全社会树立维护政权安全与制度安全的法治意识,促进全民守法蔚然成风。在推进全面依法治国、建设社会主义法治国家的宏大历史背景下,政法机关要责无旁贷地以宪法思维和法治方式维护制度安全与政权安全,为党执政兴国、人民幸福安康、国家长治久安提供最重要的保障。

(3) 制度安全。

国家安全法第十五条规定,国家坚持中国共产党的领导,维护中国特色社会主义制度,发展社会主义民主政治,健全社会主义法治,强化权力运行制约和监督机制,保障人民当家作主的各项权利。国家防范、制止和依法惩治任何叛国、分裂国家、煽动叛乱、颠覆或者煽动颠覆人民民主专政政权的行为;防范、制止和依法惩治窃取、泄露国家秘密等危害国家安全的行为;防范、制止和依法惩治境外势力的渗透、破坏、颠覆、分裂活动。

6.维护国家政治秩序稳定和主流意识形态巩固

(1) 政治稳定是指一定社会的政治系统保持动态的有序性和连续性。具体来说,它是指没有全局性的政治动荡和社会骚乱,政权不发生突发性质变,公民不是用非法手段来参与政治或夺取权力,政府也不采用暴力或强制手段压制公民政治行为,以此维护社会秩序。简言之,政治稳定是把社会冲突控制在一定的秩序之内。

政治稳定对于一个国家来说,从内容上看,首先应当包含:

- 国家政治制度和国家政治权力主体的相对稳定;
- 国家政治生活的稳定;
- 国家政策、法律、法规的相对稳定;

■ 社会秩序的稳定。

（2）主流意识形态是政治学术语，是指一定时期内一个社会占主导地位的意识形态，包括占统治地位的艺术思想、道德观念、政治法律思想、宗教观点和哲学观点。

任何类型的社会意识形态，都是一定经济基础的社会反映，上层建筑服务于经济基础。因此，一个社会中的主流意识形态往往是占统治地位的统治阶层的意识形态。一般具有高度的融合力、较强大的传播力和广泛的认同，但是，随着时代的进步、文化的变迁、经济基础的变化提高，主流意识形态会发生相应的变动甚至质变。

党的十九届六中全会全面深刻总结了党的百年奋斗重大成就和历史经验，强调必须坚持以人民为中心的工作导向，牢牢掌握意识形态工作领导权，建设具有强大凝聚力和引领力的社会主义意识形态。作为马克思主义执政党，中国共产党在初创至今的百年间，始终坚持意识形态工作"人民至上"这一理论起点、评价标准和根本遵循，推动意识形态建设从初见雏形到渐成体系，总结形成了具有中国特色的社会主义意识形态工作基本经验。我国的意识形态就是推崇"人民至上"的社会主义主流意识形态。

① 人民至上是中国特色社会主义意识形态形成的根本依据。

意识形态是一个政党得以形成的思想基础，是制定路线、方针、政策的理论依据，决定着一个国家、一个政党的性质，具有根本性、方向性和全局性作用。意识形态建设的好坏不仅关系到一个政党的兴衰，更关系到一个国家的前途和命运。面对东西方话语体系差异化，共产党人创新话语表达、坚持群众路线，推动了马克思主义的中国化。党的十八大以来，中国共产党坚持把马克思主义基本原理同中国具体实际相结合、同中华优秀传统文化相结合，明确提出培育践行社会主义核心价值观，用以引领社会思潮、凝聚共识，为新时代中国特色社会主义发展提供了指南。

② 人民至上是评判中国特色社会主义意识形态优劣的根本标准。

中国特色社会主义意识形态是否优良，只有人民群众，且是处于社会实践中的最广大人民群众，才是最根本的评判者。在中国特色社会主义意识形态语境中，人民是最终评判者，人民"拥护不拥护""赞成不赞成""高兴不高兴""答应不答应"，是中国特色社会主义意识形态建设的出发点和归宿，也是判断工作成败得失的最根本的价值标准。中国特色社会主义意识形态的完善与发展不仅需要不断进行自我检视，还需要由人民群众来最终评价。

③ 人民至上是推动新时代中国特色社会主义意识形态建设的根本遵循。

新时代党的意识形态建设，归根到底是为人民群众服务的，人民群众对美好生活的期待是否得到满足是党的意识形态建设的努力方向。首先，要积极践行以人民为中心的发展思想，始终将以人民为中心的发展思想贯穿意识形态工作的全过程，为解决人民群众的现实问题、创造人民群众美好生活提供理论指导和精神支撑，把人民群众牢牢凝聚在党的周围。其次，筑牢意识形态工作的民心基础，最主要的手段和途径是宣传。要创新传播平台。引导人民群众的主流意识形态，就必须弄清传播的基本原理和现实基础，根据不同人群、不同场景、不同文化背景，以人民群众习惯的语境和方式来宣传引导。

1.1.2 政治安全对国家安全的意义

1. 政治安全是国家安全的根本

政治安全涉及国家主权、政权、制度和意识形态的稳固，是一个国家最根本的需求，是国家赖以生存和发展的基础条件。政治安全不仅关系到国家的长治久安,更与民族复兴和人民福祉休戚相关。政治安全对其他领域国家安全起决定性作用,为其他领域国家安全提供政权保证和制度保证。没有政治安全的保障,其他领域国家安全就无从谈起。

习近平总书记指出,政治安全涉及国家主权、政权、制度和意识形态的稳固,是一个国家最根本的需求,是一切国家生存和发展的基础条件。一个国家对外不能独立自主,内部政治动荡,就不可能维护自身利益,就不可能实现长远发展。政治安全的核心是政权安全和制度安全。我国是中国共产党领导的社会主义国家,维护政治安全最根本的就是维护中国共产党的领导和执政地位、维护中国特色社会主义制度。只有坚定不移地维护政治安全,才能更好地保障国家利益,实现党长期执政、国家长治久安和人民安居乐业。政治安全是人民安居乐业的根本保障。政治安全决定和影响着国家的经济安全、军事安全、社会安全等各个领域的安全。当前,我国社会政治大局总体稳定,但政治安全面临的形势十分复杂,维护政治安全的任务十分艰巨。我们必须未雨绸缪、防微杜渐,始终坚持中国共产党领导,始终坚持中国特色社会主义制度,始终绷紧意识形态这根弦,不断增强政治敏锐性和政治鉴别力,不断提高防范和抵御政治风险的能力,牢牢掌握维护政治安全的主动权。

(1) 政治安全是人民安居乐业的根本保障。

维护政治安全是全国各族人民根本利益所在,没有政治安全这块基石,人民的美好生活就如同空中楼阁。一路走来,我们从积贫积弱、一穷二白,到稳居世界第二大经济体、进入中等收入国家行列,人民生活从温饱不足到全面小康,发生了翻天覆地的变化;我们成功战洪水、防非典、抗地震、化危机、应变局、斗疫情,有效应对了危害人民群众根本利益的各种风险挑战。其中最重要的原因在于我们建立了人民当家作主的政权和根本政治制度,确立了中国共产党的领导核心地位,为实现人民利益、维护人民安全提供了根本前提和持续保障。

(2) 政治安全影响着国家的经济、军事、社会等各个领域的安全。

国家安全是由多个领域安全共同组成的,不同领域的安全相互联系、相互影响,具有传导效应和联动效应。其中政治安全是核心,起决定性作用,规定和制约着其他领域的安全。没有政治安全的保障,其他领域的安全就无从谈起,其他领域的安全问题最终也要反映到维护政治安全上来。必须从维护政治安全的高度谋划和推进各领域国家安全工作,把维护政治安全作为应对各领域安全风险挑战的首要任务,充分发挥其在协调各领域安全中的抓手作用。

(3) 增强风险意识,提高防范政治风险能力。

习近平总书记明确提出了"防范政治风险"的重大命题和重大任务"于安思危,于治忧乱"。我们党在内忧外患中诞生,在磨难挫折中成长,在战胜风险挑战中壮大,始终有着强烈的忧患意识、风险意识。党的十八大以来,习近平总书记反复告诫全党时刻牢记"安而不忘危,存而不忘亡,治而不忘乱"。新形势下,我国面临复杂多变的发展和安全环境,各种可以预见和难以预见的风险因素明显增多,如果得不到及时有效控制也有可能演变为政治风险。全党同志特别是各级领导干部必须增强风险意识,提高防范政治风险能力。

① 政治风险关系国家安全和社会稳定。当前国际国内风险因素日趋增多、纷繁复杂,面临的各种风险挑战前所未有,呈现多维度风险交织、多领域风险叠加的趋势。政治风险

因素在经济、金融、科技、文化等方面风险因素作用下容易被放大。这些容易诱发政治风险的因素,如处理不当、把控不好,将会直接影响国家安全和社会稳定。

② 提高防范政治风险能力,我们党要培养防范化解重大风险的思维方法。提高防范化解重大风险的思维能力,应成为各级领导干部的一门必修课。要学懂弄通做实习近平新时代中国特色社会主义思想,掌握贯彻其中的世界观和方法论,强化战略思维、历史思维、辩证思维、创新思维、法治思维、底线思维,善于从纷繁复杂的风险矛盾中找到规律。要坚持底线思维,凡事要从最坏处着想、从最难处准备,在权衡利弊中趋利避害、作出最为有利的战略抉择,把风险化解在源头。

③ 提高防范政治风险能力,我们党要增强防范化解重大风险的斗争精神。防范化解重大风险是一项艰巨任务,是各级党委、政府和领导干部的政治职责。取得这场斗争的胜利,各级领导干部要敢于担当、敢于斗争,保持斗争精神、增强斗争本领。要培养斗争精神,始终保持共产党人敢于斗争的风骨、气节、操守、胆魄。要加强斗争历练,增强斗争本领,永葆斗争精神。要加强对本地区、本行业、本单位风险的深入研究,未雨绸缪、防微杜渐,打好防范化解重大风险的主动战。

④ 提高防范政治风险能力,我们党要提高防范化解重大风险的能力素质。防范化解重大风险,既要敢于斗争,又要善于斗争。提高应对重大风险的能力,要学会分析问题,能够抓住要害,找准原因,把握规律,从容应对,科学施策。要提高政治能力,增强政治敏锐性和鉴别力,善于从政治上分析问题、解决问题。坚持和发展中国特色社会主义道路,全面深化改革必须坚持正确的政治方向,必须坚持党的领导,坚决维护以习近平同志为核心的党中央权威和集中统一领导,必须坚持以马克思主义为指导,以习近平新时代中国特色社会主义思想武装全党,必须增强政治敏锐性和政治鉴别力,做到眼睛亮、见事早、行动快。切实防范政治风险,要增强前瞻性、自觉性、主动性,下好先手棋。

2. 民生安全是最大的政治安全

民之所望,政之所向。民生改善没有终点,只有连续不断的新起点。做好高校毕业生就业工作、健全灵活就业劳动用工和社会保障政策、推进基本养老保险全国统筹、推动新的生育政策落地见效等新部署,共同描绘民生新画卷。汇聚民意、凝聚共识,让更多民生红利惠及广大人民,成为社会主义民主政治"体现人民意志、保障人民权益、激发人民创造活力"的真实写照,见证中国共产党以人民对美好生活的向往为奋斗目标的崇高追求。

当前,"民生稳,人心就稳,社会就稳"的重要性更加凸显,以保障和改善民生为重点加强社会建设的价值不言而喻。民生连着发展,抓民生也是抓发展。持续不断改善民生,才能让群众看到变化、得到实惠,也才能为经济发展创造更多有效需求,使民生改善和经济发展相得益彰。民生是最大的政治。今天的中国,比以往任何时候都更加有决心和能力不断增进人民福祉。这是成就中国奇迹的重要密码,也是迈步新征程的关键所在。在全国两会上汇聚更多智慧与共识,切实保障和改善民生,必将为做好全年经济社会发展工作打下坚实基础,使人民获得感、幸福感、安全感更加充实、更有保障、更可持续。

(1)发展民生是赢得民心之基。

习近平总书记既讲"民心是最大的政治",又讲"民生是最大的政治"。两个"最大的政治"是相通的、统一的。在发展民生中赢得民心,贯穿着马克思主义历史唯物主义的逻辑。

习近平总书记指出，一个政党，一个政权，其前途命运取决于人心向背。中国共产党在革命、建设和改革中，都是紧紧依靠人民不断创造伟业。人民是党执政的最大底气，也是党执政最深厚的根基。正是从这个意义上讲，民心是最大的政治。民心所向绝不是无缘无故的。人民群众最朴实、最讲实际，总是从现实利益中酝酿出感情，从直接感悟中升华出理性认知。"民以食为天"，这个"食"在古代就是"吃"饱肚子，在当今也可以指代"民生"。"为政之道，以顺民心为本，以厚民生为本"。民生问题，不仅是经济问题、社会问题，更是政治问题。民生问题关乎我们的政治安全和政权安全，关乎我们政党的合法性和公信力。人民群众最关心民生问题，而发展中国家的民生又是矛盾最为集中的突出问题。经过长期艰苦努力，中国人民迎来了从温饱不足到小康富裕的伟大飞跃，民生有了极大的改善。与此同时也要看到，中国社会主义仍然处于并将长期处于社会主义初级阶段，中国仍是世界最大发展中国家，还有相当数量的困难群众，还有一些非常突出的问题。尤其是当前国内外形势复杂的情况下，民生问题切不可松懈，切不可掉以轻心。要进一步巩固和赢得民心，必须多谋民生之利，多解民生之忧。

（2）人民美好生活是民生之向。

民生工作在不同阶段的着力点不一样。中国特色社会主义进入新时代，社会主要矛盾转化，民生工作要紧紧围绕着满足人民日益增长的美好生活需要去开展。要坚持人民主体地位，顺应人民群众对美好生活的向往，不断实现好、维护好、发展好最广大人民根本利益，做到发展为了人民、发展依靠人民、发展成果由人民共享。我们架起了民生领域改革的"四梁八柱"，突破了许多以前没有突破的关口，解决了许多以前没有解决的难题。

民生工作是全面的。以人民为中心的发展思想要体现在经济社会发展各个环节。就全面建成小康社会这个大"民生"来说，要求经济更加发展、民主更加健全、科教更加进步、文化更加繁荣、社会更加和谐、生态更加绿色、人民生活更加殷实。就社会建设而言，党的十八大以来突出表现为"七有""三感""六面"。所谓"七有"，即"幼有所育、学有所教、劳有所得、病有所医、老有所养、住有所居、弱有所扶"。这较之党的十八大提出的"五有"增加了"幼有所育""弱有所扶"，更为全面。所谓"三感"，即"获得感、幸福感、安全感"。平安是人民幸福安康的基本要求，是改革发展的基本前提。越是在风云变幻、不可测因素增加的形势下，越是需要安全感。如果说获得感来自我国创造出的"经济快速发展的奇迹"，那么安全感则来自我国"社会长期稳定的奇迹"。所谓"六面"，就是体现在全面解决人民群众关心的教育、就业、收入、社保、医疗卫生、食品安全等问题上。这包括努力让人民享有更好更公平的教育，努力发展全民教育、终身教育，努力让每个孩子享有受教育的机会。就业是最大的民生工程、民心工程、根基工程，是社会稳定的重要保障。把做好就业工作摆到突出位置，多渠道创造就业机会，千方百计增加就业岗位。社会保障是社会的稳定器。坚持全覆盖、保基本、多层次、可持续方针，加强城乡社会保障体系建设，建设更加公平可持续的社会保障制度。没有全民健康，就没有全面小康，加快推进健康中国建设。

当前必须突出做好"六稳""六保"。全面建成小康社会突出的短板主要在民生领域，发展不全面的问题很大程度上也表现在不同社会群体民生保障方面。要按照守住底线、突出重点、完善制度、引导预期的工作思路，切实做好民生工作。"新型冠状病毒感染"肺炎疫情之下民生工作面临新的挑战，中央明确提出了"六稳""六保"。"六稳"即稳就业、稳金融、稳外贸、稳外资、稳投资、稳预期;"六保"即保居民就业、保基本民生、保市场主体、保粮食能源安全、保产业链供应链稳定、保基层运转。2020 年我们没有提出明确的经济增长指标,而是非同寻常地强调"六稳""六保",是民生为要的重要体现。

(3)从人民群众身边小事入手。

民生建设与人民群众直接相关,解决了问题才有"感觉",无论是获得感、幸福感还是安全感,离不开"感"字,看得见、摸得着就最有感觉。要让群众得到看得见、摸得着的实惠。这就要回应民生关切,想群众之所想、急群众之所急、解群众之所困。这些年我们着力解决人民群众普遍关心的突出问题:二孩、三孩政策落地,促进了人口均衡发展;推进户籍制度改革,推动了公共服务均等化;考试招生制度改革,促进了教育改革发展;医药卫生体制改革,破除了"以药养医"的"老大难";精准扶贫精准脱贫,补上了全面建成小康社会的最大短板。

从人民群众身边小事做起。民生无小事,枝叶总关情。人民群众的小事,就是民生的大事。群众的一件件"小事",都是构成国家的重要大事。人民群众有不少操心事、烦心事。着力解决这些"小事",才能真正贴近百姓的心。习近平总书记指出,"中南海要始终直通人民群众""必须做到以人民忧乐为忧乐、以人民甘苦为甘苦,牢固树立以人民为中心的发展思想,始终怀着强烈的忧民、爱民、为民、惠民之心,察民情、接地气,倾听群众呼声,反映群众诉求"。民生工作必须注重实效,以老百姓看得见、摸得着、用得上的实惠来作为检验的标准。人民群众关心的问题是什么?是食品安不安全、暖气热不热、雾霾能不能少一点、河湖能不能清一点、垃圾焚烧能不能不有损健康、养老服务顺不顺心、能不能租得起或买得起住房,等等。民生工作特别是给困难群众送温暖工作,必须立足于实用,要雪中送炭,不能雨后送伞。少搞锦上添花,更切忌搞劳民伤财的形式主义、形象工程。

3.重要举措

(1)始终坚定维护党中央权威和集中统一领导。

在我国政治生活中,党是领导一切的,坚持党的领导、人民当家作主、依法治国有机统一,最根本的是坚持党的领导。要旗帜鲜明讲政治,增强"四个意识",坚定"四个自信",坚决维护习近平总书记党中央的核心、全党的核心地位,坚决维护党中央权威和集中统一领导,始终在政治立场、政治方向、政治原则、政治道路上同以习近平同志为核心的党中央保持高度一致。自觉用习近平新时代中国特色社会主义思想对照检视思想作风和精神状态,补钙壮骨、立根固本,解决好世界观、人生观、价值观这个"总开关"问题,坚守共产党人的精神高地。加强党性修养和党性锤炼,不断提高政治觉悟和政治能力,把对党忠诚、为党分忧、为党尽职、为民造福作为根本政治担当,永葆共产党人政治本色。党的领导不动摇、党的领导坚强有力,维护国家政治安全就有了最根本的保证。

(2)始终坚持党对人民军队的绝对领导。

政治安全不仅要靠党的领导来保证,也要靠军队来支撑。新时代赋予人民军队为巩固中国共产党领导和社会主义制度提供战略支撑的使命任务。任何一个国家的军队都从属于一定的阶级或政党,具有鲜明的阶级性。我军始终是党绝对领导下的人民军队。中国特色社会主义是中国共产党和中国人民长期实践取得的根本成就,是近代以来中国社会发展的必然选择。当前,我国政治安全领域面临严峻风险挑战,各种敌对势力加紧对我国实施西化、分化战略,加紧对中国共产党的领导和社会主义制度进行颠覆破坏。人民军队必须坚定站在党的旗帜下,坚决维护国家政权安全、制度安全,坚决听党指挥,服从服务于中国特色社会主义发展全局,为维护政治社会大局稳定提供坚强保证。只要军队始终听党指挥,维护国家政权安全和制度安全就有了强有力的战略支撑。

(3)牢牢掌握意识形态工作领导权和话语权。

维护国家政治安全,不仅要靠党和军队等硬实力,也要高度重视"软实力",牢牢掌握意识形态工作领导权和话语权。一方面,必须把意识形态工作领导权牢牢抓在手里。要坚持和加强党对意识形态工作的全面领导,更好地巩固和发展主流意识形态,不断增强意识形态领域主导权和话语权,不断坚定广大干部群众的道路自信、理论自信、制度自信、文化自信,不断提升党、国家和民族的凝聚力、向心力。要旗帜鲜明坚持党管宣传、党管意识形态、党管媒体,坚持政治家办报、办刊、办台、办新闻网站,在政治方向、舆论导向、价值取向上立场坚定。无论是广播电视、新闻出版单位,还是社科理论、文化艺术单位,无论是传统媒体还是新兴媒体,都要自觉置于党的领导之下,自觉用一把尺子量到底,传播好党的声音和主张,绝不允许有"特殊成员"和"舆论飞地"。另一方面,必须提高党在意识形态领域的话语权。要重点抓好理念创新、手段创新、方式方法创新,积极探索有利于破解工作难题的新举措新办法,充分运用新技术新应用创新媒体传播方式,占领信息传播制高点。要坚持正确舆论导向,适应新形势下传播形态、传播格局的深刻变革,推进传统媒体和新兴媒体深度融合,提高新闻舆论传播力、引导力、影响力、公信力,推动我国整体传播能力有一个更大的提升。要提升话语能力,创新对外话语表达方式,研究国外不同受众的习惯和特点,采用融通中外的概念、范畴、表述,把我们想讲的和国外受众想听的结合起来,把"陈情"和"说理"结合起来,把"自己讲"和"别人讲"结合起来,使中国故事更多为国际社会和海外受众所认同。

1.2 维护国家安全

1.2.1 国家安全概述

维护国家安全是指维持和保护国家政权和社会制度的平安、安稳。广义地讲,包括保障国家生存与发展的安全,即防备和抵抗侵略,制止武装颠覆,保卫国家的主权统一、领土完整和安全等。

2015年7月1日第十二届全国人民代表大会常务委员会第十五次会议通过的《中华人民共和国国家安全法》第十一条规定:中华人民共和国公民、一切国家机关和武装力量、各政党和各人民团体、企业事业组织和其他社会组织,都有维护国家安全的责任和义务。中国的主权和领土完整不容侵犯和分割。维护国家主权、统一和领土完整是包括港澳同胞和台湾同胞在内的全中国人民的共同义务。第十四条规定,每年4月15日为全民国家安全教育日。

在总体国家安全观理论体系下,国家安全就是一个国家所有国民、所有领域、所有方面、所有层级安全的总和。当代国家安全包括16个方面的基本内容:政治安全、国土安全、军事安全、经济安全、文化安全、社会安全、科技安全、网络安全、生态安全、资源安全、核安全、海外利益安全、生物安全、太空安全、极地安全、深海安全。

1.2.2 维护国家安全是法律赋予的权利与义务

《中华人民共和国国家安全法》(以下简称国家安全法)第七条规定:维护国家安全,应当遵守宪法和法律,坚持社会主义法治原则,尊重和保障人权,依法保护公民的权利和自由。第八条规定:维护国家安全,应当与经济社会发展相协调。国家安全工作应当统筹内部安全和外部安全、国土安全和国民安全、传统安全和非传统安全、自身安全和共同安全。第九条规定:维护国家安全,应当坚持预防为主、标本兼治,专门工作与群众路线相结合,充分发挥专门机关和其他有关机关维护国家安全的职能作用,广泛动员公民和组织,防范、制止和依法惩治危害国家安全的行为。第十条规定:维护国家安全,应当坚持互信、互利、平等、协作,积极同外国政府和国际组织开展安全交流合作,履行国际安全义务,促进共同安全,维护世界和平。

1. 什么是国家安全

根据国家安全法规定,国家安全是指国家政权、主权、统一和领土完整、人民福祉、经济社会可持续发展和国家其他重大利益相对处于没有危险和不受内外威胁的状态,以及保障持续安全状态的能力。

国家安全法从政治安全、国土安全、军事安全、经济安全、文化安全、社会安全、科技安全、信息安全、生态安全、资源安全、核安全等领域对国家安全任务进行了明确。

国家安全又分为传统安全和非传统安全。传统安全主要包括政治安全和军事安全,长期以来等同于国家安全。传统安全威胁一般是指国家主权独立、领土完整所面临的外部武力威胁。非传统安全威胁是相对于传统安全威胁而言的,是指除政治安全威胁和军事安全威胁以外的其他对主权国家及人类整体生存与发展构成的威胁,主要包括恐怖主义、跨国犯罪、环境安全、毒品威胁、重大疫情、自然灾害等。

目前,与国家安全有关的法律有《中华人民共和国宪法》《中华人民共和国刑法》《中华人民共和国国家安全法》《中华人民共和国反间谍法》《中华人民共和国反恐怖主义法》《中华人民共和国境外非政府组织境内活动管理法》《中华人民共和国网络安全法》《中华人民共和国国家情报法》《中华人民共和国密码法》《中华人民共和国保守国家秘密法》《中华人民共和国核安全法》《中华人民共和国反分裂国家法》《中华人民共和国生物安全法》等。

2. 公民有哪些权利与义务

根据国家安全法规定,公民和组织应当履行下列维护国家安全的义务:遵守宪法、法律法规关于国家安全的有关规定;及时报告危害国家安全活动的线索;如实提供所知悉的涉及危害国家安全活动的证据;为国家安全工作提供便利条件或者其他协助;向国家安全机关、公安机关和有关军事机关提供必要的支持和协助;保守所知悉的国家秘密;不得向危害国家安全的个人或者组织提供任何资助或者协助;对本单位的人员进行维护国家安全的教育,动员、组织本单位的人员防范、制止危害国家安全的行为;配合有关部门采取相关安全措施。

任何公民和组织对国家安全机关及其工作人员超越职权、滥用职权和其他违法行为,都有权向上级国家安全机关或者有关部门检举、控告。对协助国家安全机关工作或者依法检举、控告的公民和组织,任何人不得压制和打击报复。

支持、协助国家安全工作的行为受法律保护。根据国家安全法规定,因支持、协助国家安全工作,本人或者其近亲属的人身安全面临危险的,可以向公安机关、国家安全机关请求予以保护;因支持、协助国家安全工作导致财产损失的,按照国家有关规定给予补偿;公民和组织造成人身伤害或者死亡的,按照国家有关规定给予抚恤优待;公民和组织向国家机关提出批评建议的权利,对国家机关及其工作人员在国家安全工作中的违法失职行为有提出申诉、控告和检举的权利。

3. 公民怎样维护国家安全

(1) 公民在日常工作生活中需要提高警惕,注意防范危害国家安全的活动。

一些可疑人员未经批准到内部做调查,进行科技、经济、企业等情况搜集。境外电台、电视、网络等传媒的煽动、造谣。一些境外组织和人员经常出现在军事、保密单位周边,乘机盗取秘密情报和信息。一些有境外背景的组织和个人,利用一些群众的不满情绪,煽动与政府对抗。

(2) 公民发现国家秘密已经或可能泄露时应当采取的措施。

公民如果拾获属于国家秘密的文件、资料和其他物品,应当及时送交有关机关、单位或保密工作部门。发现有人买卖属于国家秘密的文件、资料和其他物品,应当及时报告保密工作部门或者国家安全机关、公安机关处理。公民如果发现有人盗窃、抢夺属于国家秘密的文件、资料和其他物品,有权制止,并应当立即报告。市民如果发现泄露或可能泄露国家秘密的线索,应当及时向国家安全机关举报。

目前,公民可通过以下3种方式进行举报。电话举报,拨打全国统一的举报受理电话:12339;线上举报,登录国家安全部互联网举报受理平台网站:www.12339.gov.cn;实地举报,前往当地国家安全机关直接进行举报。

1.2.3　维护国家安全遵循的基本原则

按照总体国家安全观的要求,根据宪法和有关法律的规定,国家安全法明确了以下维护国家安全工作的原则。

1. 坚持法治和保障人权

坚持法治和保障人权原则核心是"遵守宪法和法律""尊重和保障人权"。宪法是国家根本大法,是治国安邦的总章程。公民、一切国家机关和武装力量、各政党和各社会团体、各企业事业组织,都必须遵守宪法和法律,一切违反宪法和法律的行为,必须予以追究。"遵守宪法和法律",主要是维护宪法体制,加强对国家机构及其工作人员行使公权力的约束。维护国家安全,涉及所有国家机构,特别是在"进入紧急状态""宣布战争状态""实施全国总动员或局部动员"的情况下,要采取法律规定或者全国人大常委会规定的特别措施,更要注重对公权力行使的约束,依法保护公民的权利和自由。同时,要防止重打击犯罪、轻人权保障的现象,以提高国家安全工作法治化水平。

2. 坚持维护国家安全与经济社会协调发展

安全是发展的前提,发展是安全的基础,要统筹安全和发展两件大事,通过发展不断提升国家安全能力,促进国家安全;通过不断提高维护国家安全能力,为发展提供稳定的环境,实现可持续发展与可持续安全相互支撑、良性互动。国家安全法规定"维护国家安全,应当与经济社会发展相协调",集中体现了坚持发展是解决我国所有问题的关键这一重大战略判断。内部安全和外部安全、国土安全和国民安全、传统安全和非传统安全、自身安全和共同安全,往往相互交织,高度联动,牵一发而动全身,必须统筹应对。一方面要把主权、领土、政治安全作为国家安全的重中之重,牢牢抓住不放;另一方面要统筹兼顾、综合施策,有效应对来自经济、文化、社会、科技、网络、生态、资源领域以及恐怖主义、武器扩散、跨国犯罪、贩毒走私等非传统安全问题。

3. 坚持促进共同安全

立足国内,放眼国际,高举和平发展、合作共赢的旗帜,坚持互信、互利、平等、协作,在积极维护拓展我国利益的同时,积极同外国政府和国际组织开展安全交流合作,履行国际安全义务,促进共同安全,维护世界和平。

4. 坚持预防为主、标本兼治相结合

坚持把预防和治乱结合起来,既防患于未然,又正本清源。坚持充分发挥专门机关和其他有关机关维护国家安全的职能作用,又要广泛动员公民和组织,防范、制止和依法惩治危害国家安全的行为,建立起维护国家安全的强大防线。

1.2.4 维护国家安全的重要意义

1. 维护国家安全是维护人民利益的核心要义

国泰民安是人民最基本、最普遍的诉求和愿望,对生命财产安全、生活稳定以及免遭痛苦、威胁或疾病的安全需求也是人类的本能欲望。美国著名学者马斯洛把安全需求作为除了生理需求之外的基本需求,说明安全需求在人的生命历程中的基础地位。如果将安全需求置于自然界和人的生存中考察,安全无疑是人类在漫长的生存奋斗中积累和凝聚的普遍性观念。人既是一种需求驱动型动物,也是一种安全保障性动物。安全既是本能又是自觉。安全是人生存发展的首要条件,在人的本质所蕴含的自身需求中,安全与之相伴而行。在一定意义上,人类发展史也是人类需求发展与安全的历史。现代安全的意义还体现着人类的进步精神,特别是在国家与社会层面,人类越来越把安全看作文明进步的基础。安全感和安全观念促使人类社会作为一个整体不断向前发展,不断追求安宁、和谐与幸福,努力消除冲突、混乱与痛苦。正如黑格尔所讲,安全作为一种普遍精神,是人类在和平的时候尽量谋求彼此福利的增进,即使在战争的时候也要尽量减少破坏,明确发出"不能有战争"的禁令。安全犹如空气和阳光,受益而不觉,失之则难存,它不仅源于人类的基本需求,也成为人类的终极需要和根本利益。

国家是由人民(居民)、领土和政权等基本要素组成的政治共同体。其中任何一个构成要素遭遇危险或受到威胁,都表明国家安全处于危急状态。在现代国家安全体系中,人民安全是最基本最核心的安全,政权安全和制度安全是最根本的安全。霍布斯曾强调,"人民的安全是最高的法律"。"国以民为安危""民惟邦本,本固邦宁",也是这个道理。一方面,人民是维护国家安全的力量源泉。国家安全的根基在人民、血脉在人民、力量在人民。失去了人民的依靠,没有了人民的支持,国家安全就是无本之木、无源之水。另一方面,维护国家安全就是要维护人民的生存权和发展权,让人民的生命和财产安全得到保障,各项基本权利得到保护,尊严和价值受到尊重,从而为人的自由而全面发展开辟通衢大道。马克

思曾告诫:"我们只要熟悉一下英国第一次对中国进行的战争,也就是熟悉一下昨天发生的事件就够了。"近代中华民族内忧外患,饱受帝国列强欺压的历史,是我们永远不能忘却的,更是我们的警世钟。同样,苏共亡党和苏联解体的沉痛教训仿佛就在昨天,始终是我们的清醒剂。"保卫社稷和家园",永远是维护中华民族生存和发展的人民战争。

2. 维护国家安全是中国共产党治国理政的头等大事

维护国家安全与人民根本利益是一致的。江山就是人民,人民就是江山。习近平总书记强调:"我们党要巩固执政地位,要团结带领人民坚持和发展中国特色社会主义,保证国家安全是头等大事。"中国共产党从诞生之日起,就义无反顾地肩负起民族救亡图存、争取国家独立和为人民谋幸福、为民族谋复兴的历史使命。新中国成立以来,我们党以强烈的忧患意识,安而不忘危,治而不忘乱,战胜了一个又一个艰难险阻,保证了红色江山代代相传。党的十八大以来,以习近平同志为核心的党中央,统筹发展和安全两件大事,牢牢把握坚持和平发展、促进民族复兴这条主线,在伟大斗争实践中创造性提出总体国家安全观,坚持人民安全、政治安全、国家利益至上的有机统一,遵循人民意志、回应人民期待、激发人民创造,由党来指挥、党来决策、党来部署,总体推进统揽发展和安全、外部安全和内部安全、国土安全和国民安全、传统安全和非传统安全、自身安全和共同安全的国家安全全局,既运用发展成果夯实国家安全实力基础,又塑造有利于经济社会发展的安全环境,既立足当下防范化解重大风险,又着眼长远强化体系能力建设,既在变局中保持定力,又在斗争中争取主动,走出一条中国特色国家安全道路,为新时代坚持和发展中国特色社会主义、确保中华民族伟大复兴不被滞缓打断提供了坚强保障。

维护国家安全,必须统筹国内国际两个大局,坚持以全球思维谋篇布局。当前,中国社会安定有序,人民安居乐业,越来越多的人认为中国是世界上最安全的国家之一。这是中国为世界安全稳定作出的重要贡献。我们也深刻认识到,我国的发展需要一个安全稳定的国际环境,中国不可能在一个乱哄哄的世界里发展起来。在经济全球化时代,人类共同生活在同一个地球上,安全问题的联动性、跨国性更加突出,各国可谓安危与共、唇齿相依。没有一个国家能凭一己之力谋求自身绝对安全,也没有一个国家可以从别国的动荡中收获稳定。那些只顾本国安全而罔顾其他国家安全、牺牲别国安全谋求自身所谓绝对安全的行为,不仅是不可取的,而且最终会贻害自己。中国共产党是为人类进步事业而奋斗的政党,始终把为人类作出新的更大贡献作为自己的使命。作为维护世界和平与安全的重要力量,中国在实现本国安全的同时,始终秉持人类命运共同体理念,坚持共同、综合、合作、可持续的全球安全观,积极承担维护国际和地区安全的责任,同世界各国一起分享安全治理的经验,为全球安全治理贡献智慧和力量,以合作谋安全、谋稳定,以安全促和平、促发展,努力建设一个远离恐惧、普遍安全的世界,充分彰显了负责任大国的担当。

任何发展道路都不会一帆风顺,我们中华民族伟大复兴越是接近奋斗目标,风险和挑战就会越多。近年来及这次世界范围内新型冠状病毒感染暴发以来的事实更让我们认识到,国家的主权、国家的安全要始终放在第一位。这一点,我们比过去看得更清楚了。西方一些国家用什么人权,什么社会主义制度不合理、不合法当作幌子,实际上是要损害我们的国权。搞强权政治的国家根本没有资格讲人权,它们已经伤害了世界上多少人的人权。面对中国和平发展不可阻挡的历史大势,美国一些政客的战略焦躁症集中爆发,不断强化霸权主义和强权政治的战略惯性,将自身国家安全利益凌驾于全球共同安全和国际法之上,用国内法对他国实施长臂管辖权,粗暴干涉中国内政,从政治、经济、贸易、外交、军事等方面实施战略围堵,妄图以此滞缓我国的发展。近一段时间以来,美西方一些政客掀起一股股对华舆论战、抹黑战逆流,恶意歪曲中国的发展成就,污蔑中国抗疫的成功努力和对世界的巨大贡献,四处传播"政治病毒",把自身抗疫不力"甩锅"中国,甚至异想天开复制"庚子赔款",勒索敲诈"滥诉索赔"。但是百年的民族屈辱已成过往,新时代的中国绝不会让历史重演。正如习近平总书记强调指出的,"凡是危害中国共产党领导和我国社会主义制度的各种风险挑战,凡是危害我国主权、安全、发展利益的各种风险挑战,凡是危害我国核心利益和重大原则的各种风险挑战,凡是危害我国人民根本利益的各种风险挑战,凡是危害我国实现'两个一百年'奋斗目标、实现中华民族伟大复兴的各种风险挑战,只要来了,我们就必须进行坚决斗争,而且必须取得斗争胜利"。这是当代中国共产党人维护国家安全和人民根本利益的庄严承诺,更是铮铮誓言。

3. 维护国家安全是"一国两制"的根本保障

维护国家主权和领土完整,是全体中华儿女的共同愿望,是中华民族的根本利益所在。新中国的成立,结束了祖国大陆四分五裂的局面,人民所厌恶的国家分裂和混乱的局面已经一去不复返了。香港和澳门的回归完成了实现祖国完全统一的重要一步,也是维护国家主权和安全的重要成就。习近平总书记强调:"'一国两制'的提出首先是为了实现和维护国家统一。在中英谈判时期,我们旗帜鲜明提出主权问题不容讨论。香港回归后,我们更要坚定维护国家主权、安全、发展利益。"从国家层面建立健全香港特别行政区维护国家安全的法律制度和执行机制,是顺乎民意、坚定维护国家主权、安全和领土完整,确保"一国两制"方针行稳致远的制度安排,合情合理合法,势在必行。今天中国人民实现民族复兴、国家统一的历史大势无法阻挡,我们绝不允许任何人、任何组织、任何政党、在任何时候、以任何形式、把任何一块中国领土从中国分裂出去。

"一国两制"是党领导人民实现祖国和平统一的一项重要制度,是中国特色社会主义的一个伟大创举。在"一国两制"框架下,"一国"是实行"两制"的前提和基础,"两制"从属和派生于"一国"并统一于"一国"之内。"一国"是根,根深才能叶茂;"一国"是本,本固才能枝荣。维护国家安全就要坚定维护这个"前提",这也是包括香港同胞在内的中国人民的根本利益。丢掉了这个前提,"香港会是怎样?香港的繁荣和稳定也会吹的"。正因为我们搞的是中国特色社会主义,才有"一国两制",才可以允许两种制度存在。1987年,邓小平在会见香港特别行政区基本法起草委员会委员时特别强调,还有一个问题必须说明:不要以为香港的事情全由香港人来管,中央一点都不管。这是不行的,这种想法不实际。中央确实是不干预特别行政区具体事务,也不需要干预。"但是,特别行政区是不是也会发生危害国家根本利益的事情呢?难道就不会出现吗?那个时候,北京过问不过问?难道香港就不会出现损害香港根本利益的事情?能够设想香港就没有干扰,没有破坏力量吗?我看没有这种自我安慰的根据。如果中央把什么权力都放弃了,就可能会出现一些混乱,损害香港的利益。"假如"要把香港变成一个在'民主'的幌子下反对内地的基地,怎么办?那就非干预不行"。不能让香港再乱下去,这当然是对中国自己负责,同时也是对全世界全人类负责。

维护香港的安全稳定是维护国家安全的重要组成部分。近年来尤其自 2019 年发生"修例风波"以来,反中乱港势力与外部敌对势力勾连合流、甚嚣尘上,"港独"和激进分裂分子日益猖獗,暴力恐怖活动令人发指,颠覆国家政权的气焰愈发嚣张。加快推动香港国安立法,日趋紧迫、迫在眉睫。《全国人民代表大会关于建立健全香港特别行政区维护国家安全的法律制度和执行机制的决定》不仅是警告书,更是降妖除魔、保护人民的法器。在这个民族大义和历史潮流面前,一切分裂祖国的行径和伎俩都是注定要失败的,都会受到人民的谴责和历史的惩罚!中国人民有坚定的意志、充分的信心、足够的能力挫败一切分裂国家的活动!历史终将证明,就国家安全为香港立法,一定会成为推动香港繁荣发展的新起点,成为见证"一国两制"伟大实践的重要里程碑。

国家安全重于泰山,人民利益高于一切。国家安全只能由我们争取得来,而不是向谁乞求得来。只有依靠人民,同一切所谓"世界警察""人权卫士"和分裂分子进行斗争,才能有效维护国家安全、保卫和平!

1.3 党和国家对安全的重要论述

2022 年 10 月 16 日上午 10 时,中国共产党第二十次全国代表大会在北京人民大会堂开幕。中共中央总书记、国家主席、中央军委主席习近平同志代表第十九届中央委员会向大会作报告,报告提出了一系列关于国家政治安全、国家安全和意识形态的重要论述。

1. 对国家安全的重要论述

党的二十大报告的一个重要亮点,是首次在党代会报告中将国家安全方面的内容单独成章,以"推进国家安全体系和能力现代化,坚决维护国家安全和社会稳定"为题展开全面系统的阐述。

习近平在党的二十大报告中强调,推进国家安全体系和能力现代化,坚决维护国家安全和社会稳定。习近平指出,国家安全是民族复兴的根基,社会稳定是国家强盛的前提。必须坚定不移贯彻总体国家安全观,把维护国家安全贯穿党和国家工作各方面全过程,确保国家安全和社会稳定。

要坚持以人民安全为宗旨、以政治安全为根本、以经济安全为基础、以军事科技文化社会安全为保障、以促进国际安全为依托,统筹外部安全和内部安全、国土安全和国民安全、传统安全和非传统安全、自身安全和共同安全,统筹维护和塑造国家安全,夯实国家安全和社会稳定基层基础,完善参与全球安全治理机制,建设更高水平的平安中国,以新安全格局保障新发展格局。

一是健全国家安全体系。坚持党中央对国家安全工作的集中统一领导,完善高效权威的国家安全领导体制。强化国家安全工作协调机制,完善国家安全法治体系、战略体系、政策体系、风险监测预警体系、国家应急管理体系,构建全域联动、立体高效的国家安全防护体系。

二是增强维护国家安全能力。坚定维护国家政权安全、制度安全、意识形态安全,加强重点领域安全能力建设,确保粮食、能源资源、重要产业链供应链安全,加强海外安全保障能力建设,维护我国公民、法人在海外合法权益,维护海洋权益,坚定捍卫国家主权、安全、发展利益。全面加强国家安全教育,提高各级领导干部统筹发展和安全能力,增强全民国家安全意识和素养,筑牢国家安全人民防线。

三是提高公共安全治理水平。坚持安全第一、预防为主,建立大安全大应急框架,完善公共安全体系,推动公共安全治理模式向事前预防转型。提高防灾减灾救灾和急难险重突发公共事件处置保障能力,加强国家区域应急力量建设。强化食品药品安全监管,健全生物安全监管预警防控体系。加强个人信息保护。

四是完善社会治理体系。健全共建共治共享的社会治理制度,提升社会治理效能。畅通和规范群众诉求表达、利益协调、权益保障通道,依法严惩群众反映强烈的各类违法犯罪活动。发展壮大群防群治力量,营造见义勇为社会氛围,建设人人有责、人人尽责、人人享有的社会治理共同体。

2. 对政治安全的重要论述

习近平总书记在党的二十大报告中特别强调,我们要"以政治安全为根本""坚定维护国家政权安全、制度安全、意识形态安全",有效防范化解国家发展中面临的诸多政治安全风险和挑战,是我们党在治国理政中要着力解决的重大现实问题。坚定不移贯彻总体国家安全观,必须坚持以政治安全为根本。

(1) 准确把握政治安全的实质。

一是政治安全是国家安全体系中十分重要的构成要件,即在国家发展过程中,政治体系结构合理、运转良好,能适应国内外政治环境的各种变化并具备对社会矛盾和冲突的调适能力,不受各种因素的颠覆、威胁和破坏。政治安全涉及国家政权、政治制度、意识形态等方面的安全,是国家安全的根本。正如习近平总书记所说:"要把维护国家政治安全特别是政权安全、制度安全放在第一位。"保障政治安全,实践中就是要维护党的领导和执政地位、维护中国特色社会主义制度,同时巩固马克思主义在意识形态领域的主导地位,使社会主义政治体系免受侵害并保持稳定性。

二是政治安全即"政治体系"这一承载主体与"安全"属性的结合,意味着政治体系处于良好的状态。从根本上说,政治安全所反映的乃是政治上层建筑与经济基础的一种适应状况。推进国家政治安全治理,就是要通过各种方式使政治体系更好地适应国内外发展环境变化,既能有效应对来自外部的各种政治干预、政治压力及各种危险因素,也能在国内稳定执政,有效化解社会矛盾,保持政治制度良性运转及有效性。追求政治安全,需要政治体系本身不断进行改革创新,实现结构合理、功能配合、运转协调、变化有序,以保持生机活力。故而,保障政治安全最主要的途径就是政治体系本身"祛病除疾""强体健身",增强抵御各种风险挑战的能力。在党的二十大报告中,习近平总书记强调,"经过不懈努力,党找到了自我革命这一跳出治乱兴衰历史周期律的第二个答案,确保党永远不变质、不变色、不变味",正是从全面从严治党即加强政治建设的角度说明了这一点。

(2) 实现政治安全的重大战略意义。

政治安全在整个国家安全体系中最具根本性,决定和直接影响着经济、文化、社会等其他领域的安全。切实保障国家政治安全,是新时代新征程中的一项重大战略举措。

一是坚持和完善中国特色社会主义的现实需要。经过长期的探索和努力,中国特色社会主义取得举世瞩目的成就,其关键就在于党的坚强领导。习近平总书记指出:"我国社会主义政治制度优越性的一个突出特点是党总揽全局、协调各方的领导核心作用,形象地说是'众星捧月',这个'月'就是中国共产党。"如果没有一个能够代表最广大人民利益、善于总揽全局、有效协调各方的政治核心作为社会生活的中坚力量,社会的稳定发展是不可能的。切实应对社会主义政治体系面临的各种安全风险和挑战,确保党长期稳定执政,政治制度充分发挥功能,牢牢掌握意识形态工作领导权,形成稳定的政治秩序,才能把好前进的方向,使中国特色社会主义稳步发展,使社会主义优越性得以不断彰显。

二是全面建设社会主义现代化国家的必然要求。在全面推进社会主义现代化国家建设的新征程中,不仅发展任务更加繁重,面临的安全问题也更为突出,各种可预见和难以预见的安全问题日益复杂,各种威胁和挑战的联动效应明显。倘若不能有效应对,不仅确定的发展目标难以实现,而且还会产生严重后果。在此过程中,确保国家政治安全尤为关键。坚持以政治安全为根本,实际上就是要通过保障政治体系的安全而创造和谐稳定的政治环境,更好发挥集中力量办大事的优势,保障经济社会健康有序发展,同时有效应对外部安全挑战,为全面建设社会主义现代化国家提供坚强政治保障,使社会主义现代化国家建设行稳致远。

三是全面推进中华民族伟大复兴的重要举措。习近平总书记指出,"实现中华民族伟大复兴,就是中华民族近代以来最伟大的梦想。这个梦想,凝聚了几代中国人的夙愿,体现了中华民族和中国人民的整体利益,是每一个中华儿女的共同期盼",同时也强调,"历史已经并将继续证明,没有中国共产党的领导,民族复兴必然是空想"。如果政治安全难以保障,政局动荡不安,治理无效,那么在此背景下要实现国家长治久安是极为困难的。政治安全是根本性的安全,起到纲举目张的作用。前进道路上,必须准确认识错综复杂的国内外发展环境带来的新矛盾新挑战,增强风险意识,做到居安思危,增强斗争本领,不断创新国家安全治理,切实维护国家政治安全,以更好地为实现中华民族伟大复兴的中国梦保驾护航。

3. 对意识形态安全的重要论述

习近平总书记在党的二十大报告中明确指出:意识形态工作是为国家立心、为民族立魂的工作。建设具有强大凝聚力和引领力的社会主义意识形态,是新时代坚持和发展中国特色社会主义的一个重大命题,也是全党特别是宣传思想战线必须担负起的一个战略任务。

我们确立和坚持马克思主义在意识形态领域指导地位的根本制度,社会主义核心价值观广泛传播,中华优秀传统文化得到创造性转化、创新性发展,文化事业日益繁荣,网络生态持续向好,意识形态领域形势发生全局性、根本性转变。

我们要坚持马克思主义在意识形态领域指导地位的根本制度,坚持为人民服务、为社会主义服务,坚持百花齐放、百家争鸣,坚持创造性转化、创新性发展,以社会主义核心价值观为引领,发展社会主义先进文化,弘扬革命文化,传承中华优秀传统文化,满足人民日益增长的精神文化需求,巩固全党全国各族人民团结奋斗的共同思想基础,不断提升国家文化软实力和中华文化影响力。

我们要建设具有强大凝聚力和引领力的社会主义意识形态,牢牢掌握党对意识形态工作领导权,全面落实意识形态工作责任制,巩固壮大奋进新时代的主流思想舆论,加强全媒体传播体系建设,推动形成良好网络生态。广泛践行社会主义核心价值观,弘扬以伟大建党精神为源头的中国共产党人精神谱系,深入开展社会主义核心价值观宣传教育,深化爱国主义、集体主义、社会主义教育,着力培养担当民族复兴大任的时代新人。提高全社会文明程度,实施公民道德建设工程,弘扬中华传统美德,加强家庭家教家风建设,推动明大德、守公德、严私德,提高人民道德水准和文明素养,在全社会弘扬劳动精神、奋斗精神、奉献精神、创造精神、勤俭节约精神。繁荣发展文化事业和文化产业,坚持以人民为中心的创作导向,推出更多增强人民精神力量的优秀作品,健全现代公共文化服务体系,实施重大文化产业项目带动战略。促进群众体育和竞技体育全面发展,加快建设体育强国。增强中华文明传播力影响力,坚守中华文化立场,讲好中国故事、传播好中国声音,展现可信、可爱、可敬的中国形象,推动中华文化更好走向世界。抓好意识形态工作,必须做到以下几点。

一是讲政治,责任体系要"有力压实"。习近平总书记强调,意识形态工作是党的一项极端重要的工作,必须把意识形态工作的领导权、管理权、话语权牢牢掌握在手中。

二是讲信念,理论武装要有的放矢。深入学习贯彻党的二十大精神,切实推动新思想和党的创新理论深入人心、落地生根、开花结果。

三是以"两个确立"导航定向,夯实新时代意识形态工作之基础。意识形态工作是党的一项极端重要的工作,事关党的前途命运,事关国家长治久安,事关民族凝聚力和向心力。做好党的意识形态工作,离不开领导核心掌舵领航,离不开科学理论指引方向。这是马克思主义建党学说的基本观点,也是马克思主义政党走向成熟的重要标志,更是马克思主义指导意识形态工作的前提和基础。

四是以"自信自强"凝心铸魂,展现新时代意识形态工作之为。党的二十大的主题,突出强调了"自信自强、守正创新、踔厉奋发、勇毅前行"的精神状态和"团结奋斗"的时代要求,这对于做好新时代意识形态工作具有提神醒脑、举旗亮灯的重要意义。众所周知,意识形态工作说到底是做人的工作,统一思想、凝聚力量是中心环节。从这个意义上讲,拥有做中国人的志气、骨气、底气和深沉强烈的文化自信、奋发昂扬的精神面貌,全体人民在理想信念、价值理念、道德观念上紧紧团结在一起,在党的旗帜下团结成"一块坚硬的钢铁",心往一处想、劲往一处使,必定是新时代意识形态工作的鲜明标识和实践意涵。

五是以"斗争精神"正本清源,彰显新时代意识形态工作之特点。随着百年未有之大变局加速演进,世界范围的意识形态斗争更加尖锐复杂,呈现出新特点新趋势,我国意识形态安全始终面临风险挑战。对此,必须强化底线思维和极限思维,保持"时时放心不下"的精神状态和责任担当,把意识形态工作这根弦绷得紧些再紧些,发扬斗争精神,提高斗争本领,把握斗争策略,以激浊扬清的工作正本清源、守正创新。

1.4　本章案例分析

【事件名称】　侮辱国旗案。

【事件经过】　吴某在公共场合将悬挂在商户门口的一面中华人民共和国国旗扯下扔在地上以脚踩踏的方式侮辱国旗,之后吴某侮辱国旗的视频在网络上传播。公安机关经过快侦快办,全面及时查明犯罪嫌疑人侮辱国旗的犯罪事实,依法收集、固定了犯罪证据,依法将此案移送至人民检察院审查起诉(摘自人民融媒体)。

【处罚依据】 根据《中华人民共和国国旗法》第二十三条规定,在公共场合故意以焚烧、毁损、涂划、玷污、践踏等方式侮辱中华人民共和国国旗的,依法追究刑事责任;情节较轻的,由公安机关处以十五日以下拘留。根据《中华人民共和国刑法》第二百九十九条规定,在公共场合,故意以焚烧、毁损、涂划、玷污、践踏等方式侮辱中华人民共和国国旗、国徽的,处三年以下有期徒刑、拘役、管制或者剥夺政治权利。被告人吴某因犯侮辱国旗罪,被判处有期徒刑 10 个月。

【安全警示】 人民群众要提高国旗意识和国家观念,充分认识五星红旗是中华民族的象征,每一名公民都应该热爱我们的国家、我们的国旗,对国旗产生敬畏之情,自觉维护国旗尊严,形成尊重和爱护国旗的良好氛围。要充分认识侮辱国旗的社会违法性、危害性,勇于同侮辱国旗行为作斗争,维护国旗的神圣和尊严。

1.5 本章小结

本章首先介绍了政治安全的重要性、政治安全对国家安全的意义,接下来介绍了国家安全及公民维护国家安全的权利与义务、维护国家安全的重要意义,还介绍了党和国家对国家安全、政治安全、意识形态安全的重要论述。

习近平总书记指出,政治安全涉及国家主权、政权、制度和意识形态的稳固,是一个国家最根本的需求,是一切国家生存和发展的基础条件。作为当代大学生,必须知道政治安全对国家安全、对社会安全的重要性,政治安全是一切安全的前提和条件,维护政治安全,是维护国家安全的政治基础。

意识形态安全

2.1　认识意识形态

2.1.1　意识形态概述

1. 意识形态的定义和内涵

意识形态是指一种观念的集合。意识形态是与一定社会的经济和政治直接相联系的观念、观点、概念的总和，包括政治法律思想、道德、文学艺术、宗教、哲学和其他社会科学等意识形态。

19世纪初，特拉西提出了"意识形态"这一新概念。马克思认为，人们是自己的观念、思想的生产者，意识在任何时候都只能是被意识到了的存在。马克思得出的结论是："不是意识决定生活，而是生活决定意识。"1859年，马克思在《政治经济学批判》序言中把"社会意识形态"界定为"思想上层建筑"："生产关系的总和构成社会的经济结构，即有法律的和政治的上层建筑竖立其上，并有一定的社会意识形态与之相适应的现实基础。"

习近平总书记深刻指出："经济建设是党的中心工作，意识形态工作是党的一项极端重要的工作。"我们要深刻认识经济基础对上层建筑的决定作用，深刻认识上层建筑对经济基础的反作用，既要有硬实力，也要有软实力，既要切实做好中心工作，为意识形态工作提供坚实物质基础，又要切实做好意识形态工作，为中心工作提供有力保障；既不能因为中心工作而忽视意识形态工作，也不能使意识形态工作游离于中心工作。

一个国家、一个民族不能没有灵魂，意识形态是为国家立心、为民族立魂的工作。意识形态工作一定要把围绕中心、服务大局作为基本职责，胸怀大局、把握大势、着眼大事，既做到因势而谋、应势而动、顺势而为，又做到旗帜高扬、立场坚定、斗争坚决。意识形态关乎旗帜、关乎道路、关乎国家政治安全，决定着中华民族伟大复兴的精神力量，在全面建设社会主义现代化国家新征程上，必须牢牢掌握党对意识形态工作领导权，扎扎实实做好意识形态工作。

2. 意识形态的无产阶级属性

无产阶级的阶级意识集中体现在无产阶级政党的性质和使命上。马克思主义政党从不讳言自己的政治属性和政治使命。1945年，毛泽东同志在《论联合政府》中指出：我们共产党人从来不隐瞒自己的政治主张。我们将来的纲领或最高纲领，是要将中国推进到社会主义社会和共产主义社会去的，这是确定的和毫无疑义的。历史和现实告诉人们，中国共产党是中国工人阶级的先锋队，同时是中国人民和中华民族的先锋队；中国共产党以马克思列宁主义、毛泽东思想、邓小平理论、"三个代表"重要思想、科学发展观、习近平新时代中国特色社会主义思想作为自己的行动指南;中国共产党的最高理想和最终目标是实现共产主义。

习近平总书记在党的二十大报告中指出,我们要坚持马克思主义在意识形态领域指导地位的根本制度,坚持为人民服务,为社会主义服务,巩固全党全国各族人民团结奋斗的共同思想基础。新时代坚持马克思主义在意识形态领域指导地位的根本制度,是增强"四个意识",坚定"四个自信",做到"两个维护",筑牢共同理想,凝聚中国力量,拓宽中国特色社会主义道路,决胜全面建成小康社会,实现中华民族伟大复兴中国梦的思想保证和精神动力。

3. 新发展阶段意识形态建设的特点

前瞻性、统筹性要求更高。我国正处在大发展大变革大调整时期,国际国内形势的深刻变化使我国意识形态领域面临空前复杂的情况。如何提高整合社会思想文化和价值观念的能力,是我们必须解决好的重大课题。今天,中华民族伟大复兴战略全局,世界百年未有之大变局,与全面建设社会主义现代化国家新征程相交汇,这是新的大局势,要有新的战略视野。意识形态建设的前瞻性,就是着眼"十四五"时期、全面建设社会主义现代化国家第一个阶段至 2035 年,乃至 21 世纪中叶的意识形态建设战略筹划。意识形态建设的统筹性,就是统筹国内意识形态斗争和国际意识形态斗争,统筹意识形态建设和意识形态安全,统筹意识形态建设的当下任务和长远发展,统筹意识形态建设和全面现代化建设。

创造性、规律性要求更强。我们所建设的社会主义现代化国家,是人口规模巨大的现代化,是全体人民共同富裕的现代化,是物质文明和精神文明相协调的现代化,是人与自然和谐共生的现代化,是走和平发展道路的现代化。这既是新发展阶段意识形态建设的环境,也是意识形态建设的对象和内容。新发展阶段是历史的延续,又包含着新的内涵,思想文化领域会有新的课题、新的要求,也有新的特点规律。新发展阶段意识形态建设要研究新问题、作出新探索、开拓新思路。

主动性、拓展性更为明显。当今世界格局,"西强东弱"的总体态势正在加速演变,世界格局演变背后的主要推动力量是我国持续快速发展,中国向上向好向强的大势不可阻挡,国际格局发展战略态势对我国有利。2020 年以来的全球疫情防控是一个重大转折点。以习近平同志为核心的党中央高瞻远瞩、审时度势,带领全党全军全国各族人民迎难而上、攻坚克难,在这极不寻常的年份创造了极不寻常的辉煌,"中国之治"和"西方之乱"进一步形成鲜明对比。因此,我国意识形态建设的有利条件越来越多,"四个自信"的底气更足,中国故事的信服力更强。掌握意识形态工作主动权、主导权、话语权,打好意识形态斗争主动仗,改变和扭转国际舆论西强我弱格局,意识形态工作大有可为。

斗争性、博弈性更为突出。全面建设社会主义现代化国家新征程,意味着科学社会主义在 21 世纪中国更加振兴,社会主义中国在国际的影响力、感召力、塑造力进一步增强。要清醒地看到,两个大局的交汇,既包含着中国与世界的交往加深,也意味着意识形态领域的斗争将长期存在。

引领性、实践性更需提高。党的十九届五中全会科学分析我国发展环境变化,指出我国发展仍然处于重要战略机遇期,机遇和挑战都有新的发展变化。国际环境日趋复杂,不稳定性不确定性明显增加。我国发展不平衡不充分问题仍然突出。深刻认识我国社会主要矛盾变化带来的新特征新要求,深刻认识错综复杂的国际环境带来的新矛盾新挑战,善于在危机中育先机、于变局中开新局。发展环境的深刻复杂变化会反映到意识形态领域中来,做好意识形态工作必须把握好这种变化,从"两个深刻认识"中明确意识形态工作的目标任务。

2.1.2　我国意识形态面临的形势

1. 意识形态百年未有之大变局

随着世界进入新的动荡变革期,世界范围的意识形态斗争更加尖锐复杂;各种敌对势力一直企图在我国制造"颜色革命",千方百计要在思想上、政治上搞乱我们,妄图颠覆中国共产党领导和我国社会主义制度,意识形态安全始终面临风险挑战。习近平总书记在庆祝中华人民共和国成立 70 周年大会上指出:"我们中国共产党人能不能打仗,新中国的成立已经说明了;我们中国共产党人能不能搞建设搞发展,改革开放的推进也已经说明了;但是,我们中国共产党人能不能在日益复杂的国际国内环境下坚持住党的领导、坚持和发展中国特色社会主义,这个还需要我们一代一代共产党人继续作出回答。"做好意识形态工作,做好宣传思想工作,要放到这个大背景下来认识。

在 2013 年全国宣传思想工作会议上,习近平总书记深刻指出:"一个政权的瓦解往往是从思想领域开始的,政治动荡、政权更迭可能在一夜之间发生,但思想演化是个长期过程。思想防线被攻破了,其他防线就很难守得住。""我们必须把意识形态工作的领导权、管理权、话语权牢牢掌握在手中,任何时候都不能旁落,否则就要犯无可挽回的历史性错误。"

2. 马克思主义在意识形态领域的指导地位

近年来,国内外意识形态领域的风险和挑战明显增多,积极的应对态度和有效的对策措施是克服多重挑战、做好意识形态工作的前提。习近平总书记以高瞻远瞩的战略视野,就如何做好新形势下的意识形态工作多次发表重要讲话,详细阐明了意识形态工作的价值地位、目标任务、原则导向、对外传播、责任主体等问题,为形成与确立马克思主义在意识形态领域指导地位的根本制度奠定了坚实的理论基础。把马克思主义在意识形态领域的指导地位确立为一项根本制度,彰显了意识形态工作的极端重要性,是中国共产党完善与发展中国特色社会主义制度的重大制度创新,为实现"两个一百年"奋斗目标提供了思想制度上的保障。

重视意识形态工作是中国共产党作为马克思主义执政党的鲜明特征和独特政治优势。在最初关于人类解放途径的设想中,马克思就十分关注思想领域的解放、关注意识形态对人类头脑解放和身体解放的双重作用。中国共产党人不仅接纳了马克思主义,也继承了革命先师对意识形态工作高度重视这一优良传统,同时又开拓了意识形态工作重要性的新境界,而习近平总书记对意识形态工作的重视更是达到了一个新的历史高度。

3. 网络意识形态工作的主导权和主动权

在互联网无处不在、社会信息化快速发展的时代背景下,网络既是人们生产生活的重要空间,也是党和政府服务群众、了解民意、治理社会的重要平台。习近平总书记在 2018 年全国宣传思想工作会议上指出:"宣传思想工作是做人的工作,要把培养担当民族复兴大任的时代新人作为重要职责。"互联网是当前宣传思想工作的主阵地。这个阵地我们不去占领,人家就会去占领。要把网上舆论工作作为宣传思想工作的重中之重来抓,把网络意识形态工作的主导权和网络舆论战场上的主动权牢牢掌握在自己手中。习近平总书记在《关于提升新时代意识形态工作能力的方法论探析》一文中强调:"过不了互联网这一关,就过不了长期执政这一关。"网络已是当前意识形态斗争的最前沿,掌控网络意识形态主导权,就是守护国家的主权和政权。高校师生要把维护网络意识形态安全作为守土尽责的重要使命,充分发挥制度体制优势,坚持管用防并举,方方面面齐动手,坚决打赢网络意识形态斗争。

4.意识形态工作培养时代新人的"育人"体系

培养什么人,是教育的首要问题,要坚守为党育人、为国育才的初心和使命。加强和改进学校思想政治教育,是党的十九届四中全会提出的鲜明要求,是培养担当民族复兴大任时代新人的重大使命,也是坚持马克思主义在意识形态领域指导地位根本制度的基础工程。推进新时代中国特色社会主义事业,接续奋斗实现中华民族伟大复兴,需要合格的社会主义建设者和接班人,需要永葆坚定理想信念的时代新人。只要一代代坚定马克思主义信仰、坚定社会主义和共产主义信念、坚定中国特色社会主义道路自信、理论自信、制度自信、文化自信,祖国的事业就会无往而不胜。要贯彻新时代党的建设总要求,进一步加强学校党的基层组织建设,把广大教职工和学生团结凝聚起来。大力推进马克思主义中国化最新成果进教材、进课堂、进师生头脑,使科学理论全面融入教育教学之中。用好课堂教学这个主渠道,建立全员、全程、全方位育人体制机制,使各类课程、各项管理与思想政治理论课形成协同效应,并不断推进思想政治理论课改革创新。加强学生思想政治工作,遵循思想政治工作规律、教书育人规律、学生成长规律,找准思想理论教育和学生兴趣的共鸣点,融入式渗入式深化中国特色社会主义和中国梦宣传教育,紧密结合贯彻落实《新时代爱国主义教育实施纲要》《新时代公民道德建设实施纲要》,组织开展针对性强实效性强的实践活动。把师德师风作为评价教师队伍素质的第一标准,突出全员全方位全过程师德养成,建设适应新时代教育教学职责使命的高质量教师队伍。

5.意识形态工作责任制落地的"安全"体系

意识形态工作是为国家立心、为民族铸魂的工作,事关党的前途命运,事关国家长治久安,事关民族凝聚力和向心力。加强意识形态工作必须建立和强化落实意识形态工作责任制,构建好责任制落地压实的"安全"工作体系,切实维护政治安全、文化安全、意识形态安全。要旗帜鲜明坚持党管宣传、党管意识形态,严明党的政治纪律和政治规矩,营造宣传思想战线风清气正、干事创业的良好政治生态。充分发挥考核"指挥棒"作用,进一步强化意识形态工作在党建工作责任制、党政领导班子及单位绩效考核中的重要地位,推动意识形态工作与其他工作一同部署一同落实。进一步加强各类阵地管理,全面落实主管主办和属地管理原则,尤其要加强网络阵地建设和管理,使各类意识形态阵地成为传播各类先进思想文化的牢固阵地。完善健全意识形态工作巡视巡察、联席会议等相关制度,让制度发威、让责任落实,做到各司其职、各负其责,守土尽责、守土有效,牢牢掌握意识形态工作的领导权。

2.1.3 大学生怎样守护意识形态主阵地

1. 牢牢掌握思想舆论主动权和主导权

阵地是意识形态工作的基本依托。要牢牢掌握党对意识形态工作领导权,最关键的就是要把思想舆论阵地牢牢掌握在自己手中。一定要增强阵地意识,宣传思想阵地我们不去占领,人家就会去占领。所以,做好意识形态工作的关键,就是必须守土有责、守土负责、守土尽责,牢牢守住思想舆论阵地。守住思想舆论阵地,不是消极、被动地守,而是要积极、主动地守,做到占领阵地、建设阵地和守牢阵地有机统一,巩固马克思主义在意识形态领域的指导地位,牢牢掌握思想舆论主动权和主导权。

习近平总书记在党的十八届三中全会第一次全体会议上强调:"一刻也不能放松和削弱意识形态工作,必须把意识形态工作的领导权、管理权、话语权牢牢掌握在手中,任何时候都不能旁落,否则就要犯无可挽回的历史性错误。"进入新发展阶段,更要从时代和战略高度,来认识和把握意识形态建设的重大意义和实践要求。

大学生要自觉承担起举旗帜、聚民心、育新人、兴文化、展形象的使命任务,参与建设具有强大凝聚力和引领力的社会主义意识形态,做好做强马克思主义宣传教育工作,把坚定"四个自信"作为建设社会主义意识形态的关键,把握正确舆论导向,加强传播手段和话语方式创新,建设社会主义文化强国和社会主义意识形态。

2. 巩固壮大新时代主流思想舆论

习近平总书记在2013年全国宣传思想工作会议上指出:"我们正在进行具有许多新的历史特点的伟大斗争,面临的挑战和困难前所未有,必须坚持巩固壮大主流思想舆论,弘扬主旋律,传播正能量,激发全社会团结奋进的强大力量。"历史和实践证明,一个国家、一个民族的凝聚力和向心力,离不开积极、正确思想舆论引导,主流思想舆论越强大,人民为理想和梦想而奋斗的信仰、信念、信心也就越坚定。"人民有信仰,国家有力量,民族才有希望。"

在新时代,伴随着信息社会不断发展,新兴媒体影响越来越大。大学生要坚决拥护和服从党管媒体原则不动摇,抓住信息化带来的机遇,运用信息革命成果,融入全媒体传播格局,推动媒体融合发展,使主流媒体具有强大传播力、引导力、影响力、公信力,形成网上网下同心圆,让正能量更强劲、主旋律更高昂。

3. 明确意识形态工作的目标任务

把马克思主义在意识形态领域的指导地位作为一项根本制度,以规范性的指向明确意识形态工作的目标任务。

一是要坚定理想信念,以稳定、坚固的思想信仰巩固马克思主义在意识形态领域的指导地位。理想信念是共产党人的精神之"钙",马克思主义是共产党人的精神大厦,没有"钙",精神大厦就会坍塌;同样,没有精神大厦,"钙"将无处安放。因此,对于坚定理想信念,大学生要做好理论学习,以及党和国家路线方针政策的宣传工作,宣传我们的道路、理论、制度和文化,明白我们当前所处的历史地位以及所面临的挑战,清楚我们未来的发展目标和规划,坚定跟党走的信念信心,坚定马克思主义、共产主义的信仰。

二是要用习近平新时代中国特色社会主义思想武装头脑,实现中华民族伟大复兴的中国梦不是一个人的梦,而是每一位中国人的梦。因此,只有将思想理论与大学生群体结合统一于实现中华民族伟大复兴中国梦的实践,才能发挥社会主义思想理论本身的物质力量,才能形成实现社会主义现代化强国的合力。

三是要加强学校思想政治教育。学校是宣传思想文化建设重镇,处于意识形态斗争的前沿,关系到培养什么人、怎样培养人、为谁培养人的根本问题。学校要切实提高抓好意识形态工作责任感使命感,全员育人,形成思想政治教育齐抓共管的工作格局;全程育人,把思想政治教育贯穿于学生在校期间学习的全过程,融入教学、管理、服务工作的各个环节;全方位育人,利用好各学科在内的课堂教学主渠道和日常思想政治教育为主体的主阵地,把思政小课堂同社会大课堂结合起来,相互配合对学生进行思想政治教育。

四是思想政治教育既要灌输又在于引导。习近平总书记在 2021 年党史学习教育动员大会上提出的"四个正确认识"是新时代加强和改进高校思想政治工作的切入点和落脚点。正确认识世界和中国发展大势,就是教育引导学生强化社会主义理想信念;正确认识中国特色和国际比较,就是教育引导学生强化民族自信;正确认识时代责任和历史使命,就是教育引导学生强化责任担当意识;正确认识远大抱负和脚踏实地,就是教育引导学生强化务实笃行。

五是落实意识形态工作责任制。健全完善意识形态督促考核机制和责任追究机制,强化问责刚性和"硬约束"。对导致意识形态领域出现不良后果的,严肃追究相关责任人的责任。在学习工作生活中,意识形态问题主要表现在政治原则、思想认识、学术观点等问题上。要坚持立破并举,旗帜鲜明坚持真理、立场坚定批驳谬误,正确区分政治原则问题、思想认识问题、学术观点问题。要提高区分政治原则问题、思想认识问题、学术观点问题的能力和水平,旗帜鲜明反对和抵制各种错误观点。

2.2　社会主义核心价值

2.2.1　中国特色社会主义核心价值的内涵

1. 社会主义核心价值观的内涵

社会主义核心价值观以共同的价值准则、风向标与评判尺度,引领人民精神生活的内涵升华与内容深化。集中概括的二十四字社会主义核心价值观:富强、民主、文明、和谐,自由、平等、公正、法治,爱国、敬业、诚信、友善。

价值引领能强力凝聚国家价值共识,基于"富强、民主、文明、和谐"国家层面的价值目标,引领人民寻求最大公约数、画出最大同心圆,以民族精神的提振、国家形象的塑造、人类文明新形态的构建,筑牢"人民有信仰,民族有希望,国家有力量"的价值根基。价值引领能促进社会层面价值取向的汇流,依循"自由、平等、公正、法治"社会层面的价值取向,引领人民自觉弘扬时代新风,共同塑造自尊自信、理性平和、积极向上的社会心态。价值引领能协同推进公民层面价值规则的衔接,遵循"爱国、敬业、诚信、友善"公民个人层面的价值准则,深化美德善行、公序良俗的价值涵育,加强时代楷模、先进典型的示范引领,引领人民崇德向善、敬业乐群。

2. 社会主义核心价值观的主定位

社会主义核心价值观是当代中国精神的集中体现,凝结着全体人民共同的价值追求。中共中央、国务院印发《关于新时代加强和改进思想政治工作的意见》强调:"加强教育引导、实践养成、制度保障,推动社会主义核心价值观融入社会发展和百姓生活。"这为高校推动社会主义核心价值观落地落实明确了实践路径。

2013年,中共中央办公厅印发的《关于培育和践行社会主义核心价值观的意见》提出:"用法律的权威来增强人们培育和践行社会主义核心价值观的自觉性。"2016年,中共中央办公厅、国务院办公厅印发了《关于进一步把社会主义核心价值观融入法治建设的指导意见》。高校要自觉将社会主义核心价值观融入普法宣传教育中,坚持法治宣传教育与法治实践相结合,让广大师生深刻认识法律法规所蕴含的价值观,牢固树立法治意识、增强法治观念,形成守法光荣、违法可耻的良好氛围。把社会主义核心价值观教育同大学生的学习生活相结合,融入学习守则、班级公约、寝室规章等制度建设中,使之化为大学生的精神动力与责任担当,彰显制度的效能。

习近平总书记2014年五四青年节在北京大学师生座谈会上指出:"核心价值观,其实就是一种德,既是个人的德,也是一种大德,就是国家的德、社会的德。"将社会主义核心价值观内化于心、外化于行,需要把正确的道德认知、自觉的道德养成、积极的道德实践紧密结合起来。可以通过家庭、学校的文明教育活动让青少年在学习和生活中感知礼仪、践行道德,推动社会主义核心价值观内化为观念、外化为行动、转化为习惯。

3. 共同富裕离不开社会主义核心价值观引领

共同富裕是社会主义的本质要求,是中国式现代化的重要特征,要坚持以人民为中心的发展思想,在高质量发展中促进共同富裕。共同富裕是全体人民的富裕,是人民群众物质生活和精神生活都富裕;要促进人民精神生活共同富裕,就要发挥社会主义核心价值观"凝魂聚气、强基固本"的引领作用。

社会主义核心价值观发挥着价值引导与表达、释义与转化、衡量与选择、贯穿与融入等价值引领作用。以广泛通约的价值标准,指引人民正确辨识与选择积极合理的精神文化需求,追崇更为高雅、更高品位的精神生活,自觉拒斥泛娱乐化、恶俗化等不良文化倾向,坚决抵制享乐主义、极端个人主义等错误思想侵扰。价值引领是以积极健康高远的价值向往,引领人民精神文化需求的方向,使其更为自觉地追求讲道德、尊道德、守道德的精神生活,不断提高思想道德素质、科学文化素质和身心健康素质。

新时代应以社会主义核心价值观引领精神文化建设,发挥"以文化人"的本质功用,提升社会文明程度。形成适应新时代要求的思想观念、精神面貌、文明风尚、行为规范,拓展新时代文明实践中心建设,推进理想信念教育常态化制度化、精神文明创建具体化与公民道德建设生活化。

4. 社会主义核心价值观融入法律的实践

社会主义核心价值观是社会主义法治建设的灵魂。把社会主义核心价值观融入法治建设,是坚持依法治国和以德治国相结合的必然要求,是加强社会主义核心价值观建设的重要途径,为全面依法治国注入了鲜活的力量。

2016年,《关于进一步把社会主义核心价值观融入法治建设的指导意见》发布之后,

《中华人民共和国宪法》《中华人民共和国民法典》(以下简称《民法典》)等众多法律将社会主义核心价值观直接写入法律文本之中,在法律规范体系层面确立了社会主义核心价值观的重要地位。最高人民法院发布《关于在人民法院工作中培育和践行社会主义核心价值观的若干意见》《关于深入推进社会主义核心价值观融入裁判文书释法说理的指导意见》等文件以及典型案例,促进社会主义核心价值观在法治实践中真正落地。

《民法典》将"弘扬社会主义核心价值观"作为制定该法的基本目的,有着大量直接表述社会主义核心价值观及其具体内容的条款,将社会主义核心价值观全面落实于调整人与自然的关系、人与社会的关系、人与人的关系、家庭成员之间关系的制度体系中,如专门对作假、欺诈、胁迫、恶意串通、损害他人权益等行为作出否定性规定,鼓励见义勇为行为,保护英雄烈士人格权利。此外,《中华人民共和国公务员法》《中华人民共和国档案法》《中华人民共和国未成年人保护法》《中华人民共和国国旗法》《中华人民共和国国徽法》《中华人民共和国预防未成年人犯罪法》等均将社会主义核心价值观纳入其中。从法条的表述及其所处的位置来看,社会主义核心价值观已经被法律正式认可,并逐渐成为各部门法所共同遵循的基本原则。

2.2.2 中国特色社会主义道路的优越性

1. 中国共产党百年奋斗的历史道路

今天,已经取得"根本成就"的中国共产党和中国人民,脚踏中华大地,传承中华文明,走符合中国国情的正确道路,始终具有无比广阔的舞台,具有无比深厚的历史底蕴,具有无比强大的前进定力。

改革开放以来,我们党带领人民立足本国国情,在实践中不断探索,开辟了中国特色社会主义道路,丰富和发展中国特色社会主义理论体系,确立和完善中国特色社会主义制度,发展中国特色社会主义文化,极大地解放和发展了中国社会生产力,彰显了中国特色社会主义的巨大优越性和强大生命力。一路走来极不容易,弥足珍贵,走得对、走得正、走得好。

党的十八大以来,以习近平同志为核心的党中央站在新的历史起点上,勇于自我革命、自我革新,统筹推进"五位一体"总体布局,协调推进"四个全面"战略布局,推动党和国家事业取得历史性成就、发生历史性变革。中国特色社会主义道路、理论、制度、文化不断发展,中国人民和中华民族迎来从站起来、富起来到强起来的伟大飞跃。

从党的百年奋斗探索中可以发现,中国特色社会主义道路,既不是从天上掉下来的,也不是从地上冒出来的,而是中国共产党领导中国人民在实践中一步一个脚印踏出来的,是历史的选择、人民的选择。从无路可走,到找到正确的路;从走别人的路,到走自己的路。这是百年来党艰辛探索中国道路的生动写照。正如习近平总书记在庆祝中国共产党成立一百周年大会上指出的:"过去,我们照搬过本本,也模仿过别人,有过迷茫,也有过挫折,一次次碰壁、一次次觉醒,一次次实践、一次次突破,最终走出了中国特色社会主义这样一条实现我国社会主义现代化、创造人民美好生活、实现中华民族伟大复兴的康庄大道。"

中国特色社会主义道路,打破了只有遵循资本主义现代化模式才能实现现代化的神话,拓展了发展中国家走向现代化的途径,给世界上那些既希望加快发展又希望保持自身独立性的国家和民族提供了全新选择,为解决人类问题贡献了中国智慧和中国方案。

2. 实现中华民族伟大复兴的必由之路

中国道路是实现国家富强之路。落后就要挨打，富强才不被欺。中国近代屡遭西方列强欺凌，从根本上说还是国力、军力不够强大。国家富强，就是要在全面建成小康社会基础上，建设富强民主文明和谐美丽的社会主义现代化强国。中国特色社会主义道路，坚持以经济建设为中心，坚持四项基本原则，坚持改革开放；统筹推进"五位一体"总体布局，协调推进"四个全面"战略布局；不断解放和发展社会生产力，逐步实现全体人民共同富裕、促进人的全面发展。新中国成立70多年来特别是改革开放40多年来，我国经济实力、科技实力、国防实力、综合国力进入世界前列。事实充分证明，中国特色社会主义道路是强国之路。

中国道路是实现民族振兴之路。民族振兴，就是要使中华民族更加坚强有力地自立于世界民族之林，为人类发展作出新的更大贡献。中国特色社会主义道路，坚持推动物质文明、政治文明、精神文明、社会文明、生态文明协调发展，成功走出中国式现代化道路，创造了人类文明新形态，使中国在几十年时间里走完发达国家几百年的现代化历程，创造了世所罕见的经济快速发展奇迹和社会长期稳定奇迹，使中华民族迎来了从站起来、富起来到强起来的伟大飞跃。

中国道路是实现人民幸福之路。人民幸福，就是坚持以人民为中心，增进人民福祉，朝着共同富裕方向稳步前进。中国特色社会主义道路，坚持中国共产党领导，促进人的全面发展，逐步实现全体人民共同富裕，具有鲜明的人民性。新中国成立70多年来特别是改革开放40多年来，我国人民生活水平得到极大提高，居民人均年可支配收入从1949年的49.7元增长到1978年的171元，再增长到2021年的35 128元，实现从低收入国家到中等偏上收入国家的历史性跨越。中国打赢脱贫攻坚战，历史性地解决了绝对贫困问题，全面建成小康社会，中国人民的生存权和发展权得到有效保障，人民获得感、幸福感、安全感显著增强。

中国道路是实现和平发展之路。不同于西方一些资本主义国家在崛起过程中走对外殖民扩展和掠夺的道路，中国特色社会主义道路是坚持和平发展的道路，既争取和平的国际环境发展自身，又通过自身发展维护世界和平，推动建立公正合理的国际政治经济新秩序，建设持久和平、共同繁荣的和谐世界。中华民族是崇尚和平、包容的民族，饱受帝国主义、殖民主义侵略和欺凌的中华民族深深懂得和平的宝贵。中国坚定不移走和平发展道路，坚定不移奉行独立自主的和平外交政策，推动构建人类命运共同体，为人类和平与发展事业作出重大贡献。

3. 中国特色社会主义道路越走越宽广

道路问题直接关系党和人民事业兴衰成败。习近平总书记2020年在纪念中国人民抗日战争暨世界反法西斯战争胜利75周年座谈会上的讲话中强调："随着新时代坚持和发展中国特色社会主义的伟大实践不断向前，我们的道路必将越走越宽广，我们的制度必将越来越成熟。任何人任何势力企图歪曲和改变中国特色社会主义道路、否定和丑化中国人民建设社会主义的伟大成就，中国人民都绝不答应！"

中国特色社会主义道路，开拓于中国人民共同奋斗，扎根于中华大地，是给中国人民带来幸福安宁的正确道路。中国共产党自诞生之日起，就把共产主义远大理想写在了自己光辉的旗帜上,并为之而艰辛探索、不懈奋斗,推动科学社会主义在中华文明沃土上生根、孕育和发展。历史和人民之所以选择了中国共产党,选择了党的领导,根本就在于中国共产党坚定理想信念,以实现中国人民当家作主和中华民族伟大复兴为己任,以全心全意为人民服务为根本宗旨,始终不渝地为中国人民谋幸福、为中华民族谋复兴。

4. 坚定不移走中国特色社会主义道路

中国特色社会主义道路,是党领导人民向着中华民族伟大复兴的光明前景大胆试、大胆闯走出来的。邓小平同志在党的十二大开幕式讲话中提出:"走自己的道路,建设有中国特色的社会主义,这就是我们总结长期历史经验得出的基本结论。"此后,从党的十三大到二十大,"中国特色社会主义"都是大会报告的主题词。中国特色社会主义,成为"改革开放以来党的全部理论和实践的主题",成为实现中华民族伟大复兴的唯一正确的道路。这条道路"不仅走得对、走得通,而且定能够走得稳、走得好"。

方向决定道路,道路决定命运。无论是搞革命、搞建设,还是搞改革,道路问题都是最根本的问题。党的十九届六中全会通过的《中共中央关于党的百年奋斗重大成就和历史经验的决议》明确把"坚持中国道路"作为党百年奋斗的一条重要历史经验。这体现了我们党对坚持中国道路的历史自信,表明了我们党在新时代新征程坚持中国道路的历史自觉。深刻学习领会这一重要历史经验,对于我们掌握历史主动,走好新的赶考之路,具有重大意义。

一个国家和民族走自己的路,才可能创造历史伟业。风云激荡,岁月峥嵘。回看走过的路、比较别人的路、远眺前行的路,我们更加清醒而坚定:照抄照搬别国经验、别国模式,从来不能得到成功;走自己的路,是党的全部理论和实践的立足点,更是党百年奋斗得出的历史结论。在中国这样一个有着5000多年文明史、14亿多人口的大国推进民族复兴,没有可以奉为金科玉律的教科书,也不可能仅凭想象或别国经验设定出道路的标准化版本。中国特色社会主义,不是简单延续我国历史文化的母版,不是简单套用马克思主义经典作家设想的模板,不是其他国家社会主义实践的再版,也不是国外现代化发展的翻版,而是科学社会主义基本原理与中国实际和时代特征相结合而形成的"中国版"。

2.2.3 大学生怎样树立理想信念

1. 学习科学文化知识,树立正确的理想信念

第一,树立远大的理想和正确的世界观、人生观和价值观。成大业者必先立大志。每一位有志青年无论身在何处,无论在什么岗位,都应当心系祖国和人民,把个人的抱负同全民族的共同理想统一起来,这样才能获得强大的前进动力,才能在建设祖国和服务人民中实现自己最大的人生价值。

第二,坚定社会主义事业信念。改革开放40多年来,中华大地发生的巨大变化证明,建设中国特色社会主义是我国走向繁荣富强的正确道路。在振兴中华的征途上,广大青年只有坚定走中国特色社会主义道路的信念,才能保持正确的人生航向。

第三,学习掌握先进的知识和科学的思想,先进的知识和科学的思想对人的素质的影响,对一个国家生存和发展的影响越来越重要。青年要不断学习新知识,掌握科学方法,树立科学观念,养成科学的思维方式,逐步把自己培养成对社会有用的人。

2. 正确认识历史,弘扬中华优秀的传统文化

历史是最好的教科书,通过学习历史特别是党史、新中国史、改革开放史、社会主义发展史,让广大学生深刻认识历史和人民选择中国共产党、选择马克思主义、选择社会主义道路、选择改革开放的历史必然性,从而增强建设中国特色社会主义事业的信心,同时尊重和发挥人民主体地位和首创精神,把中国共产党创立的伟大事业深深扎根于学习工作生活之中,以时不我待、只争朝夕的精神,奋发有为,锐意进取,推进中国特色社会主义道路不断向前发展,更好地走向未来。

中华优秀传统文化蕴含着鲜明的人文精神和道德规范,有助于培养自强不息、仁爱友善等文化品性。如天下兴亡、匹夫有责的爱国情怀,仁者爱人、博施济众的价值理念,己所不欲、勿施于人的道德准则,结合新的时代条件赋予其新的时代内涵和表达形式。青年阶段是人生的"拔节孕穗期",最需要精心引导和培育。通过情理交融、美善相济的方式,让青年在学习和生活中感知礼仪、践行道德,把社会主义核心价值观内化为精神追求、外化为自觉行动。大学生要见贤思齐、谦和有礼、向上向善、推己及人,身体力行社会主义核心价值观。

3. 坚持实践养成,践行社会主义核心价值观

社会主义核心价值观只有同大学生的学习生活实践、成长发展历程紧密结合,才能成为大学生的行动自觉和生活规范,成为他们日常工作和生活的基本遵循。在推进社会主义核心价值观实践养成的过程中,高校要坚持和实施分众化落实,既面向全体师生实现全覆盖,又区分层次和对象加强分类指导,真正体现贴近性、对象化,不断提高教育、引导和落实的针对性实效性。组织开展各类评选活动,发挥好身边先进典型对青年学生的引领带动作用,引导青年学生自觉培育和弘扬社会主义核心价值观。

全面建设社会主义现代化国家、全面推进中华民族伟大复兴,需要全社会方方面面同心干,需要全国各族人民心往一处想、劲往一处使。我们要在全社会大力弘扬和践行社会主义核心价值观,使之像空气一样无处不在、无时不有,成为我们生而为中国人的独特精神支柱。要弘扬以伟大建党精神为源头的中国共产党人精神谱系,用好红色资源,深入开展社会主义核心价值观宣传教育,深化爱国主义、集体主义、社会主义教育,学习好党史、新中国史、改革开放史、社会主义发展史,引导大学生知史爱党、知史爱国,不断坚定中国特色社会主义共同理想,坚定道路自信、理论自信、制度自信、文化自信。

4. 重视家教家风,弘扬社会主义核心价值观

习近平总书记在2015年春节团拜会上指出:"家庭是社会的基本细胞,是人生的第一所学校。不论时代发生多大变化,不论生活格局发生多大变化,我们都要重视家庭建设,注重家庭、注重家教、注重家风"。中华文化历来重视家庭家教家风。传统家训家风及其蕴含的传统美德,是中华优秀传统文化的重要组成部分,在今天仍有其独特价值。借鉴吸收传统家训家风的精华,发挥其教化作用,引导善行义举,提升道德水平,可以为形成良好家教家风提供滋养,有助于培育和弘扬社会主义核心价值观。

传统家训家风以家庭伦理为主要内容,强调尊祖宗、孝父母、和兄弟、严夫妇、训子弟、睦宗族、厚邻里、勉读书、崇勤俭、尚廉洁等。例如,《颜氏家训》主张"夫风化者,自上而行于下者也,自先而施于后者也",重视榜样作用,重视家庭道德教育的潜移默化作用。金华《胡氏家训》强调"为官当以家国为重,以忠孝仁义为上"等,《张氏家训》强调"一言一行,常思有益于人,唯恐有损于人"等,这些家训家风体现着人们认可的行为准则和价值标准。

培育和弘扬社会主义核心价值观,要借助多样的传播路径。近年来有许多以社会主义核心价值观为价值引领的电影、电视剧、微视频等,思想性、艺术性和观赏性俱佳的作品对于引导青年传承文化基因、厚植家国情怀起到了重要促进作用。当今时代,网络已成为人们特别是青年获取信息的重要渠道,互联网已成为意识形态斗争的主战场。发挥传统家训家风在培育和弘扬社会主义核心价值观中的作用,要善于利用网络平台,在网络互动中传播正能量、弘扬主流价值。要不断创新网络宣传方式方法,发挥教化作用,引导善行义举,让人们特别是青年在网络空间接受社会主义核心价值观的滋养。

2.3 网络舆情

2.3.1 网络舆情概述

1. 网络舆情的定义

舆情是"舆论情况"的简称,英文名是 public opinion,是指在一定的社会空间内,围绕中介性社会事件的发生、发展和变化,作为主体的民众对作为客体的社会管理者、企业、个人及其他各类组织及其政治、社会、道德等方面的取向产生和持有的社会态度。它是较多群众关于社会中各种现象、问题所表达的信念、态度、意见和情绪等表现的总和。

网络舆情是指在互联网上流行的对社会问题不同看法的网络舆论,是社会舆论的一种表现形式,是通过互联网传播的公众对现实生活中某些热点、焦点问题所持的有较强影响力、倾向性的言论和观点。人们通过互联网自由表达自己对于社会各种现象和问题的观点、态度、意见、情感等,并且在网络上进行传播及互动产生的后续影响力,合称为网络舆情。

网络舆情以网络为载体,以事件为核心,广大网民情感、态度、意见、观点的表达、传播与互动,以及后续影响力的集合,具有表达快捷、信息多元、方式互动等特点。其表现方式主要为新闻评论、BBS 论坛、博客、播客、微信、微博、聚合新闻(RSS)、新闻跟帖及转帖等。进入移动互联网时代,网络融入人们的日常生活,对当代大学生也产生了重大影响。对于校园生活中出现的一些常见现象以及民众所关注的相关社会焦点问题,学校师生常常会通过互联网来表达个人的情绪态度、观点看法、疑惑忧虑,这些总和被定义为学校网络舆情。

2. 网络舆情的特点

网络舆情具有很高的开放性。互联网拓展了人们的公共空间,例如人们可以通过BBS、新闻评论、微博等发表自己的意见,表达自己的观点。自由性极高的网络使得任何人都能变成互联网信息的编辑者,同时也获得任意阅读互联网信息的自由。

网络舆情具有可交互性。在网上人们经常会就某一热点问题和事件进行激烈的讨论,不同的观点相互碰撞,即时形成互动,这样的互动可以使参与者相互探讨和争论,旁观者也能通过这些互动客观地认识事件的本质。

网络舆情具有扩散性。在互联网中,有关焦点问题舆论的传播速度会形成"雪球效应",即如同滚雪球一般不断地演变,扩展,集合,传播的速度和影响力会呈几何级数增长。

网络舆情具有虚拟性。网络舆情以大众的评论为基础,大众的评论同样也会受到网络舆情的影响。然而人们的很多情绪和想法在现实生活中是无法表达出来的,因此人们需要借助网络这一虚拟的空间去表达自己更多的情绪。

3. 学校网络舆情的内涵和特征

学校网络舆情是社会舆情的一种网络化表现,其主体是学校师生。在网络信息技术发展的背景下,大学生通过网络途径参与社会生活,学校教师作为大学生意识形态安全教育的主要教育人员,对学校网络舆情的教育、传播、发展等有着较为明显的影响力。

学校网络舆情是指以新媒体为媒介,大学生围绕校园内、外部环境中发生的各种事件或社会现象在互联网上发布的个人意见、态度和情绪的综合体现。其特征如下。

(1)范围广。一方面是学校网络舆情内容的广泛性。据调研发现其类型主要有:一是国内外社会热点和时政焦点舆情;二是自然或人为的校园突发事件舆情;三是关乎学校自身形象、声誉的舆情;四是涉及师生权益的舆情。另一方面则是学校网络舆情借助互联网平台的开放性和发散性使其拥有广泛的影响范围。

(2)速度快。学校互联网普及率极高。无论是固定网络还是移动网络都为信息的传播提供了便利。在这样的环境下,大学生常用的 QQ、微信、短视频平台等通信工具更加快了信息传播的速度。

(3)人数多。大学生是一个同质性很强的社会群体,大多数大学生都有自己的社交"圈子",如班级圈、老乡圈、初高中同学圈、社团圈、兴趣爱好圈等,这些"圈子"中的人数之多、涉及层面之广,使得舆情数量不可估量。

(4)易隐匿。互联网舆论传播的隐匿性源于网络的虚拟性。网民在互联网上一般无须显示真实的身份,这种"面具"特征降低了参与风险,使每一位网民都能以平等的身份加入网络讨论中;然而也有一些人利用这种隐匿性,肆意宣泄负面情绪,甚至发布诋毁他人的言论。

(5)突发性。学校网络舆情的形成往往非常迅速。一个热点事件短时间内就能蔓延开来,形成星火燎原之势,难以控制。

(6)个性化。俗话说"林子大了什么鸟都有"。一方面是发布言论信息的人多种多样,使得网络舆情极具个性化;另一方面则是内容上具有强烈的个性特征,如常见的纯文字、图片+文字、短视频+文字、文字+图片+音频等多种形式。

(7)门槛低。网络新闻的编制时间短、成本低。几乎人人都可以成为新闻的缔造者,并借助免费的通信工具迅速传播开来。

(8)反响大。学校学生是特殊的社会群体,高度聚集,新媒体普及率极高,具有很强的主体意识和参与意识,而且主观性和倾向性也很突出,一件不起眼的小事都有可能发展成为"绑架"民众、煽动民愤,甚至左右事件结果的"网络审判",形成"网络暴力"事件。

2.3.2 网络舆情的危害

1. 大学生容易出现的舆情问题

当前,网络已成为思想文化信息的集散地和社会舆论的放大器,在全新的媒介环境里,人人都是记者,个个皆有麦克风,新闻传播和舆论的自由度都显著提高。网络日益成为大学生获取和传播舆情信息的首选渠道,多数大学生的上网目的比较积极健康,但由于在校大学生正确的"三观"正在树立过程中,对网络上的一些舆情信息难以做出正确的辨别,较容易出现一些不良舆情问题,主要表现在以下 4 个方面。

(1)信念表现。在校大学生通过网络平台容易受到一些商家炒作的影响。一些商家利用西方节日这一时间点对商品或产品展开营销,在宣传商品或产品时,中间渗透一些西方价值观或邪教等内容。因此,在校大学生在网上非官方、非权威的网络平台遇到或看到有关社会主义制度和党的领导等方面的舆情信息,不要盲目转发或者评论,以免出现信念方面的舆情问题。

(2)态度表现。对于国家统一和主权,反腐,关闭影响恶劣的网络大 V、网红账号等舆情信息,在校大学生应坚决拥护党和国家的决定。

(3)意见表现。意见表现主要表现在关乎学生自身利益的事情,如学生对学校生活、学习、教务系统、网络、课程安排、校园禁止骑摩托车等表现出来的意见。

(4)情绪表现。在心理学上主要表现为某个人或某个群体在受到各种因素影响后或积压到一定的程度后,所表现出来的一种情感表达或过度表达,就会出现如发泄、造谣、报复等情绪问题。这是大学生最容易出现的舆情问题之一。

2. 学校网络舆情存在的问题

(1)网站建设混乱,管理人员缺乏责任心。互联网进入中国学校以来,很多学校顺应时代变化开始建设门户网站,但由于缺乏有效的管理,会存在不少问题,如网站结构不清晰,内容更新慢,浏览者难以快速地找到对自己有用的信息。同时,部分学校管理人员低估了网络舆论的监督作用和传播主体的理解承受能力,被动应对,缺乏责任感,对已经形成校园热点、焦点的问题和事件,没有及时正面报道和澄清;经调查属实的消息,不能及时通过校园网络公开报道处理结果,消除负面影响;对经调查存在不实之处的消息,也不能及时地向全校通报事实真相。

(2)舆情传播通俗化,舆情的真假难辨。部分大学生在语言表达上不够成熟,问题研究也不够彻底,更多的只是相互交流沟通,广泛传播而已,这使得网络舆情越来越通俗化、口语化。另一大问题出在参与者身上,他们有着一定的从众心理,很少有自己独立的观点及批判的眼光,跟帖者的观点容易受其他参与者的影响。与此同时,大学生在网络上发布自己关于热点话题的态度、观点、意见和行为倾向等网络舆情都不需要经过任何官方认可的审核,这一现象易于导致网络舆情有失客观公允。而且学生大多缺乏社会阅历,冲动浮躁,价值观不够完善,不能全面地分析一些社会事件及现象,有些大学生甚至会扭曲生活中遇到的失败挫折并将其视为社会国家的不公,他们发表出来的言论也会相对偏激。而获取这些信息的一些大学生又可能断章取义,他们并不知道事件背后的真相是什么,仅以自己单方片面的认知来剖析事件,甚至还会将其进行篡改后继续传播扩散,这使得其他大学生及大多数网民对事件和社会的看法会有很大的转变,影响极大。这就造成了与客观事实不符甚至完全相反的学校网络舆情渐渐出现在社会中。

(3)传播线性化,交互动力不足。校园网络交流平台激发了大学生参与讨论的主体积极性,它既是学生们了解校园动态的窗口,也是学校管理者了解学生的直接平台。但是,有些学校管理部门只愿按照自己的意愿披露信息,单向传播,高高在上,缺少亲和力,主观上总认为凡是在网上发表不同观点和议论的学生都不怀好意，以人员、精力为借口不愿与学生网民在网上互动。

（4）随波逐流，具有盲目性。目前网络信息良莠不齐，大学生无法仅凭尚未成熟的判断能力对信息进行过滤，多数情况下容易在复杂的网络环境中丧失自我。

（5）内容相对低俗，缺乏理性批判。大学生长期深居大学这座象牙塔内，往往会对社会以及新奇事物产生强烈的好奇心，而精彩的网络世界正好可以很好地满足他们的这一需求。在这个过程中，一些自制能力较差的学生为了寻求强烈的刺激感，往往会沉迷各种网络娱乐，甚至无法自拔。对于在校大学生而言，精力过多地投入网络娱乐不仅会减少其学习文化知识的热情，导致文化素养日渐低下，而且由于减少了对于国家、社会、人生道路等严肃问题的关注，责任意识也会随之缺失。

（6）学校网络舆情极易激发群体性事件。大学生是具有一定的文化知识水平和政治敏锐性、思想相对独立、言行易冲动的社会群体。网络舆情内容纷繁复杂，普通大学生很难判断其真实性，大多数人会产生"从众心理"，并针对一些事件发出强烈的情绪反馈，进而激发群体性事件发生的可能。学校群体性事件被激发后，如果不对相关的负面网络舆情进行管控和应对，将会使群体性事件进一步蔓延开来，并有可能升级恶化。如某学院对学生宿舍进行调整的过程中，没有理会学生的不同意见，导致大量学生在论坛、贴吧、QQ群、微信等媒介大肆散布、传播非理性言论，甚至引发学生串联、请愿活动，严重影响了校园的稳定，最终宿舍调整计划不了了之。学校网络舆情加大了群体性事件处理的难度。网络舆情是一把"双刃剑"。对于部分不谙世事的大学生来说，可谓洪水猛兽，在部分别有用心主体的操控下，普通学生极易受到一些消极、片面观点的不当引导，进而作出错误表达，伤及无辜。因而，增加了学校处理群体性事件的难度。

3. 诱发学校网络舆情的因素

在新媒体时代，大学生因"三观"没有完全树立，政治意识和法律意识淡薄，不熟悉网络游戏规则，不尊重事实，片面追求关注度，追求粉丝量，且对舆情的传播速度、途径、范围等影响评估偏小，可能会导致舆情的发生和被发生，最后给大学生本人和学校带来一些非正面影响。学校网络舆情形成的原因复杂多样，总体来看有以下3个方面。

（1）社会突发事件。现阶段我国所处的环境比较特殊。一方面是一些外部敌对势力以"民主和自由"为借口，利用一些事件对我国进行丑化歪曲、诋毁中伤、煽风点火，致使网络舆情的真相更加复杂难辨，一些学生为之所蒙蔽。另一方面则是改革开放40多年来，我国经济快速发展，整体处于转型过程中。社会中贫富差距加大、官员腐败、暴力强征强拆、公民道德下滑、农民工维权等矛盾日渐凸显。国内外两方面的原因最终导致社会突发事件成为网络舆情爆发的主要诱因之一。

（2）学生自身特质。大学生是一群同质性非常强的社会群体，他们属于群居状态，多数人具有积极热情，头脑活跃，相互交往较多，彼此之间思想碰撞影响较大，对国内外发生的一些突发事件很敏感，并热衷于对这些事件发出自己的探讨和评论。然而由于社会阅历和眼界的有限性，以及家庭经济情况、升学就业压力、个人情感等因素的影响，导致其看问题不够全面，容易主观偏激、被人误导，最终将怨气和牢骚发泄在虚拟隐匿的网络中，加剧了网络舆情的传播和泛滥程度。

（3）新兴媒介助力。传统的电子邮箱、BBS、社交网站逐渐被新兴的 QQ、微博、微信、抖音、陌陌、Facebook、YouTube 等国内外手机即时通信工具所取代，这些新兴媒介既方便了人们的生活，也为网络舆情的扩散和传播提供了平台，使得学校网络舆情的管控难度日益加大。

2.3.3　大学生怎样预防和处理网络舆情

1. 正确预防网络舆情

网络在给学生的学习和生活带来便捷的同时，也对学校的网络舆情工作带来了极大的难度。大学生应该坚定理想信念，加强学习，不断丰富自己的知识文化水平，不断提升个人能力。自媒体平台的出现，使大学生有了多种分享信息、分享心情的手段。大学生对某些社会热点问题仍然缺乏全面深入地辩证分析问题的能力，而在自媒体平台上，就很容易出现"人云亦云"，甚至是"以谣传谣"的现象。因此，大学生一定要坚定自己的理想信念，不忘初衷，不断学习，不断丰富自己的知识文化水平，提高自身在使用自媒体过程中对各类信息"去粗取精、去恶取善"的能力。

在新媒体高速发展的今天，舆论场也在不断发展，虽无法涤清网络暴力，但大学生必须具有自我辨识舆论的能力，其关键点在于如何了解、正视、利用，做到客观看待网络舆情，实现自我净化。有效地预防舆情，大学生需要做好几个方面预防工作：一是在校大学生应重视网络道德修养的提高，提高自我思想认识水平，学会辨识舆情信息；二是通过正规合理的渠道及时反映问题，如通过校长信箱、保卫处、学工处电话等正规渠道反映问题和情况；三是在公开的场合下，做到理智发言，不跟风，避免涉及敏感话题；四是不要通过互联网胡乱造谣，发表不良言论，抵制网络谣言，争做诚信大学生。

2. 正确处理突发舆情

所谓的重大舆情突发事件，是指突然发生，造成或者可能造成严重社会危害，需要采取应急处置措施予以应对的自然灾害、事故灾难、公共卫生事件和社会安全事件。对于网上的重大突发事件，在不明真相的前提下，做到不造谣不传谣，等待官网权威消息发布，了解事实真相。在等待真相的过程中，不要无中生有地去评论转发，避免次生舆情。

舆情的发生都有其过程，当我们自身发生舆情时，面对舆情不要堵不要删，切莫激化情绪。如处理得当，舆情将平息；如处理不当，舆情信息会再次被放大，后果不堪设想。在校大学生发生舆情后，一般处理步骤如下。

（1）迅速收集、整理、保存有关舆情信息，包括发帖人信息、IP 地址，并截图保存图片、网站等相关证据。

（2）聆听和发现舆论场上都说了些什么，甄别、掌握数据，查知舆论为何发生。受众如何看待？何人主导舆论？有无幕后推手？在哪个平台起源？在哪个平台引爆？舆论场上的主要议论点是什么？媒体怎么看？大 V 怎么看？普通网民怎么看？

（3）假如你感到无助和绝望，首先冷静下来，正确对待，不要说谎和回应。

（4）寻踪问迹，搞清楚事件传播的来龙去脉。

（5）主动联系辅导员、学工处或保卫处进行协商处理，慎重对待。必要时，可在老师的带领下到管辖派出所报案。

（6）不要采用其他渠道来处理，如在网上请人高价删帖、沉帖。坚持法律至上、依法处置。

（7）对于造谣诽谤的信息，采取还原真相、陈述事实的处理方法，防止谣言传播。

3.教育培养大学生网络素养

（1）运用学校思政课程树立学生网络素养意识，提升学生的网络道德素养。学校的思政课程教师可与辅导员配合，在思政课程中设置相关的网络素养培养与提升的内容，不仅要宣扬社会主义核心价值观，帮助学生树立正确的价值观、人生观和道德意识，让学生学会分辨网络是非善恶，知荣知耻，以提高其政治敏锐力与洞察能力。

（2）引导学生正确行使知情权、表达权、参与权。网络舆情信息与论坛爆发的信息，并不能完全代表事件和社会原貌，对于学生而言，网络是一种能够帮助自身发展的便利工具，应有意识地提升使用这种工具的能力，而不是变身为网络牺牲品。学校应在能够引导网络舆情走向的基础上，鼓励大学生探寻网络舆论的真相。大学生只有明白、了解网络舆情如何作用于舆情走向，通过分析网络舆情变化过程、观测揣摩他人言行，才能产生提升自身素养的需求，才不会做出一些非议、愚钝之举，从而不断提高大学生自身对网络的理解、评价、鉴别等能力。

（3）积极倡导主流意识形态。目前大多数学校都已建立校园网站与BBS论坛，未来校园网建设工作的重点应从技术层面的网站建设转移到结构上的完善网站布局，做到服务上的"线上""线下"互动，重视从内容上去引导学生的思想成长。科学地利用校园流行文化，联系学生社团组织，把传统的宣传思想政治教育"移植"到各个网站与相关的网络平台。通过移动互联网平台与学生社团活动的配合，创造网络校园文化典型案例，树立网络道德标尺，积极倡导主流意识形态。

2.4 本章案例分析

【案例分析】 我国政治安全面临的最大威胁来自各种敌对势力对我国实施"西化""分化"的战略图谋。西方敌对势力通过多种文化、技术等手段进行"普世价值观"、思想意识、文化霸权的输出，境内外各种敌对势力利用学术研究、宗教交流等方式进行渗透，恶意利用、夸大、扭曲国内经济、社会、文化的迅速发展和在改革开放过程中遇到的各种各样的问题和矛盾，诋毁党的领导和社会主义制度，削弱公众对国家的政治认同感，目的是颠覆中国共产党的执政地位。

【事件经过】 个别高校教师以学术自由为名在课堂教学、校园网络中有意无意地美化西方的政治、经济、文化等制度，散播全盘西化和历史虚无主义的观点，或者陷入了精致利己主义者的窠臼，成为高学历的野蛮人，给学生在道德引领和行为规范方面做出了错误的示范。

【事件原因】 大学生世界观、人生观和价值观尚未完全形成，他们缺少对社会主义核心价值观和中国特色社会主义理论的正确认识，易受各种社会思潮及多种现实问题的影响，存在着许多思想困惑与矛盾。理论宣传、舆论管理和政策引导不力，以及思想政治教育的不到位，网络、自媒体的兴起与监管的不规范引发了大学生的思想混乱，这些都挑战着大学生的政治安全理念。

【事件后果】 个别学生经不起金钱、物质、利益等的诱惑，不惜丧失国格、人格，出卖情报，参与泄露国家机密案件，宣扬反政府思想，给国家安全造成重大损失。一些大学生政治安全意识淡薄，政治思想动摇，政治热情淡化，政治敏感度降低，政治判断能力缺乏，社会经验不足，思维方法片面，思想认识偏激，容易发生群体突发事件，影响学校的政治安全。

【安全警示】 作为中国特色社会主义事业未来的接班人和建设者，大学生的政治热情和政治责任感、政治精神和政治视野，直接影响到高校改革、发展的进程和人才培养的质量，也与整个社会的政治安全和未来国家政治发展前景密切相关。大学生必须深刻认识到政治安全是国家安全最根本的象征，是国家利益的最高目标。

2.5　本章小结

本章主要介绍了意识形态概述、我国意识形态面临的形势、大学生怎样守护意识形态主阵地、中国特色社会主义核心价值的内涵、中国特色社会主义道路的优越性、大学生怎样树立理想信念、网络舆情概述、网络舆情的危害及大学生怎样预防和处理网络舆情等内容。高校是意识形态工作的前沿阵地，是人才培育的重要基地，高校意识形态工作直接关系"为谁培养人""培养什么人"的问题。大学生是高校的主体力量和活力之源，处于思想文化交流与交锋的前沿，也处于高校意识形态领域斗争的最前线。在新时代背景下，意识形态领域的斗争更加隐蔽，意识形态渗透方式更为多样，必须正确处理好高校学生的意识形态问题，才能办好中国特色社会主义大学。

国 家 安 全

3.1 国家安全教育

3.1.1 国家安全基本内容

1. 国家安全的基本内涵

从根本上说,国家安全就是一个主权国家的生存和发展利益不受侵犯和威胁。《中华人民共和国国家安全法》对"国家安全"概念的解释如下:国家安全就是一个国家处于没有危险的客观状态,也就是国家既没有外部的威胁和侵害,又没有内部的混乱和疾患的客观状态。"国家安全"一词用于法律文件以来,其内涵和外延并未达成共识。从一些国家的安全战略和相关国家安全立法中,也能看出其中存在很大差异。如何界定"国家安全"的内涵和外延通常受到客观因素和主观因素的影响。从客观因素来说,包括国家所处的国际战略环境、国家的发展战略、核心利益的内外威胁、国家能力的大小等。从主观因素来说,包括对威胁的主观感知、认知主体的意识形态和价值观、国民的历史记忆、社会大众的政治情绪等。

在新形势下维护国家安全,必须坚持以总体国家安全观为指导,坚决维护国家核心和重大利益。总体国家安全观语境下的国家安全,是个"大安全"概念,既指国家处于安全状态,又指国家维持这种安全状态的能力。维护国家安全的根本着眼点是维护国家核心利益和国家其他重大利益,有的国家称"生死攸关的利益""极端重要的利益"。由于国家核心利益和国家其他重大利益涉及国家的生存、独立和发展,任何政府都会把它们列为维护国家安全的首要核心目标,在维护上述利益时,都会态度坚决、不容争议、不容妥协、不容干涉。

《中国的和平发展》白皮书首次系统地阐述了"国家核心利益"的内涵。我国的核心利益包括:国家主权、国家安全、领土完整、国家统一、中国宪法确立的国家政治制度和社会大局稳定、经济社会可持续发展。《中华人民共和国国家安全法》第二条规定:"国家安全是指国家政权、主权、统一和领土完整、人民福祉、经济社会可持续发展和国家其他重大利益相对处于没有危险和不受内外威胁的状态,以及保障持续安全状态的能力。"这里规定的"国家政权、主权、统一和领土完整、人民福祉、经济社会可持续发展",就是我国的核心利益。

国家安全是一个有机的体系,是一个包括许多子系统的社会大系统。国家安全的基本内容有政治安全、经济安全、社会安全、军事安全、金融安全、能源安全、粮食安全、生态安全、文化安全、科技安全、信息安全、生物安全、核安全等。这些内容是互相联系、互相作用、不断变化的,且在动态联系中占据着各自不同的位置,发挥着各自不同的作用,通过相互作用影响着整个国家安全系统。大致来说,当代国家安全系统中,政治安全、国土安全和主权安全是国家安全的根本,军事安全是国家安全的保障,经济安全是国家安全的基础。

2.国家安全教育的重大意义

大学时代是学生世界观、价值观、人生观形成的重要时期,也是国家安全意识养成的最重要时期。大学生是未来国家建设的中坚力量,也是国家的未来和希望。大学生通过国家安全相关知识的学习,可以提高国家安全意识,树立正确、系统的国家安全观,从而正确地观察、分析当代中国国情及安全环境,正确认识政治社会、民族宗教外交等各方面的问题,增强抵御西方政治渗透、不良文化思潮及腐朽没落价值观念的冲击和影响的能力,增强自觉维护国家安全的责任感。这对我们国家的稳定发展和长治久安具有深远的现实意义和战略意义。

有国家就有国家安全工作,无论处于什么社会形态,或者实行怎样的社会制度,各国都视国家利益为最高、最根本的利益,将维护国家安全列为首要任务。维护国家安全,是坚持和发展中国特色社会主义,实现"两个一百年"奋斗目标和中华民族伟大复兴中国梦的重要保障。每位大学生都应当成为国家安全和利益的自觉维护者。

3.危害国家安全的行为与手段

(1)危害国家安全的行为。

① 阴谋颠覆政府、分裂国家、推翻社会主义制度的行为。阴谋颠覆政府是指阴谋推翻人民政府,篡夺国家领导权的行为。阴谋分裂国家是指阴谋推翻地方人民政府,拒绝中央领导,割据一方,分裂统一的多民族国家的行为。阴谋推翻社会主义制度是指以各种方式改变人民民主专政政权和公有制为主体的社会主义经济基础的行为。

② 参加间谍组织或者接受间谍组织及其代理人任务的行为。参加间谍组织是指行为人通过履行一定的手续加入间谍组织,成为间谍组织成员的行为。接受间谍组织及其代理人任务是指已参加间谍组织的人或未参加间谍组织,受间谍组织命令、派遣、指使或委托为间谍代理人工作,从事危害我国国家安全的活动。

③ 窃取、刺探、收买、非法提供国家秘密的行为。所谓窃取是指行为人采用秘密非法手段取得国家秘密的行为。所谓刺探是指行为人采用秘密手段暗中打听,获取国家秘密的行为。所谓收买是指行为人采取提供财物或其他物质利益的方法,收买国家工作人员向其提供国家秘密的行为。所谓非法提供是指国家秘密的持有者,将自己知悉、管理、持有的国家秘密非法出售、交付、告知其他不应知悉该秘密的人的行为。

④ 策动、勾引、收买国家工作人员叛变的行为。所谓策动是指策划、鼓动他人叛变的行为。所谓勾引是指勾结、引诱他人叛变的行为。所谓收买是指以金钱、财物或其他物质利益诱使他人叛变的行为。

⑤ 进行危害国家安全的其他破坏活动的行为。(a)组织、策划或者危害国家安全的恐怖活动;(b)捏造、歪曲事实,发表、散发文字或者言论,制作、传播音像作品,危害国家安全的行为;(c)利用社会团体、企业事业组织,进行危害国家安全的活动;(d)利用宗教进行危害国家安全的活动;(e)制造民族纠纷,煽动民族分裂,危害国家安全的行为;(f)境外个人违反有关规定,不听劝阻,擅自会见境内有危害国家安全的行为,或者有危害国家安全行为

重大嫌疑的人员。

（2）破坏势力危害国家安全常用的手段。

境外敌对势力和间谍情报机关为了"分化""西化"社会主义中国，常常采取情报窃密、勾连策反、心战谋略、行动破坏等手段，具体包括下述内容。

① 利用各种渠道，以公开或秘密的方式，灌输西方的政治和经济模式、价值观念及其腐朽的生活方式，培养"和平演变"的"内应力量"。

② 采取金钱物质引诱、许诺出国担保、色情勾引、抓其把柄等手法，或打着学术交流、参观访问、照相留念和文明结友等幌子，刺探、套取、收买我国政治和经济、军事、科技、文化等方面的秘密。

③ 通过书刊、广播、音像、传单、通信等途径，编造谣言，借题发挥，以偏概全，挑拨离间，虚张声势，进行反动"心战"宣传，扰乱师生员工的心绪，煽动不满情绪，实现其颠覆、破坏的目的。

④ 策划成立旨在预谋分裂中国、推翻社会主义制度的暴力集团、恐怖组织、反动宗教团体、社会团体和企事业单位，或为其提供经费、场地和物品等支持。境内敌对分子为达到个人的某种目的，往往与境外敌对分子相勾结，主动为他们提供国家秘密或情报。

我们要以人民安全为宗旨，以政治安全为根本，以经济安全为基础，以军事、文化、社会安全为保障，以促进国际安全为依托，走出一条中国特色国家安全道路。

3.1.2　国家安全面临的形势

1. 境外敌对势力对意识形态领域的渗透、颠覆活动

当前，境外敌对势力对我国进行"西化""分化"的战略图谋开始转向文化渗透，国内高校成为他们渗透的主要阵地，在校大学生成为他们争夺的主要对象。所以，大学生面临的维护国家安全的形势是长期、复杂而严峻的。

境外敌对势力通过互联网等渠道进行宣传、煽动等渗透活动，极力宣扬西方民主、自由思想和价值观，诋毁我党和社会主义制度，甚至煽动、策划、组织民族分裂活动。作为青年人才和知识分子聚集区的高校，就成为境外敌对势力重点进行渗透的前沿阵地。有的境外敌对势力通过各种伪装，以学术交流、教育合作、志愿服务、助学助困等方式进入高校内部，在青年学生中间进行有目的、有计划的渗透颠覆活动。例如，美国国家民主捐赠基金会（NED），打着非政府组织（NGO）的招牌，以教育、教学和学术交流为掩饰，通过各种活动，达到意识形态输出、文化颠覆的目的。有些组织甚至直接以战略资金的形式，频频资助各种反华势力，直接干涉中国内政。

2. 境内外分裂势力勾结策划民族分裂活动

境外敌对势力与境内分裂势力相勾结，策划进行民族分裂活动。在制造暴力恐怖事件的同时，境内外民族分裂势力利用宗教大肆从事分裂破坏活动。他们披着宗教的外衣，打着"圣战"的旗号，煽动宗教狂热，攻击党的民族宗教政策。宗教极端势力通过各种手段，收买、拉拢、策反朝觐和外出人员，争夺清真寺的领导权，迫害爱国进步宗教人士，加紧向高校渗透，企图争取青年学生的支持。

3. 非法组织向高校的蔓延

当今社会存在的非法组织主要包括邪教组织、非法传销组织和恐怖组织，他们利用大

学生思想不成熟、好奇心强等特点,采取麻痹思想、物质利诱、出国担保等手段,对大学生进行渗透和拉拢,诱使或强迫大学生加入非法组织,进行反科学、反社会、反人类、反政府的非法活动,不仅对大学生的成长成才产生了不利影响,而且严重危害了国家安全。

4. 互联网上的威胁和风险

互联网成为境外敌对势力对中国进行颠覆渗透活动的新平台。在网络技术飞速发展的今天,国家置身于一个没有固定边界的信息世界中,国家不仅要维护传统国家要素的安全,而且要维护"信息国土"的安全。近年来,随着互联网覆盖范围和用户规模的不断扩大,信息的传播更加迅速与便捷,出现了诸如网络恐怖主义、网络犯罪、网络霸权、网络信息战等一些威胁国家安全的新形式,这对国家安全提出了新的挑战。大学生几乎 100% 是网民,大学生受网络的影响程度越来越高,60% 以上的信息来源于网络。境外反华势力、敌对组织通过网络的互联性,以各种形式传播不利于社会主义建设的言论,妄图扰乱社会秩序和颠覆我国政权,使有形的国家受到无形的威胁。

3.1.3 大学生怎样维护国家安全

1. 贯彻落实总体国家安全观

(1)始终树立国家利益高于一切的观念。

邓小平同志指出:"国家的主权、国家的安全要始终放在第一位。"一位伟大的政治家曾说过:"没有永久不变的国家友谊,只有永久不变的国家利益。"国家安全涉及国家社会生活的方方面面,是国家、民族生存与发展的首要保障。科学技术是没有国界的,但知识分子是有自己国家的,我们心中不能没有自己的祖国。所以,大学生把国家安全放在高于一切的位置,是国家利益的需要,又是个人安全的需要,也是世界各国的一致要求。

(2)要学习掌握有关国家安全的法规知识。

有人统计,我国涉及有关国家安全和保密工作的法律、法规、规章制度有一百多种,大学生都应该有所了解,弄清什么是合法,什么是违法,可以做什么,不能做什么。其中,特别应当熟悉以下法律、法规:《中华人民共和国宪法》《中华人民共和国国家安全法》《中华人民共和国保密法》《中华人民共和国刑法》《中华人民共和国刑事诉讼法》《中华人民共和国科学技术保密规定》等。对遇到的法律界限不清的问题,要肯学、勤问、谨言、慎行。

(3)要善于识别各种伪装。

从理论上讲,有关国家安全的常识、规定都比较完善,依规行事不会出什么大问题,但是,社会实际比我们想象的要复杂得多。例如,有的间谍情报人员采用各种各样的手段,套取国家秘密、科学技术情报和内部工作秘密情况。如果丧失警惕,就可能上当受骗,甚至违法犯罪。因此,在对外交往中,既要热情友好,又要内外有别、不卑不亢;既要珍惜个人友谊,又要牢记国家利益;既可争取各种帮助、资助,又不失国格、人格。识别伪装既难又易,关键就在淡泊名利,对发现的别有用心者,要依法及时举报,进行斗争,绝不准其恣意妄行。

(4)要克服妄自菲薄等不正确思想。

任何国家都有自己的安全与利益,也有别人没有的政治、经济、文化、军事、科技、资源和秘密,还有独具特色的传统工艺等。也就是说,再富有的国家不可能应有尽有,再贫穷的国家也有别国羡慕的东西。中国是最大的发展中国家,但又是不可小视的国家,所以,作为中国人要挺直腰板,绝不妄自菲薄、悲观失望。要看到我们也有许多世界第一的"中国特色",有一系列国家秘密和单位秘密。对这一切,如果没有正确的认识,就可能在许多问题上产生错误的看法,乃至做出亲者痛、仇者快的事情。个别误入歧途的青年学生的教训,已成前车之鉴,千万别再重蹈覆辙。

(5) 要积极配合国家安全机关的工作。

国家安全机关是国家安全工作的主管机关,是与公安机关同等性质的司法机关,分工负责间谍案件的侦查、拘留、预审和执行逮捕。当国家安全机关需要配合工作的时候,在工作人员表明身份和来意之后,每个同学都应当按照《中华人民共和国国家安全法》赋予的义务要求,认真履行职责,尽力提供便利条件或其他协助,如实提供情况和证据,做到不推、不拒,更不以暴力、威胁方式阻碍执行公务,还要切实保守好已经知晓的国家安全工作的秘密。

2. 履行国家安全的义务和权利

(1) 安全义务。

《中华人民共和国国家安全法》对公民和组织维护国家安全的规定分为以下 7 个方面。

① 机关、团体和其他组织应当对本单位的人员进行维护国家安全的教育,动员、组织本单位的人员防范、制止危害国家安全的行为。

② 公民和组织应当为国家安全工作提供便利条件或者其他协助。

③ 公民发现危害国家安全的行为,应当直接或者通过所在组织及时向国家安全机关或者公安机关报告。

④ 在国家安全机关调查了解有关危害国家安全的情况、收集有关证据时,公民和有关组织应当如实提供,不得拒绝。

⑤ 任何公民和组织都应当保守所知悉的国家安全工作的国家秘密。

⑥ 任何个人和组织都不得非法持有属于国家秘密的文件、资料和其他物品。

⑦ 任何个人和组织都不得非法持有、使用窃听、窃照等专用间谍器材。

(2) 安全权利。

任何公民和组织对国家安全机关及其工作人员超越职权、滥用职权和其他违法行为,都有权向上级国家安全机关或者有关部门检举、控告。上级国家安全机关或者有关部门应当及时查清事实,负责处理。对协助国家安全机关工作或者依法检举、控告的公民或组织,任何人不得压制和打击报复。权力是法律赋予的,只有依法行使,才能受到保护。如果故意捏造或者歪曲事实进行诬告陷害的,要依法惩处,构成犯罪的还会追究刑事责任。

3. 自觉维护国家安全与稳定

(1) 增强国家安全观念和意识。

始终树立"国家安全高于一切"的思想,认真学习《中华人民共和国国家安全法》,不断增强国家安全意识。我们应当清醒地看到,隐蔽战线的斗争依然十分尖锐和复杂。因此,要居安思危,克服麻痹思想,提高认识能力,增强忧患意识,强化国家安全观念,坚决抵制西方思想意识、价值观念和腐朽生活方式的渗透,把维护国家安全和社会政治稳定当作自己的神圣职责,筑牢维护国家安全的坚强防线。

(2) 严密防范危害国家安全的行为。

高校校园是社会的一部分,是各种信息的聚集地,各种思潮的汇合点,社会上各种错误的思潮不可避免地渗透到校园。大学生要学会识别各种错误思潮,要增强抵制错误思潮的能力;要加强时事政治的学习,用正确的思想武装自己;要有大局意识,一切言行都要顾全大局,不做扰乱国家大局的事,不参与损害国家大局的活动。发现外籍人员散布极端个人主义和无政府主义思潮,宣传西方物质文明及拜金主义等,都要及时向学院外事办或保卫处报告,并积极配合国家安全机关的工作。对于收到的反动性宣传品要及时主动上交,防止因扩散产生不良影响,要严守国家秘密。

(3)身体力行维护国家安全。

大学生在涉外活动中要严格遵守外事纪律,自觉抵制各种诱惑,保守国家秘密。要树立稳定高于一切的观念,自觉为维护国家稳定做贡献。在学校发生破坏稳定的事件时,一定要做到不围观、不起哄、不参与,并尽最大努力做好维护稳定的工作,确保自身和周围的同学都不做有损校园稳定的事。另外,要注意别有用心的人肆意调唆、恶意破坏的行为,勇于揭露他们的阴谋活动。对于个别人搞小动作有意扩大事态、企图制造轰动效应的行为,必须坚决制止;要执行各级组织的决定、指示,认真落实学校采取的各项防范措施。

(4)善于处理两类不同性质的矛盾。

西方敌对势力不断对我国实施"西化""分化"的战略图谋,进行渗透和颠覆破坏活动,千方百计地用他们的政治观点、意识形态和生活方式影响大学生。要善于识破他们的把戏,坚决同他们做斗争,要旗帜鲜明地反对资产阶级自由化,排除一切破坏稳定的因素。对人民内部出现的问题则应通过正常途径来解决,不要感情用事、激化矛盾,要用理智、冷静的态度解决纠纷,避免观点偏激、哗众取宠,甚至掺杂个人恩怨进行人身攻击等不正确的做法。不要把自己置于同政府、同党组织、同人民群众对立的地位,不要把简单问题复杂化,防止不良影响事件的发生,甚至发展成学潮,对社会稳定造成负面影响。

(5)在民主问题上不要偏离正确的轨道。

民主既是人民权利,又是国家形态和社会责任。相对于专制,它代表人类社会的巨大进步。但世上没有绝对的民主,民主具有鲜明的阶级性,并且总是与法制联系在一起。脱离了法制,任何民主都只能流于无政府主义的混乱,也只会是对民主的根本破坏。我们是以马列主义、毛泽东思想为指导的社会主义国家,宪法准则和四项基本原则是我们建功立业的基础,这是符合全国人民的根本利益的,是社会主义国家最大的民主。有人追求抽象的、绝对的民主,将宪法规定的公民有言论、结社、集会等自由理解为无论何时、何地、何种原因,想怎么干就怎么干。这是典型的无政府主义与唯我主义的表现,是对社会主义民主与法制的曲解和违背。所以,在民主的问题上,大学生一定不要偏离正确的轨道,不要参与破坏民主、损害稳定的活动。

(6)正确认识和理解爱国主义。

我们所强调的爱国主义,是与国际主义共容的,是在维护全世界、全人类利益的基础上,求得本国利益的最大满足。狭隘的民族主义与爱国主义只有一步之隔,如果将本国利益抽象化、绝对化,置于其他国家利益之上或对立面,必然会产生以阶级压迫为特征的资产阶级民族主义,或以孤立、保守、排外为特征的狭隘的民族主义。过去发生的学潮和突发事件中有的是以爱国为主题的,表现了青年学生的爱国热情,但是也有少数人错误地认为,在爱国的题目下做什么文章都不过分,结果有人被别有用心的人利用,以至于"跌了跟头",犯了错误。

（7）时刻维护学校的安全稳定。

作为大学生，要积极维护学校良好的学习和生活环境，维护学校的安全稳定。一要通过正当途径和程序向学校有关方面积极反映意见，如通过班干部及时转告意见和想法，向辅导员和院系党政领导反映意见和要求，或直接找学校有关部门的教师处理迫切需要解决的问题，或利用校、院领导群众来访接待日，直接向学校最高领导反映意见等。二要积极应对不利于学校稳定的事件，遇事要头脑冷静和理智地思考，正确判别是非曲直，也要积极帮助同学或朋友权衡利弊，提出忠告。同时，为了避免某些矛盾激化，应主动向学校各级组织反映情况。如果发现有极少数别有用心的人进行恶意煽动闹事，破坏学校稳定，要敢于与之斗争。不要散播未经核实、非正规部门公布、无事实根据、危害学校稳定的言论，未得到正规部门证实前，不要轻易相信任何不良言论。

3.2 反邪教安全教育

3.2.1 邪教的定义与本质

1. 邪教的定义

邪教是指冒用宗教、气功或者其他名义建立，神化首要分子，利用制造、散布歪理邪说等手段，蛊惑、蒙骗他人，发展、控制成员，危害社会的非法组织。邪教大多是以传播宗教教义、拯救人类为幌子，散布谣言，且通常有一个自称开悟的具有超自然力量的教主，以秘密结社的组织形式控制群众，一般以不择手段地敛取钱财为主要目的。

邪教是一种具有严重犯罪性质的伪宗教组织。以科学、宗教或治病为幌子，掩盖其对信徒的权力、精神控制和盘剥，以最终获取其信徒无条件效忠和服从，并使之放弃社会共同价值观，从而对社会、个人自由、健康、教育和民主体制造成危害，即为邪教。

2. 邪教的本质

邪教是阻碍人类社会发展的一大毒瘤，是危害当代大学生的一大公害。它是一个长期存在的社会问题，是一种具有危害性、对抗性的破坏力量，其本质是反人类、反社会、反科学、反政府的。如今，邪教及其进行的一切破坏行为已经严重影响国家和社会的安全和当代大学生的成长。尤其在近些年，邪教加强了对高校大学生的渗透。因此，面对新形势，作为国家最高层次教育机构的高校必须高度重视反邪教教育，并提出有效的反邪教教育策略，引导大学生认识邪教的本质及危害，精准地辨识邪教，提高防范意识，从而抵制思想侵略，远离邪教。

高校是传播科学文化知识的殿堂，担负着为国家培养社会主义现代化建设者的艰巨任务。大学生应当牢固掌握辩证唯物主义和历史唯物主义，反对唯心主义，反对封建迷信。广大青年学生应努力学习科学知识、科学思想、科学方法和科学精神，正确地分析问题、解决问题，正确地认识世界、改造世界。

3. 宗教与邪教的区别

邪教是冒用宗教的名义欺骗群众、进行各种违法犯罪活动的组织。邪教不是宗教，两者是有本质区别的。

（1）宗教与邪教的目的不同。宗教主张弃恶扬善、修身养性、宽容礼让，讲积德、积福、积禄、积寿、积来世，如佛教的"庄严国土，利乐有情"，天主教、基督教的"荣神益人"，道教的"慈爱和同、济世度人"，伊斯兰教的"两世相庆"等。这些说法虽然不尽相同，但都是引导信徒与人为善、慈俭济人、奉献社会。而邪教的目的或是满足个人私欲，或是为了达到政治目的而主张"建立神的国，取消人的国"，或是"称皇称帝"，要"改朝换代"，或是诈骗钱财、奸污妇女等。

（2）宗教与邪教的组织形态不同。宗教的组织形态相对稳定，有固定的组织名称、经典、教规教义、信仰对象、活动场所及教内职务名称，其组织活动是公开的。而邪教的组织形态不稳定，也不正规，没有固定的组织名称、经典，没有传统的信仰对象和活动场所，教内的职务名称杂乱不一。有的自称为"王""主""活基督"，有的自称为"神的化身""菩萨转世"，歪曲、曲解宗教的教规教义或自编信条，并根据形势的变化，随时改变组织名称、活动场所等，其活动是在秘密状态下进行的。

（3）宗教与邪教的社会影响不同。宗教没有现实的直接危害，如果引导得好，还可以减少其消极作用。而邪教对社会有直接、现实的危害，有的散布谣言、邪说，鼓吹"末世论"，宣扬迷信，恐吓、蒙骗群众，扰乱社会生产、生活秩序；有的企图推翻现政权，利用社会矛盾煽动群众抗拒国家法律和政策的实施；有的借神佛鬼妖之名，进行违法犯罪活动，对社会政治稳定、人民群众生命财产安全造成严重危害。由于邪教影响社会稳定，扰乱社会秩序，危害人民生命财产的安全，妨害社会主义现代化建设，毒化社会风气，因此，我国党和政府的态度是坚决取缔邪教组织，并依法打击其中的为首分子，对宗教则是采取尊重和保护政策。

3.2.2 邪教的危害

1. 邪教的特征

邪教的"精神领袖"至高无上，是一切信徒所必须永远服从的。这个"精神领袖"往往在世，也是邪教的创立者。要么假借其他宗教的躯壳，要么自创一个教派，控制着信徒的所有行动，而他自己则可以不受教规的限制。一般来说，邪教有如下几个特征。

（1）"教主"崇拜。邪教"教主"极力神化自己，以欺骗手段把自己装扮成活着的"神"，号称自己拥有许多超自然的神力和权力，诱骗邪教成员和信徒只能唯"教主"之命是从，为"教主"而生，为"教主"而死。

（2）精神控制。邪教"教主"为达到使其成员对自己绝对忠心的邪恶目的，以各种歪理邪说、谎言骗局、心理暗示等手法，用惩罚、威胁等恐吓手段，对其成员实行"洗脑术"，进行精神控制，使其丧失独立判断能力，深陷"进得来、出不去"的境地。

（3）编造邪说。邪教"教主"宣扬具体的"世界末日论""人类灾难论"等歪理邪说，利用各种恐吓手段制造恐慌心理和恐怖气氛，使其成员狂热地、盲目地追随邪教"教主"。

（4）聚敛钱财。邪教"教主"要求"成员要完全奉献"，不择手段巧取豪夺，同时，高利润地销售其书籍、音像制品、练功用品等，从中牟利。

（5）秘密结社。邪教一般都以"教主"为核心建立严密的组织体系，采用十分隐蔽的联络方式，通过"秘密聚会""传教""练功"甚至采用暴力手段等方式发展邪教成员。

（6）危害社会。突出表现在用极端的手段与现实社会对抗，不仅威胁个体生命和群体利益,还危害公共利益和社会稳定。

2.邪教的危害

邪教不仅毒害人的肌体,而且侵蚀人的灵魂。邪教对于社会的危害是多领域和多方面的。

(1)危害国家政治稳定。破坏国内安定团结的政治局面;向公职部门渗透,侵蚀国家机构;挑战现行政治体制,反对国家政权。

(2)危害国家经济秩序稳定。非法敛财,危害人民群众财产安全;进行经济犯罪,破坏社会生产及财政金融秩序。

(3)危害社会秩序稳定。破坏社会治安;蔑视法律,危害公共秩序;诬告滥诉,干扰司法正常进行;毒化社会风气;干涉婚姻,违背人伦道德,破坏家庭和睦。

(4)危害社会思想稳定。编造歪理邪说,制造思想混乱;制造恐慌心理和恐怖气氛;反科学、反文明,亵渎人文精神。

(5)践踏人权。残害生命,践踏人的生命权;扼杀自由,侵犯人的政治权利;诋毁合法宗教,伤害信教群众的名誉权。

3.2.3　大学生怎样与邪教作斗争

1.识别和判断邪教的方法

简单来说,通过"四看"可以帮助大学生识别邪教。

一看"教主"是否活着。如果所拜的"教主"是活着的人,则大体上可以判定是邪教。

二看所宣扬的内容。如果所宣扬的内容违背伦理道德,对抗现实社会,吹嘘"教主"无所不能,具有各种神通,要求信徒舍弃一切追随"教主",绝对服从的,则大体上可以判定是邪教。

三看对现世的态度。邪教对生命的基本态度是弃绝、攻击,对人世的基本态度是污蔑。如果宣称这个世界已经坏到极点,应当破坏并尽快离开它,到另外一个世界去,则大体上可以判定是邪教。

四看活动方式。邪教采用秘密结社的方式,一般实行单线联系,使用"灵名""暗语",聚会活动鬼鬼祟祟,并有人望风,则大体上可以判定是邪教。

此外,让你放弃工作、抛家弃学去相信"神"的;宣扬"世界末日"就要到了,只有加入他们的组织才能得救的;鼓吹入了"教"能治病、能消灾避难的;欺骗、威逼妇女受"教主"凌辱的;说传统宗教"过时"了,要相信新"神"的;非法聚会时鬼鬼祟祟、乱唱乱跳,甚至做出违反人伦的;用骗人的手段诱使他人加入的、加入后不让退出的;把社会、政府、普通老百姓当成"魔"的;以"神"的名义煽动成员对抗政府的,凡此种种,都是邪教。

2.防范和抵制邪教的做法

大学生作为青年一代,必须充分认识到邪教活动的现状和危害,加强学习,提高识别、抵御和有效防范邪教的能力,自觉抵制迷信、伪科学和反科学的侵袭。

(1)树立崇高的理想信念,筑牢抵制邪教的思想基础。

① 树立正确的世界观。广大青年学生一定要树立崇高的理想信念和正确的世界观,培养高尚的道德情操,在服务祖国、服务社会中实现自己最大的人生价值,确保中国特色社

会主义事业兴旺发达、后继有人。

② 掌握科学知识，树立科学理想。一定要树立科学观念，不断地加强知识更新，厚积知识储备，掌握科学方法，培养科学精神，养成科学的思维方式，用科学的理念分析、判断和应对伪科学的东西，切实提高辨别是非、真伪的能力，用实际行动抵制邪教，远离邪教。

③ 认清邪教本质，增强抵御能力。要充分认清邪教的本质及其危害，不断增强识别邪教、抵制邪教的能力；要深刻认识、防范和处理邪教问题，就是要消除不稳定、不和谐因素，构建和谐社会。广大青年学生要充分认识这场斗争的复杂性、艰巨性和长期性，增强社会责任感，自觉地参与到处置邪教、构建和谐社会的具体工作中，支持和协助学校和地方政府认真开展反邪教警示教育和帮教转化工作，积极承担起抵制邪教、防范邪教的社会政治责任。

（2）崇尚科学，珍爱生命，关爱家庭，反对邪教。

① 相信科学，破除迷信。青年学生要加强自身反邪教知识的学习，自觉成为崇尚科学，反对邪教的实践者、宣传者和教育者，切实提高识别和抵制邪教的能力。坚持以科学的态度对待一切：生病了，要及时到医院就诊；要加强心理科学知识的学习，始终保持良好的健康心态，遇到不顺心的事，要学会放松和缓解，正确对待人生的坎坷，千万不要为寻求精神寄托而误入邪教的泥潭。

② 珍爱生命，关爱家庭。邪教通过欺骗、引诱、胁迫等手法，把人们的命运牢牢地套牢在他们的"精神控制"之中，一些愚昧的信教人员在"世界末日""升天"等歪理邪说的驱使下，放弃生命，不顾生死、不顾家庭，走向极端，充当了邪教的"殉葬品"。作为每一名热爱生活、珍爱生命、关心家庭的青年学生来说，必须充分认清邪教泯灭亲情人性、残害他人生命的邪恶本质，认清邪教对人们自身、对家庭、对社会的严重危害。

③ 崇尚文明，反对邪教。崇尚文明、反对邪教是全人类的共同任务。作为大学生，要树立科学健康的生活方式，不断增强免疫能力，要从"法轮功""全能神"等邪教组织危害社会、祸国殃民的例证中认清邪教反人类、反社会、反科学的本质。大力倡导科学精神，弘扬精神文明，积极参与科学文明、健康向上的校园文化科技活动，用科学理论和知识武装头脑，做一个遵纪守法、崇尚科学、反对邪教的大学生。

（3）坚决做到不听、不信、不传。

① 增强防范意识，对邪教歪理邪说做到不听、不信、不传。为了避免上当受骗，免受迷信之苦，邪教之害，青年学生要始终做到不听、不信、不传，既不听邪教的宣传，不相信邪教的谬论，更不要传播邪教。

② 坚决抵制邪教的各类非法活动。对邪教的渗透活动，要坚决抵制。见到邪教人员在散布邪教言论、非法聚会、搞破坏活动时，要及时向学校、公安机关报告。如果发现自己的父母、亲戚或朋友信了邪教或参与聚会、串联等违法活动，要敢于揭发，及时制止规劝；发现有人在校园内或公共场所散发、张贴邪教传单、标贴，要立即向学校或公安机关举报。

③ 积极主动参与帮教活动。作为青年学生，要积极参与反邪教警示教育活动，不仅自己主动受教育，还要动员和帮助周围的同学和亲友受教育，要用学到的有关反邪教的知识，

帮助他们揭穿邪教骗人的"鬼把戏";对迷上邪教的亲人、朋友或同学,要竭力劝说,并主动参与帮教工作。用亲情、真情和友情去感化他们,帮助他们早日脱离邪教,回到正常的生活中来。积极投身传播科学文明的行列,大力弘扬科学精神,带头践行文明健康的生活方式,积极参与健康向上的校园文化体育活动,努力把自己培养成为富有朝气、积极进取、全面发展的新时代大学生,为反邪教工作做出自己应有的贡献。

3.3 反间谍安全教育

3.3.1 敌对破坏势力和间谍的本质

1. 间谍概述

间谍是指从事秘密侦探工作的人员,从敌对方或竞争对手那里刺探机密情报或是进行破坏活动,以此来使其所效力的一方有利。间谍,作为国家与国家或集团与集团之间进行军事、政治、外交斗争乃至经济、科技竞争的有效手段,以隐蔽的方式打入对方营垒以至高级机关,进行发展组织、窃取机密及其他各种破坏活动,以颠覆对方国家政权。使用间谍搞离间和颠覆活动,消灭异国,扩大势力范围,是一种不动兵戈、制服政敌的特别手法。间谍活动是隐蔽斗争的一种形式,是严重危害国家安全的犯罪行为。

根据刑法的规定,间谍罪的行为表现形式有 3 种:一是参加间谍组织,二是接受间谍组织及其代理人的任务,三是为敌人指示轰击目标。就第一、二种情形而言,由于间谍组织是指外国政府或者境外的敌对势力建立的旨在收集我国情报(含国家秘密)进行颠覆破坏活动等,危害我国国家安全和利益的组织,其行为无疑侵犯的是国家秘密和情报方面的安全以及国内政治、经济和社会的安定;就第三种情况而言,为敌人指示轰击目标,通过轰击国内设施而破坏国内的政治、经济和社会的安定,并进而使国家的安全和利益受到侵犯,是敌人进行破坏和颠覆活动的具体表现。就此而言,间谍罪所侵犯的直接客体是国家秘密和情报方面的安全以及国内政治、经济和社会的安定。

2. 间谍的本质

国家的安全,一般是指作为社会政治权力组织的国家及其所建立的社会制度的生存和发展的保障。它包括国家独立主权和领土完整以及人民生命财产不被外来势力侵犯;国家政治制度、经济制度不被颠覆;经济发展、民族和睦、社会安定不受威胁;国家秘密不被窃取;国家工作人员不被策反;国家机构不被渗透等。

随着对外开放步伐的不断加快,我国在政治、经济、科技、文化等领域都有了飞越发展,境外一些间谍情报机关和各种敌对势力把我国作为他们进行颠覆、渗透和破坏的主要目标,从没有停止过危害我国国家安全的活动。他们一方面打着"人权""民主"等各种各样的旗号,继续对我国进行政治思想渗透;扶植、资助境内外敌对分子和"法轮功"等邪教组织企图颠覆我国国家政权,甚至煽动支持"港独""台独"及其他民族分裂势力,企图破坏我国国家统一。另一方面,他们正在并将继续利用我国扩大开放的时机,以公开的、合法的身份,通过各种渠道和途径,广泛收集、窃取和刺探我国经济、科技等情报,从事危害我国国家安全和利益的活动。与此同时,国内极少数敌视社会主义的反动分子,也极力寻求境外一些间谍情报机关和其他敌对势力的支持,与其相互勾结,进行破坏和捣乱。

3.3.2 敌对破坏势力和间谍行为

1. 间谍与反间谍

新中国成立以来,境外间谍情报机关危害我国国家安全的活动从来没有停止过,隐蔽战线的斗争一直尖锐,复杂。特别是改革开放以来,境外间谍机关利用我国扩大对外交往的便利条件,派遣间谍入境,发展组织,建立据点,进行策反、渗透、窃密,甚至进行行动破坏,范围不断扩大,方式也更加多样。他们以公开掩护秘密,以合法掩护非法的活动方式,以外交官、记者、商人、访问学者、留学生或者旅游者等各种身份为掩护,打着新闻采访、经贸合作、投资办企业、友好往来、学术交流、观光旅游、探亲访友等旗号,向我国国家机构和各种组织进行渗透,颠覆政权,窃取国家秘密和情报,策反公职人员,进行暗杀、放火、爆炸、投毒、散布危害我国国家安全的谎言等行为,正是这些行为使国家机关、国家秘密、各类情报、国家工作人员等具体对象受到侵犯,从而使国家安全受到了侵害。

互联网技术的发展,极大地拓展了境外间谍情报机关的能力和活动范围。境外间谍情报机关对高校的渗透已到了无所不用其极的地步。公开和秘密的情报搜集、内部或敏感期刊的订阅、政府或军事单位关系的介绍、定点或移动的军事目标观测,这些看似正常可能获取报酬的行为有极大的迷惑性。涉世不深的大学生一般很难跟训练有素的境外间谍人员抗衡。

大学生群体是中国的未来与希望,面对间谍与反间谍这个永恒的话题,必须学法守法,增强国家安全意识,维护国家的安全。树立国家安全高于一切的观念,克服麻痹思想,提高识别能力,在与境外人员接触时严守国家机密。习近平总书记指出:"国泰民安是人民群众最基本、最普遍的愿望。实现中华民族伟大复兴的中国梦,保证人民安居乐业,国家安全是头等大事。要以设立全民国家安全教育日为契机,以总体国家安全观为指导,全面实施国家安全法,深入开展国家安全宣传教育,切实增强全民国家安全意识。要坚持国家安全一切为了人民、一切依靠人民,动员全党全社会共同努力,汇聚起维护国家安全的强大力量,夯实国家安全的社会基础,防范化解各类安全风险,不断提高人民群众的安全感、幸福感。"

2. 泄露国家秘密的情形

(1) 对外交往与合作中泄密。我国实行对外开放以来,进一步扩大了同世界各国和地区间的交往,各种涉外活动特别是经济、科技、文化等方面的交流与合作日益增多,大大促进了我国经济和社会的发展,推动了我国科技的进步。但是,由于一些人缺乏敌情观念,失去了应有的警惕性,在对外交流与合作的过程中,不能做到内外有别、注意分寸,不能按照有关规定办事,不能严格区分密与非密的界限,对外方有求必应,或让外宾接近甚至进入限制进入的地区和部门进行拍照、摄像、录音等,造成国家秘密的泄露。还有些科技人员在出国进修、讲学、考察时,由于保密意识差,无意中会泄露国家秘密,也有些科技人员受利益的驱使,会主动带出一些秘密的技术资料、实物,造成泄密。

(2) 通信和办公自动化方面的泄密。通信和办公自动化的发展和普及,大大提高了工作效率,促进了我国经济和社会的发展,但也给保密工作带来了一些新的问题。一方面,我国保密防范技术落后,不能有效地克服技术性的泄密;另一方面,人为的泄密问题时有发生。如有人在普通电话中谈论国家秘密,有人在拍发电文、传真时明、密码混用,有的信息网络不具备保密功能,而工作人员却将一些涉密信息传上网等。

（3）新闻宣传和出版方面的泄密。有的新闻报道为追求新闻效应，不顾相关规定抢先报道，造成泄密；有的单位为了宣传自己，提高知名度，把本不应该对外宣传的情况和盘托出，造成泄密；有的新闻、出版部门编审人员保密知识缺乏，不了解保密范围，不知道哪些可以报道、出版，哪些不可以，造成泄密。

（4）信息咨询服务方面的泄密。有的信息机构特别是民办和外资、合资信息机构不了解有关保密规定，或者追求信息的广泛性和"高质量"，不自觉地收集涉及国家秘密的信息，并不分对象对外提供，造成泄密；有的则是受境外机构、组织、个人委托私自收集信息，包括对外提供秘密信息，造成泄密；还有一些参加过技术开发的人员，在退休后参与或从事信息咨询服务活动，收集秘密信息对外提供，造成泄密。

3.3.3 大学生怎样维护国家利益

1. 树牢国家安全高于一切的观念

（1）要始终如一地树立国家安全高于一切的观念。增强国家安全意识，要认识到"没有永久不变的国家友谊，只有永久不变的国家利益"，克服麻痹思想，提高识别能力，不要被"和平""友好"交往中的一些假象所迷惑，不要认为世界处处充满爱，不要认为和平年代对外开放哪有那么多的间谍、特务，不能忽视隐蔽战线上尖锐、复杂的斗争。

（2）善于识别各种伪装。大学生在对外交往中，不能只讲友情，不讲敌情，既要热情友好，又要内外有别；牢记国家利益无小事，不能认为国家安全与己无关，对危害国家安全行为视而不见，失去应有的警惕，或出于个人私利泄露国家机密，危害国家利益。

（3）发现外教或外籍人员在不恰当的场所宣扬西方所谓的"自由""民主""人权"，散布极端的个人主义和无政府主义思潮，宣传西方物质文明及拜金主义等，都要及时向有关部门报告。对于收到的反动宣传品要及时主动上交，防止扩散，产生不良影响。与外国人接触要严守国家秘密。

（4）大学生到国外就读或学习、旅游，行前要主动接受有关部门的国家安全教育，了解、掌握国家安全知识，不但要做好物质准备工作，还要做好充分的精神准备，提高国家安全和防范意识，自觉维护国家安全，抵制敌对势力的策反、拉拢、威胁、利诱活动，定期向学校汇报工作、学习情况。同时，要严格遵守外事纪律和有关规章制度，遵守前往国家的法律法规，尊重其社会公德和风俗习惯，避免产生误会或出现不应有的问题，绝不能做有损国格、人格的事情。

2. 做好保密守密工作

国家秘密是关系到国家安全和利益，依照法定程序确定在一定时间内，只限一定范围人员知悉的事项。国家秘密按其秘密程度划分为"绝密""机密""秘密"三级，按其工作对象分为科学技术保密、经济保密、涉外保密、宣传报道保密、公文保密、会议保密、政法保密、军事军工保密、通信保密、电子计算机保密等。

（1）有国家就有秘密，就需要保密工作。保密工作是国家一项十分重要的工作，上至国家机关，下至单位、个人都有不可推卸的责任。随着改革开放的深入和经济的飞速发展，国内各高校与国外组织或外籍人士的交流、合作更加广泛，这同时也意味着增加了更多的失密、泄密的风险，因此，保密工作就显得更加重要。

（2）高校是科研的集中地，许多重大科研项目都是在高校进行。因此，国外一些谍报

54

组织和人员经常利用参观、旅游、讲学、合作研究等各种借口在高校行走,伺机对一些科研技术、科学成果进行窃密、收买。一些意志薄弱的师生禁不起金钱和物质的诱惑,帮助谍报组织进行窃密活动,造成重大科研、科技泄密,给国家带来巨大损失。

3.严防失密、泄密

(1)学习保密常识,接受保密知识教育,正确认识保密与窃密的斗争,增强保密意识,严格遵守保密制度。既要对外开放,扩大对外交流,又要确保国家机密不被泄露,正确处理两者的关系,克服那种有密难保、无密可保的糊涂认识。

(2)提高防范意识,在对外交往中坚持内外有别。在对外接触交往过程中,凡涉及国家机密的内容,要么回避,要么按上级的对外口径回答,不要随便涉及内部的人事组织、社会治安状况、科技成果、技术诀窍和经济建设中各种未公开的数据资料。在与境外人士接触时不带秘密文件、资料和记有秘密事项的记录本,当对方直接索取科技成果、资料、样品或公开询问内部秘密时,要区别情况,灵活予以拒绝。

(3)不经主管部门批准,不带境外人员参观或进入非开放区域。不准境外人员利用学术交流、讲课的机会进行系统的社会调查。不经有关部门批准,不得填写境外人员的各种调查表,或替他们写社会调查方面的文章。

(4)自觉遵守保密的有关规定,做到不该说的机密,绝对不说;不该问的机密,绝对不问;不该看的机密,绝对不看;不该记录的机密,绝对不记录;不在普通电话、明码电报、普通邮局传达机密事项;不携带机密材料游览、参观、探亲、访友和出入公共场所;不在通信中谈及国家机密;不在普通邮件中夹带任何保密资料。

4.应对失泄密情形的处理办法

(1)拾获属于国家秘密的文件、资料和其他物品,应当及时送交有关机关、单位或保密工作部门。

(2)发现有人买卖属于国家秘密的文件、资料和其他物品,应当及时报告保密工作部门或者公安、国家安全机关处理。

(3)发现有人盗窃、抢夺属于国家秘密的文件、资料和其他物品,有权制止,并应当立即报告保密工作部门或者公安、国家安全机关。

(4)发现泄露或可能泄露国家秘密的线索,应当及时向有关机关、单位或保密工作部门举报。保密是公民的义务,也是我们大学生的社会责任,每个大学生应该自觉贯彻、遵守保密法规,自觉履行保密义务,坚决地同泄密行为和窃密行径作斗争。

3.4 本章案例分析

【案例分析】 随着经济全球化带来的文化多元化发展和蔓延,外来文化已经潜移默化地入侵中国传统的本土文化,极大地影响着国人的学习、工作和生活。中国已成为一些西方国家进行文化渗透的重要目标,我国文化安全面临着外来文化入侵的威胁与挑战,维护国家文化安全的任务非常艰巨。

【事件经过】 在不同地区的多项调查中,当代中国大学生不同程度地表现出对我国传统文化的漠视和对西方大众文化的热衷与痴迷,其中也不乏对中国传统文化采取彻底批判态度之人,他们对中国传统文化缺乏兴趣,认为本民族文化已经落后,觉得传统文化已然过时。

【事件原因】　大学生作为一个乐于接受新事物和易受新思想影响的特殊群体,自然走在中西文化碰撞的风口浪尖上,对于浪潮般涌来的西方文化,他们难以抗拒。

【事件后果】　在文化领域依然存在"以洋为美""以洋为尊""唯洋是从"的心理,这不仅制约了文化的健康发展,在一定程度上成为文化安全的隐患。从过洋节、吃洋快餐等西方时尚元素的流行到反社会、非主流、性解放、色情暴力、拜金主义、享乐主义、极端个人主义、信仰危机等西方思潮的泛滥,西方文化对中国青年学生的负面影响已十分明显。

【安全警示】　在高校里,大学生应继承源远流长的中华传统文化,坚守文化最前沿阵地,与时俱进,接纳世界的先进文明成果,发扬和传播民族优秀文化传统与优良民族价值观,为维护国家安全提供强有力的精神支持。坚定文化自信,辩证地认识西方文化输出,并学会在文化创新发展中贡献自身力量。努力传播当代中国价值观念,把当代中国价值观念贯穿于国际交流和传播的方方面面;努力展示中华文化独特魅力,把继承优秀传统文化同弘扬时代精神、立足本国又面向世界的当代中国文化创新成果传播出去。

3.5　本 章 小 结

本章首先介绍了国家安全基本内容、国家安全面临的形势及大学生怎样维护国家安全,接下来介绍了邪教的本质、危害及大学生怎样与邪教作斗争,最后介绍了敌对破坏和间谍的本质、敌对破坏势力和间谍行为及大学生怎样维护国家利益等内容。作为当代大学生,要充分认识到国家安全对国家、对人民、对社会的重要意义,更要充分认识到世界未有之大变局对高校意识形态的影响,更要认识到高校国家安全教育是帮助大学生增强安全意识、提高维护国家安全责任感和能力的重要平台,加强高校国家安全教育是当前高等教育不可缺少的重要部分。

第2篇

校园安全

消防安全

近年来,消防安全受到国家及社会各界的高度关注,特别是校园消防安全。党中央、国务院高度重视,要求切实加强校园消防安全工作。教育部和公安部多次组织消防安全的治理和检查,各级教育行政部门和学校积极开展自查自改,消除了一批火灾隐患,取得了一定成效,学校的消防安全状况逐步得到改善。但是一些学校仍存在不少火灾隐患,有些问题还比较普遍,部分学校依然存在重视不够、管理不严、制度不够健全、措施不够到位的问题,尤其是一些学校存在私拉乱接电线、违章用火用电、堵塞疏散通道和锁闭安全出口等现象,一旦发生火灾,极易造成群死群伤的严重后果。在全国高校中,目前没有发生过火灾事故的高校屈指可数,大学生要充分认识到校园消防安全的重要性,认识到火灾事故的危害性,要对校园消防有充分的认知,并在一定程度上掌握消防安全基础知识,熟练运用灭火器材,保障自己的生命财产安全。

4.1　校园消防安全

4.1.1　火灾的形成及其分类

1. 什么是火灾

火灾是指在时间或空间上失去控制的燃烧所造成的灾害。新的标准中,将火灾定义为在时间或空间上失去控制的燃烧。火灾分为特别重大火灾、重大火灾、较大火灾和一般火灾。

(1) 特别重大火灾。特别重大火灾是指造成30人以上死亡,或者100人以上重伤,或者1亿元以上直接财产损失的火灾。

(2) 重大火灾。重大火灾是指造成10人以上30人以下死亡,或者50人以上100人以下重伤,或者5000万元以上1亿元以下直接财产损失的火灾。

(3) 较大火灾。较大火灾是指造成3人以上10人以下死亡,或者10人以上50人以下重伤,或者1000万元以上5000万元以下直接财产损失的火灾。

(4) 一般火灾。一般火灾是指造成3人以下死亡,或者10人以下重伤,或者1000万元以下直接财产损失的火灾。

2. 火灾的分类

火灾分类是指根据可燃物的类型和燃烧特性,按标准化的方法对火灾进行的分类。根据国家标准《火灾分类》的规定,将火灾分为A、B、C、D、E、F六类。

（1）A类火灾指固体物质火灾。这种物质通常具有有机物质性质，一般在燃烧时能产生灼热的余烬。如木材、干草、煤炭、棉、毛、麻、纸张等火灾。

（2）B类火灾指液体或可熔化的固体物质火灾，如煤油、柴油、原油、甲醇、乙醇、沥青、石蜡、塑料等火灾。

（3）C类火灾指气体火灾，如煤气、天然气、甲烷、乙烷、丙烷、氢气等火灾。

（4）D类火灾指金属火灾，如钾、钠、镁、钛、锆、锂、铝镁合金等火灾。

（5）E类火灾指带电火灾，物体带电燃烧的火灾。

（6）F类火灾指烹饪器具内的烹饪物（如动植物油脂）火灾。

4.1.2　校园火灾的构成

一般高校校园内火灾从发生的原因上可分为生活火灾、电器火灾、自然现象火灾、人为纵火等类型。

1. 生活火灾

生活用火一般是指人们的炊事用火、取暖用火、照明用火、吸烟、烧荒、燃放烟花爆竹等，由生活用火造成的火灾称为生活火灾。随着社会的全面进步和发展，炊事、取暖用火的能源选择日益广泛，有燃气、煤、油、柴、电等多种形式。学生生活用火造成火灾的现象屡见不鲜，原因也多种多样，主要有在宿舍内违章乱设燃气、燃油、电器火源；火源位置接近可燃物；乱拉电源线路，电线穿梭于可燃物之间；违反规定存放易燃、易爆物品；使用大功率照明设备，用纸张、可燃布料做灯罩；乱扔烟头，躺在床上吸烟；在室内燃放烟花爆竹；玩火等。

2. 电器火灾

目前大学生拥有大量的电器设备，大到电视机、计算机、录音机，小到台灯、充电器、电吹风，还有违章购置的电热炉等电热器具。由于学生宿舍所设电源插座较少，少数学生违规乱拉电源线路，不合规范程序地安装、操作，致使电源短路、断路、接点接触电阻过大、负荷增大等引起电器火灾的隐患因素多。个别大学生购置的电器设备如果是不合格产品，也是致灾因素。尤其是电热器的大量使用，引发火灾的危险性最大。另外，部分高校由于学生宿舍、实验室、教学楼等楼宇使用年限较长，楼内电线老化，加上原设计电线线路负荷载量有限，用电使用量增多增大，引起电器短路、烧毁保险丝等造成火灾。

3. 自然现象火灾

自然现象火灾不常见，这类火灾基本有两种：一是雷电；二是物质的自燃。雷电是常见的自然现象，它是大气层运动产生高压静电再放电，放电电压有时达到几万伏，释放能量巨大，当其作用于地球表面时，具有相当大的破坏性。它产生的电弧可成为引起火灾的直接火源，摧毁建筑物或窜入其他设备可引起多种多样的火灾。预防雷电火灾就必须合理安排避雷设施。自燃是物质自行燃烧的现象。如黄磷、锌粉、铝粉等燃点低的物质在自然环境下就可燃烧；钾、钠等碱金属遇水即剧烈燃烧；不干燥的柴草、煤泥、沾油的化纤、棉纱等大量堆积，经生物作用或氧化作用积聚大量热量，使物质达到自燃点而自行燃烧发生火灾。所以对自燃物品一定要以科学的态度和手段加强日常管理。

4. 人为纵火

纵火都带有目的，一般多发生在晚间夜深人静之时，有较大的危害性。有旨在毁灭证据、逃避罪责或破坏经济建设等多种形式的刑事犯罪纵火,还有旨在烧毁他人财产或危害他人生命的私仇纵火等。这类纵火都是国家严厉打击的犯罪行为。

目前,很多高校均有相关专业实验室,且近几年实验室相关人员因操作不当造成的火灾事故屡见不鲜,特别是理、工、农、医、职业技术等院校,凡是涉及化工实验室、技工实验室、金工实验室、医药实验室等,要制定规范的药品制剂等实验规范、消防管理制度和操作流程,实验室人员要做好防火知识宣传和管理,操作按照相关流程进行。

4.1.3 校园火灾发生的原因

校园火灾发生的原因有如下 9 点。

1. 违章使用大功率电器

高校的建筑物供电线路、供电设备,都是按照实际使用情况设计的,尤其是学生宿舍的供电线路、设备都是按照普通的照明用电设计的,线路负荷较小。在宿舍违章使用热得快、电炉、电暖器、电热杯、电热壶、电热锅、电磁炉、电吹风等大功率加热电器具,一旦线路超负荷运行极易引起火灾。

2. 违章私拉乱接电线

私拉乱接电线,容易损伤线路绝缘层,引起线路短路和触电事故。学生购买的电线、插座有的是劣质产品,极易造成线路短路或因接触不良发热而漏电或起火。

3. 使用电器不慎

学生经常使用的计算机、充电器、稳压电源、电蚊香等电器,办公室里的办公设备,实验室里的器材设备等电器,如长时间通电,无人监管,就会因散热不良或线路老化引起电器元件发热和线路短路,从而引发火灾。

4. 使用灯具不当

使用台灯、床头灯等灯具时,若紧邻蚊帐、被褥、书籍等易燃物,极易引发火灾,因为在电能转化为光能过程中,往往要产生大量的热,灯泡表面温度较高,而尼龙、棉絮、纸张等物品燃点较低,灯泡过于靠近这些物品,时间一长就会被引燃。

5. 违章使用明火

在办公楼、实验室、教室和建筑工地违章使用明火,特别是在学生宿舍点蜡烛照明,用燃料乙醇(酒精)炉、煤油炉、液化气等做饭,焚烧书信、纸张等杂物,稍有不慎,都可能导致火灾发生。

6. 吸烟不慎

点着的香烟头表面温度为 $200\sim300℃$,中心温度高达 $700\sim800℃$,一般可燃物的燃点大多低于烟头表面温度,若点燃的烟头碰到低于烟头温度的可燃物,就会引发火灾。带火的烟头、高温的烟灰等如掉落在蚊帐、被褥、纸张等可燃物上将引发火灾。

7. 使用蚊香不当

点燃的蚊香有 $700℃$ 左右,而布匹的燃点为 $200℃$,纸张的燃点为 $130℃$,点燃的蚊香歪倒、移动都可能直接引燃附近的易燃物,掐灭蚊香时乱弹香头,也可能引发火灾。

8. 存放易燃、易爆等违禁品

违反规定存放烟花爆竹、汽油、燃料乙醇、香蕉水、油漆、化学试剂、生物制剂及高危制剂等易燃易爆物品或危险品,留下火灾安全隐患。

9. 违反操作规程

在用火、用电和使用危险品、化学品、药物制剂、实验室等操作时,不按操作规程极易发生火灾事故。用火时周围的可燃物未清理完,火星飞到可燃物上引起燃烧;做化学实验时,将相互抵触的化学试剂混在一起;试验温度过高或操作不当,也能引起火灾事故。

4.1.4　校园火灾的特点

校园火灾的特点如下。

(1) 高校人员密集,如果发生火灾,易造成人员伤亡,甚至群死群伤。

近几年,各大院校的在校人数急剧上升,同时,消防设施等配套的基础设施却没有及时跟上,如学生宿舍、食堂、实验室、教学楼等都是人员密集的场所,一旦发生火灾,人员疏散极其困难,极易造成群死群伤恶性事故。

(2) 高校是教学和科研机构,发生火灾往往损失严重。

高校既是培养国家人才的重要基地,也是科学研究的重要机构。有的学校教学楼、实验楼、精工实习场所、图书馆发生火灾,造成孤本、善本、珍贵标本、贵重仪器设备等的重大损失,有些属于不可再生的、无可挽回的教育资源,损失特别重大。甚至有些建筑物属于文物建筑,年代久远,一旦发生火灾,其经济价值和文物价值不可估量。

(3) 高校火灾危险性、危害性不断增大。

目前很多高校,历史悠久,跨度甚至超过半个世纪、一个世纪,建校时间长,危旧房屋多,设备陈旧,电线老化,有些高校的用房甚至是历史古迹,极易发生火灾或火灾隐患极大。另外,由于很多高校不断添置先进的仪器设备,用电量剧增,原来设计的电线线路不能很好地满足现有需要,同时,很多实验部门或教学单位,为了进行教学、科学研究和实验操作,储备了不少易燃、易爆、剧毒物品。

(4) 高校火灾会造成极其不良的社会影响。

人们都知道,高校是社会的缩影,是社会气候的晴雨表。一起不大的火灾,如果发生在高校,就能引起意想不到的轰动效应,还会由此引起师生和学生家长的不满,在社会上造成恶劣影响。

(5) 高校火灾具有隐蔽性。

经过多起高校火灾成因分析,大部分高校的火灾都具有很强的隐蔽性,如电线短路造成的火灾,久插未拔的电器设备充电线头、人工丢弃或人为堆放的易燃物品以及实验操作间不按照流程操作、危化品不按规范存放等造成的火灾,都很难发现,具有很强的隐蔽性。

(6) 一旦发生火灾,处置起来难度较大。

校园人员密集,大部分学生均不具备自救和逃生的综合能力,如初期火灾的处置方式是否得当,人员疏散方式是否正确,是否会使用灭火器、消火栓、逃生面罩等消防器材,会不会发生踩踏事件和次生灾害,结果都很难预料。

4.2 掌握校园消防知识

高校作为人员密集场所,一直是消防安全工作的重点。校园消防安全,关系到全校师生的生命财产安全,掌握校园消防安全知识,有效防止初期火灾和消防安全救援,保障师生员工生命财产安全。

4.2.1 消防安全的基本知识

1. 预防火灾的基本原则

(1) 不玩火。

作为高校学生,要遵守学校消防安全管理制度和《大学生手册》等各项管理规定,要充分认识到玩火的危害性和可能带来的严重恶果,无论任何时候都不玩火,平时少在身上携带包括打火机、火柴、鞭炮等经常诱发火灾的物品,以免造成不必要的火灾安全隐患。

(2) 爱护消防设备,保持通道畅通。

消防通道是指消防人员实施营救和被困人员疏散的通道,如楼梯口、过道都安有消防指示灯。消防通道在各种险情中起到不可低估的作用。《中华人民共和国消防法》第二十八条规定:任何单位、个人不得占用、堵塞、封闭疏散通道、安全出口、消防车通道。人员密集场所的门窗不得设置影响逃生和灭火救援的障碍物。第六十条规定:单位违反本法规定,责令改正,处五千元以上五万元以下罚款。个人违反本规定的处警告或者五百元以下罚款。作为当代大学生,应遵照消防法规,爱护校园消防设备,保持消防通道畅通无阻。

(3) 熟悉校园防火安全知识及注意事项。

① 学校应该加强全校师生的防火安全教育,并提倡消防安全人人有责、保护消防设施、预防火灾的义务,向全校师生普及火灾报警电话为119;熟知消防自防自救的常识和安全逃生技能,并在情况允许的条件下每年安排两次消防安全实施演练。

② 学校应该保证校园内各种消防灭火设施的良好,安排专门的负责人做到定期检查、维护,保证设施完好率达到100%,并应做好各项检查记录和检查工作台账。

③ 学校应该保持教学楼的安全通道和安全出口畅通,安全疏散指示标志应明显、应急照明可正常使用,每一个教室门口贴有本层安全逃生指示图。

④ 学校应该在图书馆、实验室、微机室等人员较多场所的明显处贴有严禁吸烟的指示牌,并在学校禁止私拉乱接电线、私接任何家用电器。

⑤ 学校内易燃、易爆的危险实验用品要做到专门存放并配备标准的全套灭火器。在做实验之前,教师应该向学生重点强调实验过程中的注意事项,做好教学示范、指导学生正确、规范地操作实验,防止违规和不慎操作酿成火灾的悲剧。

(4) 正确使用电器设备。

不使用违禁电器设备,不使用不合格电器设备,不乱搭乱接电线,任何施工须持证上岗且提前向相关部门报备,不得违规使用电焊、切割等设备。另外,实验室、大型仪器设备等消防设施须使用双向供电系统,不能使用单一来源电源系统等。

（5）掌握灭火器、消火栓等消防设施设备的使用方法。

目前，常用的灭火器种类较多，按其移动方式可分为手提式和推车式两种；按驱动灭火剂的动力来源可分为储气瓶式、储压式、化学反应式三种；按所充装的灭火剂可分为泡沫、干粉、卤代烷、二氧化碳、清水等。目前校园内常用的灭火器为干粉灭火器，高校学生要学会使用干粉灭火器，在遇到初起火灾时，能有效地预防和应对。另外，消火栓是一种固定式消防设施，主要作用是控制可燃物、隔绝助燃物、消除着火源。消火栓分室内消火栓和室外消火栓，当代大学生也要学会正确使用消火栓，特别是水带的铺设和开阀灭火等重要环节。

（6）建立智慧消防系统。

随着社会的发展进步，城市高层、大型建筑和各类场所、单位日益增多，消防安全形势异常严峻，消防安全监督管理部门人员有限，消防安全监管缺乏有效的技术手段支撑和社会化手段配合，无法及时发现、消除、整改重大火险隐患，火灾风险和发生概率仍然居高不下，高校又是人员密集场所，建立智慧消防系统尤为重要，对于预防和发现初期火灾有着重要的作用。

2.熟悉消防标志和消防器材

1）消防标志

消防标志是用于表明消防设施特征的符号，是用于说明建筑配备各种消防设备、设施，标志安装的位置，并引导人们在事故时采取合理、正确的行动，目的是保证消防安全。

（1）消防设施标识（见图4-1）。

图4-1　消防设施标识

- 配电室、发电机房、消防水箱间、水泵房、消防控制室等场所的入口处应设置与其他房间相区分的识别类标识和"非工勿入"警示类标识。
- 消防设施配电柜（配电箱）应设置区别于其他设施配电柜（配电箱）的标识；备用消防电源的配电柜（配电箱）应设置区别于主消防电源配电柜（配电箱）的标识；不同消防设施的配电柜（配电箱）应有明显的区分标识。
- 供消防车取水的消防水池、取水口或取水井、阀门、水泵接合器及室外消火栓等场所应设置永久性固定的识别类标识和"严禁埋压、圈占消防设施"警示类标识。
- 消防水池、水箱、稳压泵、增压泵、气压水罐、消防水泵、水泵接合器的管道、控制阀、控制柜应设置提示类标识和相互区分的识别类标识。
- 室内消火栓给水管道应设置与其他系统区分的识别类标识，并标明流向。
- 灭火器的设置点、手动报警按钮设置点应设置提示类标识。

- 防排烟系统的风机、风机控制柜、送风口及排烟窗应设置注明系统名称和编号的识别类标识和"消防设施严禁遮挡"的警示类标识。
- 常闭式防火门应当设置"常闭式防火门，请保持关闭状态"警示类标识；防火卷帘底部地面应当设置"防火卷帘下禁放物品"警示类标识。

（2）危险场所、危险部位标识（见图4-2）。

图4-2 危险场所、危险部位标识

- 危险场所、危险部位的室外、室内墙面、地面及危险设施处等适当位置应设置警示类标识，标明安全警示性和禁止性规定。
- 危险场所、危险部位的室外、室内墙面等适当位置应设置安全管理规程，标明安全管理制度、操作规程、注意事项及危险事故应急处置程序等内容。
- 仓库应当画线标识，标明仓库墙距、垛距、主要通道、货物固定位置等。储存易燃、易爆危险物品的仓库应当设置标明储存物品的类别、品名、储量、注意事项和灭火方法的标识。
- 易操作失误引发火灾危险事故的关键设施部位应设置发光性提示标识，标明操作方式、注意事项、危险事故应急处置程序等内容。

（3）安全疏散标识（见图4-3）。

图4-3 安全疏散标识

- 疏散指示标识应根据国家有关消防技术标准和规范设置，并应采用符合规范要求的灯光疏散指示标识、安全出口标识，标明疏散方向。
- 学校、商铺（商场）、公共娱乐场所应在疏散走道和主要疏散路线的地面上增设能保持视觉连续性的自发光或蓄光疏散指示标识。
- 单位安全出口、疏散楼梯、疏散走道、消防车道等处应设置"禁止锁闭""禁止堵塞"等警示类标识。
- 消防电梯外墙面上要设置消防电梯的用途及注意事项的识别类标识。
- 公众聚集场所、学校、宾馆、食堂等住宿场所的房间内应当设置疏散标识图，标明楼层疏散路线、安全出口、室内消防设施位置等内容。

2）消防器材

消防器材是指用于灭火、防火及火灾事故的器材。常见的消防器材手提式灭火器、灭火毯、防烟面罩、逃生绳、缓降器。

手提式灭火器包括七氟丙烷灭火装置、二氧化碳灭火器、1211灭火器、干粉灭火器、酸碱泡沫灭火器、四氯化碳灭火器、灭火器挂具、机械泡沫灭火器、水型灭火器、其他灭火器具等。

灭火毯,或称为消防被、灭火被、防火毯、消防毯、阻燃毯、逃生毯,其灭火的主要原理是隔绝空气,具有小巧轻便、可二次使用、无失效期等优点。灭火毯不仅可以覆盖在家中着火物品上进行紧急灭火,更可以在火灾逃生的时候披在自己身上。

防烟面罩,又称消防过滤式自救呼吸器,由面罩和滤毒罐组成,一旦遇到火灾,只要拉开面罩并套上即可正常呼吸;防毒面具口鼻部位有一个厚 $5\sim6cm$ 的圆柱形过滤器,能有效防止使用者吸入过量的烟雾和一氧化碳,可以有效阻挡烟雾对人体的危害。

消防逃生绳是火灾逃生中的重要工具之一,在高层建筑中使用较多。在购买逃生绳时,要仔细检验其性能,防止买到假货或次品。

缓降器由挂钩(或吊环)、吊带、绳索及速度控制器等组成,是一种可使人沿(随)绳(带)缓慢下降的安全营救装置。它可用专用安装器具安装在建筑物窗口、阳台或楼房平顶等处,也可安装在举高消防车上,营救处于高层建筑物火场上的受难人员。

3)认识灭火器

灭火器是一种可携式灭火工具。灭火器内放置化学物品,用以救灭火灾。灭火器是常见的消防器材之一,存放在公众场所或可能发生火灾的地方,不同种类的灭火器内装填的成分不一样。各种成分是专为不同的火灾起因而设。使用时必须注意,以免产生反效果及引起危险。下面介绍最常用的干粉灭火器。

干粉灭火器是生活中最常见的灭火器。干粉灭火器是灭火器的一种,按照充装干粉灭火剂的种类可以分为普通干粉灭火器和超细干粉灭火器。干粉灭火器内部装有磷酸铵盐等干粉灭火剂,这种干粉灭火剂具有易流动性、干燥性,由无机盐和粉碎干燥的添加剂组成,可有效扑救初起火灾。灭火粒子是干粉灭火剂的核心,能够起到灭火作用的物质主要有 K_2CO_3、$KHCO_3$、$NaCl$、KCl、$(NH_4)_2SO_4$、NH_4HSO_4、$NaHCO_3$、$K_4Fe(CN)6\cdot3H_2O$、Na_2CO_3 等,国内已经生产的产品有磷酸铵盐、碳酸氢钠、氯化钠、氯化钾干粉灭火剂。每种灭火粒子都存在一个上限临界粒径,小于临界粒径的粒子全部起灭火作用,大于临界粒径的粒子灭火效能急剧降低,但其动量大,通过空气对小粒子产生空气动力学拉力,迫使小粒子紧随其后,扑向火焰中心,而不是未到火焰就被热气流吹走,降低灭火效率。常用干粉灭火剂粒度为 $10\sim75\mu m$,这种粒子弥散性较差,比表面积相对较小。常用的手提式干粉灭火器及其结构如图 4-4 和图 4-5 所示。

4)灭火器材的选择

(1)扑救 A 类火灾应选用水型、泡沫、磷酸铵盐干粉、卤代烷型灭火器。

(2)扑救 B 类火灾应选用干粉、泡沫、卤代烷、二氧化碳型灭火器(这里值得注意的是,化学泡沫灭火器不能灭 B 类极性溶性溶剂火灾,因为化学泡沫与有机溶剂接触,泡沫会迅速被吸收,使泡沫很快消失,这样就不能起到灭火的作用,醇、醛、酮、醚、酯等都属于极性溶剂)。

(3)扑救 C 类火灾应选用干粉、卤代烷、二氧化碳型灭火器。

(4)扑救 D 类火灾,就我国情况来说,还没有定型的灭火器产品。国外扑救 D 类火灾的灭火器主要有粉状石墨灭火器和灭金属火灾专用干粉灭火器。在国内尚未定型生产灭火器和灭火剂珠的情况下可采用干砂或铸铁末灭火。

图 4-4　手提式干粉灭火器

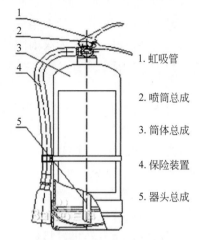

1. 虹吸管

2. 喷筒总成

3. 筒体总成

4. 保险装置

5. 器头总成

图 4-5　手提式干粉灭火器结构图

（5）扑救 E 类火灾应选用磷酸铵盐干粉、卤代烷型灭火器。E 类火灾指带电物体的火灾，如发电机房、变压器室、配电间、仪器仪表间和电子计算机房等在燃烧时不能及时或不宜断电的电器设备带电燃烧的火灾。

（6）扑救 F 类火灾时忌用水、泡沫及含水性物质，应使用窒息灭火方式隔绝氧气进行灭火。

4.2.2　常见校园火灾

常见校园火灾主要有两种，即室内火灾和室外火灾。室内火灾是由教职工、学生、校内经营户等操作不当造成的火灾；室外火灾一般是由于外部原因导致的火灾。

1. 室内火灾

1）室内火灾自救概述

大部分室内火灾都有如下特点：火灾发生的突发性，火情发展的多变性，人员处理火情的瞬时性，如学校食堂、图书馆、实验室等。

（1）突发性。一般情况下，火灾隐患都有较长时间的潜伏性，往往是小患不除，酿成大灾。火灾的发生大多是随机和难以预料的，人们要保护自身安全，就必须要在没有任何精神准备的条件下，对眼前所发生的火灾做出相应的反应。一旦反应迟缓或判断失误，生命财产就会遭受重大损失。火灾的突发性是火灾中引起惊慌的重要原因。

（2）多变性。火灾的多变性特点包含两个方面：一是指火灾之间的千差万别，引起火灾的原因多种多样，每次火灾的形成和发展过程都各不相同；二是指火灾在发展过程中瞬息万变，不易掌握。火灾的蔓延发展受到各种外界条件的影响和制约，与可燃物的种类、数量、起火单位的布局、通风状况、初期火灾的处置措施等有关。火灾的多变性特点，要求人们更多地学习和了解消防常识，懂得火灾发展过程和燃烧特点，掌握自救逃生知识。

（3）瞬时性。大火来势迅猛，这是尽人皆知的浅显道理，由此，可以联想到火灾瞬时性特点。实践证明，火灾中受害者所表现出的行为多属于被动的反应性行为。瞬时性的行为反应，包括逃生手段与个体的应变能力，与每个人的知识素养是分不开的。往往瞬间的错误反应会铸成大错,造成终生的遗憾。"时间就是生命"。在火灾中,无论是灭火、救人还是自救逃生,都必须争分夺秒,准确把握稍纵即逝的灭火战机,选择逃生时机,尽最大努力,争取把火灾扑灭于初期阶段。当被大火围困时,要沉着冷静,尽快地判明情况,采取安全有效的逃生方法,撤至安全地区。

2)室内火灾逃生与自救

当发现楼道内失火的时候,切忌慌张、乱跑,要冷静地观察着火方位,确定风向,并在火势未蔓延前,朝逆风方向快速离开火灾区域。起火的时候,如果楼道被烟火封死,应该立即关闭房门和室内通风孔,防止进烟。随后用湿毛巾堵住口鼻,防止吸入热烟和有毒气体,并将穿在身上的衣服浇湿,以免引火烧身。如果楼道中只有烟没有火,可在头上套一个较大的透明塑料袋,防止烟气刺激眼睛和吸入呼吸道,并采用弯腰的低姿势,逃离烟火区。如果室内着火,浓烟太大,则可用湿口罩或湿毛巾捂住口鼻后,爬行穿过危险区。但若是火势太猛,又不了解火场情况,千万不可盲目地向外冲,此时应该做的就是赶紧趴在地上大声地呼救,以便得到及时的营救;也可以将楼梯间的窗户玻璃打破,向外高声呼救,让救援人员知道你的确切位置,以便更早地得到营救。

3)室内火灾逃生的几点要诀

(1)一旦身受火灾威胁,千万不要惊慌失措,要冷静地确定自己所处位置,并迅速逃生离开,不要贪念财物。

(2)如果门的周围火势不大,应迅速离开火场。如火势较大则可以采取保护措施,用水淋湿衣服、用温湿的棉被包住头部和上身等,之后再离开火场。

(3)身处楼房时,发现火情不要盲目打开门窗,否则有可能引火入室。也不要盲目乱跑、更不要跳楼逃生,这样会造成不应有的伤亡。可以躲到厕所或者阳台上。紧闭门窗,隔断火路,等待救援。

(4)在失火的楼房内,逃生不可使用电梯,应通过防火通道走楼梯脱险。因为失火后电梯竖井往往成为烟火的通道,并且电梯随时可能发生故障。

(5)逃生时,尽量采取保护措施,如用湿毛巾捂住口鼻、用湿衣物包裹身体。

(6)如身上衣物着火,可以迅速脱掉衣物,或者就地滚动,以身体压灭火焰,还可以想办法用水将身上的火熄灭。

(7)火灾发生时,常会产生对人体有毒、有害的气体,所以要预防烟毒,应尽量选择上风处停留或以湿的毛巾或口罩保护口、鼻及眼睛,避免有毒、有害烟气侵害。

2.室外火灾

1)室外火灾概述

室外火灾一般是发生在建筑物外或者建筑物表层的火灾,室外火灾与室内火灾相比,有如下特点。

(1)室外火灾受空间的限制小,燃烧时处于完全敞露状态,供氧充分,空气对流快,火势蔓延速度快,燃烧面积大。

(2)室外火灾受气温影响大。气温越高,可燃物的温度随之升高,与着火点的温差就越小,更容易被引燃,造成火势发展迅猛。气温越低,火源与环境温度的差异越大,火场周围可燃物质所蒸发出的气体相对减少,火势蔓延速度会相对减慢。但是,随着火场上空气对流速度加快,会使火场周围温度迅速升高,燃烧速度加快。

(3) 风对室外火灾的发展起决定影响。"风助火势",风会给燃烧区带来大量新鲜空气,随着空气当中的氧气成分的不断增多,促使燃烧更加猛烈。火势蔓延方向随着风向改变而改变,在大风中发生火灾,会造成飞火随风飘扬,形成多处火场,致使燃烧范围迅速扩大。

(4) 由于室外火灾火势多变,经常出现不规则燃烧,火势难控制,用水量大,扑救难度大,一旦发展成室外火灾,往往形成立体、多层次燃烧,扑救更加困难,火灾危害和损失也更为严重。

2) 室外火灾逃生与自救

(1) 保持镇静,及时报警,服从现场人员指挥,有序疏散。

(2) 火灾中对人身造成的伤害主要来自高温、浓烟和一氧化碳,因此一旦发现自己身处着火区域,应当使用沾湿的毛巾遮住口鼻,附近有水的话最好把身上的衣服弄湿。

(3) 判明火势、火苗燃烧方向,逆风逃生,果断迎风跑出火灾包围圈,切勿顺风而逃,在山林中遭遇火灾一定要密切关注风向变化,这不仅决定大火的蔓延方向,也决定了你逃生方向正确与否。

(4) 当烟尘袭来时,用湿毛巾或衣服掩住口鼻迅速躲避。

(5) 躲避不及时,应选在附近没有可燃物的平地卧地避烟,不可选择低洼地或坑、洞等容易沉淀烟尘的地方。

(6) 被大火包围在半山腰时,要快速向山下跑,切忌往山上跑,通常火势向上蔓延的速度要比人跑的速度快得多。

(7) 逃离火灾现场后,在灾害现场休息的时候要防止毒蜂和野兽的侵袭等。

4.2.3 校园火灾的影响

在社会生活中,火灾是威胁公共安全,危害人们生命财产的灾害之一。校园火灾的危害相对来说更大,因为,校园是人员特别密集的地方,一旦发生火灾之后,很容易因为缺少校园火灾知识,导致大量的学生伤亡。

(1) 火灾会造成惨重的财产损失。学校是综合教学体的统称,包括教学楼、宿舍楼、实验楼、图书馆等多种功能楼群,一旦出现火灾之后,导致大量的经济损失,即使有足够的财力进行抢修,也需要一段时间才能恢复原貌。

目前,特别是实验室等涉及化学试剂、药物制剂、高密度实验制品及人员密集的图书馆,发生火灾后,对学校将是毁灭性的打击,损失不可估量。

(2) 火灾会造成大量的人员伤亡。由于部分师生员工的观念未得到很好转变,认为消防应该是学校的事情,与教职工、学生没有太大的关系,加之目前很多高校的高楼拔地而起,一旦出现火灾之后,很容易造成学生混乱局面出现,踩踏、烟雾等都会成为学生死亡的关键因素。

(3) 严重扰乱教学秩序。校园火灾出现之后,教学楼、实验楼、学生宿舍等的重建及各个方面都需要重新开始,很容易导致学生无心学习,或者惧怕再次出现校园火灾而选择厌学、退学、休学等,对正常的教学秩序有非常大的打击。

（4）造成不良的社会影响。高校是一个比较特殊而又是人员比较集中的地方，社会关注度高，社会影响面广，一旦校园发生火灾，媒体会铺天盖地进行报道，为了蹭热度，部分不明真相的学生也会通过抖音、快闪、微视频、短视频等方式发布到网络，引起社会的关注，造成不良的社会影响。

4.3　预防处置校园火灾

校园预防火灾的手段和形式多种多样，任何火灾的发生都有一定的前瞻性，预防才是防火最重要的途径，成立学校微型消防站，开展对实验室、图书馆、学生宿舍、食堂、教学楼、办公楼等楼宇的巡查排查，发现问题及时整改，把工作重心放在巡查排查上，实行 24 小时值班值守制度。

4.3.1　校园火灾的预防

1. 实验室预防火灾

（1）实验室必须存放一定数量的消防器材。消防器材必须放置在明显位置，便于发现，并指定由专人管理。所有人员应爱护消防设备，并按要求定期检查和更换。

（2）实验室储存的所有易燃易爆物品（如氢、氮、氧等）必须与火源、电源保持一定距离，不得随意堆放。

（3）不要随意连接或拉扯电线，不要过载负荷。实验室内不得有裸露的线端，严禁用金属丝代替熔断器；电源开关箱内不得堆放物品。

（4）应经常检查电器设备、线路、插头和插座，使其处于良好状态。如果出现火花、短路、发热、绝缘损坏和老化，必须通知电工进行维修。离开实验室时，所有设备应断开电源。

（5）使用电烙铁时，应将电烙铁放置在不燃隔热支架上。易燃材料不得堆放在周围。使用电器后立即拔下电源插头。

（6）可燃气瓶和助燃气瓶不得放在一起。各种气瓶不得靠近热源和明火。应采取防晒措施。禁止碰撞和敲击。油漆标记应保持完好，并用于特殊气瓶。使用的可燃气瓶一般应放置在室外阴凉通风处，室内用管道连接。氢气、氧气和乙炔不能放在同一个地方，应与所用火源保持 10 米以上的距离。所有钢瓶必须用固定装置固定，以防倾倒。

（7）化学试剂、生物制剂、有毒气体等易燃易爆危险化学品要按照规定及时收回保存和转运等，对废旧有害气体，要严格按照要求和规范进行处置。

（8）未经批准和备案，不得在实验室使用大功率电器设备，以免超过电负荷，严禁在楼内走廊上堆放物品，确保消防畅通。

2. 图书馆预防火灾

（1）对进出图书馆的人员要进行消防安全教育和培训，提高入馆人员的消防安全意识和防范意识。

（2）进出各阅览室的楼梯、通道必须畅通，并悬挂"安全出口"标识等消防安全警示标志。

（3）严禁携带易燃易爆危险物品入馆、严禁在图书馆内吸烟、使用明火。禁止私自接电源、改动电路。

（4）严格加强图书馆的消防安全值班制度,值班员要认真履行职责,并进行值班登记,确保图书馆的安全。

（5）定期对图书馆内电器设备进行维护保养,确保馆内电器设备的安全运行。

（6）图书馆电器线路设计要符合消防安全要求,照明灯和书应保持安全距离,严禁超负荷用电。

（7）图书馆负责安全的领导要加强对馆内消防设施设备的巡查排查,落实消防安全责任制,及时排除各种火灾隐患。

（8）制定"图书馆消防安全应急疏散预案",定期对图书馆工作人员进行消防安全知识培训和灭火器实操演练等。

3. 学生宿舍预防火灾

（1）不乱拉乱接电源,且不在电线灯头、灯管等电器设备上搭挂衣物或烘烤物品。宿舍内点蚊香时,一定要把其放在不燃的支架上,并远离可燃物,特别要远离蚊帐、衣物、被褥、桌椅,以防人走动时,把可燃物碰倒在蚊香上,引发火灾。

（2）在宿舍,无论停电,还是熄灯,都不要使用蜡烛等明火照明。为避免发生危险,遇到宿舍断电情况,可使用手电筒照明。

（3）在宿舍内不要吸烟,特别是不能卧床吸烟,不储存易燃易爆物品,不要在清理宿舍时焚烧书本、纸张等。充电设备不要在宿舍没人的情况下长时间充电,外出之前一定要切断各种电源,尽可能减少火灾隐患的存在。

（4）安全出口要处于常开状态,并留意宿舍楼内的消防器材放置地点和使用方法,熟悉宿舍楼内的安全通道和消防通道。

（5）不在宿舍使用类似于热得快、电暖器、电饭锅、电热毯等大功率危险电器设备,它们的电线极容易因超负荷运行而导致电线过热、绝缘体融化短路引发火灾。

（6）人走熄灯,嗅到电线胶皮煳味,要及时报告,采取措施。

（7）不在寝室使用燃料乙醇炉（灯）、液化器灶具等生火做饭,以免引发火灾。

（8）注意保持消防通道和安全通道畅通,疏散标志、标识处于正常运行状态。

4. 食堂预防火灾

（1）食堂安全员须加强消防检查安全,检查要" 每日巡查、定期检查、日常抽查"相结合,发现隐患问题及时进行整改。

（2）非食堂操作人员严禁点火操作。

（3）不用炉灶时必须先关闭煤气阀（使用生物油作为燃料的,关闭开关闸阀）,切断鼓风机电源开关,最后切断总气源开关。

（4）炉灶使用现场必须有人看管,严禁无人看管使用炉灶。

（5）点火前检查炉膛内有无煤气（有煤气时不能点火）,气瓶有无漏气,开关是否正常,有漏气或开关不正常时,立即报告当日值班班长或其他工作人员,以便及时修理更换,严禁自行处理或置之不理。

（6）厨房与气房严禁吸烟,严禁将易燃易爆品带进厨房,每间灶台须配备至少1套灭火毯。

（7）定期清洗脱排油烟机内的油污，以防油污积存后，使用时引发火灾。

（8）建立食堂消防安全巡查排查工作台账，每日一检查、每周一报告食堂消防安全情况。

5. 其他楼栋预防火灾

其他楼栋包括教学楼、行政办公楼、训练场地楼宇以及家属区楼栋等，每天按照要求，开展好消防安全巡查排查工作，建立巡查排查工作台账，对存在消防安全隐患的楼栋楼宇管理部门发整改通知书，要求其在规定时间内进行整改，同时，注意以下几点。

（1）禁止乱拉乱搭电线，违规使用大功率电器设备。

（2）禁止堵塞消防通道，保持疏散通道畅通。

（3）不在楼宇间、楼道间、过道、安全通道等玩火、不燃放烟花爆竹，不堆放杂物。

（4）不乱扔烟头，烟头会导致火灾的发生。

（5）根据相关规定，学校要制定消防巡查排查工作机制，学校宿舍（公寓）消防安全管理办法、学校消防安全管理规定、学校灭火和应急疏散预案等。

4.3.2　校园火灾的处置

校园火灾的常见类型有电器火灾和生活火灾，对校园火灾进行有效处置，特别是对初起火灾的有效处置，可以最大程度减少火灾带来的伤害。

1. 火灾发展的过程

火灾扑救指消灭已经发生的火灾，以减少损失、挽救国家与人民生命财产的活动。火灾扑救是火灾预防的重要补充。扑救火灾是每个单位和个人的义务。

（1）初期阶段：固体物质燃烧时，通常 $10 \sim 15 \mathrm{min}$ 内的燃烧面积不大，烟和气体的流动速度比较缓慢，辐射热较低，火势向周围发展蔓延比较慢，燃烧通常还没有突破房屋建筑外壳。

（2）发展阶段：燃烧强度增大、温度升高、气体对流增强、燃烧速度加快、燃烧面积扩大，为控制火势发展和扑灭火灾，需要一定灭火力量才能有效扑灭。

（3）猛烈阶段：燃烧发展达到高潮，燃烧温度最高，辐射热最强，燃烧物质分解出大量的燃烧产物，温度和气体对流达到最高限度，建筑材料和结构的强度受到破坏，使其发生变形或倒塌。

（4）衰减阶段：随着可燃物燃烧殆尽或者燃烧氧气不足或者灭火措施（洒水或者化学灭火）的作用，火势开始衰减。

（5）熄灭阶段：当可燃物烧完或者燃烧场地氧气不足或者灭火工作起效，火势最终熄灭。

2. 常用的灭火方法

（1）隔离法。将着火的地方或物体与其周围的可燃物隔离或移开，燃烧就会因为缺少可燃物而停止。实际运用时，如将靠近火源的可燃、易燃、助燃的物品搬走，把着火的物件移到安全的地方；关闭电源、可燃气体、液体管道阀门，中止和减少可燃物质进入燃烧区域；拆除与燃烧着火物毗邻的易燃建筑物等。

（2）窒息法。阻止空气流入燃烧区或用不燃烧的物质冲淡空气，使燃烧物得不到足够的氧气而熄灭。实际运用时,如用石棉毯、湿麻袋、湿棉被、湿毛巾被、黄沙、泡沫等不燃或难燃物质覆盖在燃烧物上;用水蒸气或二氧化碳等惰性气体灌注容器设备;封闭起火的建筑和设备门窗、孔洞等则灭火效果更佳。

(3)冷却法。将灭火剂直接喷射到燃烧物上,以降低燃烧物的温度。当燃烧物的温度到该物的燃点以下时,燃烧就停止了。或者将灭火剂喷洒在火源附近的可燃物上,使其温度降低,防止辐射热影响而起火。冷却法是灭火的主要方法,主要用水和二氧化碳来冷却降温。

3. 火灾处理流程

(1)自救。沉着冷静、保持清醒,用湿毛巾捂住鼻子,弯腰前行,尽快离开火场。

(2)报警。报警时要说清着火单位所处的具体位置,其街道、门牌号及火势大小,如遇到特殊道路,还需提前安排人员到路口接警,并疏散堵塞道路的车辆等,还需要拨打校内24小时值班电话,请求支援。

(3)组织实施。迅速组织人员逃生,原则是先救人、后救物,远离火灾地的道路和区域。

(4)扑救方法。扑救固体物品,如木制品、棉制品等,可使用各类灭火器具。

(5)疏散。疏散人员远离火场,防止火灾发生扩散,为消防人员提供道路。

在组织扑救疏散时,应注意查明以下情况。一是起火的部位、燃烧物的性质、火灾范围、火势蔓延路线及方向;二是是否有人受到火灾威胁,同时查清火灾被困人员的数量和所处地点,提出抢救方案;三是发生火灾区域是否有易燃、易爆物品或有毒物质及其数量,存放地点,存放形式和危险程度;四是被火灾围困或威胁的贵重物资、设备的数量、放置地点,受火势威胁程度,是否需要疏散和保护;五是起火建筑物的构造形式、结构特点、耐火等级与相连建筑物的距离,可燃物受火势威胁程度,起火建筑物安全通道、房屋出入口位置,火场主要建筑有无倒塌危险及是否需要破拆、转移等。

4.3.3 预防校园火灾的必要性

我们的生活离不开火。但是如果用火不当,或者是监管不严,很容易发生火灾。火灾严重威胁着人们的生活,给人们的生命财产安全和国家的建设发展造成巨大的损失。消防安全十分重要,在校园生活中,消防安全无处不在,应该时时刻刻地注意消防安全,避免火灾事故的最好办法是预防,预防就是预先做好事物发展过程中可能出现偏离主观预期轨道或客观普遍规律的应对措施。校园火灾,客观地讲就是预防为主,防消结合,重在预防。

1. 制定学校相关消防安全管理办法,落实消防安全责任

各高校要根据《中华人民共和国消防法》《普通高等学校消防安全工作指南》等相关文件规定,制定适合自己学校的消防安全管理办法、学校消防应急管理预案、学校寝室消防安全管理规定、学校消防安全巡查排查工作机制等,把消防安全落实到管理上、落实到制度上、落实到人头,让消防安全管理工作有法可依、有据可循,达到人人消防的目的。

2. 认真抓好校园消防安全宣传教育,筑牢消防安全防线

高校每年至少要开展两次消防安全教育演练培训,即春季消防安全演练培训和秋季消

防安全演练培训。另外,在每年的特殊时间和特殊节点,如全民国家安全教育日、119消防安全宣传日等重要时间节点上,可邀请属地消防应急管理单位或具备相关消防安全资质的消防安全管理公司,参与学校开展的消防安全教育知识讲座、消防安全知识培训、消防安全知识演练等,还要针对不同的群体和部门开展专门的消防安全演练和培训,如食堂、实验室、校区经营户等。让全校师生员工和服务人员能更好地参与其中,充分认识到消防安全工作在服务学校教学、科研等的重要意义和作用。

3. 抓好各级消防安全巡查排查工作,在预防上下功夫

高校要根据制定的巡查排查工作机制,每日开展全校消防安全巡查排查工作,对重点楼栋,重点部门、部位更要不定期、不定时地进行检查排查,特别是实验室、食堂、学生宿舍、附属厂房、校办企业(单位)等,还要建立巡查排查工作台账,对存在消防安全隐患的部门或单位,要及时重点开展巡查排查工作以书面形式通知对方进行整改,并要求整改时限,对整改的情况要及时反馈至相关部门,预防消防安全事故的发生。

4.3.4 校园常用灭火器及其使用方法

目前,最常见的灭火器有3种,分别为手提式干粉灭火器、手提式二氧化碳灭火器和卤代烷灭火器。学校最常用的为磷酸铵盐干粉灭火器,俗称为 ABC 干粉灭火器或二氧化碳灭火器。干粉灭火器主要靠干粉中的无机盐的挥发性分解物与燃烧过程中燃料所产生的自由基或活性基因发生化学抑制和负催化作用,使燃烧的链反应中断而灭火,或是靠干粉粉末落在可燃物表面,隔绝氧气灭火,利用二氧化碳气体或氮气气体作动力,将筒内的干粉喷出。干粉灭火器由于价格便宜,很多人都会倾向选择购买,但干粉灭火器也存在一定的缺点,如干粉灭火器粉尘大,操作难度大,让一个非专业人士在紧急情况下使用它来灭火并不是一件容易的事情。除了以上3种常用灭火器外,还有清水灭火器、气熔胶灭火器等类型的灭火器。

1. 手提式干粉灭火器

手提式干粉灭火器适用于易燃、可燃液体、气体及带电设备的初起火灾。手提式干粉灭火器除可用于上述几类火灾外,还可扑救固体类物质的初起火灾,但不能扑救金属燃烧火灾。

使用方法:干粉灭火器扑救可燃、易燃液体火灾时,应对准火焰腰部扫射,如果被扑救的液体火灾呈流淌燃烧时,应对准火焰根部由近而远,并左右扫射,直至把火焰全部扑灭。如果可燃液体在容器内燃烧,使用者应对准火焰根部左右晃动扫射,使喷射出的干粉流覆盖整个容器开口表面;当火焰被赶出容器时,使用者仍应继续喷射,直至将火焰全部扑灭。在扑救容器内可燃液体火灾时,应注意不能将喷嘴直接对准液面喷射,防止喷流的冲击力使可燃液体溅出而扩大火势,造成灭火困难。如果可燃液体在金属容器中燃烧时间过长,容器的壁温已高于扑救可燃液体的自燃点,此时极易造成灭火后再复燃的现象,若与泡沫类灭火器联用,灭火效果更佳。

用手提式干粉灭火器灭火时,可手提或肩扛灭火器快速奔赴火场,在距燃烧处 5m 左右,放下灭火器。如在室外,应选择在上风方向喷射。使用的干粉灭火器若是外挂式、储压式的,操作者应一手紧握喷枪,另一手提起储气瓶上的开启提环。如果储气瓶的开启是手轮式的,则向逆时针方向旋开,并旋到最高位置,随即提起灭火器,当干粉喷出后,迅速对准

火焰的根部扫射。使用的干粉灭火器若是内置式储气瓶的或者是储压式的,操作者应先将压把上的保险销拔下,然后握住喷射软管前端喷嘴部,另一只手将压把压下,以打开灭火器进行灭火。有喷射软管的灭火器或储压式灭火器在使用时,一手应始终压下压把,不能放开,否则会中断喷射。

注意:使用手提式干粉灭火器扑救固体可燃物火灾时,应对准燃烧最猛烈处喷射,并上下、左右扫射。如条件许可,使用者可提着灭火器沿着燃烧物的四周边走边喷,使干粉灭火剂均匀地喷在燃烧物的表面,直至将火焰全部扑灭。

2. 手提式二氧化碳灭火器

手提式二氧化碳灭火器是把空气排挤出,令火失去氧气而熄灭,可用在 B 类、C 类及 E 类火灾上。因为二氧化碳是气体不会残留,因此用于电火可避免损坏设备。

使用方法:在使用时,应首先将灭火器提到起火地点,放下灭火器,拔出保险销,一只手握住喇叭筒根部的手柄,另一只手紧握启闭阀的压把。对没有喷射软管的二氧化碳灭火器,应把喇叭筒往上扳 $70 \sim 90°$。使用时,不能直接用手抓住喇叭筒外壁或金属连接管,防止手被冻伤。在使用室外二氧化碳灭火器时,应选择上风方向喷射;在室内窄小空间使用时,操作者在灭火后应迅速离开,以防窒息

注意事项:二氧化碳灭火器的喷喉顶部通常为筒状。由于二氧化碳储存在灭火器时温度极低,使用时要小心,避免接触,以免引起冻伤。因使用二氧化碳灭火时,会减少火场及燃烧物品的氧气量,所以在空气不流通的环境下使用二氧化碳灭火,会影响呼吸,不适合长时间使用,操作者使用后必须尽快离开现场。

3. 卤代烷灭火器

卤代烷灭火器是充装卤代烷灭火剂的灭火器。该类灭火器品种较多,而我国只有两种:二氟一氯一溴甲烷和三氟一溴甲烷,简称 1211 灭火器和 1301 灭火器。

卤代烷灭火剂是以卤素原子取代一些低级烷烃类化合物分子中的部分或全部氢原子后所生成的具有一定灭火能力的化合物的总称。卤代烷灭火剂分子中的卤素原子通常为氟、氯及溴原子。

试验和实际应用结果表明,卤代烷 1211 是一种性能良好、应用范围广泛的灭火剂,它的灭火效率高,灭火速度快,当防火区内的灭火剂浓度达到临界灭火值时,一般为体积的 5% 就能在几秒内将火焰扑灭。卤代烷 1211 不是依靠冷却、稀释氧或隔绝空气等物理作用来实现灭火的,而是通过抑制燃烧的化学反应过程,中断燃烧的链反应而迅速灭火的,属于化学灭火。

卤代烷 1211 在标准状态下为略带芳香味的无色气体,加压或制冷后可液化储存在压力容器内。卤代烷的蒸汽有一定的毒性,在使用时应避免吸入蒸汽和与皮肤接触,使用后应通风换气 10min 后再进入使用区域。

环境危害:卤代烷灭火器是通过捕捉游离基灭火的。卤代烷灭火剂种类标准的分类大概就只有 4 种,分别是二氟二溴甲烷、二氟一氯一溴甲烷、三氟一溴甲烷、四氟二溴乙烷,代号是 1202、1211、1301、2402。

4. 清水灭火器

清水灭火器中充装清洁的水,为了提高灭火性能,在清水中加入适量添加剂,如抗冻

剂、润湿剂、增黏剂等。国产的清水灭火器采用贮气瓶加压方式,加压气体为液体二氧化碳。清水灭火器只有手提式,没有推车式。

5．气溶胶灭火器

气溶胶在灭火工程的应用源于军工技术,气溶胶灭火药剂应用于部分有机化学制剂和油类等液体储罐的罐内灭火和军方装甲车、坦克的抑爆系统。便携式气溶胶灭火器是灭火器应用领域的新突破。把高效产气气溶胶药剂和灭火粒子发生剂相结合,利用气溶胶药剂产生灭火气体的热力和动力使灭火粒子发生剂分解释放出高效灭火粒子,在便携性、安全性和灭火能力上比传统灭火器更胜一筹。

4.4　逃生与自救

当发生火灾时,要想办法保护好自己的生命财产安全,尽快逃离火场,一定要冷静,如果火势不大,可尽快采取措施扑救,如果火势凶猛,应迅速撤离,并第一时间报警。

1．扑救火灾的几种基本方法

(1) 冷却灭火法。就是控制可燃物质的温度,使其降低到燃点以下,以达到灭火的目的。用水进行冷却灭火就是扑救火灾的常用方法,也是简单的方法。常见的火灾,如房屋、家具、木材等起火可以用水进行冷却灭火。另外,也可用二氧化碳灭火器进行冷却灭火。

(2) 窒息灭火法。就是要通过隔绝空气的方法,使燃烧区内的可燃物质得不到足够的氧气,而使燃烧停止,这也是常用的一种灭火方法,对于扑救初起火灾作用很大,此种灭火法可用于房间、容器等较封闭性的火灾。

(3) 隔离灭火法。将燃烧物体与其附近的可燃物隔离或疏散开,以达到灭火的目的。隔离灭火法适用于扑救爆炸物品、流体、固体和气体的各种火灾,也是常用的一种灭火方法。

(4) 抑制灭火法。这是一种用灭火剂与燃烧物产生物理和化学抑制作用的灭火方法。如干粉灭火剂,在灭火时由于高压气体(二氧化碳或氮气)冲出储存的容器,形成一股加压的雾状粉流,覆盖到燃烧物上,粉粒与火焰中产生的活性基因接触时,活动基因被瞬时吸附在粉粒表面上,形成不活泼的水,从而中断燃烧连锁反应的进行,使火焰迅速熄灭。

火场上采用哪种灭火方法,应根据燃烧物质的性质、燃烧特点和火场的具体情况而定。

2．发生火灾时的应急处置措施

1) 及时、准确报警

当发生火灾时,应视火势情况,在向周围人员报警的同时向消防队报警,同时还要向单位领导和有关部门报告。

(1) 向周围人员报警。应尽量使周围人员明白什么地方着火和什么东西着火,这既是通知人们前来灭火,也是告诉人们须紧急疏散。应向灭火人员指明火点的位置,向需要疏散的人员指明疏散的通道和方向。

(2) 向消防队报警。直接拨打119火警电话。拨通电话后,应沉着、冷静,要说清发生火灾的单位、地点靠近何处,什么东西着火、火势大小,是否有人被围困,有无易爆炸危险物品、放射性物质等情况。还要说清报警人姓名、单位和联系电话,并注意倾听消防队的询问,准确、简洁地给予回答。报警后,应立即派人到单位门口或交叉路口迎接消防车,并带领消防队迅速赶到火场。若消防队未到前火已扑灭,应及时向消防队说明。

2)扑灭初起之火

火灾的发展为初起、发展、猛烈衰减和熄灭5个阶段。火灾初起阶段,燃烧面积不大,火焰不高,辐射热不强,火势发展比较缓慢,如发现及时,方法得当,用较少的人力和简单的灭火器材就能很快地把火扑灭。这个阶段是扑灭火灾的最佳时机。在报警的同时,要分秒必争,抓紧时间,力争把火灾消灭在初起阶段。

3.逃生自救常识12条

(1)发现火灾,及时报警,牢记火警电话119。报火警时的主要要点:①说清着火单位的具体地址;②说清是什么东西着火和火势大小,以便调配相应的消防车辆;③说清报警人的姓名和使用的电话号码;④注意听清消防队的询问,正确简洁地予以回答,待对方明确说明可以挂断电话时,方可挂断电话;⑤报警后要到路口等候消防车,指示消防车去火场的道路。

(2)当周围发生火灾时,一定要保持镇定,以免在慌乱中做出错误的判断或采取错误的行动,受到不应有的伤害。

(3)受到火势威胁时,要当机立断,披上浸湿的衣物、被褥等向安全出口方向跑;不要往柜子里或床底下钻,也不要躲藏在角落里;更不要贪恋财物,盲目地往火场里跑。

(4)当发生火灾的楼层在自己所处的楼层之上时,应迅速向楼下跑,因为火是向上蔓延的。千万不要盲目跳楼,可利用疏散楼梯、阳台、落水管等逃生自救。

(5)燃烧时会散发出大量的烟雾和有毒气体,它们的蔓延速度是人奔跑速度的4~8倍。当烟雾呛人时,要用湿毛巾、浸湿的衣服等捂住口、鼻并屏住呼吸,不要大声呼叫。要尽量使身体贴近地面,靠墙边爬行逃离火场。

(6)不论是位于起火房间还是未起火房间,逃到室外后,要随手关闭通道上的门窗,以减缓烟雾沿人们逃离的通道蔓延。

(7)在被烟气窒息失去自救能力时,应努力滚到墙边,便于消防人员寻找、营救,因为消防人员进入室内都是沿墙壁摸索着行进。此外,滚到墙边也可以防止房屋塌落砸伤自己。

(8)当自己所在的地方被大火封闭时,可以暂时退入居室,关闭所有通向火区的门窗,用浸湿的被褥、衣物等堵塞门窗缝,并泼水降温。同时,要积极向外寻找救援,用打手电筒、挥舞色彩明亮的衣物、呼叫等方式向窗外发送求救信号,以引起救援者的注意,等待救援。

(9)一旦被火势困住,要积极采取紧急避难措施。一些大型综合性多功能建筑物,一般在电梯、楼梯、公共厕所附近以及走廊末端设置避难间。发生家庭火灾时,可根据实际情况,如利用阳台等可燃物少、方便同外界接触的空间,自创小空间避难。

(10)若被困在二层以下的楼层内,被烟火威胁,时间紧迫无条件采取任何自救办法时,也可以跳楼逃生。在跳楼前,应先向地面抛一些棉被、床垫等柔软物品,然后用手扒住窗台或阳台,身体下垂,自然下滑,使双脚着落在柔软物上。

(11)在超市、宾馆、食堂等公众场所时要注意观察并记住场所的进出口、楼道、紧急疏散口的方位及走向;一旦在公共场所遇到火灾,要听从现场工作人员指挥;裹挟在人流中逃生时,可一只手放胸前保护自己,用肩和背承受外部压力,用另一只手拿湿毛巾捂住口鼻,防止吸入有毒气体。

（12）火场不可乘坐普通电梯。因为发生火灾后，往往容易断电而造成电梯故障，给救援工作增加难度；另外，火场上烟气涌入电梯通道极易形成烟囱效应，人在电梯里随时会被浓烟毒气熏呛而窒息。

4．火灾逃生十大注意事项

（1）牢记发生火灾时要报警。

（2）生命第一重要，千万不要因为寻找贵重财物而耽误逃生时间。

（3）楼房起火时，不能乘普通电梯逃生。

（4）不能在浓烟弥漫时直立行走，否则极易呛烟和中毒。

（5）在室内发现外部起火，开启房门时，须先触摸门板，若发现发热或浓烟气自门缝窜入，就不能贸然开门，而应设法寻求其他通道，若发现门板还不热，要缓缓开启，并在一侧利用门扇做掩护，防止烟气熏倒或热浪灼烧。

（6）逃生时，每过一扇门窗，应随手关闭，以防止烟火沿通道蔓延。

（7）逃生者若身上着火，应迅速将衣服脱下或撕下，可以就地翻滚把火扑灭，但要注意不要滚动过快，切记不要带火迎风跑动。若附近有水池、河、塘等，要迅速跳入水中，以灭掉身上的火。

（8）逃出火场危险区后，受害者必须留在安全地带，不要重新进入火场，以免发生危险，如有情况，应及时向救助人员反映。

（9）服从应急救援队伍和现场指挥人员的指挥，有序、快速逃离火场。

（10）无法逃离火场时，第一时间拨打火警电话119，不要慌张，准确报告火灾位置并描述火势情况，等待救援。

5．火灾逃生五点误区

（1）原路逃生。一旦发生火灾，人们总是习惯沿着进来的出入口和楼道逃生，发现此路被封死时，才去寻找其他出入口。殊不知，此时也许已失去最佳逃生机会。

（2）朝光亮走。紧急情况下，人们总是朝着有光亮的方向逃生。但此时火场中，电源多半已被切断或已短路跳闸，光亮之地正是火魔肆虐之处。

（3）盲目追随。常见的盲目追随行为有跳窗、跳楼、躲进厕所、浴室、门角等；

（4）惯性思维。人们总是习惯性地认为火是从下面往上烧，越高越危险，只有尽快逃到一层跑出室外，才有生的希望。殊不知，这时底层可能是一片火海。实际上，超高层建筑每隔15层会设置一个避难层，逃生时尽快抵达一个避难层即可。

（5）冒险跳楼。面对愈来愈大的火势，愈来愈浓的烟雾，人们容易失去理智，此时切记不要跳楼、跳窗等。

4.5　本章案例分析

【案例分析】　某大学教学实验室火灾。

【事件经过】　2019年2月27日凌晨0时42分，某大学教学楼内一实验室发生火灾，学校报警后，消防人员和警方迅速到场。因为火势蔓延迅速，整栋大楼几乎都浓烟滚滚，9

辆消防车、43 名消防员到达现场,用水枪喷射明火并且降温,1 小时 30 分后火灾被扑灭。教学楼外墙面被熏黑,窗户破碎,警方及学校保卫部门封闭现场。火灾烧毁 3 楼热处理实验室内办公物品,并通过外延通风管道引燃 5 楼楼顶风机及杂物。当时没有人在大楼里,没有人员受伤。

【事件原因】 夜间实验室未关闭电源,导致电路火灾。

【事件后果】 烧毁 3 楼热处理实验室内办公物品,并通过外延通风管道引燃 5 楼楼顶风机及杂物。

【安全警示】

(1)各实验室责任人应将加强实验人员安全意识作为一项常规工作,定期进行安全教育和培训。

(2)实验时应按照规范进行操作,严禁独自一人在实验室做实验,更不得在实验进行中途离开实验室。

(3)实验人员实验前应做好预习准备工作,了解实验所涉及试剂的理化性质,熟悉仪器设备的性能及操作规程,做好安全防范工作。

(4)进入实验室要做好必要的个人防护,特别注意危险化学品、易燃易爆、辐射、生物危害、特种设备、机械传动、高温高压等对人体的伤害。

(5)实验时涉及有毒、易燃易爆、易产生严重异味或易污染环境的操作应在专用设备内进行,注意水、电、气的使用安全。

(6)实验结束后,最后一个离开实验室的人员必须检查并关闭整个实验室的水、电、气、门窗。

4.6 本 章 小 结

本章主要介绍了火灾的形成及其分类、校园火灾的构成、校园火灾发生的原因、校园火灾的特点、消防安全的基本知识、校园火灾的特点、校园火灾的影响、校园火灾的预防、校园火灾的处置、预防校园火灾的必要性、校园常用灭火器及其使用方法及发生火灾后的处置、逃生与自救等内容。作为当代大学生,不仅要了解校园消防安全知识,还要掌握灭火器的使用方法、基本的灭火逃生技能及相关的急救知识等。校园消防安全,重点是预防,作为学校管理部门,每年要定期和不定期地开展校园消防安全演练,要把预防校园火灾作为头等大事来抓,开展消防安全知识讲座、培训、演练等活动,积极宣传消防安全知识。

校园网络安全

5.1 大学生与网络安全

5.1.1 网络安全

网络安全是指网络系统的硬件、软件及其系统中的数据受到保护,不受偶然的或者恶意的原因而遭到破坏、更改、泄露,系统连续、可靠、正常地运行保证网络服务不中断。

从广义上解释,网络安全通常指计算机网络的安全,实际上也可以指计算机通信网络的安全,而计算机网络用于服务资源共享,通信网络是实现资源共享的途径。因此,计算机网络是安全的,则相应的计算机通信网络也必须是安全的,应该能为网络用户实现信息交换与资源共享。只要涉及网络上信息的保密性、完整性、可用性、真实性和可控性的相关技术和理论都是网络安全的研究领域。

从狭义上解释,对于网络中的一个运行系统而言,网络安全就是指信息处理和传输的安全。稳定安全地处理、传输信息需要保障计算机硬件系统的安全、可靠运行,操作系统及应用软件的安全,数据库系统的安全,电磁信息泄露的防护等。狭义的网络安全,侧重于网络传输的安全。

5.1.2 网络安全的主要因素

网络安全从其本质上来讲就是网络上的信息安全。因而,网络安全具有网络信息的某些特性,如可用性指可被授权实体访问并按需求使用的特性,即当需要时能否存取所需的信息,网络环境下拒绝服务,破坏网络和有关系统的正常运行等都属于对可用性的攻击;可审查性指出现安全问题时提供依据与手段进行非授权访问,即对网络设备及信息资源进行非正常使用或越权使用等。

影响网络安全的主要因素有以下几点。

(1)漏洞。漏洞的存在会造成网络安全出现重要隐患,常见的非法入侵、木马、病毒等都是通过漏洞来攻破网络安全防线的。因此,防堵漏洞是提高系统及网络安全的关键之一。

当前的漏洞问题主要包括两个方面:一是软件系统的漏洞,如操作系统漏洞、IE 漏洞、Office 漏洞等,以及一些应用软件、数据库系统(如 SQL Server)漏洞;二是硬件方面的漏洞,如防火墙、路由器等网络产品的漏洞。

（2）内部人员操作不规范。在日常故障统计中,工作人员使用不当而造成的问题占绝大多数,例如,有的工作人员在多台机器上使用 U 盘、移动硬盘时,不注意杀毒;有的工作人员在计算机上随意安装软件;还有人安全意识不强,用户口令选择不慎,将自己的账号随意转借他人,甚至与别人共享账号,这些行为会给网络安全带来威胁。

（3）计算机感染病毒。计算机感染病毒以后,轻则系统运行速度明显变慢,频繁宕机,重则文件被删除,硬盘分区表被破坏,甚至硬盘被非法格式化,还可能引发硬件的损坏。主机一旦感染病毒,就会将系统中的防病毒程序关掉,让防病毒防线全部崩溃。

5.1.3　学校网络安全现状

随着目前我国大多数学校都建立了自己的校园网络,网络的普及程度越来越高。网络的建设在使教师和学生能够快速、方便地获取信息的同时,网络产生的安全问题也成为困扰网络发展的重要问题。

通过调查和研究发现,目前我国大多数学校都普遍存在着一定的网络安全问题,主要体现在以下几个方面。

1. 校园网络在硬件方面存在的隐患

校园网络的建设必须要依靠一定的硬件设施,如果硬件存在安全隐患则网络不会畅通。目前我国校园网络在硬件方面存在的隐患主要体现在硬件在设计、研发方面存在着一定的问题,如果核心系统出现问题,其他部分都无法正常使用,这使整个校园网络进入瘫痪状态;一些硬件存在着设计上的安全漏洞,这些漏洞一旦被黑客发现,就很容易受到攻击,整个校园网络的安全就会受到威胁。

2. 校园网络在软件方面存在的问题

对于校园网络来讲,仅仅依靠硬件是无法方便使用的,还需要系统软件或应用软件,供用户方便地使用校园网络,但是校园网络在软件方面也存在一定的问题:主要是网络入侵,一些软件在设计的过程中并没有考虑到加密和访问权限等问题,使得网络上的一些机密和重要的文件能够被非法使用者访问,使得网络容易受到进攻;还有拒绝服务攻击,受到这种攻击以后,计算机网络就无法响应用户的服务请求,网络的功能就形同虚设。

3. 校园网络在管理方面存在的安全隐患

目前校园网络在我国的建设规模越来越大,必须要有专门的管理人员对网络进行管理,从而防止一些网络安全问题的发生,但是目前我国的校园网络在管理方面还存在很多安全问题。主要体现在没有为校园网络安装有效的杀毒软件,虽然我们可以加强网络中的硬件和软件设计,降低网络被攻击的频率,但是防破坏方面的作用有限,不能完全杜绝安全问题的存在;网络管理人员的专业技能有待提高,在网络出现安全问题时应能够及时、有效地解决,避免造成大的损失。

4. 学生缺乏基本的隐私防护意识

通过对目前学校的网络健康情况调查得知,大学生网络安全意识薄弱,网络安全防范能力不高。大学生社会阅历浅,世界观、人生观、价值观尚未完全正确树立,对网络信息、网络诈骗的识别能力不高。部分学生网络道德、行为失范,存在网上不文明行为;严重者对网上流传的虚假新闻、宣传资料、反动言论,不加辨识,随意转发、评论、盲目跟帖站队。部分大学生长期使用网络,但缺乏基本的隐私防护意识,个人手机、计算机安全保护措施不到位,网络诈骗防护意识不强,网络求职防范意识薄弱,不法分子利用学生的这些弱点,通过各种渠道和方式向大学生传播各类虚假信息、广告信息、垃圾邮件或者实施网络诈骗、短信诈骗、电话诈骗,甚至有居心叵测之人通过网络交友对大学生实施诈骗等犯罪活动。

综上所述,大学生大多具备使用网络的技能,但网络安全防范意识相对淡薄,抵御网络风险方面的能力不高,对维护网络安全的法律、法规、条例等相关知识储备不足。高校必须高度重视大学生网络安全教育,将此项工作与学校的思想政治教育、心理健康教育、民主法制教育、网络法律法规教育、网络行为规范、校纪校规教育、日常管理与服务等重点工作同部署、同安排,做到齐抓共管、统筹推进,形成常态化的教育模式、教育、引导学生自觉抵制网上有害信息,防止个人网络遭受非法侵入,增强抵御网络诈骗、识骗防骗的能力,切实提高大学生网络安全意识。

5.1.4　网络安全法律法规的意义

《中华人民共和国网络安全法》从 2013 年下半年提上日程,到 2016 年年底颁布,论证、起草、出台,速度非常快,充分说明了出台这部法律的重要性和紧迫性,其意义重大,影响深远。

(1) 有助于维护国家安全。"没有网络安全就没有国家安全",网络空间已成为第五大主权领域空间,互联网已经成为意识形态斗争的最前沿、主战场、主阵地,能否顶得住、打得赢,直接关系国家意识形态安全和政权安全。网络作为经济社会运行神经中枢的金融、能源、电力、通信、交通等领域的关键信息基础设施,一旦遭受攻击,就可能导致交通中断、金融紊乱、电力瘫痪等问题,破坏性极大。《中华人民共和国网络安全法》的主旨,就是要维护、保障网络空间主权和国家安全。

(2) 有助于保障网络安全。现在我国已经成为名副其实的网络大国,但并不是网络强国,网络安全工作起点低、起步晚,相关举措滞后,安全形势堪忧。一方面,域外势力加紧实施网络遏制,利用网络进行意识形态渗透;另一方面,我国重要信息系统、工业控制系统的安全风险日益突出,相关重要信息几乎"透明",存在重大的潜在威胁。《中华人民共和国网络安全法》的出台,对于维护网络运行安全、保障网络信息安全具有基础性、全局性的意义。

(3) 有助于维护经济社会健康发展。当前,网络信息与人们的生产生活紧密相连,在推进技术创新、经济发展、文化繁荣、社会进步的同时,也带来比较严重的网络信息安全问题。经济生产、社会生活中的大量数据,大部分通过互联网传播,网络侵权、网络暴力、网络传播淫秽色情信息,网上非法获取、泄露、倒卖个人信息等时常发生,严重危害经济发展、社会稳定,损害百姓切身利益。《中华人民共和国网络安全法》在保护社会公共利益、保护公民合法权益、促进经济社会信息化健康发展方面扮演重要角色。

5.1.5　维护校园网络安全的措施

(1) 加强对硬件系统的完善和管理。硬件是组成校园网络的重要部分,加强校园网络的安全建设,就必须要加强和完善对硬件设备的管理。例如,对硬件的研发和设计进行严格的测试,对于一些明显的设计缺陷要及时提出,从而确保硬件设计的质量;对校园网络进行合理的规划和设计,合理的规划和设计不仅能够节约校园网络的建设成本,而且能够隐藏校园网络内部实现的细节,从而降低校园网络受攻击的概率。

(2)加强对软件系统的管理。软件可以帮助使用者方便地利用网络,所以在加强校园网络建设的过程中,必须要对软件系统进行严格的管理,为此可以做到:在软件的设计和研发过程中,要提高对网络安全问题的重视,增加一些防范技术;对于系统中的文件进行定期的备份,这样在网络受到攻击以后,损坏的文件还可以进行一定程度的补救。

(3)加强学生使用网络的安全意识。一些网络安全问题不仅会使校园网络瘫痪,而且有可能影响用户的计算机,同时用户计算机上的病毒也有可能感染校园网络,所以用户必须要加强自身计算机使用的安全意识,防止病毒的感染和扩散。

(4)制定校园网络安全管理相关的规章制度。制定相关的网络安全管理的规章制度,可以加强校园网络的安全性建设,规章制度的内容主要包括提高管理者的网络安全意识和责任意识,例如,安装一些有效的杀毒软件,对校园网络进行定期的杀毒,而且对于一些重要的用户要定期更换密码,进一步保证校园网络的安全;建立对网络设备管理的规章制度,例如,要做到对机房保持清洁,使得机器在适宜的温度和湿度下工作,对网络设备的运行进行一定的监控,在遇到问题时能够及时报警,争取将损失降到最低。

5.2　常见网络问题及应对

5.2.1　信息泄露

在互联网时代迅速发展的当今,信息的传播与流动速度每日剧增,而在这种情况下个人隐私信息难以得到全面的保护。

其中,个人信息是指以电子或者其他方式记录的能够单独或者与其他信息结合识别自然人身份的各种信息,但不限于自然人的姓名、出生日期、身份证号码、个人生物识别信息、住址、电话号码等。除了这些基本信息以外,还有个人敏感信息、财产信息、健康生理信息、网络身份标识信息、网页浏览记录和行踪轨迹等。

这些信息一旦泄露,可能危害人身和财产安全、导致个人名誉受到损害等。所以在信息时代,我们可以发现自己的个人信息无时无刻不受到来自外界的盗取、泄露。当发现个人信息泄露的情况时,应尽快实施以下解决方案尽可能避免更大的损失。

(1)努力收集证据线索。最好是能收集到一些比较有价值的信息,如电话号码、邮箱地址等。这些信息可能比较零散,但是它能够帮助我们在后续维权的过程中协助警方调查。

(2)及时向有关部门报案。可以向公安部门、互联网管理部门、工商部门、消协、行业管理部门和相关机构进行投诉举报。这样一来既可以保护自己的权益,也能够在相关部门备案。

(3)在发现个人信息泄露后,及时修改自己的账号密码,防止自己的账号被人盗取,或者前往如银行、电话营业厅等相关部门申请冻结个人账号,从而在后续过程中大大减少给自己带来的损失。

（4）委托律师进行维权。如果个人重要信息丢失，在知道是如何丢失的或者有很多相关线索的情况下，建议咨询专业的律师寻求解决的方法。

5.2.2　网络成瘾

网络成瘾是指上网者由于长时间地和习惯性地沉浸在网络时空当中，对互联网产生强烈的依赖，以至于达到了痴迷的程度而难以自我解脱的行为状态和心理状态。其中有几种典型的表现形式：网络色情成瘾、网络关系成瘾、网络购物成瘾、网络游戏成瘾等，这些表现大多会影响网民心理健康向不良方向发展。

过度使用互联网将会引发的不良后果，网络上大量的黄色信息、游戏暴力、虚拟恋爱等容易使青少年沉迷其中，对于真实生活的人和事缺少兴趣、情感淡薄、和亲人朋友之间的交流减少，逐渐将自己封闭起来，与社会脱节，程度严重的会影响社会秩序。

改正网瘾的具体办法和正确使用网络的方法如下。

（1）端正对互联网的认识。首先必须认识到计算机或者互联网是一种工具，是人类学习、工作的工具之一，而不是生活的全部。使用计算机及互联网的目的是提高个体生存和发展的质量。

（2）合理安排上网时间，尽可能固定上网时间。正确地使用网络是在有需求时使用或者对自己生活有方便的情况下使用，网络过度使用者主要表现为一种不自主地长期强迫性使用网络的行为。当过度地使用网络对身体造成伤害、对工作、学习和社会交往带来了痛苦，甚至正常的生活交往和社会生活都受到了影响时，应该及时进行矫正。

（3）在现实生活中可以寻找其他的爱好替代网络来分散注意力，如游泳、打球、登山、旅游等户外运动，以充实精神生活。

5.2.3　网恋网婚

网恋网婚是社会网络化发展的产物，随着社会网络化、信息化的深入推进和结婚率走低、离婚率飙升、未婚人群增多等婚恋难题逐渐突出，催生了大量网络交友平台，实现了婚恋由自发向自觉的跨越式发展。

不少犯罪分子利用网恋网婚的虚拟性进行敲诈，使网恋网婚诈骗成为电信诈骗主要犯罪形式之一。每年我国发生网络诈骗案件近几十万起，其中网恋网婚诈骗案几万起，涉嫌多名受害者，这些网恋网婚诈骗案呈现与传销交织、与洗钱勾连、追赃挽损难等新特点。但大量案件仍然反映出多数婚恋网站注册门槛低、非强制实名注册、审核宽松等问题。一些被害人出于对网恋网婚交友平台的信任，轻信犯罪分子提供的网络信息，投入感情后防范意识降低，成为许多"杀猪盘"待宰的"猎物"。

因而学会辨别网络征婚、交友及恋爱诈骗的特点尤其重要，其主要特点有以下几点。

（1）犯罪分子的行骗途径主要是通过网络交友、相亲网站，与受害人进行网络交流，在骗取对方信任、确立交往关系后，选择时机提出借钱周转、家庭遭遇变故等各种理由，骗取钱财后便销声匿迹。

（2）犯罪分子的针对对象主要是有征婚交友意愿的人士。

（3）犯罪分子的征婚信息一般会在各征婚交友网站注册，填报虚假信息，通过家境优越、有房有车等较佳的经济条件来吸引异性，并在与异性相约见面过程中通过各种手段极力证实其身份的"真实性"，博取受害人的好感。

（4）犯罪分子会极力讨好受害人，获取受害人的初步信任与好感后，以各种方式进一步迷惑、讨好被害人，为最后的诈骗工作做准备。

在征婚网络平台上看见一些比较感兴趣的信息时，一定要及认真核实对方身份，避免上当。

除此之外，还要学会增强自我保护意识，主要有如下几点。

（1）提高自我保护意识，不要随便透露个人信息。因为网络的虚拟性，我们看不到网上的人是否是真诚交友的，同时也无法确认你所"认识"的他是不是现实生活中真实的他。所以在不确定的时候，切记不要透露个人信息。如果不幸遇到坏人和骗子，或是被怀有其他目的与自己接触的人掌握了个人信息，可能会造成很严重的影响或者其他可怕的损失。

（2）保持谨慎的态度，不要轻易与网友见面。如果仅仅在网上相互了解、相互认知之后就考虑见面，却对网络另一端的那个人没有真正的了解，很容易将自己陷入危险的境地。因此，需要保持谨慎，提高警惕，不要轻易与网友见面。

（3）厘清网络与现实的距离，不要与网友有金钱往来。网络上的人良莠不齐，在网络交友时，很难看清这个人是否诚信，是否真实，同时网络是诈骗等案件的高发地。在进行网络交友时，千万不能掉以轻心，轻易答应借钱给对方或发生其他金钱往来。一旦被骗，产生的损失很难追回。

5.2.4　网络不良信息

互联网上的违法信息涉及很多种类，大致包括淫秽、色情、暴力等低俗信息；赌博、犯罪等技能教唆信息；毒品、违禁药品、刀具枪械、监听器、假证件、发票等管制品买卖信息；虚假股票、信用卡、彩票等诈骗信息，以及网络销赃等。

其中最为突出的就是淫秽、色情类低俗信息。互联网低俗之风蔓延，污染社会，违背法律法规和行业规范，对广大网民特别是青少年而言，轻则损害身心健康、导致青少年价值观判断混乱，重则影响青少年心理的健康发展，造成堕落犯罪。据有关调查，在我国许多青少年正在受到网络淫秽、色情及恐怖、暴力等违法和不良信息的伤害。

遇见互联网违法和不良信息，如发现网络上有冒充明星行骗、网络招嫖、跨境网络赌博等犯罪行为，最佳的处理方式就是举报。可以向中共中央网络安全和信息化委员会办公室（国家互联网信息办公室）、不良信息举报中心、12321网络不良与垃圾信息举报受理中心等地方进行举报。

5.2.5　计算机病毒

计算机病毒，是指编制或者在计算机程序中插入的破坏计算机功能或者毁坏数据，影响计算机使用，并能自我复制的一组计算机指令或者程序代码。计算机病毒具有非授权可执行性、隐蔽性、破坏性、传染性、可触发性。

计算机受到病毒感染后，会表现出如下症状。

（1）运行速度降低。如果发现在运行某个程序时，读取数据的时间比原来长，存文件或调文件的时间都增加了,很有可能是磁盘剩余空间不足,也有可能是病毒造成的。

（2）经常出现"死机"现象。正常的操作是不会造成死机现象的,即使是初学者,命令输入不对也不会死机。如果机器经常死机,可能是由于系统被病毒感染导致的。

（3）磁盘空间迅速变小。由于病毒程序要进驻内存并且繁殖,因此使内存空间变小。

（4）文件内容和长度有所改变。一个文件存入磁盘后,本来它的长度和其内容都不会改变。但是由于病毒的干扰,会使得文件内容长度改变、文件内容出现乱码、文件内容无法显示或显示后又消失。

（5）外部设备工作异常。因为外部设备受系统的控制,如果机器中有病毒,外部设备在工作时可能会出现一些异常情况。

计算机病毒的传播方式主要包括存储介质、网络、电子邮件等,只有从这些来源断绝接触病毒以及通过计算机软件清扫病毒,防治病毒入侵应做到如下几点。

（1）不使用来历不明的移动存储设备。

（2）不浏览一些格调不高的网站,不阅读来历不明的邮件。

（3）不要随便下载网上的软件,尤其是不要下载来自无名网站的免费软件,因为这些软件无法保证没有被病毒感染。

（4）不要使用盗版软件。

使用新设备和新软件之前要检查如下几点。

（1）安装防病毒软件。及时升级反病毒软件的病毒库,开启病毒实时监控。

（2）一般不要用软盘启动。如果计算机能从硬盘启动,就不要用软盘启动,因为这是造成硬盘引导区感染病毒的主要原因。

（3）重建硬盘分区,减少损失。若硬盘资料已经遭到破坏,不必急着格式化,因为病毒不可能在短时间内将全部硬盘资料破坏,故可利用"灾后重建"程序加以分析和重建。

（4）系统备份。要经常备份系统,防止万一被病毒侵害后系统崩溃。

5.2.6 垃圾邮件

垃圾邮件泛指未经请求而发送的电子邮件,符合以下特征的邮件都属于垃圾邮件的范畴。

（1）来自收件人从未发送过邮件的地址第一次发出的邮件,以及在该邮件未被收件人自定义为正常邮件的情况下随后从同一地址发送给收件人的其他邮件。

（2）来自被拒绝过接收邮件的地址所发给收件人的其他邮件。

（3）来自被收件人列入黑名单的邮件地址的邮件。

（4）内容包含可被反垃圾装置或可被邮件过滤器定义、归类为垃圾邮件的关键字段的邮件。

（5）带虚假、无效邮件头的邮件,带虚假、无效域名的邮件,经过技术处理的不显示任何邮件来源信息的邮件。带欺骗性地址信息的邮件。

（6）未经同意而使用、中继或通过第三方的互联网设备所发送的邮件。

（7）主题行或内容包含错误、误导或虚假信息的邮件。

在日常的生活中,总是能收到各式各样的垃圾邮件,有推销产品的,也有不怀好意的,有些电子邮件还有可能是带病毒的。当发现自己的邮箱出现垃圾邮件时,可以用以下方法解决问题。

(1)使用邮件过滤系统。这种方法使用普遍但不够精确,大型邮件服务商会提供此类服务。

(2)使用病毒过滤系统。很多垃圾邮件利用了木马病毒,使用杀病毒软件将病毒拒之门外,相关的垃圾邮件也就无机可乘。

(3)保护自己的邮件地址,最好把不同用途的邮件地址分开,不随处暴露自己的邮件地址。

(4)退信。收到可疑的垃圾邮件之后应该怎么做,首先不要打开它,因为很可能含病毒,然后选择退信,这样可能会让有些垃圾邮件服务器端认为你的信箱已经不可用。

(5)注意邮件的注册名。不要设置过于简单,一个远离垃圾邮件的方法是选择合适的用户名。很多人喜欢用自己的名字或者 aaa123 之类的地址,这样很容易被破解。

(6)远离危险区域。据统计,邮件病毒最多的 3 类站点分别是赌博、游戏和成人网站,对于这些网站,要特别注意。

5.3 网络犯罪危机及应对

5.3.1 网络诈骗

网络诈骗是指以非法占有为目的,利用互联网采用虚构事实或者隐瞒真相的方法,骗取数额较大的公私财物的行为。其花样繁多,行骗手法日新月异,常用手段有假冒好友、网络钓鱼、网银升级诈骗等,主要特点有空间虚拟化、行为隐蔽化等。

1.部分常见诈骗手段

(1)网络购物诈骗。犯罪分子开设虚假购物网站或淘宝店铺,一旦事主下单购买商品,便称系统故障需要重新激活。随后,通过 QQ 发送虚假激活网址实施诈骗。

(2)低价购物诈骗。犯罪分子通过互联网、手机短信发布二手车、二手计算机、海关没收的物品等转让信息,一旦事主与其联系,即以缴纳"定金""交易税""手续费"等方式骗取钱财。犯罪分子在微信朋友圈以优惠、打折、海外代购等为诱饵,待买家付款后,又以"商品被海关扣下,要加缴关税"等为由要求加付款项,一旦获取购货款则失去联系。

(3)刷网评信誉诈骗。犯罪分子以开网店需快速刷新交易量、网上好评、信誉度为由,招募网络兼职刷单,承诺在交易后返还购物费用并额外提成,要求受害人在指定的网店高价购买商品或缴纳定金的方式骗取受害人钱款。

(4)招聘诈骗。犯罪分子通过网络、短信或者传统媒体发布虚假招聘信息,进而以缴纳服装费、押金、保证金、定金等名义,让受害人向其提供的账户上汇款。

(5)招商加盟。犯罪分子通过网络或传统媒体发布虚假招商、加盟信息,以高额利润为诱饵,骗取受害人定金、加盟费、货款等费用。

2.避免进入犯罪分子的圈套,提高防范意识

(1)不要随意拨打网上的电话。有些诈骗网站会留下自己的联系方式,这个时候就一定要提高警惕了,必须先做一个全方位的了解,再考虑进行下一步的操作,万不可自以

为是。

（2）访问正规的官方网站，注意防范"钓鱼网站"。所谓"钓鱼网站"指不法分子利用各种手段，仿冒真实网站的 URL 地址以及页面内容，或者利用真实网站服务器程序上的漏洞在站点的某些网页中插入危险的 HTML 代码，以此来骗取用户银行或信用卡账号、密码等私人资料。

（3）在网站购物时，消费者要尽量避免直接汇款给对方，可以采用支付宝等第三方支付平台交易，一旦发现对方是诈骗，应立即通知支付平台冻结货款。即使采用货到付款方式，也要约定先验货再付款，防止不法商家偷梁换柱。此外，一定要在市场上认可度比较高的购物网站上购物，在支付过程中最好选择支付宝、网银等较为安全的支付方式，切记不可现金转账，以免被骗。

（4）保管好自己的私人信息，不要随便告诉陌生人。注意保管好自己的电子邮箱、QQ号等相关私人资料，尽量少在网吧或公用计算机上网等。尤其在汇款给别人之前，务必要向朋友或客户核实情况，以免上当受骗。

（5）账号密码要及时更换。一旦发现自己进入了诈骗圈套，要第一时间去网络官方举报，然后保留好证据，如聊天记录等。若有钱财流失，就要马上到警方报警，一定要做到冷静，更不能试图自己解决，要知道网络诈骗分子的手段不是你能想象得到的。

5.3.2　网购陷阱

随着互联网发展进入高潮，网络购物的优点愈加突出，日益成为一种重要的购物形式。中国网络购物的用户规模不断上升。不少犯罪分子正好看中网络购物的发展，利用网络购物的信息差来盗取他人信息及金钱。目前网购出现的最主要陷阱有以下几种。

1. 退款诈骗

犯罪嫌疑人冒充网站工作人员或者卖家，以退款为由，要求事主按照其要求进行操作，其实是在进一步盗取公民个人信息，进而盗取钱财。购物时应与正规网站上提供的客服人员联系，不要轻易相信陌生电话或者短信，在提供个人信息给陌生人时一定要认真鉴别，小心谨慎。银行卡号及转账的验证码一旦提供给其他人，可能直接造成财产损失。同时，在点击对方发来的网页链接前一定要看清网站域名，使用正确网站域名查看购买货款的情况，防止进入钓鱼网站。

2. 重拍诈骗

网上购物一定要多加小心，接到自称是卖家的陌生电话，要通过购物网站的正规渠道向卖家求证，谨慎鉴别；陌生链接不要轻易打开，避免泄露自己的支付信息，造成财产损失。

另外，有些骗子会以网购返利为借口，要求事主提供收款的姓名、身份证号、银行卡号和手机号，随后骗子称事主身份信息核对有问题，让事主扫描二维码，进而盗刷银行卡。

3. 开设虚假网店诈骗

犯罪嫌疑人利用购物网站平台为依托，提供虚假物品诱使市民购买，其本质为诈骗行为。提醒市民在选择商家时一定要选择有信誉且有认证的正规商家，切勿贪图便宜。

4. 盗刷信用卡

日常生活中要注意保护个人隐私，不在不熟悉的网站随意输入银行账号、密码等信息，不在不正规的网站购物,也不要在自己不熟悉的境外网站购物和留下信用卡信息,以防给犯罪分子留下可乘之机。

5. 冒充客服诈骗卖家

卖家也要提高警惕,小心被骗。淘宝卖家遇到客服人员要求缴纳保证金时要谨慎,要先确定客服的真实性,并通过正规渠道咨询官方客服人员。不要轻信陌生人,不与陌生人进行私下交易,正规的网站工作人员不会让卖家将钱款打进个人账户。

6. 虚假打折机票诈骗

凡是要求提供身份证号、信用卡号及后三位 CVV 码、信用卡有效期等信息的购物类、旅游类网站,需要格外警惕,认清正规官方网站,远离诈骗钓鱼网站,谨防信用卡信息泄露造成个人财物的损失。不要轻信网上的超低价折扣机票信息,购买机票应到正规的订票网站订购,订购成功后应打官方服务电话进行核实。在上网过程中,注意保护好自己的个人信息,特别是在网银支付时,尽量采取使用 U 盾等可靠性更高的验证手段,避免个人信息泄露。

7. 经常查杀手机木马病毒

嫌疑人将手机木马植入事主手机,利用木马获取事主账户和密码,拦截事主短信,盗取事主钱财。植入手机木马的形式多种多样,嫌疑人会将木马程序标识换成公众并不会产生怀疑的提示标志,如显示"QQ 更新""系统更新"等图标,诱骗事主点击下载。使用手机客户端时,不要轻易点击弹出的链接,一定要通过正规、可靠的手机应用市场或官网下载和更新客户端。对于网上的二维码,也一定要慎扫,防止手机被植入恶意程序。

8. 邮件钓鱼诈骗

网络上不乏各种形式进行钓鱼诈骗的手段,利用邮件进行钓鱼是一种新型网络骗局,骗子恶意模仿支付宝提醒付款邮件信息内容,用户如果不仔细看发件人地址,上当的可能性非常大。在收到类似邮件时,一定要认真鉴别发件人地址,并通过正规途径与客服进行确认。

9. 超低价诈骗

购买二手商品需注意,天上不会掉馅饼。消费者应该根据商品的市场价格对比卖家出售价格,勿以低价作为选购二手商品的首要标准。尽量选择支持消费者保障服务的商品,谨慎购买超低价商品。坚持正确的购物流程,未收到货前不要确认付款,不提倡使用即时到账的付款方式。

防骗必须养成好习惯,用电商平台提供的正规渠道跟卖家进行沟通,并保存好聊天记录;不轻易向陌生人透露银行卡账号和密码。如果被骗要及时到公安机关报案。

5.3.3 传销陷阱

传销是指组织者或者经营者发展人员,通过对被发展人员以其直接或者间接发展的人员数量或者销售业绩为依据计算和给付报酬,或者要求被发展人员以交纳一定费用为条件取得加入资格等方式牟取非法利益,扰乱经济秩序,影响社会稳定的行为,及非法牟取利益的行为。传销的危害性在于扰乱社会经济秩序,影响社会安定团结;引发社会刑事案件上升、家破人亡等社会骚乱。

1. 常见的传销方式

（1）"免费获利"式。这类网络传销诱惑很大，会利用一般人"免费获得某种商品"的心理，实施传销诈骗。传销组织首先利用人们的上述心理，提出"免费获利""免费购买商品""消费多少返利多少"等具有诱惑力的宣传标语，先吸引人们的注意力，再诱使不明真相的人入局，然后继续运用各种传销套路让人上当受骗。

（2）"资本运作"式。打着上市融资、购买原始股、投资理财等幌子，再诱以高额回报，引诱人们交纳会费获得会员资格。

（3）"互联网博弈"式。利用人们喜欢玩网络游戏、网络赌博的心态进行传销。传销人员以网络游戏、网络赌博作为幌子，然后诱使加入者办理游戏充值卡，也就是变相交纳会费，再利用各种奖项鼓励加入者吸收新的会员。

（4）"互帮互助"式。不法分子在互联网上打着"互助投资""慈善""互助、互爱、互赢"等口号，以高额利息诱使投资者投资，鼓励发展会员并且给予奖励。

（5）"混合传销"式。假借互联网购物和电子商务作为伪装，构建互联网购物和会员营销平台，加入者必须在互联网购物平台购买定额的商品作为发展下线的资格，然后按照发展下线的人数和购买商品数额来获得报酬。

（6）"虚拟互联网"式。这种类型的网络传销主要包含"网赚""网页游戏""金钱游戏"等，要求新人交纳会费，成为网站会员，取得发展下线资格，然后按所发展下线人数获得奖励。

（7）"数字货币"式。不法分子假借数字货币概念，首先自创出没有任何价值的虚拟货币或实体货币，宣称这些货币具有投资价值，并能在未来大幅升值，然后吸引人们入局，再以高额利息或高额回报诱使人们投资，鼓励发展会员并且给予奖励。

2. 防范"杀熟"，警惕暴富诱惑

除了了解传销方式避免因无知导致进入传销陷阱以外，还需要具有以下意识。

（1）防范"杀熟"，警惕暴富诱惑。亲朋介绍异地投资、工作机会，或久未联系的朋友突然要求旅行游玩、介绍对象等，一定要谨慎。需多方核实，可通过 114、工商部门查询等。

（2）仔细查询公司信息。正规招聘网站上的公司也并非全部正规。一定要仔细核查，包括公司详细地址、电话、业内评价和做过的案例等。

3. 咨询朋友

不排除有传销组织套用其他公司信息，最好多方询问公司所在地的朋友，提高警惕。

（1）电话面试多询问。电话面试中，可深入问几个专业问题及项目具体情况，如果对方吞吞吐吐或者回避问题，一定要提高警惕。

（2）临时变更地址要小心。到达规定地点后，对方打电话变更见面地址，此时应询问附近的群众是否有这家公司在办公。如果对方说派车来接人，不要随便上车，很可能已与传销组织串通好。

（3）见面地点偏僻不要去。如发现见面地址很偏僻，就不要前往。面试地点地址一定要发给家人、朋友。一般情况下正规公司都会签订合约再工作，直接去工地或者项目地点要小心。

(4) 关心你家情况要夸大。传销组织通常会问家人是否在身边,在这个城市有没有朋友等。可故意夸大自己的人脉,说在这个城市有很多朋友,医院、公安局也有熟人,传销组织有所顾忌,或许有机会逃离。

5.3.4 网络游戏陷阱

近年来,我国网络游戏市场欣欣向荣,2020 年,我国网络游戏用户规模达到 18 亿人,移动游戏用户规模为 16 亿人,市场规模达到 2789 亿元。此外,我国自主研发实力增强,自主研发游戏收入规模持续增长,电竞游戏市场发展迅速。不少犯罪分子利用网络游戏获取非法收入,主要有以下手段。

(1) 游戏币、游戏点卡虚假充值。

犯罪嫌疑人在社交平台推送购买、充值游戏币、游戏点卡的优惠广告,诱导被害人先付款,然后制作虚假的各种游戏界面和充值界面截图,发送截图给被害人获取信任,对其实施诈骗。

(2) 游戏账号、装备虚假交易。

犯罪嫌疑人发布游戏装备、游戏账号的广告信息,诱导被害人在架设的虚假游戏交易平台进行交易。部分案件中,犯罪嫌疑人让被害人提供游戏账号和密码,登录服务器区域或登录手机系统,最后通过登录被害人游戏账号,冒充被害人来诈骗其共同玩游戏的好友。

(3) 升级代练游戏账号。

犯罪嫌疑人借助各类平台发布大量虚假广告,称可以低价代练游戏账号,诱使那些急于求成的受害人将自己的游戏账号、密码交给犯罪嫌疑人,并要求受害人先支付一部分费用,犯罪嫌疑人收到钱款之后再把受害人游戏内的装备、游戏币等洗劫一空。

5.3.5 手机诈骗陷阱

手机诈骗是指通过手机的渠道以各种方式诈取手机用户的钱财,有设置中奖陷阱、发布彩票中奖信息、窃取银行卡信息、骗取高额话费等多种类型的诈骗手段。手机诈骗具有的特性如下。

(1) 广泛性。手机短信的传播具有方便、快捷的特点,手机用户可以随时随地发送和接收短信,手机短信的时效性比较强。诈骗者使用短信群发器和群发软件等专用工具,能够在短时间内向成千上万的手机用户群发短信。由于手机短信传播的广泛性,诈骗者能轻而易举地扩大诈骗短信的传播范围,提高诈骗的命中率。

(2) 流动性。手机短信的传播不受地点的限制,具有流动性。诈骗者为了掩藏自己的身份和作案地点等,经常使用异地手机、多部手机进行诈骗。流动性使诈骗团伙一般采取跨区域流动作案的方式,这使诈骗者的活动不易暴露和被发现,而且被诈骗者分散在全国各地难以被查找,这非常不利于公安机关立案侦查、取证等工作的开展。

(3) 隐蔽性。手机短信的传播接收渠道具有隐蔽性。通过手机短信,诈骗者不需要露面就能轻易进行诈骗。手机短信传播的隐蔽性使被诈骗者在整个被诈骗过程中只见文字,而不知道诈骗者的身份、作案地点等其他信息,这种隐蔽的作案手段隐藏了诈骗者的作案线索;同时,在手机短信诈骗活动中,由于"贩货""六合彩"等活动本身就是非法的、需要隐蔽进行的,所以这种手机短信传播的隐蔽性不仅适合诈骗者的需要,也适合被诈骗者的心理和这种非法活动本身的实施环境。

(4)强制性。中国手机用户接收短信是无法选择的,具有强制性,处于被动地位。诈骗者向手机用户发送的短信能强制性地迫使用户接收。这种强制性使诈骗者的短信能顺利到达预期的诈骗目标,从而大大提高了手机短信诈骗的传播效果。

(5)针对性。由于手机用户的可选择性,手机短信的传播具有针对性。每个城市的手机号码段都是已经分配好的,有一定的规律性。诈骗者可以根据某一城市的号码段向该城市的手机用户发送短信。此外,诈骗者还可以通过多种渠道获取特定人群的手机号码,例如,消费者留给一些商家的手机号码;通信公司售出的手机号码等。这就进一步提高了诈骗目标的针对性。

手机诈骗方式多样化,如设置中奖陷阱、窃取银行卡信息、贩货诈骗、骗取高额话费、发布"六合彩"虚假信息等,且不易被立刻察觉,因而树立防范意识很重要,自觉增强防范意识,克服贪图便宜的心理,识破虚假手机短信,防止上当受骗。媒体要定期或不定期地通过不同的形式对受众进行积极、有效的宣传和引导,使人们不断提高提防和识别手机短信诈骗的能力;此外,还可以通过使用和手机短信诈骗一样的传播渠道——手机短信的形式,提醒和告诫人们防范手机短信诈骗行为。这样可以增强针对性,通过同一传播渠道能够引起更多人对手机短信诈骗的重视,提高人们的防范意识,降低此类诈骗事件的发生。

5.4 文 明 上 网

《文明上网自律公约》号召互联网从业者和广大网民从自身做起,在以积极态度促进互联网健康发展的同时,承担起应负的社会责任,始终把国家和公众利益放在首位,坚持文明办网,文明上网。树立社会主义荣辱观,是落实科学发展观、构建社会主义和谐社会的重要内容和必然要求,是精神文明建设的紧迫任务。互联网新闻信息服务工作者承担着为广大网民提供网络信息服务的重要责任,要为践行社会主义荣辱观作出应有的贡献。为此,中国互联网协会互联网新闻信息服务工作委员会向互联网新闻信息服务单位和从业人员发出了倡议,倡导网民积极遵守,共同维护。

1. 文明上网的基本准则

(1)提倡正确导向,反对不良网风。

要始终以马克思主义新闻观为指导,坚持正确的政治方向和舆论导向,坚持团结鼓劲、正面宣传为主的方针,为党和国家的工作大局服务,摒弃违背公众利益以及背离中华民族优良传统的不良网风。

(2)提倡遵纪守法,反对违规违纪。

要遵循爱国、守法、公平、诚信的基本原则,自觉遵守国家有关互联网的法律、法规和政策,坚持依法办网,传播合法内容,杜绝违规从事互联网新闻信息服务。

(3)提倡客观真实,反对虚假新闻。

要坚持客观、公正的报道原则,建立健全管理制度,规范信息采集、制作、发布流程,提供客观、真实的新闻信息,防止虚假新闻和有害信息在网上传播。

（4）提倡先进文化，反对落后文化。

要把互联网办成宣传科学理论、传播先进文化、塑造美好心灵、弘扬社会正气的阵地，传播有益于提高民族素质、推动社会发展的健康内容，不为有悖人类和社会进步的言论提供传播渠道。

（5）提倡格调高雅，反对低级媚俗。

要处理好社会效益与经济效益的关系，始终把社会效益放在第一位，自觉接受公众监督，坚持高品位、高格调，抵制淫秽、色情、暴力等有害信息，摒弃低级趣味之风，净化网络环境。

（6）提倡公平守信，反对恶性竞争。

要遵循诚实、守信、公平竞争的经营原则，坚持维护公众利益和行业整体利益，反对不正当竞争行为，实现共同发展。

（7）提倡科技创新，反对墨守成规。

要主动适应互联网的新发展，积极使用新技术、新手段，努力开发新业务、新领域，为网民提供迅速及时、内容真实、生动活泼的新闻信息服务。

（8）提倡团结协作，反对损人利己。

要努力增进业界的相互理解和支持，自觉维护我国网络媒体的良好发展环境，使互联网新闻信息服务行业的全体从业人员形成合力，为我国互联网快速健康发展作出贡献，为全面建设小康社会服务。

2．文明上网公约

自觉遵纪守法，倡导社会公德，促进绿色网络建设；

提倡先进文化，摒弃消极颓废，促进网络文明健康；

提倡自主创新，摒弃盗版剽窃，促进网络应用繁荣；

提倡互相尊重，摒弃造谣诽谤，促进网络和谐共处；

提倡诚实守信，摒弃弄虚作假，促进网络安全可信；

提倡社会关爱，摒弃低俗沉迷，促进少年健康成长；

提倡公平竞争，摒弃尔虞我诈，促进网络百花齐放；

提倡人人受益，消除数字鸿沟，促进信息资源共享。

5.5　本章案例分析

【案例分析】　安全责任意识淡薄、网络安全等级保护制度落实不到位

【事件经过】　2019 年 2 月，某研究院、某图书馆因安全责任意识淡薄、网络安全等级保护制度落实不到位、管理制度和技术防护措施严重缺失，导致网站遭受攻击破坏。当地警方依据《中华人民共和国网络安全法》第二十一条、第五十九条规定：对上述单位分别予以五万元罚款，对相关责任人予以五千元至二万元不等罚款，同时责令限期整改安全隐患，落实网络安全等级保护制度。

【事件原因】　安全责任意识淡薄、网络安全等级保护制度落实不到位、管理制度和技术防护措施严重缺失。

【事件后果】 对相关单位处五万元罚款,对相关责任人予以五千元至二万元不等罚款,同时责令限期整改安全隐患。

【安全警示】 网络安全隐患无处不在,应加强安全责任意识,切实提高网络安全保护等级。

5.6 本章小结

本章从 4 个方面对网络安全进行介绍,分别是大学生与网络安全、常见网络问题及应对、网络犯罪危机及应对和文明上网,确立网络安全对学校、对国家和社会发展的重要意义,培养学生自觉抵制网络垃圾的侵害,能合理运用网络资源的能力,提高大学生的综合素质。

网络安全已经成为我国面临的最复杂、最现实、最严峻的非传统安全之一。维护国家网络安全需要政府和全社会共同参与。大学生作为中国网民当中的主要部分,大学生既是维护网络安全的主体、又是维护网络安全的客体,通过加强大学生网络安全教育,强化大学生网络意识形态鉴别和防范能力,发挥大学生在维护国家网络安全中的重要作用,汇聚起全社会的磅礴力量。

校园突发事件应急处置

中国特色社会主义进入了新时代,我国高等教育的发展再上新台阶,办学规模不断扩大,生源逐年增多,校内外环境在不断发生变化,学生所接触到的一切事物在不断更新换代,高校校园突发事件的发生逐年递增、层出不穷,严重扰乱高校的和谐稳定。因此,了解高校突发事件的特征及应对方法尤为重要。

6.1 突发事件的特征及应对

6.1.1 突发事件的特征

一般来说,突发事件具有以下几个特征。

1. 突发性

突发性是突发事件最根本的特征,事件的爆发往往没有预兆,通常是出乎意料的。新闻报道最多的是重大交通事故、生产事故、水灾、火灾、矿难等,这些事件带有很强的随机性,而且一旦爆发,迅速蔓延,很难控制。

2. 不确定性

突发事件的形成、发展和演变很难有一个特定的模式来供人们研究和应对,可以说有多少突发事件就有多少突发事件的发展模式和运行轨迹。

3. 危害性和灾难性

多数突发事件对当事人都具有危害性和灾难性。

4. 关注度

突发事件最能引起人们的关注和兴趣,自然是媒体最大的新闻源。当突发事件发生后,媒体通常会围绕突发事件进行报道。

5. 规模信息量

突发事件最重要的特征即单位事件爆发的信息量极大,尤其在爆发初期,所以突发事件新闻报道往往具有先入为主的特征,即谁先抓住受众,谁就引导了舆论和设定了人们的"认知议程"。

6.1.2 突发事件的分类

1. 突发事件的分类

根据《中华人民共和国突发事件应对法》描述,突发事件是指突然发生,造成或者可能造成严重社会危害,需要采取应急处置措施予以应对的自然灾害、事故灾难、公共卫生事件和社会安全事件。因此,突发事件通常划分为4类:自然灾害、事故灾难、公共卫生事件和社会安全事件。

1)自然灾害

自然灾害主要包括水旱灾害,台风、严寒、高温、雷电、灰霾、冰雹、大雾、大风等气象灾害,地震、山体崩塌、滑坡、泥石流等地质灾害,风暴潮、海啸、赤潮等海洋灾害,重大生物灾害和森林火灾等。

2)事故灾难

事故灾难主要包括矿山、石油化工、危险化学品、特种设备、旅游、建设工程、国防科技工业生产等安全事故,民航、铁路、公路、水运等交通运输事故,地铁、供电、供水、供气和供油等城市公共服务设施安全事故,以及通信、信息网络生产安全事故,火灾事故,核与辐射事故,环境污染和生态破坏事故等。

3)公共卫生事件

公共卫生事件主要包括传染病疫情、群体性不明原因疾病、食物安全和职业危害,以及其他严重影响公众健康和生命安全的事件。

4)社会安全事件

社会安全事件主要包括危及公共安全的刑事案件、涉外突发事件、恐怖袭击事件、民族宗教事件、经济安全事件以及群体性事件等。

2.突发事件的预警分级

突发事件根据预警可以分为如下4级。

1)蓝色等级(Ⅳ级)

预计将要发生一般(Ⅳ级)以上突发公共安全事件,事件即将临近,事态可能扩大。

2)黄色等级(Ⅲ级)

预计将要发生较大(Ⅲ级)以上突发公共安全事件,事件已经临近,事态有扩大的趋势。

3)橙色等级(Ⅱ级)

预计将要发生重大(Ⅱ级)以上突发公共安全事件,事件即将发生,事态正在逐步扩大。

4)红色等级(Ⅰ级)

预计将要发生特别重大(Ⅰ级)以上突发公共安全事件,事件会随时发生,事态正在不断蔓延。

3.突发事件的处置方式分级

突发事件分如下4级处置。

1)一般突发公共事件(Ⅳ级)

一般突发公共事件(Ⅳ级)指的是突然发生,事态比较简单,仅对较小范围内的公共安全、政治稳定和社会经济秩序造成严重危害或威胁,已经或可能造成人员伤亡和财产损失,只需要调度个别部门或区县的力量和资源能够处置的事件。

2)较大突发公共事件(Ⅲ级)

较大突发公共事件(Ⅲ级)指的是突然发生,事态较为复杂,对一定区域内的公共安全、政治稳定和社会经济秩序造成一定危害或威胁,已经或可能造成较大人员伤亡、较大财产损失或生态环境破坏,需要调度个别部门、区县力量和资源进行处置的事件。

3) 重大突发公共事件(Ⅱ级)

重大突发公共事件(Ⅱ级)指的是突然发生,事态复杂,对一定区域内的公共安全、政治稳定和社会经济秩序造成严重危害或威胁,已经或可能造成重大人员伤亡、重大财产损失或严重生态环境破坏,需要调度多个部门、区县和相关单位力量和资源进行联合处置的紧急事件。

4) 特别重大突发公共事件(Ⅰ级)

特别重大突发公共事件(Ⅰ级)指的是突然发生,事态非常复杂,对全市公共安全、政治稳定和社会经济秩序带来严重危害或威胁,已经或可能造成特别重大人员伤亡、特别重大财产损失或重大生态环境破坏,需要市委、市政府统一组织协调,调度各方面资源和力量进行应急处置的紧急事件。

6.1.3 突发事件的应对及处置程序

由于突发事件所处的具体环境和条件不同,每一事件的特殊矛盾、规模、程度、性质和后果不同,卷入事件的群众情况不同,因而处置的办法和程序各异。但是,无论其状况如何,一般来说,都要经过以下 6 个程序,每一个程序又各有一些需要注意的事项和处置策略。

1. 控制事态

突发事件发生后,领导者迅速控制事态是处置事件的第一步。事件的突发性,要求处置工作必须突出一个"快"字。快速出动是把突发事件控制在最小范围、消灭在萌芽状态的重要保证。要快速发现、快速报告,快速出动,快速到位,快速展开,快速介入,以便抓住先机,争取主动。要尽快控制事态发展,领导者可以根据具体情况成立临时专门机构。

例如,在处置突发事件的过程中,可以把所辖机构分成突发事件决策机构和处置机构两部分。决策机构及其人员主要是对事件发展情况进行预测,制定处置事件的策略和步骤,对全面工作进行指导;处置机构及其人员负责掌握动向,反馈信息,贯彻决策机构意图,对事件进行具体处置。把决策层和执行层分开,有利于各司其职,各负其责。

领导者控制事态的策略表现在以下几个方面。

(1) 迅速隔离险境。当出现灾害事故类突发事件时,为了确保社会及公众的生命财产不受损失或少受损失,应采取果断措施,迅速隔离险境,力争把突发事件和重大事故所造成的损失降低到最低程度,为恢复正常状态提供保证。

(2) 转移群众的注意力。一般地说,每次群体性突发事件中,群众的注意力都会集中在一两个敏感、热点问题上,在这种情况下,转移群众的注意力,对于控制事态是十分有利的。可以通过说服诱导,寻找双方利益的交汇点,使群众对党和政府的主张产生认同。

可以从群众的角度出发,承认某些可以理解和合理的方面,作出无损于实质的让步或许诺;还可以运用归谬法引导事件的参与者意识到最终可能出现的双方都不愿意看到的不良后果,使大多数人恢复理智,同时找出解决问题的正确途径和方法。

(3) 进行强制性干预。在解决突发事件过程中,政府的强制性干预是十分必要的。面对突发事件,"政府中枢决策系统就必须享有发号施令的权威,并且可以制定和执行带有强制性的政策"。

因为在突发事件状态下,每一个人的信息量毕竟是有限的,某些群众和个别领导者还会处于一种非理性状态,同时决策也会遇到各方面的阻力,其风险性使得任何意见都难以像常规情况下那么容易达成妥协和统一,因此,依靠领导权威、推行强制性的决策是唯一的选择。这样做的目的在于迅速而有效地遏制事态的扩大、升级、蔓延。

2. 调查研究

当突发事件得到初步控制以后,领导者应马上进入第二阶段,即组织力量开展调查研究。对突发事件的调查,在内容上强调针对性和相关性,查明事件发生的时间、地点、背景、人员伤亡、财产损失、事态发展、控制措施、相关部门和人员的态度以及公众在事件中的反应;在方法上强调灵活性和快速性。

在调研过程中,应广泛收集和听取事件参与者、目睹者的意见、反映和要求,从中分析事件的性质和缘由;要与事件的参与者正面接触,尽量抓住事件的薄弱环节和暴露之处进行调查,以利于发现问题。一般地说,目睹者观察和提供的情况,是较为客观和准确的,因为他们与事件没有直接的利害关系,能够客观公正地分析和反映情况,为领导者制定对策提供可靠依据。根据调查来的情况,找出突发事件发生的因果联系,把握主要问题,就可以为确定事件的性质打下基础。

3. 制定对策

在通过调查研究,对事件的来龙去脉和性质予以确定之后,应迅速会同有关职能部门,进行分析讨论,制定相应的对策。制定对策须注意以下 3 个方面的问题。

(1) 对策必须具有可行性,能在现有条件下付诸实施。

(2) 对策应充分考虑到可能出现的各种情况和问题,做多种准备,不能简单从事。

(3) 重视专家的意见,因为突发事件的出现,有时是在领导者不太熟悉的领域,而专家对自身涉及领域的问题有专门的知识和经验,专家的意见可以弥补领导者知识和经验的不足,特别是在事态基本得到控制的情况下,制定对策更应该重视专家的意见。

总之,突发事件的处置,对领导者素质和能力的要求特别高,不允许决策出现失误和漏洞,也不允许在执行过程中软弱无力。领导者在抓主要矛盾的同时,应注意总体配合,综合治理,以便尽快解决问题。

4. 贯彻实施

经过前 3 个阶段的准备工作,在贯彻实施阶段,领导者应动员社会力量有序参与。面对灾害类以及恐怖动乱类突发事件,在一个开放、分权和多中心治理的社会,没有社会力量的参与是不可想象的。社会力量的参与,可以缓解突发事件在公众中产生的副作用,使公众了解真相,打消恐惧,起到稳定社会、恢复秩序的作用。

突发事件造成的最大危害在于社会正常秩序遭到破坏并由此带来社会公众心理上的脆弱,所以,保持稳定的社会秩序和原有的社会运行轨迹、提高公众心理承受能力是首要的选择。要尽可能保证社会公共生活的正常运转,尽可能避免突发事件进一步造成更大的公众心理伤害。

对于社会性突发事件,领导者要公开表明立场,恳切地道出自己的希望和担心,这样可以增加社会公众的信任感,使感情距离拉近。诚实的态度容易赢得社会公众的尊重,减轻他们的恐慌心理,有助于尽快解决问题,恢复正常的工作和生活秩序。

5.评估总结

突发事件解决后,领导者要对整个事件的过程进行评估。

(1)注意从社会效应、经济效应、心理效应和形象效应诸方面,评估有关措施的合理性和有效性,并实事求是地撰写出详尽的突发事件处置报告,为以后处置类似的事件提供参照。

(2)认真分析突发事件发生的原因,反思工作中的不足。如果是组织机构设置有问题,那就重新建立、健全预防突发事件的运行机制,堵塞漏洞;如果是政策有问题,就应重新调整政策;如果是干部工作作风有问题,就要从克服官僚主义、改进工作作风入手,想人民之所想,急人民之所急,以得到群众的理解和支持;如果是领导者政治敏锐性差,就应严肃纪律,让应当承担责任的人承担必须承担的责任。要通过评估反思,切实改进工作,努力消除各种不安定因素,从根本上杜绝类似突发事件的发生。处置突发事件的善后工作做好了,才能说该事件圆满解决了。

6.重塑形象

即使领导者采取积极有效的措施处置了突发事件,政府的形象也仍然有可能受到一定的负面影响。因此,在突发事件过后,领导者要采取一定措施,进一步完善管理体制,调整组织机构,使之更精干、更有工作效率。

与此同时,还要以诚实和坦率的态度安排各种交流活动,加强与社会公众的沟通和联系,及时告知突发事件后的新局面、新进展,消除突发事件带来的形象后果,恢复或重新建立政府的良好声誉和美好声望,再度赢得社会的理解、支持与合作。

6.1.4 处置突发事件的原则

根据国内外处置突发事件的理论与实践,处置突发事件应遵循以下原则。

1.救治第一原则

不管是什么类型的突发事件,首先要保护人民的生命安全。媒体报道和公众反应首先应集中于对伤亡人员的救助,这样的新闻报道有利于号召和动员公众支持政府参与救援活动,这是在特殊情况下增强社会凝聚力和争取公众支持的必然选择。

2.把握主要矛盾原则

任何突发事件都有一个牵动全局的主要矛盾,把握主要矛盾,并采取适当的措施予以解决和转化,是解决突发事件的根本之所在。因此,领导者应注意全面地认识事件的各种现象,潜心分析各种现象间和现象背后的因果联系,要在把握各种联系的基础上,认准制约整个事件的主要矛盾,从而找到整个事件的"总闸门"。

3.重视信息传播原则

突发事件出现以后,为了求得公众的深入理解和全面谅解,必须向广大公众传播准确信息,从而通过信息控制舆论导向。封锁消息是无益的,只能让谣言制造混乱。

4.协调作战原则

突发事件的复杂性和综合性,要求处置手段必须借助合力,任何一起突发事件都会涉及社会各领域、各行业、各层面,如交通、通信、医疗服务、消防等。突发事件发生后,只有在领导的统一指挥下,各有关部门协同配合,才能准确、全面把握突发事件的性质和症结,及时形成和贯彻科学的决策,迅速控制事件的发展。

5. 科学处置原则

科学处置主要针对那些因工业技术而引起的灾害以及由自然灾害而造成的事件,如台风、火灾、飞机失事等。对于突发事件的处置一定要注意科学性、技术性,多征求特定技术领域专家的意见,不能蛮干。

6.2　高校突发事件特征及应对

学校是教书育人的场所,学校的安全稳定是开展教学、培养人才的前提基础。随着社会经济的发展,一些社会深层次的矛盾会不断显现,可能引发一些校园突发事件。

学校是学生集中学习和居住的地方,自然灾害会造成人数众多的伤亡,因此保证学校师生的生命财产安全,直接关系到社会的稳定和发展。我们必须最大限度减少突发事件对学生造成的伤害,为学生成长提供良好的环境。

6.2.1　高校突发事件的分类及特点

1. 高校突发事件的分类

按照突发事件的定义,高校常见的突发事件包括自然灾害、事故灾难、公共卫生事件和社会安全事件等几类。

(1) 自然灾害。自然灾害指地震、洪水、台风、暴雪等。2008 年年初,南方几个省发生的冰灾和四川的汶川地震,就是自然灾害方面的突发事件。对沿海地区的高校来说,台风(或叫热带风暴)是常见的突发事件。南方山区几乎每年都会发生山洪暴发引发的自然灾害等。

(2) 事故灾难。如实验室或学生宿舍发生的电器火灾、爆炸、楼舍倒塌、人员踩踏等事件。这些灾难性的事件都是有人为因素的事故灾难。

(3) 公共卫生事件。高校是人员高度聚集的地方,也是最容易发生公共卫生事件的地方。由于现在食品安全存在诸多隐患,因食品中毒或者不卫生食品进入高校从而引发事端。

(4) 社会安全事件。发生在高校的社会安全突发事件,主要是指在高校校园内或者是与高校师生直接相关、影响国家或地方政治及社会稳定和学校正常程序的群体性事件、恐怖袭击事件、治安刑事案件、民族宗教事件、涉外突发事件,以及其他因素造成的社会安全类突发事件。

高校或师生中的集会、游行静坐示威等群体性事件,近些年总体上说很少,但也不是没有。当国际上出现有损我国尊严、领土、主权的情况的时候,高校师生会为了表达对祖国的热爱之情,通过集会、示威游行等方式表达爱国热情。还有一种情况,就是为了表达对某一事件的强烈抗议或强烈诉求,自发组织活动。

(5) 网络与信息安全事件。网络与信息安全事件主要是指高校主管或主办的网络与信息系统发生的有害程序事件、网络攻击事件、信息破坏事件、信息内容安全事件、设施设备故障和灾害性事件。对此,我们不能轻视,特别是招生时,或者是在一些特别敏感事件发生时,高校的信息系统遭到破坏,信息内容被篡改,就会造成很大的问题。

(6) 教育考试安全事件。教育考试是高校的一项经常性的工作,这方面的安全突发事件,主要是指在国家考试或者学校考试中,在命题管理、试卷印刷、运送、保管、评卷组织管理等环节出现的试卷(答卷)安全保密事件,考试实施中出现的舞弊(特别是群体舞弊),阻碍考试等突发事件,以及网络有害信息等影响考试及社会稳定的其他突发事件。

(7) 非正常死亡事件。非正常死亡包括自杀、他杀和意外死亡。目前这是高校遇到比较多并且难以处置的事件。可以说每一起非正常死亡都是突发事件,都必须妥善应对和处置。

资料显示:近些年,大学生因为各种原因自杀的案件数量呈上升趋势,受到媒体、社会、教育界的重视和关注,此外,由于心理问题或其他原因对自己或他人产生伤害的行为在大学校园时有发生。

师生的非正常死亡,极易引发聚集事件和过激行为。从近些年的情况来看,大学生非正常死亡引发的在大学校园内死者亲属聚集甚至发生过激行为的情况是比较多的。几乎每一起非正常死亡事件,都有聚集事件和过激行为的发生。因此,如何应对和处置师生非正常死亡事件,是我们必须面对的问题,也是当前高校感到比较棘手的问题之一。此外,还有一些"民族学生和谐关系"方面发生的问题,也成为突发事件,需要认真、谨慎地应对。

2. 高校突发事件的特点

在大学校园或者在大学生中发生的突发事件,多是通过一定的契机引发的。而这个契机是偶然的。因此,高校突发事件发生的具体时间、实际规模、具体形态和影响深度等,都是难以预测的,具有很大的突然性。

(1) 行为的过激性。

由于大学生是一个高度集中的群体,并且青年人火气大,难以自控。因此,一旦在大学生中发生某种事件,很容易出现聚集、罢课罢餐甚至打砸抢等过激行为,造成严重事件。

由于高校是备受社会关注的地方,大学生是高度敏感的群体,因此,大学校园里或者大学生中发生某种突发事件,更容易引起社会反响,处置难度会增大,并且极容易被社会上别有用心的人所利用,客观上"放大"和"加深"其危害的范围和程度。

(2) 事件不良影响的扩散性。

在现代媒体、网络等的作用下,高校发生的突发事件,很容易在极短的时间内迅速传播扩散。作为高校的管理者,当事件发生后,如果不在极短的时间里采取有效措施控制局面,一旦事件的信息急剧传播,加之在传播中有意无意地添油加醋,甚至歪曲事实真相,就很可能在短时间内造成难以控制甚至是难以收拾的局面。

(3) 不良影响的持久性。

高校的大学生群体,不同于社会上的普通群体,他们是有知识、有思想、热情高的青年学生群体。他们关注社会发展,对非常规事物有天然的好奇心,并且具有这个年龄段的年轻人特有的热情和冲动。

一旦某个事件发生后,如果处置不当,留下的印记是深刻的,留下的影响是深远的,如果不是有重大机遇使他们改变看法、观点,这种影响将长时间地留存在他们心里,甚至影响他们的世界观、人生观、价值观，以至于影响他们一生的思想和行为。

（4）事件的两面性。

高校发生突发事件后，就其客观效果来说，一般具有两面性。一方面，突发事件发生后，客观上破坏了正常的教学、工作程序，给高校带来不必要的损失，也对社会造成一定的不良影响，这是其"危机"的一面。另一方面，如果高校的决策者、管理者在突发事件发生后正确应对，积极消除事件带来的负面影响，化"危机"为"转机"，化"危机"为"契机"，就会极大地推动学校的建设和发展。

6.2.2　高校常见突发事件的原因

1. 高校外部运行环境的直接影响

高校外部运行环境的直接影响主要体现在如下几方面。

（1）国内社会因素的影响。

从国际范围来看，经济全球化、政治多极化和文化多元化的格局已经形成。在发展过程中，各国因政治、经济、文化、价值观等方面的不同而产生的冲突连绵不断，国际社会的风云变化，必然对大学生的思想、心理和行为产生影响，他们必然要通过一定的方式来表达对和平与发展的向往，及对各种纷争的态度与看法。

从国内来看，随着市场经济制度的不断完善，高校已迅速从经济社会的边缘走向中心。因此，社会环境的变化必定会在高校中有所体现。

（2）外部环境刺激的影响。

高校的突发事件，对人们思想和心理的影响更为深刻，几乎每一件被报道的高校突发事件，都会引起社会的广泛关注，令相关学校陷入尴尬与无奈，而且在社会上引发大讨论。正因为高校备受社会关注，使得社会上一些不法分子把目光转向了学校。

（3）公共政策的影响。

政府制定的政策和规章制度都直接影响和引导着大学生的行为，由于大学生正处于敏感和易冲动的年龄阶段，他们的思维活跃、维权意识强，当他们对涉及切身利益的公共政策感到不理解或不满意的时候，很容易产生过度反应。

（4）网络媒体的影响。

由于网络具有的隐蔽性和虚拟性，使得网络空间各种思潮泛滥，暴力、金钱、色情、拜金主义、享乐主义等消极颓废的内容充斥其间，大学生的是非辨别能力和自我调控能力还不足以抵御这些不良信息的影响。目前青少年网上犯罪呈上升趋势，侵犯知识产权、恶意制造计算机病毒、黑客入侵和网络诈骗等案件逐年上升，偷看他人私人邮件、查阅黄色图片和文字、发布不健康信息等不道德行为，成为网络公害。某些大学生由于自律性差、好奇心强等原因，沉溺于黄色信息和暴力游戏，甚至在暴力文化和黄色录像等引诱下犯罪或者自毁。

（5）高校周围不良环境的影响。

近年来，高校周围的治安环境问题经常是高校突发事件的"激发源"。高校周围旅店业、饮食业和娱乐业兴起，这些商业场所的一些从业人员素质不高，从而出现不法竞争的现象。

一些业主为了争夺顾客而播放黄色录像，出售淫秽读物，或者打着网吧的幌子，经营含赌博、淫秽内容的电子游戏,还有的无限延长营业时间,甚至通宵营业,招揽学生。大学生在这些场所和社会上大量成分复杂的社会青年频繁接触,经常因语言不合发生口角,或因经济利益发生纠纷。高校周围的不良环境引发学生和社会人员之间、学生和业主之间、学生和学生之间纠纷不断。

2. 学校管理上的不足

学校管理上的不足这主要表现在如下两方面。

(1) 高校管理缺失所带来的问题。

从当前我国高校的实际情况来看,问题突出、影响大且发生频率高的突发事件主要集中在招生与就业、群体性行动、心理疾患、校园安全事件等方面。高校一校多区的现状,造成高校管理上的难度增大;高校招生规模的扩大,导致教育资源的相对匮乏。

在前几年推行高校后勤社会化改革过程中,虽然引进社会资本建设学生公寓等措施在一定程度上为缓解扩招造成的高校资源缺乏起到了一定的积极作用,但随着时间的推移,暴露的问题也越来越多,使学校的管理难以到位,从而引发一些问题。

(2) 素质教育的缺失。

尽管这些年一直在呼吁进行素质教育,但这并没有从根本上改变应试教育的现状。在应试教育模式下,从小学到大学,学校和家长只关心学生在校的学习成绩排名,只在乎学生的考试分数,对学生的能力开发主要集中于学生的读、写、听、说等学习能力上,忽略了一个人的发展是综合素质的全面发展,不仅包括学习能力,还包括学生的道德品质、抗挫折能力、心理承受能力、应急反应能力、人际交往能力、实践能力等。

同时,学校普遍忽视了对学生进行危机教育、防范意识教育、灾难教育,特别是忘了告诉学生当遭遇不同的突发事件时怎么去面对,以及处理的技巧等。导致学生在面临大事、要事和急事时出现价值错位、心理失衡、举止无措的现象。

3. 学生自身及家庭因素的影响

学生自身及家庭因素的影响主要体现在如下几方面。

(1) 大学生的思想特征。

大学时期是一个人从青年期向成人期发展的阶段。在这个阶段,大学生正处在学习、思考、探索、选择的成长过程中,尚未确立十分明确的、坚定的信仰,缺乏应有的锻炼与考验。大学生的世界观、人生观和价值观尚未成熟,易受外界影响。

随着经济全球化的到来,各种文化相互激荡,如果没有正确的思想引导他们,西方意识形态的不良思想、极端的利己主义和腐朽的拜金主义就会乘虚而入,使他们形成错误的、扭曲的世界观、人生观和价值观。在价值观失衡的情况下,大学生很容易被鼓动而产生过激行为。

同时,大学生还是社会发展中的特殊群体。相同的生活空间,相近的年龄,相投的兴趣爱好,相似的思维方式,相仿的行为方式,使大学生成为社会结构中最活跃、最敏感、最易动、最不稳定的特殊群体。当一部分学生为某个社会问题聚集在一起的时候,就可能形成社会心理学上所谓的"偶集群"效应或群体决策中的"极化现象"。

在"偶集群"中,大学生会表现出某些有别于平时的,甚至是个人平时没有想到的或不敢想象的偶集行为。在"偶集群"效应下,"他人在场"成为大学生个人竞相表现自己的创造性、顽皮性甚至破坏性的外因。

（2）大学生自身心理危机引发的突发性事件。

大学生处于青年早期，一般来说，他们是同龄人中的佼佼者，有较高的智力能力，对自己和社会都有较高的期望，对未来充满了美好的憧憬。但是，大学生自身的阅历及不成熟的人生观、世界观、价值观，也给他们对理想的追求带来了较多的心理困惑。

他们面临学习压力，经济尚不独立的压力，就业的压力，对学校生活环境、学习方法、内容的适应问题；在新集体中的自我认知和评价问题；重新构建同学、朋友的人际关系问题；与异性交往的问题；求职与考研的选择等问题。

大学生自身的局限，激烈竞争的压力，容易造成大学生行为上的失控。由于年纪较轻，涉世不深，判断是非的能力尚欠缺，观点容易片面，情绪容易偏激，行为容易冲动。随着市场经济竞争越来越激烈，大学生较之以往承担的压力越来越大。

（3）学生判断是非的能力较弱容易引发突发事件。

青年大学生是学校的主要群体，他们大部分人正处在学习、思考、探索和成长的过程中，还没有形成十分明确的、坚定的信仰。

一方面，他们具有特殊的政治敏锐性，高度的社会责任感，嫉恶如仇的正义感和争强好胜的上进心，具有敢想敢干、勇于探索真理的精神。

另一方面，他们年轻、涉世不深，判断是非的能力较弱，思考方法容易片面，情绪容易偏激，行为容易冲动且不计后果。

同时，他们自控能力较差，一旦周围发生群体性事件，他们就可能在从众心理的支配下卷入其中。他们开始参与的动机和愿望可能是好的，但由于采用的方式、方法不当，往往事与愿违。所以在高校学生为主体的突发事件中，往往起因合理，而做法不当。如果不能及时发现，及时教育引导和处理，就有可能演化为影响较大的事件。

（4）大学生的从众心理容易导致群体性事件的发生。

大学生思想活跃，富有寻找刺激和渴望游乐的心理倾向，这些特点为诸多群体组织如老乡会、球迷协会、军事爱好者协会等在大学生中的存在，提供了群体基础。而大学生群体组织的存在，又容易导致"从众效应"。在特定的氛围下，众多大学生的互动频率会越来越快，互动中的敏感性越来越高，形成一种相互刺激的循环反应。

当这种集体激动的情绪发展到一定程度时，个体的自我意识往往明显下降，普遍产生不能自制的过激情绪，自发产生"情绪共振"，从而导致无明确目的的、无组织的、有悖于现有社会规范的短暂性狂热行为，甚至出现破坏行为，如观看足球比赛因失球而争吵，甚至斗殴。

（5）家庭环境影响。

家庭环境可以对学生产生非常深远的影响。家庭环境包括家庭结构、家庭关系、家庭氛围、家长的行为、家庭教育以及家庭周边环境等。总结来说，在家庭环境影响因素方面可能致使大学生产生突发事件的情况有两种。

一是家庭不和睦。如在幼年或少年时期家庭遭到破坏，父母离异或死亡，就会使孩子过早地失去家庭的温暖，造成孩子心灵创伤，在这种情况下，长大的孩子极易形成变态心理，产生过激行为而引发突发事件。

二是家庭教育不到位。在孩子的家庭教育方面,有些父母要么忙于工作,放任不管;要么溺爱过度,使孩子养成不良习气;要么是权威式教养,给孩子造成很大的压力和束缚;有些家长甚至是打骂齐下,造成亲子关系不佳,这些家庭管教方式都极易导致孩子的性格向病态的方向发展。

在现实生活中,这类受家庭环境影响的学生往往成为高校突发事件的主角。

4．毕业生就业困境的影响

自改革开放以来,我国社会经济的变革与发展、科技文化的进步,尤其是高等教育的长足发展,一方面,为青年提供了越来越多的就业机会和为就业进行素质准备的受教育机会;另一方面,经济、政治体制变革带来的工作效率加快、科技进步带来的劳动生产率普遍提高以及社会经济结构的巨大跃迁,在一定程度上又减少了从业人员的需要量,由此产生了巨大的社会就业压力。大学毕业生的就业问题由此而生。

6.2.3 高校突发事件的处理程序

1．处理程序

1) 自然灾害、事故灾难或公共卫生事件发生后,应采取的主要应急处置措施

(1) 配合有关部门组织营救和救治受害人员,疏散、撤离并妥善安置受到威胁的人员,必要时可报请有关部门组织医疗卫生专业队伍,赶赴现场开展医疗救治、心理抚慰等救助工作。

(2) 迅速控制危险源,标明危险区域,封闭危险场所,划定警戒区,必要时报请公安等有关部门实行交通管制以及其他控制措施,确保安全通道的畅通,保证应急救援工作的顺利开展。

(3) 禁止或者限制使用有关设备、设施,关闭或者限制使用有关场所,中止可能导致危害扩大的活动以及采取其他保护措施,防止发生次生、衍生事件。

(4) 配合有关部门做好受灾师生员工的基本生活保障工作,提供食品、饮用水、衣被等基本生活必需品和临时住所,确保受灾师生员工有饭吃、有水喝、有衣穿、有住处、有病能得到及时医治。

(5) 启用本校储备的应急救援物资,必要时报告当地党委政府和上级教育行政部门调用教学设备、用具以及其他应急物资。

(6) 协调有关部门抢修被损坏的校舍、教学设施以及交通、通信、水电热气等公共设施,短时难以恢复的,要实施临时过渡方案,保障教学秩序及生活基本正常。

(7) 在确保安全的前提下,组织教职工和大学生参加应急救援和处置工作,要求具有特定专长的教职工和学生提供相应服务。

2) 社会安全事件发生后应采取的主要应对措施

社会安全突发事件发生后(如非法集会、游行示威,发生恐怖袭击、治安刑事案件等),学校应在第一时间向当地公安机关报警,向当地党委政府和上级主管部门报告,并立即启动本校社会安全突发事件的应急预案,自主或协助公安机关及其他相关部门采取下列一项或多项应急处置措施。

(1) 对可能影响师生情绪并引发群体性事件的矛盾和问题,相关负责人要第一时间到

场,立即动员、组织党员、班团干部、班主任、骨干教师和学生工作人员深入师生开展教育引导和必要的心理咨询工作,化解矛盾,稳定和疏导师生情绪。

(2) 对师生参与社会群体性事件的要立即组织力量进行劝阻和带离现场。

(3) 对严重危害师生员工生命安全的突发事件,要全力配合有关部门第一时间挽救和保障师生员工生命和财产安全。

(4) 加强对易受冲击的重点单位、重要场所的警卫,在校园通信、广播、有线电视、涉外区域等校园重要部位附近设置临时警戒。

(5) 封闭有关场所,对有关道路实施交通管制,查验现场人员的身份证件,限制整个校园或有关区域内的活动。

(6) 对特定区域内的建筑物、交通工具、设备、设施以及水电热气的供应进行控制,必要时依法报请有关部门对网络、通信等进行管控。

(7) 维护现场治安秩序,妥善解决现场纠纷和争端,控制事态发展。

(8) 严重危害校园和社会治安秩序的事件发生时,应报请公安机关立即出动警力,根据现场情况依法采取相应的强制性措施,尽快使校园或社会秩序恢复正常。

(9) 除上述措施以外,还可以采取法律、行政法规和规章规定的其他必要措施。

3) 网络与信息安全事件发生后应采取的应对措施

(1) 当网络和信息系统运行安全因病毒攻击、非法入侵、系统崩溃等原因出现异常或瘫痪时,立即组织相关单位或人员采取技术措施,尽快恢复网络和信息系统的正常运行,必要时报请电信管理部门组织协调相关运营商给予支援,防止事件蔓延至其他网络系统,同时将突发事件有关情况向当地公安机关报告。

(2) 当网络信息内容出现危害国家安全、社会稳定及学校正常教学秩序的有害信息或其他不良信息时,应立即采取必要的管控措施,有效阻止网上有害或不良信息的传播,同时根据不同性质和情况,有针对性地开展教育引导工作。

(3) 全面了解网络和信息系统所受波及与影响,检查影响范围,跟踪事态发展,及时将处置进展情况上报。

(4) 应急处置过程中要及时调查取证,尽可能保留相关证据,对于人为破坏活动,应及时报请当地公安机关开展侦查和调查工作,并视情况依法依规处置。

(5) 法律、行政法规和规章规定的其他必要措施。

4) 教育考试突发事件发生后应采取的应对措施

(1) 迅速掌握情况,第一时间上报上级考试机构。

(2) 涉及自然灾害、事故灾难、公共卫生、社会安全、网络与信息安全类的突发事件并影响考试工作的,按照有关预案并结合考试工作特点确定处置方案。

(3) 其他类别教育考试安全事件发生后,应及时报告当地考试应急指挥机构和上级考试机构,妥善处置,如需要其他部门协助的,应及时报告,协同处置。

(4) 偶发事件发生后,由现场应急指挥机构处置并逐级上报。

(5) 法律、行政法规和规章规定的其他必要措施。

6.2.4 高校应对突发事件应当遵循的基本原则

教育部对全国教育系统突发事件的处置,规定了如下 5 条原则。

1. 以人为本,积极预防

遵循这条原则,就是要把保障师生员工的健康和生命财产安全作为首要任务,无论遇到什么样的突发事件,都要以最大限度地减少人员伤亡和危害为最高原则。同时要坚持预防和应急相结合,常态与非常态相结合,平时就应切实做好应对突发事件的各项准备。

2. 统一领导,分级负责

高校发生的突发事件,凡涉及社会的,在当地党委政府的统一领导和指挥下,按职能职责分工分级负责;凡只涉及学校内部的事件,在学校党委行政的统一领导和指挥下,由各相关部门和单位按职能职责分工负责。

例如,学生意外死亡事件发生后,一般应在党委行政主要负责人的领导下,由分管学生工作的校领导直接负责,学工、保卫、学生所在院(系)的负责同志参与,负责对善后事宜的处理。

3. 部门联动,快速反应

高校中突发事件,不是只靠某个部门或几个部门就可以处置好的,需要相关各部门的参与和配合,相互支持和帮助,使处置的各个环节、各个方面、各个层级都有部门负责,有人员负责。同时,这种负责不是被动应付,而是积极主动的,能做出快速反应。

4. 科学规范,依法处置

高校突发事件的防范和处置,都必须依法依规,科学合理。作为高校的领导者,不只是要懂教育、教学,还要有很高的思想政策水平(可以咨询法律顾问)。面对突如其来的情况,能做到猝然临之而不惊,胸有成竹,有条不紊,没有良好的心理素质和很高的思想政策水平,是做不到的。

5. 把握主动,正确引导

在现代社会条件下,任何一起突发事件都会引起社会和媒体的高度关注,甚至成为舆论的焦点。在这种情况下,作为高校的领导者、管理者,应当掌握舆论引导的主动权,增强工作的预见性和主动性,加强与新闻媒体的联系和沟通,及时、准确、客观地发布突发事件事态发展及处置工作情况等权威信息,正确引导社会舆论。

现在的情况是,有的高校平时无准备,一旦发生突发事件,总怕新闻舆论曝光,造成工作被动,因而既不愿接受媒体采访,也不主动发布相关信息,从而造成小道消息广泛传播,甚至谣言四起。这种情况是必须改变的。

6.2.5　学校的事故预防工作

1. 加强危机意识,积极预防

高校师生员工面对信息多元化的社会形势,要自觉增强忧患意识和危机意识,清醒看到日趋激烈的社会竞争给高等教育带来的严峻挑战,要从关系国家和社会稳定与和谐、关心社会主义建设人才培养以及学校进一步生存发展的高度,认识危机意识的树立和校园突发事件有效处理的重要性。

见微知著,未雨绸缪,力争把容易引起突发事件的矛盾解决在萌芽状态,妥善协调、积极处理,切实维护学校稳定与和谐。要及时关注学生关心的热点及突发事件的导火索,密切注意社会不良思潮对大学生的影响,努力消除校园突发事件的各种诱发因素。

2. 发挥辅导员的作用,加强思想政治教育工作

辅导员在学生事务管理过程中,除了学生上课之外,与学生直接接触较多。要充分发挥辅导员的作用,做学生学习上的引路人,生活上的知心人,从多方面了解、关心、帮助学生的成长,对学生加强安全意识、法制规范和校纪校规教育,及时发现可能诱发突发事件的隐患,将问题解决在萌芽状态。广大教职员要树立以人为本的工作理念,从课堂、管理、服务等各方面加强对学生的教育和引导。

3. 加强信息监管,畅通突发事件信息传播机制

当今信息时代,信息沟通在高校突发事件处理中显得尤为重要。建立良性的信息沟通与传播机制,无论是在危机预警或是危机处理过程中,都是非常重要的一个环节。高校各部门和单位要及时收集相关预警信息并对可能引发的突发事件的性质、范围及结果进行分析、判断,及时报告给学校突发事件关联的最高层,为领导层提供决策依据,同时预测信息应及时在相关范围发布,以便学校有关部门及学生做好突发事件的应对准备。

6.3 高校常见突发事件应急处置

6.3.1 学生触电后的现场就地应急处理

触电急救,首先要使触电者迅速脱离电源,越快越好。因为电流作用的时间越长,伤害越重。脱离电源,就是要把触电者接触的那一部分带电设备的所有断路器、隔离开关或其他断路设备断开;或设法将触电者与带电设备脱离开。在脱离电源过程中,救护人员要注意保护自身的安全。

1. 低压触电者脱离电源

(1) 如果触电地点附近有电源开关或电源插座,可立即拉开开关或拔出插头,断开电源。但应注意到拉线开关或墙壁开关等只控制一根线的开关,有可能因安装问题只能切断中性线,没有断开电源的相线。

(2) 如果触电地点附近没有电源开关或电源插座,可用有绝缘柄的电工钳或有干燥木柄的斧头切断电线,断开电源。

(3) 当电线搭落在触电者身上或压在身下时,可用干燥的衣服、手套、绳索、皮带、木板、木棒等绝缘物作为工具,拉开触电者或挑开电线,使触电者脱离电源。

(4) 如果触电者的衣服是干燥的,又没有紧缠在身上,可以用一只手抓住他的衣服,拉离电源。救护者不得接触触电者的皮肤,也不能抓他的鞋。

(5) 若触电发生在低压带电的架空线路上或配电台架、进户线上,对可立即切断电源的,则应迅速断开电源,救护者迅速登杆或登至可靠地方,并做好自身防触电、防坠落安全措施,用带有绝缘胶柄的钢丝钳、绝缘物体或干燥的不导电物体等工具使触电者脱离电源。

低压触电者脱离电源如图 6-1 所示。

2. 高压触电者脱离电源

(1) 立即通知有关供电单位或用户停电。

(2) 戴上绝缘手套,穿上绝缘靴,用相应电压等级的绝缘工具按顺序拉开电源开关或熔断器。

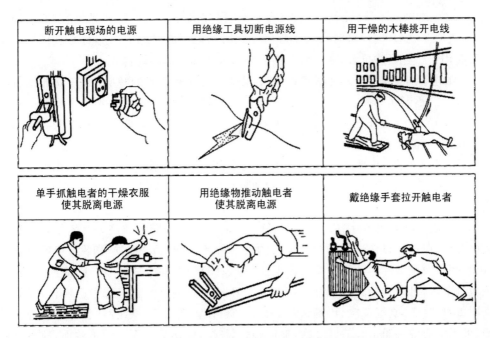

图 6-1 低压触电者脱离电源示例图

（3）抛掷裸金属线使线路短路接地，迫使保护装置动作，断开电源。注意，抛掷金属线之前，应先将金属线的一端固定可靠接地，然后另一端系上重物抛掷，抛掷的一端不可触及触电者和其他人。另外，抛掷者抛出线后，要迅速离开接地的金属线 8m 以外或双腿并拢站立，防止跨步电压伤人。在抛掷短路线时，应注意防止电弧伤人或断线危及人员安全。

（4）救护人不可直接用手、金属及潮湿的物体作为救护工具，而应使用适当的绝缘工具。救护人最好用一只手操作，以防自己触电。

（5）防止触电者脱离电源后可能的摔伤，特别是当触电者在高处的情况下，应考虑防止坠落的措施。即使触电者在平地，也要注意触电者倒下的方向。救护者也应注意救护中自身的防坠落、摔伤措施。

（6）救护者在救护过程中特别是在杆上或高处抢救伤员时，要注意自身和被救者与附近带电体之间的安全距离，防止再次触及带电设备。电器设备、线路即使电源已断开，对未做安全措施挂上接地线的设备也应视作有电设备。救护人员登高时应随身携带必要的绝缘工具和牢固的绳索等。

（7）如事故发生在夜间，应设置临时照明灯，以便于开展现场急救。

3.伤员脱离电源后的现场就地应急处置

触电者脱离电源以后，现场救护人员应迅速对触电者的伤情进行判断，对症抢救。同时设法联系医疗急救中心的医生到现场接替救治。要根据触电伤员的不同情况，采用不同的急救方法。

（1）触电者神志清醒、有意识，心脏跳动，但呼吸急促、面色苍白，或曾一度休克，但未失去知觉。此时不能用心肺复苏法抢救，应将触电者抬到空气新鲜，通风良好的地方躺下，安静休息 1～2h，让他慢慢恢复正常。天凉时要注意保温，并随时观察呼吸、脉搏变化。

（2）触电者神志不清，无判断意识，有心跳，但呼吸停止或极微弱时，应立即用仰头抬颏法，使气道开放，并进行口对口人工呼吸。此时切记不能对触电者施行心脏按压。如此时不及时用人工呼吸法抢救，触电者将会因缺氧太久而引起心跳停止。

（3）触电者神志丧失，无判断意识，心跳停止，但有极微弱的呼吸时，应立即施行心肺复苏法抢救。不能认为尚有微弱呼吸，只需做胸外按压，因为这种微弱呼吸已起不到人体需要的氧交换作用，如不及时人工呼吸就会发生死亡，若能立即施行口对口人工呼吸法和胸外按压，一般能抢救成功。

（4）触电者心跳、呼吸停止时，应立即进行心肺复苏法抢救，不得延误或中断。

（5）触电者心跳、呼吸停止，并伴有其他外伤时，应先迅速进行心肺复苏急救，然后再处理外伤。

（6）发现杆塔上或高处有人触电，要争取时间及早在杆塔上或高处开始抢救。触电者脱离电源后，应迅速将伤员俯卧在救护人的安全带上（或在适当地方躺平），然后根据伤员的意识、呼吸及颈动脉搏动情况来进行上述（1）～（5）项不同方式的急救。应注意的是，高处抢救触电者，迅速判断其意识和呼吸是否存在是十分重要的。若呼吸已停止，开放气道后立即口对口（鼻）吹气2次，再测试颈动脉，如有搏动，则每5s继续吹气1次；若颈动脉无搏动，可用空心拳头叩击心前区2次，促使心脏复跳。将伤员送至地面抢救前，应再口对口（鼻）吹气4次，然后立即用绳索下放方法，迅速放至地面，并继续按心肺复苏法坚持抢救。

① 单人营救法。首先在杆上安装绳索，将绳子的一端固定在杆上，固定时绳子要绕2～3圈，绳子的另一端放在伤员的腋下，先用柔软的物品垫在腋下，然后用绳子绕1圈，打3个靠结，绳头塞进伤员腋旁的圈内并压紧，绳子的长度应为杆高的1.2～1.5倍，最后将伤员的脚扣和安全带松开，再解开固定在电杆上的绳子，缓缓将伤员放下。

② 双人营救法。该方法基本与单人营救方法相同，只是绳子的另一端由杆下人员握住缓缓下放，此时绳子要长一些，应为杆高的2.2～2.5倍，营救人员要协调一致，防止杆上人员突然松手，杆下人员没有准备而发生意外。

（7）触电者衣服被电弧光引燃时，应迅速扑灭其身上的火源，着火者切忌跑动。灭火可利用衣服、被子、湿毛巾等扑火，必要时可就地躺下翻滚，使火扑灭。

6.3.2 学生宿舍内发生火灾应急处理

1. 造成宿舍火灾的主要原因

学生宿舍是学生的"家"，一旦发生火灾，特别是在夜间，将对学生的生命、财产安全构成严重的威胁。但是，目前大部分学生认识不到问题的严重性，常抱有侥幸心理。分析历年来学生宿舍火灾的原因可以发现，学生宿舍火灾主要是违规用电、违章使用明火、吸烟等原因造成的，具体如下。

（1）宿舍中的易燃物品多且摆放随意。高校学生宿舍普遍都堆放着大量的书本、被褥、衣物、化妆品、小装饰品等易燃物品，并且摆放混乱，有的甚至存放有啤酒、白酒、燃料乙醇、油、摩丝等易燃物。特别是女生宿舍，这种现象尤为突出。一旦遇到明火或者局部过热，极易引起火灾。还有些学生在宿舍或厕所焚烧杂物，也极易造成火灾。东西摆放不当，也会引发火灾，如阳光直晒可以使打火机一类的易燃物品自燃。

（2）违章用电现象普遍。随着科技的发展，学生购置笔记本电脑、手机及充电器等电子设备已经是很普遍的现象，拥挤的宿舍里常常是由一个插座引出电线，"节外生枝"，乱拉电线现象严重。有的是低负荷的软电线，有的电线甚至超期服役，严重老化。多数学生由于经济条件限制，往往还会购买价低质劣的"热得快"等电器在宿舍使用。这些都极易造成电线短路引发火灾。

（3）违章使用明火现象日益突出。在一些管理不善的高校内，宿舍内用燃料乙醇炉、电炉等明火做饭的现象越来越突出，还有的学生过生日点蜡烛，这些行为都可能会由于操作不当引燃周围可燃物，造成火灾，火灾隐患非常严重。

（4）吸烟引发火灾呈上升势头。有不少高校的学生吸烟，在男同学中更是屡见不鲜。有的学生抽完烟后将烟头乱丢，一旦未熄灭而掉到废纸篓、垃圾堆或者其他易燃物上面，很容易引起火灾。

（5）宿舍管理措施落实不到位。随着我国在校大学生人数的增多，部分高校人满为患，但管理措施落实不到位，许多相关的配套设施都未能及时跟上，特别是一些高校的学生宿舍还是老房子，甚至是木质结构，电线老化严重，极易因漏电而引发火灾。

（6）人为纵火。最近几年国际、国内安全形势严峻，恐怖活动时有发生，一些学生或社会人员出于各种原因，报复社会，制造事端，也会将大学生宿舍作为人为纵火的目标。

2．宿舍火灾应急处理

（1）宿舍现场应急逃生时，将湿毛巾叠三层捂住口鼻，弯腰有序撤离火灾现场。

（2）火灾发生后，由于受潮或烟熏，开关设备绝缘强度降低，因此拉闸时应使用适当的绝缘工具操作。

（3）切断电源的地点要选择恰当，防止切断电源后影响火灾的扑救。

（4）火灾发生后应掌握的原则是边救火边报警。报警时应详细准确提供如下信息：单位名称、地址、起火设备、燃烧介质、火势情况、本人姓名及联系电话等内容，并派人在路口接应。

（5）火势初期，可以用手提灭火器、消防水源进行扑救。若事态严重，难以控制和处理，应在自救的同时向专业救援队求助。

（6）先控制、后灭火，对于不可能立即扑灭的火灾，首先控制火势的继续蔓延扩大，在具备扑灭火灾的条件时，展开灭火行动。

（7）灭火中应注意防止中毒、倒塌、坠落伤亡等事故。

（8）灭火时注意观察起火的部位、物质、蔓延方向等。灭火后要注意保护好现场的痕迹和遗留物品。

（9）救援结束后立即进行排查，确保再无事故隐患。同时保护好事故现场，以便调查和分析事故原因。

6.3.3　创伤事故应急处理

（1）创伤急救原则上是先抢救、后固定、再搬运，并注意采取措施，防止伤情加重或污染。需要送医院救治的，应立即做好保护伤员措施后送医院救治。急救成功的条件是动作快，操作正确，任何延迟和误操作均可加重伤情，并可导致死亡。

（2）抢救前先使伤员安静躺平，判断全身情况和受伤程度，查看有无出血、骨折和休克等。

（3）外部出血立即采取止血措施，防止失血过多而休克。外观无伤，但呈休克状态，神志不清或昏迷者，要考虑胸腹部内脏或脑部受伤的可能性。

（4）为防止伤口感染，应用清洁布片覆盖。救护人员不得用手直接接触伤口，更不得在伤口内填塞任何东西或随便上药。

（5）搬运时应使伤员平躺在担架上，腰部束在担架上。平地搬运时伤员头部在后，上楼、下楼、下坡时头部在上，搬运中应严密观察伤员，防止伤情突变。

（6）若怀疑伤员有脊椎损伤（高处坠落者），在放置体位及搬运时必须保持脊柱不扭曲、不弯曲，应将伤员平卧在硬质平板上，并设法用沙土袋（或其他代替物）放置头部及躯干两侧，以适当固定之，以免引起截瘫。搬运伤员如图 6-2 所示。

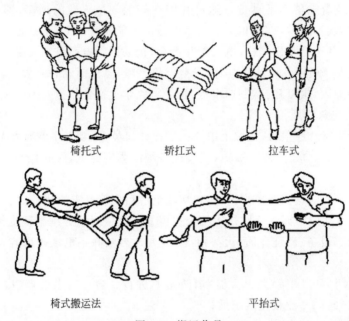

椅托式　　　　　　轿扛式　　　　　　拉车式

椅式搬运法　　　　　　　　平抬式

图 6-2　搬运伤员

6.3.4　严重外出血的应急处置

（1）伤口渗血。用较伤口稍大的消毒纱布数层覆盖伤口，然后进行包扎。若包扎后仍有较多渗血，可再加绷带适当加压止血。

（2）伤口出血呈喷射状或血液涌出时，立即用清洁手指压迫出血点上方（近心端），使血流中断，并将出血肢体抬高或举高，以减少出血量。

（3）使用各种止血方法效果不佳，可用止血带或弹性较好的布带等止血（见图 6-3），应先用柔软布片或伤员的衣袖等数层垫在止血带下面，再扎紧止血带，以使肢端动脉搏动消失为度。上肢出血，止血带绑在上臂上 1/3 处，下肢出血，止血带绑在大腿中上部，扎紧时间不宜过长，每 40～50min 放松一次，每次放松 3～5min。开始扎紧与每次放松的时间均应标明在止血带旁。若放松时观察已无大出血可暂停使用。

（4）严禁用电线、铁丝、绳索等没弹性、细小的东西代替止血带使用。

（5）放松止血带,出血量较多时,可用指压法临时止血,提浅动脉压迫点可止额部、头顶部出血。面动脉压迫点用于颜面部的止血,肱动脉用于前臂大出血,指间动脉用于手指部位的出血,桡、尺动脉用于手腕及手部的出血,腘动脉用于小腿及以下严重出血,足背、胫后动脉用于足部的出血,股动脉适用于下肢大出血。

（6）高处坠落、撞击、挤压可能有胸腹内脏破裂出血。受伤者外观无出血,但常表现面色苍白,脉搏细弱,气促,冷汗淋漓,四肢厥冷,烦躁不安,甚至神志不清等休克状态,应迅速躺平,抬高下肢,注意保暖,速送医院救治。若送医院途中时间较长,可给伤员饮用少量糖盐水。

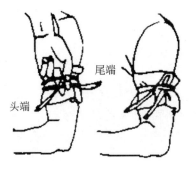

图 6-3 止血带

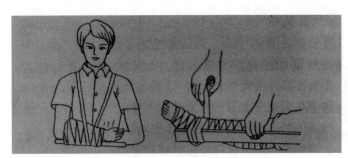

图 6-4 骨折固定

6.3.5 突发骨折的应急处置

（1）肢体骨折可用夹板或木棍、竹竿等将断骨上、下方两个关节固定（见图 6-4）,也可利用伤员身体进行固定,避免骨折部位移动,以减少疼痛,防止伤势恶化。开放性骨折,伴有大出血者,先止血、再固定,并用干净布片覆盖伤口,然后速送医院救治。切勿将外露的断骨推回伤口内。

（2）疑有颈椎损伤,在使伤员平卧后,用沙土袋（或其他代替物）放置头部两侧使颈部固定不动。应进行口对口呼吸时,只能采用抬颏使气道通畅,不能再将头部后仰移动或转动头部,以免引起截瘫或死亡。

（3）腰椎骨折应将伤员平卧在平硬木板上,并将腰椎躯干及两侧下肢一同进行固定预防瘫痪（见图 6-5）。搬动时应数人合作,保持平稳,不能扭曲。

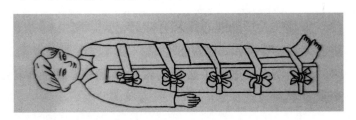

图 6-5 腰椎骨折的固定

6.4　本章案例分析

【案例分析】　某大学集体食物中毒事件。

【事件经过】　某大学多名学生食物中毒。据了解,这些学生都是前一天晚上在该校第一餐厅就餐。一位学生说:"我吃了一个包子,感觉味道有些发馊。一晚上跑厕所许多次,到了第二天中午才算好些。"一位输液的学生说:"我昨天晚上吃了大米套餐,一份大米,带着几个小菜的那种。当时我好像没有吃完。吃过后我回到宿舍,肚子就开始不舒服,半夜起来吐了,早上还是很难受。我去了教室并向老师反映了此情况,老师让我去医务室检查,我就赶快去了。刚输上液,就和外班的4名学生一起来医院了。"

【事件原因】　事件发生后,当地疾病控制中心的工作人员从学校餐厅调取了39份样品,包括蔬菜、汤、馒头、案板、学生呕吐物等,带回中心进行了化验并反馈结果。

【事件后果】　某大学一名学生出现了肚疼、腹泻的症状并去校医院就诊,此后陆陆续续有60多位学生的身体出现不良反应,之后相继就医。

【安全警示】　这个事件反映了学校对学生生活是否关心,关心的程度如何。作为学校,首先应该重视食品安全问题,想办法调查真相,保障学生的利益,严肃处理责任人,并积极承认错误,发布事情真实情况。出了事首先想的不应该是隐瞒不让学生说出去,而是先查原因出在哪儿,各种措施是否有效。学校饮食卫生安全工作,事关广大师生的身体健康和生命安全,事关高校和社会的稳定,学校领导要切实重视,强化工作。

(1)加强食堂运行过程的管理和监督。牢固树立"健康安全第一,责任重于泰山"的思想,学校领导亲自过问,建立分管领导靠上抓、各成员具体落实抓食品卫生监督队伍,全力抓好高校的食品安全卫生工作。

(2)严格按照《学校食堂集体用餐卫生管理规定》的要求,建立健全各项食品卫生管理规章制度。

(3)加强卫生宣传力度。大力开展食品卫生健康教育,普及防止食物中毒卫生知识,提高广大学生的自我保护意识,增强自我防护意识和技能。

6.5　本章小结

本章首先介绍了突发事件的特征、突发事件的分类、突发事件的应对及处置程序、处置突发事件的原则,接下来介绍了高校突发事件的分类及特点、高校常见突发事件的原因、高校突发事件的处理程序、高校应对突发事件应当遵循的基本原则、学校的事故预防工作,最后介绍了学生触电后的现场就地应急处理、学生宿舍内发生火灾应急处理、创伤事故应急处理、严重外出血的应急处置和突发骨折的应急处置,通过理论阐述和案例分析,让当代大学生在处置应急突发事件时,能有效、快速地进行处置,达到安全撤离现场的目的。校园安全与师生、家长和社会都有着密切的关系。学校安全工作,是全社会安全工作的一个十分重要的组成部分。

民族地区大学生安全教育

近年来,民族地区高校学生的安全教育从内涵上来讲主要包括"大安全"教育和常识性安全教育两方面。具体来说,"大安全"教育主要是指"国家安全和文化安全"教育,作为民族地区高校,由于其特殊的地理位置、特殊的文化结构以及特殊的学生构成,要求学校管理者必须把对大学生进行"大安全"教育作为重中之重来开展。伴随我国信息产业的发展,网络虚拟世界在给人们带来丰富的信息和提供方便的交流平台的同时,也伴随着多元文化冲突、商业欺诈等巨大的隐患。在我国经济高速发展,综合国力日益提高的当下,我国周边局势日益复杂,不断有外部势力企图扰乱和消解我国的崛起态势,世界未有之大变局正在发生巨大变化,加之网络媒介为一些势力发布虚假信息、挑唆民族矛盾、制造社会动荡的重要渠道。社会环境、学生来源等的特殊性,我国大学生处于相对封闭的环境中,对一些信息和谣言缺乏判断力,容易误听误信某些别有用心的势力所散布的虚假信息和煽动性谣言。这些都是民族地区高校进行大"大安全"教育的工作重点。常识性安全教育主要是指"身体安全教育"和"心理健康教育"两部分。"身体安全教育"包括交通安全、消防安全、生理安全以及行为安全教育等。民族地区高校学生因学生来源和综合素养等方面与内地学生均存有一定差异,这些差异导致的安全问题相对来说较为突出。尤其是少数民族学生语言交流的特殊性,在生理安全、行为安全等方面都急需加强安全教育。"心理健康教育"也称为心理素质教育,它是教育者运用心理科学的方法,对教育对象心理的各层面施加积极的影响,以促进其心理发展与适应、维护其心理健康的教育实践活动,根据民族地区大学生的现状及现实情况特点,如何做好民族地区大学生安全教育预防,是一项需要及时解决的现实问题。

7.1 民族地区高校安全教育的内涵及意义

7.1.1 安全教育的内涵

1. 安全教育状况分析

目前,整个社会格局正发生着巨大变化,百年未有之大变局正在形成。正所谓安全教育是指教育管理者通过一定的教育实践活动,使受教育者在突发状态下,具备应急、应变能力,安全防范、防卫能力及法治观念,健康心理状态和抵御违法犯罪能力的教育。对大学生进行安全教育,是应对社会发展形势,确保校园乃至社会稳定的需要;是完善高等教育体系,提升大学生自身综合素质的需要;也是高校进一步加强管理,降低安全管理成本的需要。现阶段大学生安全教育内容主要包括法律法规和校纪校规教育、日常安全教育、消防安全教育、网络安全教育、交通安全教育、求职安全教育等。民族地区高校学生的安全教育,关系到整个民族地区的发展。

2.民族地区开展安全教育的必要性

(1) 民族地区高校的学生,大部分来自民族地区,属于多民族学生的校园聚集,不同民族风俗习惯在大学的集体生活中要逐渐磨合、相融和理解。因生活习惯差异,导致很多校园安全事故,打架斗殴、饮酒闹事等造成的安全事件不在少数,因此民族地区高校大学生安全教育刻不容缓。

(2) 高校校园的开放式管理和高校社会化加剧等客观原因,造成校外人员进出校园流量猛增、校内临时用工增多、市场经济的快速发展促使校园周边经商人员增多。社会闲散人员进入校园参与了部分经济活动,因高考后进入高校的学生离开了父母的监管,自己处理问题后不计后果或想得不周全,导致很多安全事故的发生。

(3) 大学生成长中家庭教育和基本素质教育的缺失。在校大学生成长经历中缺少系统的安全知识教育。从知识结构看,一部分大学生缺乏法律、安全知识;从能力结构看,他们缺乏妥善处理人际关系、正确开展社会交往、解决各种问题和矛盾、适应形势和环境、生存和自我保护的能力。他们有较强的自我意识、参与意识,但社会阅历浅、承受能力差;心理年龄与生理年龄严重不符,自控能力和自理能力堪忧。目前高校对入学新生进行的诚信教育和安全教育,折射出了大学新生在成长时期基本素质教育和家庭教育的缺失。

(4) 社会进步和信息化时代加剧,大学生对新鲜事物的渴求和判断有一定差距或偏差,如对欺骗手段繁多的电信诈骗、帮助信息网络犯罪活动罪(简称为帮信罪)等认识不足,很容易掉入不法分子设下的圈套,加之大学生对自己的认知和预判不到位,存在很大的安全隐患。

7.1.2　安全教育的意义

(1) 有益于提升学生对国家和民族认同感,自发保护国家安全。对学生进行安全意识培育能使学生意识到"国家兴亡,匹夫有责",引领学生重视国家和民族尊严,增强民族自豪感,把爱国之心转变成报国之行,时刻关注国家的安全和发展。

(2) 适应高等教育发展的客观要求。安全教育作为高校思想政治教育的重要内容之一,受重视程度逐步提升,国家安全教育也随着时代变化发展,不断更新教育内容、提升教育意义、创新教育方法,以形成良性互动的教育机制。使不断变化中的安全形势发展能够被及时囊括到开展安全教育的各个环节,确保安全教育的质量和效果有显著提升。

(3) 有益于保障我国国家安全。全球化趋势显著加快,国家文化、科技、信息、生态安全等非传统国家安全问题逐渐引起国家的高度关注。对学生进行国家安全意识培育能够使其认识到国家安全的重要性,增强忧患和责任意识,勇于阻止破坏国家安全的行为,自发保护我国国家和社会的安全。

(4) 有益于学生的全面发展。安全教育的快速发展,需要学生具备杰出的综合素质,用正确的知识和思想引导正处在世界观、人生观、价值观形成期的学生来说是十分必要的。因此,培育学生自身安全意识有益于提升他们的政治素养和家国情怀,有益学生的全面发展。

7.2 民族地区高校安全面临的问题

1. 安全教育开展得不够深入

在当前我国经济发展快速崛起的情况下，人们的精神生活日益丰富，尤其高校大学生思想活跃，尚未形成成熟、理性的人生观、世界观，容易被一些表面现象和虚假信息所左右，而目前我国高校特别是民族地区高校在安全教育上进行得不够充分、不够全面，在教育形式上仅拘泥于一些简单的形势，如安全教育讲座、主题班会教育等。这些常规举措在目前网络信息、娱乐生活空前发达的阶段显得滞后，当前网络空间、时代空间已经发生了很大的变化，安全教育形式也要跟着变化，手段要新、形式要多样。

2. 安全教育的方式传统，内容单一

民族地区高校由于资金、规模、周围经济环境等因素，致使高校在安全教育上仍旧采取以往传统的教育模式，也就是通过安全讲座、常规的安全检查、开会下达通知或者布告宣传等手段，内容上也是以防火、交通安全为主，在一些特殊事件发生时再以开会或讲座形式加强安全教育。这些常规的安全教育模式无论内容还是教育方式都显得空洞、单一，面对学校的安全检查和讲座又疲于应付，不能有效深入学生内心，同时，过于频繁的检查、会议很容易引起学生的逆反心理，不但无法得到学生的重视，还浪费了大量的人力、物力和财力。

3. 加强民族地区安全教育，是推动高校德育教育发展的重要途径

为了构筑高校的安全防线，要通过德育教育的手段重点强化对高校管理者、教育者、受教育者对安全教育相关知识的认识和理解，通过国家安全教育引导和带动民族地区高校学生树立坚定的安全教育理念，增强安全教育的坚定性和敏锐的观察力。把高校建设成为坚固的安全堡垒，进而切实维护校园安全。当然，维护校园安全需要良好的社会环境作支撑，尤其是校园的国家安全、政治安全等教育工作更需要广泛的学生群众基础。安全教育的开展在营造环境、普及常识、发挥德育教育功能上有着重要作用。

4. 安全教育平台建设缺位，跟不上时代发展

目前，很多高校的管理模式还停留在"学校—学工部(学生处)—二级学院学生科—辅导员—班级干部—学生"这种逐级、多层次管理模式上，没有利用先进的网络交流工具组建系统化、扁平化的安全教育平台，致使大量的安全教育信息无法及时传达给学生。在安全信息和安全教育上存在费时、费力、拖沓等不利因素，在智能手机、网络通信工具，如QQ、微信等日益发达的今天，这种逐级、多层次管理不仅无法做到及时有效，反而使上下级脱节、信息滞后、浪费大量的时间与人力。虽然一些部门和高校管理人员也与学生组建了QQ群、微信群等进行沟通、管理及宣传安全教育，但是这仅仅只是部分人员和一些小团体，无论是影响范围，还是参与人员数量都十分有限，在缺乏对学生接受安全教育效果评估和实用的安全教育平台情况下，只能通过逐级管理模式，很难及时、准确掌握少数民族学生对于安全教育的接受和理解程度。

5. 对大学生安全教育制度落实和实施存在问题

说到大学生安全教育制度和管理办法，大部分高校都有着较为完备的规章和制度，民

族地区高校在大学生安全教育的制度和具体措施上拥有较完善的管理制度及安全突发事件的处理预案,但是,部分院校的很多制度、措施仅仅只是停留在纸上,并未能得到很好的落实和实施,只能是在某些大学生发生安全事件或出现意外之后,才能在一段时期内被严格执行。诸如某些高校把禁止饮酒、禁止打架等作为加强学生管理与行为规范的重要规定,同时也在开会和安全讲座中加强宣传,但是这些规定长久以来并未严格执行,导致学生对此并不重视,直到发生重大安全事故,才开始重视相关规定和具体措施的严格执行。应当说,高校在安全教育制度和相关惩处规定上都是比较完善的,但是长久以来僵化的安全教育形式和浮于表面的管理方式都让完善的制度只停留在文本上,未能有效落实到实处,也没有使大学生真正牢记于心、付之于行。

7.3 民族地区高校安全教育对策

1. 重视安全理念教育的培养

要高度重视并坚持民族地区高校学生"大安全"教育的长期性和重要性,与传统的报纸、电话等传统交流媒介相比,智能手机、网络平台和网络交流工具具有容量广泛性、交流及时性、传播多样性、空前开放性的特点,每个人都可以借助智能手机、网络交流工具发布各种消息、浏览各种网站和接收海量的信息,正是网络信息工具的独特能力造成了对舆论和信息监控、引导的难度。这就为某些势力或组织提供了散布虚假信息、制造民族矛盾、抹黑我国政府的机会,特别要注重民族地区的敏感性,使"大安全"教育成为大学生安全教育的重中之重,大学生群体由于涉世不深,对一些信息和一些文化意识方面的宣传缺少成熟的理性判断,容易在潜移默化中受到影响和左右,因此,为了维护社会经济和文化的和谐健康发展、国家长期稳定、民族团结,民族地区高校在安全教育方面应当做到如下几点。

(1)加大、加强"大安全"教育的宣传力度。通过 QQ、微信等现代网络通信工具扩展信息来源,严格控制某些虚假信息和带有挑唆民族矛盾的、破坏民族团结的网站和文化作品进入学生视野。

(2)积极利用网络阵地,宣传我国主流正能量信息。对大学生安全教育必须做到从思维到物质上的与时俱进,对任何在网络散布不良虚假信息或是宣传民族极端主义的网站和文化作品都给予坚决有力的回击,必要时可以向公安机关请求帮助。

(3)根据目前出现的一些实时新闻、文化作品、网络谣言等,由学校组织具有丰富社会经验和思想意识端正的少数民族学生管理人员通过网络信息平台及时进行分析和讲解,使学生能够成熟、理性地分析和认识这些网络谣言、文化作品,从而可以快速、有效地控制反动网站散布的虚假信息对学生思想意识的不良影响。

(4)通过法制宣传和时事讲座加强学生的法治意识,丰富学生的社会经验。通过宣传《中华人民共和国国家安全法》让学生认识到制造和传播网络虚假信息、制造民族矛盾等不良行为所需承担的法律后果,并且通过时事讲座对一些势力和组织散布虚假消息、挑唆民族矛盾、制造社会动荡的手段和方式向学生进行讲解、分析和说明,进一步增强学生"大安全"的知识和阅历。

2. 创新安全教育的教学内容和手段,提高大学生安全教育的实效性

传统安全教育拘泥于通过会议、讲座、书面通知等手段来对学生进行"消防安全""交通

安全""身体安全""生理安全"教育,内容空洞、形式僵化,收效甚微,还又费时费力。对于大学生来说,这些常识性内容很难引起学生的共鸣,过于陈旧的安全教育手段和教育内容难以让同学们接受,以最近一段时期几起女大学生"失联"为例,用以往开会和讲座的形式很难使学生提高警惕性。学生工作人员要对公布的"失联"案例进行分析和整理,找出其共性和特点,为学生讲解"失联"的原因、过程、结果及容易造成"失联"的一些征兆和犯罪手段,并通过 QQ 群和公共微信平台及时发布。同时,要结合少数民族学生原本的民族语言和民族习惯,通过 QQ、微信等工具及时对少数民族学生进行一对一的安全教育和有效管理。

3. 利用现代化手段创建安全教育平台,增强民族地区高校大学生安全教育的时效性

在传统的逐级、多层次学生管理模式中,大量的安全信息和教育内容无法做到及时、有效的传达和表述,同时无法做到一对一扁平化管理和安全教育,而利用 QQ、微信等现代化网络通信手段,组建高效的安全教育平台不仅可以第一时间将安全教育所包含的图片、文字、语音甚至视频直接上传共享,还可以做到一对一的扁平化监控管理。在微信平台上,高校领导和管理人员不仅可以查看学生动态、直接联系到具体的学生个体,甚至可以通过微信的定位功能查看某些学生所处的大概位置,对于民族地区高校来说这一点尤其重要。在以往的传统安全教育模式中,由于管理模式和语言、所处环境等因素,领导管理层很难了解少数民族学生的思维变化、日常生活和接触人群,只能通过管理人员进行一些大致的了解,但是通过微信等公共平台一方面可以通过学生微信发布的图片、文字及朋友圈等,第一时间了解到学生日常生活、接触人群,另一方面,可以及时掌握学生的心理变化,针对一些特殊学生进行一对一的有效安全教育,与此同时,还可以把"大安全"教育、新的安全教育内容与公共安全教育平台进行深度整合,发挥出一加一大于二的功效。

4. 加强安全教育制度的执行力度,保障民族地区高校大学生安全教育的长效性

对大学生进行安全教育,不应仅停留在纸面上、形式上,更要在工作中落到实处。在传统的大学生安全教育中,尽管反复强调"消防安全""交通安全""身体安全""生理安全"等的重要性,也健全了较为完善的惩处制度和安全规定,但在具体执行过程中,由于种种原因致使一些制度和措施停留在口头上、书面上,未能得到严格的贯彻落实,尽管现有制度存在不完善之处,但是如果能够严格按照制度和规定来执行,就可以在最大限度上保证学生对安全教育牢记于心、付之于行,同时也可以最大限度地保障学生的安全。事实上,高校管理人员往往都是在发生了学生重大安全事件、产生了严重后果之后才开始按照制度和规定去执行,而且可能这种严格执行也仅仅维持一段时间,不能长久坚持。只有将责任落实到工作的全过程、落实到具体的管理人员,以制度来管理人员、以制度来监督人员、以制度来约束人员,才能使管理人员长期严格落实相关惩处制度和安全规定,避免各类重大安全事件再次发生。

7.4 民族地区高校安全教育的优势

民族地区的高校,大部分都具有以下特点:如教育方针、教育制度、教育管理、专业设置、教育内容、教学方法、学生管理等方面都具有一定的共同性,最主要的是民族地区高校的学生来自本民族或者本区域内居住的较多,在生活习惯、衣着穿戴、语言表达等方面有着

一定的相似性或者相近性,同学之间的沟通与交流相对畅通无阻,在学生安全管理方面有一定的优势。

1. 具有少数民族高校的"少数性"

少数民族高校是开展少数民族高等教育的学校,少数民族高校的特征是指其与普通高校相区别的鲜明象征和标志。首先,少数民族高校管理体制多元化,国家行政部门和民族事务部对少数民族高校实施统筹规划和宏观管理。其次,为更好地服务民族地区,大多数少数民族高校建在民族地区。第三,少数民族高校的根本性特征是服务于少数民族和民族地区。第四,少数民族高校的教育对象主要是少数民族。第五,少数民族高校设置了少数民族传统科技与文化专业和适应民族地区社会发展的专业。第六,少数民族高校会开展少数民族问题相关的科学研究。

2. 增加民族地区高校学生语言沟通的优势

根据招生工作的特点和要求,大部分民族地区高校的学生,有 $60\%\sim80\%$ 的学生生源地属于本地或者本省,因此,学生之间的相处几乎没有障碍,减少了学生在生活上、语言上、民族习惯上的冲突,增加了语言互通、生活习惯上的沟通,同学之间的信任感倍增,交流相处比较和谐。无论是学校、二级学院等部门在管理学生方面都会得心应手,学生服从管理的力度较大,减少了不必要的冲突和安全隐患。

3. 可以借鉴其他民族地区的管理经验,形成优势互补

全国各地,乃至世界各国都有存在民族地区的高校,可以通过借鉴其他国家或地区民族高校管理的先进经验和做法,弥补本校在学生管理、校园管理、教师管理等方面的不足,取长补短,优势互补,形成一套行之有效的高校管理办法,为民族地区高校安全教育管理奠定良好基础。

7.5 本章案例分析

【案例分析】 在民族地区的大学校园里,由于学生来自多民族,会因文化差异或意见分歧产生矛盾,从而造成安全事故,如一对来自不同民族的学生在学术交流中发生争执,情绪激动之下发生了肢体冲突,最终导致了一方受伤。

【事件后果】 这些安全事故的发生,既影响了学生自身学习和生活环境,也给学校带来了负面影响,损坏了学校的声誉和形象。对于当事人而言,这些事件不仅会对他们的身体和心理造成影响,也会影响他们现在的学习状态,甚至影响未来的发展。

【安全警示】 为了保证民族地区大学生的安全,需要加强安全教育,并提醒学生注意以下几点。

(1) 尊重他人,避免发生冲突。尊重他人不仅是基本的人际交往礼貌,也是避免产生不必要矛盾和冲突的重要手段。

(2) 不饮酒驾车,不酗酒。饮酒容易影响判断力,降低注意力,不仅容易引发酒后斗殴等不良行为,还可能给自己和他人带来安全隐患。

(3) 保护自己的财物,避免财产损失。在公共场合或宿舍内,要注意保管个人财物,避免被盗窃或被破坏。

（4）加强自我保护意识,有意识地提高安全防范能力。例如,出门在外要注意保密行踪,不要随便跟陌生人接触,遇到紧急情况要及时报警等。只有每个人都能意识到自身安全的重要性,提高安全防范意识和能力,才能保障自己和他人的生命安全和财产安全。同时,学校也应当建立完善的安全管理机制,及时处理各类安全事件,营造稳定和谐的校园环境。

7.6　本章小结

本章从民族地区高校安全教育的内涵及意义、民族地区高校安全面临的问题以及民族地区高校安全教育的对策进行介绍。目前,国家对安全教育的重视在一步步加强和深入,民族地区的安全教育更是受到重视,民族地区高校大学生的安全教育工作是一项系统工程,既需要学校全员的一致努力与参与,也需要家庭和全社会的配合与支持,让全社会深刻认识到安全教育的责任深重。

第3篇

健康安全

饮 食 安 全

8.1 饮食安全概述

8.1.1 饮食安全的概念

饮食安全指的是食品无毒、无害,符合应当有的营养要求,对人体健康不造成任何急性、亚急性或者慢性危害。食品的种植、养殖、加工、包装、储藏、运输、销售、消费等活动符合国家强制标准和要求,不存在可能损害或威胁人体健康的有毒有害物质,以导致消费者病亡或者危及消费者及其后代的隐患。食品从农田到餐桌,要经历种植、生产、储存、烹饪等各个环节,影响食品安全的因素既有致病菌、寄生虫等生物性因素,也有重金属污染,农药、兽药残留等化学性因素,还有掺杂异物等物理性因素,就像做任何事情都可能面临风险一样,这些影响食品安全的因素也不可能被完全消除,所以食品安全不等于"零风险",只能将风险尽量降至最低。为此,我国不断升级食品安全的监督,以"最严谨的标准"为食品安全提供基础性保障,以"最严格的监督"把好食品从农田到餐桌的每一道关口,以"最严厉的处罚"惩治犯罪、处罚到人,以"最严肃的问责"重典治乱、规范市场。

8.1.2 食品安全的历史与现状

古代的食物本就不像当下需要经过层层加工,而且因为科学知识的缺乏,食品原材料的安全问题,就成了人们健康的最大威胁。自神农尝百草以来,人们也通过切身的经历总结出了一些规律。早在《论语》和《礼记》中,就有关于食物腐败不能吃的记载。《礼记·内则》中也直接指出了动物的哪些部分是不能够食用的,"狼去肠,狗去肾,狸去正脊,兔去尻,狐去首,豚去脑,鱼去乙,鳖去丑"。俗话说"靠山吃山,靠水吃水"。古代因为生产力不发达,所以会有许多以采集和渔猎为生的百姓,但在采集和捕捞的过程中,依旧会发生食品安全的问题。早在先秦时期,就有渔民使用毒草进行捕鱼活动。《山海经·中山经》中记载,"有草焉,名曰莽草,可以毒鱼"。虽然使用这个方法可以有效提高捕鱼的成功率,但是食用毒草之后的鱼本身会残留毒素,会对吃鱼的人产生危害。而且在使用毒草捕鱼的过程中,水源也会沾染上毒性,导致常有饮水之人中毒而亡。此类行为甚至持续到宋朝依然有发生,宋徽宗时期有奏章记载"愚民采毒药置于水中,鱼食之而死,因得捕之,盖只知取鱼之利,而不知害人之命也!"

古人因为没有基本的卫生意识，也没有有效的杀菌技术，所以在食品的生产、存储过程中，难以避免地会出现食品安全问题。每种食物都有自己的特性，一旦使用了错误的加工制作方法，食用之后就有可能对人体健康产生影响。如《金匮要略》中记载，桃子不能水煮，杏仁生吃会伤人。《千金药方》中也指出，食物放久变味之后就不能够再食用了，一切肉类也都应煮熟才能食用。可古人对这方面知识太过匮乏，因为错误加工食物丧命之人比比皆是。

食品储藏也是古代食品安全问题的一个巨大隐患。因为古代没有电和冰箱，普通百姓一般只能将食物放于阴凉通风之处，减缓其变质的速度，但是效果却并不明显。一般的贫苦人家，为了不浪费粮食，吃变质食物也是常有的事情，这就导致了类似食物中毒的事情经常发生。古人为了储存粮食，常会对食物进行腌制，腊肉就是其中的代表。但是古时打猎一般在十二月，腊肉腌制完成后，马上就会经历多雨和高温环境，在这种环境中，腊肉会迅速腐败发霉。而如果人食用了这种发霉的腊肉，就会立即生病，而且极难医治。

随着古代社会的持续发展，商业市场逐渐兴旺，并在唐宋年间到达了顶峰。商业的发展，使得食品随着交易发生流动，而这也导致了食品安全问题更为频繁地发生。市场的发展使得交易的物品种类更加丰富。为了谋取利益，许多商人会售卖一些假冒伪劣的货物，造假问题层出不穷。据史料记载，古代市场曾有将杨梅染色进行销售、将老母鸡插上长毛伪装成野山鸡销售的荒唐事情。《杨文公谈苑》中提到过，羊肉价格贵，猪肉价格便宜，所以常会有商人将猪肉放置于羊尿之中，将之泡出羊膻味再进行售卖。上述五花八门的造假，势必会让顾客购买到存在质量问题的食品，从而引发食品安全问题。除了彻头彻尾的造假，古代市场上更多出现的其实是掺假的问题。如电视剧中经常出现的酒中掺水，当下常见的猪肉注水其实早在春秋时期就有发生了。还不止如此，在粮食中掺杂米糠、沙石，在茶叶中掺杂绿豆再磨成粉进行售卖，此类事件层出不穷，屡禁不止，对百姓健康危害极大。

食品安全问题在古代比在当下要严峻许多，其严重危害了百姓甚至当权者的身体健康，通过对古籍的研究我们能够知道，自周朝起，食品安全问题就被统治者们重视，颁布了许多法规进行防治。从周朝直到明清时期都有针对该问题的法规。

古代政府对食品安全问题非常重视，从周朝开始就制定了针对食品安全问题的律法，由于周朝的技术和交通的落后，食品的种类不可能像今天这样丰富，那时候的食品主要是初级农产品，所以当时政府关注的是产品的成熟度。据《礼记》记载，周朝食品交易的法律规定，五谷不时、果实未熟，不鬻于市。意思就是五谷和果实没有成熟的时候，是不可以进入市场买卖的，这是为了防止一些没有成熟的食品引起食物中毒等问题。到了汉朝，社会进一步发展，除了农产品外，肉也成了平时不可或缺的食品，无论是生肉还是熟食都是很不易保存的，为了避免商贩用变质的肉来获取利益，汉朝政府制定了关于肉食买卖的一系列规定。《二年律令》规定：卖肉的商贩要把变质的肉类焚烧掉，如果没有焚烧，流入市场并导致使用者中毒，就会处罚肇事者及相关的官员。到了唐朝，关于食品安全管理的法律更加严格：如果食品变质有毒，食品的所有者必须立刻销毁焚烧，否则要仗打九十；不销毁焚烧变质有毒食品，馈送人或者是继续出售，致使人生病的，食品所有者要被判处一年徒刑；如果有人因为食用有毒食品死亡，食品所有者要被判处绞刑；而他人在不知情的情况下食用了没有被焚烧的有毒食品而造成死亡者，食品所有者要以过失杀人论罪；他人盗窃食用有毒食品而中毒的,食品所有者可以不负责任。宋朝的食品市场空前繁荣,为了加强对食品掺假和以次充好的质量问题的监管,宋朝规定:从业者必须加入行会,行会必须对食品的质量负责,商人以经营的类型组成不同的商会,并且登记在册,否则,不能从事这个行业的经营,除了行会的把关,宋朝也有相关的法律法规,跟唐朝的律法基本相同。历朝历代,对食品安全问题都是非常重视,今天的中国更不例外。

　　从远古人采集的天然生食到现在精心烹制的美食,食品安全问题一直存在于人们的生活中,尤其是随着现代社会经济的不断发展、信息获取快速便捷,食品安全问题愈发多见。从根本上讲,食品安全问题的形成具有复杂性。长期以来,人们注重经济建设,忽视了生态环境建设,一些长期积累的问题正在食品安全领域集中显现,特别是重金属、添加剂滥用、农药、兽药残留超标问题尤为突出。在源头上,生产种植环境污染,农药、兽药过度依赖,各类添加剂大量使用等多层因素叠加,导致食品安全风险与日俱增。中华人民共和国成立后,我国食品安全法规经历了从无到有、从偏到全的发展,由早期的部分领域预防食源性中毒到《中华人民共和国食品卫生法》落地执行,再到2015年号称史上最严的《中华人民共和国食品安全法》颁布,其发展大致过程经历了从餐饮消费领域以防食源性中毒事件为目标的卫生管理,行政法规提升到法律的层面,确立监管主体到全过程统一监管的3个阶段。

　　随着食品安全监管的规范化,食品安全标准在不断完善,具体表现在食品安全产品、限量标准的不断更新,与食品安全的现状更匹配。食品安全国家标准作为强制性标准,对于规范企业生产、保障产品质量起到了较好的支撑作用。食品添加剂使用标准、食品中真菌毒素限量标准、食品中污染物限量标准和食品中农药最大残留限量标准已经历多次修订和完善,最大程度地保障了食品的安全。食品检测方法标准的整合与更新,使各类标准更加规范,易于理解和使用,同时降低了发证机关对检测机构监管的难度,规范了检验检测市场秩序。检验方法由传统的化学分析过渡到气相、液相、原子荧光、原子吸收等仪器分析,常规手动处理样品发展到自动化处理,并不断发展到气质联用、液质联用、液相原子荧光联用、液相电感耦合等离子体质谱等高端仪器联用手段,实现了多元素、多组分的高通量检测。标准分析方法的更新和新方法的应用,准确性更好,灵敏度更高,分析速度更快,为食品安全检测和保障提供了有力工具。

　　目前我国食品安全面临的问题主要有食品制造过程中使用劣质原料,添加有毒物质的情况仍然难以杜绝;超量使用食品添加剂,滥用非食品加工用化学添加剂,加工食品过程中使用劣质原料;农产品、禽类产品的安全状况不容乐观;抗生素、激素和其他有害物质残留于禽、畜、水产品体内;面临转基因食品的潜在威胁,尽管目前还没有足够证据证明转基因食品对人类有害,但转基因食品安全性问题已引起人们的密切关注。中国的食品安全问题已经深入生活中的方方面面。近些年发生的食品安全相关事件无不在昭示着我国在食品安全领域中的诚信问题已经到了谈"食"色变的地步。

　　从古至今,食品安全问题一直存在,防治手法层出不穷。规定与法律固然有效,但如要治本,还需向大众普及食品安全知识,外加使商人能够遵守其职业道德,辅以监管和处罚,或许才能够彻底解决此类问题。

8.1.3　饮食安全问题的成因与对策

1. 我国饮食安全问题的成因

1）政府规制失灵导致食品安全问题

政府规制失灵造成食品安全问题的产生就是指政府在市场经济体系中的规制、职能出现空缺，无法有效地规范食品安全领域。目前我国市场经济体系的发育很不充分，表现为主体发育不良、体系不健全、价格和竞争机制不完善等。政府如果退出，仅靠市场主体的自我调节是不能够正常调整食品安全领域的。同时，本来应该由政府规制来调节市场经济领域的，可是由于政府的定位不当导致规制不能及时发挥作用。如法律法规体系的建设滞后、食品安全标准的协调机制和食品安全信用体系不完善、监管机制缺乏协调性和连续性、食品安全在执行过程中规范化程度低、执法处罚力度不够、社会监督和问题处理机制缺位以及有关引导食品工业发展特别是食品科技创新能力方面的产业政策欠缺等，食品安全领域的管理出现真空状态，食品安全质量普遍偏低，这些都说明食品的安全生产和政府规制失灵有着莫大的关系。

2）食品安全法律体系不够完善

我国现已颁布的涉及食品安全的法律、法规数量多达十几部，有《中华人民共和国食品安全法》《中华人民共和国食品卫生行政处罚法》《中华人民共和国食品卫生监督程序》《中华人民共和国食品安全管理条例》《中华人民共和国产品质量法》《中华人民共和国消费者权益保护法》《中华人民共和国刑法》等。虽然这些法律法规构成了我国食品安全领域的基本框架，但是由于它们出台早，要求标准低，以及现实情况的飞速发展，有些条款已经不能适应新时期市场经济体系，对待严重的食品安全问题，已经不能有效地规范，合理地操作。例如，作为食品安全核心保障的《中华人民共和国食品卫生法》是 1995 年正式出台的，它作为我国现阶段调整食品安全卫生的主要法律之一，至今已有 20 多年的历史。同时，这些法律法规大多是以部门起草立法，带来很多弊端，例如《中华人民共和国食品卫生法》是卫生部门起草立法，就没有涉及兽药残留的问题。

3）食品安全监管体系和检测体系的不完善

（1）食品安全监管体系的不完善主要表现如下。第一，实行多头管理，管理职能不明确。由于部分执法单位的职能在法律法规上还没有理顺，食品监管越位、错位和缺位的现象时有发生；监管涉及多个监管部门而且职能交叉，各职能部门之间缺乏有效的信息交流，有的甚至相互掣肘。第二，执法机构建设还不适应严峻的管理形势，主要表现为队伍建设进展不快，队伍年龄老化、知识结构老化等矛盾比较突出。

（2）食品安全检测体系的不完善主要体现如下。第一，检测机构不健全。从 2001 年开始，北京、天津、上海、深圳 4 个试点城市的蔬菜农药残留和生猪"瘦肉精"污染定点监测工作开始实施，进而逐步扩展到全国 37 个城市全年 5 次的蔬菜农残、16 个城市畜产品污染和 5 个城市水产品药物污染定点监测。但从总体上来看，各个地方对食品安全检验检测体系还不完善。第二，对已有的检测机构建设重视不够，关键是检测技术检验设备和资金不足，致使食品检测事业发展一直处于步履艰难的状态。当前，我国在食品安全监督管理的资源方面存在投入不足问题。一方面表现为监督管理人力不足和素质不高，另一方面是用于监督管理的设备与检验的设备严重不足与落后。

4）处罚力度较薄弱

目前，我国的食品法律法规惩罚力度不够，缺乏威慑力。我国对食品安全事故责任单位和责任人的惩处相对较轻，对违法行为大多予以查封、捣毁窝点、停业整顿和罚款等，处理威慑力不够。食品的处罚工作没有建立有效的处罚机制，往往是出现问题以后的补救措施。执法不严、监管不力仍然存在于食品安全领域的多个环节。食品安全问题发展到今天，已经超越传统的食品卫生或食品污染的范围，已经关系到人类赖以生存和健康发展的食品管理和保护问题。不仅是经济问题也是政治问题，不仅是管理问题也是技术问题。食品安全问题需要全社会的参与，食品安全问题已经成为公众关注的社会问题。

5）生产经营者与消费者之间的信息不对称

信息不对称是指日常经济活动中，由于某些参与人拥有另一些参与人不拥有的信息，由此造成的信息不对称的交易活动。在食品市场上，部分食品经营者法律意识淡薄、唯利是图、不注重食品质量。在确信不会对消费者立即造成致命伤害时，根本无视消费者的健康，致使消费者在对有可能伤害到自身健康而并不知情的情况下进行购买。还有一部分生产单位在申报相关食品安全证书或安全标准体系的认证时，一般能较好地执行相关的食品安全标准，但是在获得证书后，往往会给安全标准"打折"，生产低成本、低质量的产品。这样，消费者难以察觉食品的质量而可能被伤害。

此外，信息不对称造成严重的市场失灵，质量低劣、存在安全隐患、价格便宜的食品将质量好但成本高而导致价格高的食品挤出市场，市场上只剩下没有安全保障的食品，消费者购买食品的安全程度降低。

6）地方保护主义的过度发展

在食品安全问题中，地方保护主义对食品、药品的流通产生了严重的影响。第一，地方保护主义阻碍了全国统一、公平、规范、有序市场的建立和社会主义市场经济体制的形成。这种不公平的经济体制必然会加剧无序竞争，破坏产业结构和宏观经济总量平衡，弱化地方企业的竞争力和发展能力，破坏地方的形象和投资环境，削弱地方可持续发展的能力。第二，地方保护主义危害了地方经济的发展，损害了地方政府的信誉。同时，地方保护主义还会导致市场信号失真、资源浪费和资源配置效率低下，破坏市场秩序以及影响市场经济健康发展。第三，地方保护主义肢解市场，阻碍统一大市场的形成。没有统一的大市场，地方割据就必然保护落后，影响公平竞争，导致地区产业、产品结构同化，造成浪费和损失。

7）功利主义和实用主义价值观的影响

不同于一般的伦理学说，功利主义不考虑行为的动机与手段，仅考虑行为的结果对最大快乐值的影响。能增加最大快乐值的即善；反之即恶。在经济政策上，早期的功利主义者倾向自由贸易，反对政府干涉。后期的功利主义者由于对私人企业的社会效率失去信心，又希望政府出面干涉自由贸易的发展。在我国，功利主义表现为对社会财富增加的强烈渴望，对经济发展的极度推进，这些虽然使得社会效益和经济效益得到了最大化的发展，但是也使得诚信观念在经济的快速发展中消失殆尽。

实用主义的特点在于，把实证主义功利化，强调生活、行动和效果，它把经验和实在归结为行动的效果，把知识归结为行动的工具，把真理归结为有用、效用或行动的成功。实用主义和"有用即真理"的观点本质上是一致的,都是主观唯心主义的。尽管实用主义对我国市场经济的发展有很多可借鉴的地方,但是也有其局限性。实用主义作为美国的土生哲学,自然包含了美国社会的文化气质。传播到中国,如果我们只是全盘地接受,而不对其进行改造式地利用,那么实用主义往往会在价值观念上反客为主,使得我国的经济发展出现桎梏。

2. 饮食安全问题的对策

(1) 强化对食品安全检测监督结果的定期公开制度。对于不同区域的食品安全检测结果,灵活选择适用区域和人群,通过公开的渠道向大众公布。例如,香港消费者委员会在1976年11月创办了一本面向大众的杂志《选择》,该杂志不接受任何商业广告,内容主要是专业的检测报告,所有的检测结果均为工作人员从市场上自购的商品,不允许由企业提供获得,企业在测试完成之前绝对不会得到产品即将进行测试的通知,如果采购人员和检测人员向所测试产品的企业泄露了相关资料或者接受馈赠,将触犯相关法律,并有可能承担刑事责任。

(2) 在各部门综合协调监管的基础上推进监管的专业化。2010年,我国成立了国务院食品安全委员会,初步建立了由国务院、地方政府、食品行业协会、社会团体、基层群众组织、新闻媒体等组成的复合型、立体型监管体系。这个监管框架与美国由总统食品安全管理委员会综合协调,多部门具体负责的综合性监管体系比较类似,不同的是,美国的食品药品监督管理局事实上是独立的监管主体,农业部负责动植物检疫,环境保护署负责监测食品添加剂和农药残留,各部门之间使用备忘录作为协调机制。相比之下,中国的食品安全管理部门涉及了质监局、农业农村部、商务部、卫生部、工商管理总局、出入境检验检疫局等,应该推动食品安全监管的适度专业化,并完善地方政府综合协调机制。

(3) 强化执法检查,提倡制度刚性化。对于执法部门的监督在国内外都是一个难点问题。为保证食品在生产、加工、流通环节的安全,应逐步建立食品追踪识别标志制度,对食品安全的自检、抽检记录都有据可查。我国在《中华人民共和国食品安全法》中规定有违法行为无须造成后果也可以定罪,是希望增加违法成本和震慑犯罪,但执法机关对于具体认定和执行尺度拥有更大的自主权,为了对执法部门形成有效制衡,客观上需要强化执法检查,严厉追究执法机关不作为和徇私舞弊的责任。

(4) 加强食品安全监管中的公众参与和消费者保护机制。公众参与程度的差别,是我国与其他国家在食品安全监管中最大的不同。我国对于日常生活中的食品安全问题,消费者通常会求助于消费者协会(以下简称为消协)。但各地的消协都挂靠在工商行政部门内部,由同级工商部门主管,削弱了消协作为法定职能非政府机构的独立性,难以协调物价、质监、食品药品监督等诸多部门的关系,也限制了其社会公信力的发挥。而国外的消费者维权组织不仅数量众多,甚至通过自身力量推动了国会对食品安全方面的立法改革。在香港,消委会的委员由行政长官亲自任命,并在媒体公布,任期两年,其运作保持高度透明,可让公众问责,独立处理来自消费者的投诉和其他各种事务,处理结果不需要向政府通告,对经营不当、屡教不改的商家,消委会会公开商家的名字。总结国外消费者保护的经验,我们认为只有广泛激发消费者对食品安全的监督权,充分保证消费者的知情权,切实维护受害消费者的权利。

8.2 食物中毒的预防和控制

8.2.1 食物中毒的定义

食物中毒是指人摄入了含有生物性、化学性有毒有害物质的食品或把有毒有害物质当作食物摄入后所出现的而非传染性的急性或亚急性疾病,属于食源性疾病的范畴。食物中毒既不包括因暴饮暴食而引起的急性胃肠炎、食源性肠道传染病(如伤寒)和寄生虫病(如囊虫病),也不包括因一次大量或者长期少量摄入某些有毒有害物质而引起的以慢性毒性为主要特征(如致畸、致癌、致突变)的疾病。含生物性、化学性有害物质引起的食物中毒的食物包括以下几类:致病菌或其毒素污染的食物;已达急性中毒剂量的有毒化学物质污染的食物;外形与食物相似而本身含有毒素的物质,如毒蕈;本身含有毒物质,而加工、烹调方法不当未能将其除去的食物,如河豚、木薯;由于贮存条件不当,在贮存过程中产生有毒物质的食物,如发芽土豆。

急性食物中毒潜伏期比较短,一般食用几小时之后就可能发病,还有群体发病特征,如一起吃饭的人可能先后或者同时发病。食物中毒还有一定季节性,如细菌性食物中毒往往发生于夏季。食物中毒分为细菌性食物中毒和非细胞菌性食物中毒。致病菌有沙门氏菌、变形杆菌,还有副溶血弧菌,再就是产肠毒素大肠杆菌,这些细菌引起食物中毒往往有一定传染性。葡萄球菌还有肉毒杆菌引起食物中毒跟其毒素有关,所以没有传染性。非细菌性食物中毒主要是由化学毒物和动植物本身有毒引起。

8.2.2 食物中毒的特点

食物中毒是人类历史上发生概率极高的事件之一。即使在科学发达的今天,世界各地的食物中毒事件仍屡见不鲜。

1. 食物中毒的发病特点

(1) 发病潜伏期短,来势急剧,呈暴发性,短时间内可能有多数人发病,发病曲线呈突然上升又很快下降趋势,没有传染病发病曲线所出现的余波。

(2) 发病与食物有关,病人有食用同一污染食品史。流行波及范围与污染食物供应范围相一致。停止污染食品的供应后,流行即告终止。

(3) 中毒病人临床症状基本相似,以恶心、呕吐、腹痛、腹泻等胃肠道症状为主。

(4) 人与人之间无直接传染。

2. 食物中毒的流行病学特点

(1) 发病的季节特点:食物中毒的季节性与食物中毒的种类有关,细菌性食物中毒主要发生在 6~10 月,化学性食物中毒全年均可发生。

(2) 发病的地区特点:绝大多数食物中毒的发生有明显的地区性,如肉毒中毒主要发生在新疆地区,霉变甘蔗中毒多见于北方地区。

(3) 食物中毒原因分布:微生物引起的食物中毒是最常见的食物中毒。

(4) 食物中毒病死率特点:食物中毒病死率较低。

（5）食物中毒发生场所分布特点：集体食堂发生食物中毒的中毒人数最多，家庭食物中毒的起数和死亡人数最多。

8.2.3 食物中毒的预防

食物中毒是经常会发生的事情，如有人吃了隔夜的食物突然出现了严重呕吐、腹泻，有人吃了没有煮熟的豆类严重腹泻，有人将有害物质当作食品吃了，这些都是食物中毒的表现，对人体的健康和生命造成严重损害。对于食物中毒，平时要做好预防工作。

（1）避免污染。主要避免熟制的食品受到其他病原菌的污染，有些熟制的食品与生的食品接触后会产生有害物质，食用后容易发生中毒事件，这就要求保存熟制品的冰箱及接触熟食的工作人员手都要进行消毒处理，如果是餐饮行业，必须保证餐饮场所、设备、工具等清洁卫生，该消毒的东西都要彻底消毒。另外，要做好鼠类、虫害类等有害生物的消除工作。

（2）控制温度。食品保存过程中，要做好适当的温度控制措施，这样才能杀灭食品中的病原菌或控制病原菌的生长繁殖。熟制食品，中心温度应控制在 70℃ 以上，储存温度保持 60℃ 以上热藏或在 8℃ 以下冷藏。

（3）控制时间。食品的储存时间应缩短，尽量不要储存太长时间。

（4）清洗和消毒。接触所有食品的物品都要进行消毒处理，生吃的蔬菜和水果要清洗干净。只有做好各个环节的消毒工作，才能避免中毒事件的发生。

8.2.4 食物中毒的处理

根据病因的不同，食物中毒可能会有不同的临床表现。其中，胃肠型食物中毒是最常见的，一般多发于气温较高，细菌容易繁殖的夏秋季节。胃肠型食物中毒一般以恶心、呕吐、腹痛、腹泻等急性胃肠炎症状为主要特征，易与常见的胃肠炎相混淆，但是食物中毒可能会出现发热、肢体麻木、头晕头痛等症状，严重的可能出现昏迷或者抽搐。

1. 食物中毒的典型类型

1）细菌性食物中毒

细菌性食物中毒是指食物被细菌污染或者是被细菌产生的毒素污染，这种污染导致的发病都叫作食物中毒。细菌性食物中毒大概分为几种类型，一是大肠杆菌的感染，二是沙门氏菌的感染，三是肉毒毒素的感染。细菌性食物中毒表现为发烧、发热、腹泻。据我国近五年食物中毒统计资料表明，细菌性食物中毒占食物中毒总数的 50% 左右。

2）真菌毒素食物中毒

真菌毒素食物中毒指因食入被霉菌及其产生的毒素污染的食品而引起的。其发生具有明显的季节性特点，如甘蔗霉变后就不能食用。

3）动植物性食物中毒

预防细菌性食物中毒，一定要注意食物的清洁卫生，加热时食物要加热透，预防交叉污染。有的食物放外面时间长，容易变质，真空包装的食物要看有没有胀袋，有没有过保质期等。做豆角等菜品时注意熟透。动物性食品是引起细菌性食物中毒的主要食品，其中肉类及熟肉制品居首位，因而不要食用病死禽畜肉或其他变质肉类。醉虾、腌蟹等最好不吃。

2．处理措施

（1）催吐。1～2小时内，可使用催吐的方法。取食盐20g加开水200mL溶化，冷却后一次喝下，也可用筷子、手指压迫咽喉，吐出食物。

（2）服药。超过2小时，可服用泻药，促使中毒食物尽快排出体外。若是误食了变质的饮料食品，可喝一些鲜牛奶。

（3）救治。若情况严重，需马上向家人或朋友呼救，尽快前往医院救治，以免延误治疗。

8.3　养成健康的饮食习惯

8.3.1　合理营养

食物是人类各种营养素的重要来源，它们不仅构成人体的基本成分，还提供人体代谢和生理活动所需的能量。食物的营养价值是指某种食物所含营养素和能量能满足人体营养所需的程度。食物营养价值的高低，取决于食物中营养素的种类是否齐全、数量的多少、相互比例是否适宜以及是否容易被人体吸收和利用。不同食物因所含的营养素的种类和数量不同，其营养价值也就不同。即使是同一种食物由于其品种、部位、产地、成熟程度和烹调加工方法的不同，营养价值也会存在一定的差异，因此，食物的营养价值是相对的。目前还没有任何一种天然食物能够满足人体的全部营养需要。因此，人们应当根据不同食物的营养价值特点，合理地选择多种食物食用，以保证营养平衡，满足人体的营养需要。

合理营养是指全面而平衡的营养，合理营养应满足以下的基本要求。

（1）给足量的营养素和热能，以保证机体生理活动和劳动的需要。

（2）应保持各种营养素摄入量及消耗量的平衡和营养素之间的平衡。

（3）食物应具有良好的色、香、味，能引起食欲。

（4）食物本身无毒、无病、无病原体和农药等化学物质污染，加入的食品添加剂，应符合相关要求。

8.3.2　膳食平衡

膳食平衡又称为健康膳食，指膳食中营养素种类齐全，数量充足，比例适当，且与人体的需要保持平衡。

各种食物的成分有各自生物学特性，并不是按照人类营养素需要而构成的。由于它所含各种营养素的比例与人体所需比例不同，人体在摄入后消化、吸收和利用过程中，不同营养素之间既有互相补充的一面，也有相互制约的一面。因此，要获得较高和较完全的营养价值，只有同时进食种类齐全、数量充足和比例适当的混合食物才能取得适宜的营养效果。

1．膳食平衡的基本原则

（1）食物调配得当。

（2）食物品种多样。

（3）产热营养素之间的比例适宜。

（4）非产热营养素与产热营养素之间协调合理。

2.膳食平衡的基本要求

能供给足够的热能来满足生活和工作的需要。

3.中国居民膳食平衡宝塔

日常膳食由多种食物构成,食物的种类大致分为 4 类:粮食类、动物性和豆类、油脂类及蔬菜水果类。膳食平衡要求各类食物在膳食中应占适当比重。图 8-1 为中国居民膳食平衡宝塔,阐明了各类食物在平衡膳食中的地位。

（1）粮食类。粮食类食物是主食,主要提供热能和 B 族维生素;粮食类蛋白质含量虽然不高,但因为吃得量大,所以也是蛋白质的主要来源。一个人一天吃多少粮食,主要根据生活和工作情况而定。通常约占膳食总量的 30%～40%。每天的粮食种类尽可能多样,最好有多个品种,并且不要长期食用精米白面,全麦粉和糙米有利于B 族维生素的吸收利用。

图 8-1 中国居民膳食平衡宝塔

（2）动物类和豆类。这类食物包括肉、蛋、奶、水产品、大豆及制品等。主要功能是提供优质蛋白质,以弥补粮食蛋白的质量缺陷。同时,它们还是许多维生素和无机盐的主要来源。在一般人的膳食中应占膳食总量的 15%～20%。在动物性食物中,应选择蛋白质含量高、脂肪含量低的禽、蛋、奶、鱼类及食草畜类,而蛋白含量较低、脂肪含量较高的猪肉类比重应相对减少。

（3）油脂类。油脂类主要满足热能和必需脂肪酸,且能促进脂溶性维生素的吸收,在膳食中应占膳食总量的 2% 左右。每天应摄入一定量的优质植物油,严格控制动物性脂肪的摄入量,特别是中老年人,因为过多的饱和脂肪酸,易导致心血管系统疾病。

（4）蔬菜水果类。蔬菜水果类主要满足机体无机盐和维生素的需要。蔬菜水果是碱性食物（所含无机盐多为钠盐、钾盐,代谢最终显碱性;而糖类、蛋白类、脂肪类都属于酸性食品,因为代谢最终产生 CO_2、氨基酸等显酸性）。在膳食中如果没有蔬菜和水果,体液的酸碱平衡就很难维持,维生素的缺乏甚至可以致命。因此膳食中的蔬菜水果非常重要,除了提供无机盐和维生素外,还可以提供膳食纤维、果胶和有机酸,可促进胃肠蠕动,帮助消化。一般成人每天应摄入 300～500g 的蔬菜和 200～350g 水果,品种尽量多样化,有色蔬菜和叶类应各占 50% 左右。

8.3.3 常见营养误区

碳水化合物（糖）、脂肪 蛋白质是人体的三大热能营养物质,在膳食中含量最多。三者在代谢过程中关系最为密切,主要表现为碳水化合物和脂肪对蛋白的节约作用。膳食中如果有足够的碳水化合物和脂肪,就可以减少蛋白质作为能量而消耗的部分,有利于蛋白质在体内的利用和组织更新。如果膳食蛋白供给量不足,单纯提高碳水化合物和脂肪的供给量,不能维持体内的氮平衡。如果热能供应不足,未达到机体的最低需要量时,仅提高蛋白质的供给量,蛋白质就会分解产能,这样不仅造成蛋白质的浪费,还会使体内失衡。因此,只有蛋白质的供给量达到最低需要量,提高碳水化合物和脂肪的供给量,才能发挥它们对蛋白质的"节约"作用;同样,只有在碳水化合物和脂肪的供给量达到最低需要量时,提高蛋白质的供给量才能使其充分发挥生物功能。因此,膳食中三大营养物质之间的比例合理才能既保证组织的修复更新,又保证热能的需要。通常成人膳食中碳水化合物、脂肪、蛋白质三者的供给量比例约为 6∶2∶1,少年儿童因生长需要可适当增加脂肪和蛋白质的摄入。

日常生活中仍有不少常见的因饮食习惯和饮食认知导致的摄取营养误区,具体介绍如下。

(1) 糖尿病的人不能吃含碳水化合物的食物。糖类主要存在于碳水化合物中,所以很多人认为糖尿病人不能吃含碳水化合物的食物。血糖的升高确实与碳水化合物有很大的关系,糖尿病人应当适当控制其摄入。但是,碳水化合物是人在食物摄入中的主要成分,碳水化合物在人体供能中占 60%～65% 的比例。如果摄入量不足,人就无法维持正常的新陈代谢。

(2) 喝骨头汤可以补钙。很多骨折的病人喜欢用骨头汤补钙,这是老百姓的传统观念——吃啥补啥引起的。其实骨头汤中钙的成分并不高。国外有专家做过实验:1kg 的骨头煮汤两小时,汤中的钙含量仅 20mg 左右。而一个正常的成人每日需要的摄钙量为0.8g,骨折的病人需要量会更多一些。因此,用骨头汤补钙,是远远不够的。

(3) 水煮蔬菜更健康。水煮会将一些食物中富含的水溶性维生素(如维生素 C、叶酸)溶进水中。丹麦的一项研究表明,煮过 5 分钟的西兰花所剩维生素 C 的含量只有原来的45%～64%,不过蒸过的可以保留 83%～100% 的维生素 C。因此,蔬菜可以试试蒸着吃。

(4) 缺铁猛吃菠菜。吃菠菜当然能获取很多营养成分,但实际上吸收的铁远没有想象中那么多。人体内的铁元素分为非血基质铁和血基质铁两种类型。菠菜等蔬菜含的是非血基质铁,吸收率只有 2%～20%。而容易吸收的血基质铁多见于动物食品中,鸡肝含量最高,其次是牡蛎、牛肉。

8.3.4　营养失衡的防范

平衡膳食模式是在最大程度上保障人体营养需要和健康的基础,食物多样是平衡膳食模式的基本原则。每天的膳食应包括谷薯类、蔬菜水果类、肉禽鱼蛋奶类、大豆坚果类等各类食物。建议平均每天应食用不少于 12 种食物,每周应达到 25 种以上(烹调油和调味品不计入其中),谷类为主是平衡膳食模式的重要特征,每天摄入谷薯类食物 250～400g,其中全谷物和杂豆类 50～150g,薯类 50～100g;膳食中碳水化合物提供的能量应占总能量的50% 以上。

1. 多吃蔬菜、水果、奶类、大豆及其制品

蔬菜、水果、奶类和大豆及其制品是平衡膳食的重要组成部分,坚果是膳食的有益补

充。蔬菜和水果是维生素、矿物质、膳食纤维和植物化学物的重要来源,奶类和大豆富含钙、优质蛋白质和 B 族维生素,对降低慢性病的发病风险具有重要作用。提倡餐餐有蔬菜,推荐每天摄入 300～500g,深色蔬菜应占 1/2。天天吃水果,推荐每天摄入 200～350g 的新鲜水果,果汁不能代替鲜果。各种奶制品每天摄入量相当于喝液态奶 300g;豆制品每天摄入量相当于吃大豆 25g。

2. 适量吃鱼、禽、蛋、瘦肉

鱼、禽、蛋和瘦肉可提供人体所需的优质蛋白质、维生素 A 和 B 族等,有些含有较高的脂肪和胆固醇。动物性食物优选鱼和禽类,鱼和禽类脂肪含量相对较低,鱼类含有较多的不饱和脂肪酸;蛋类各种营养成分齐全;吃肉应选择瘦肉,瘦肉脂肪含量较低。过多食用烟熏和腌制肉类可增加肿瘤的发生风险,应当少吃。推荐每周吃鱼 280～525g,畜禽肉 280～525g,蛋类 280～350g,平均每天摄入动物性食品总量 120～200g。

3. 少盐少油,控糖限酒

我国多数居民盐、烹调油和脂肪摄入量过多,这是高血压、肥胖和心脑血管疾病等慢性病发病率居高不下的重要原因,因此应当培养清淡饮食的习惯。成人每天食盐不超过 6g,每天烹调油不超过 25～30g。过多摄入添加糖可增加龋齿和超重的发生风险,推荐每天摄入添加糖不超过 50g,最好控制在 25g 以下。水在生命活动中发挥重要作用,应当足量饮水。建议成年人每天喝 7～8 杯(1500～1700ml)水。提倡饮用白开水和茶水,不喝或少喝含糖饮料。儿童、少年、孕妇、哺乳期妇女不应饮酒。成人男性一天饮酒的酒精量应不超过 25g,女性不超过 15g。

4. 改善不良饮食习惯

谷类的糖丰富,但脂肪和蛋白质少;肉蛋类含优质蛋白质,但某些维生素和粗纤维少;蔬菜、水果富含维生素、无机物和膳食纤维,但蛋白质和脂肪少。因此,单一食物不管吃得量多大,都不能保证机体营养平衡的需要。如果长期挑食、偏食,势必造成营养不良,影响健康。

8.3.5 养成良好合理的健康饮食习惯

良好合理的健康饮食习惯是保健的一个重要方面,可使身体健康地生长、发育;不良的饮食习惯则会导致人体正常的生理功能紊乱而感染疾病。相反,恰当的饮食对疾病会起到治疗的作用,帮助人体恢复健康。饮食习惯因人而异,但要符合自身的生理和健康需要。

成人的一日三餐,三餐的间隔时间以 4～5 小时为佳。间隔时间太短,没有良好的食欲,会造成进食后消化液分泌减少,肠胃负担加重,影响消化功能。间隔时间太长会有明显的饥饿感,组织器官的营养不能及时补充,会造成精神萎靡不振,工作热情和学习效率下降,长期空腹还可能导致胃炎、胃溃疡。

食物的营养分配,中国民间流传"早餐吃好、午餐吃饱、晚餐吃少"的说法;西方国家也流传"早餐吃得像国王,午餐吃得像平民,晚餐吃得像乞丐"的说法,都形象地比喻了一日三餐营养物分配的情况和比重,这些说法有一定的科学道理,是多年生活经验的总结。营养师的一些具体建议如下。

早餐应占全天食物总摄入量的 30%,以满足上午工作、学习的需要。早餐的主食可以是馒头、豆包、菜包、肉包、花卷等,蛋白质可由鸡蛋、牛奶、豆浆、黄豆、花生米提供,各类营养素如碳水化合物、脂肪、蛋白质、维生素、矿物质和食物纤维就有保证了。总之,早餐是一天中最重要的一顿饭,千万不能掉以轻心,必须吃好。

午餐应增加糖、蛋白质、脂肪及维生素的供给量,摄入量应占全天总摄入量的40%。中餐在一日三餐中有承上启下的作用,既要补偿饭前能量的消耗,又要储备饭后工作所需要的能量。因此,中餐在全天中的热量应最多,而且食物的品种和数量也要增加。除主食外,副食的品种要多,如肉类、蛋类、豆类、菜类最好齐全。

晚餐应多食谷类、蔬菜等易消化的食物,最好是稀饭或面汤,摄入量应占全天总摄入量的30%。富含蛋白质、脂肪的食物应少吃。因为蛋白质、脂肪类食物比较难以消化,且热量高,晚餐后活动量小,热能消耗大大降低,营养物质容易在体内储存造成肥胖。

8.3.6　饮水与健康

水是生命不可缺少的最基本、最必需的营养物质,是生命结构的基本成分。

1. 水的重要性

水占成人体重的60%～70%,正常情况下,人一旦失去2%的水分就会感到口渴,失去10%的水分就会因代谢功能衰竭而出现昏迷,失去20%的水分就会死亡。人体在整个新陈代谢过程中,所产生的有毒物质和废物需要排出体外,如大便、小便、出汗、打喷嚏、呼吸等,都需要有水才能进行。人体如果没水,则养分无法吸收和输送,废物不能排出,血液不能运行,体温不能调节,体内各项生理活动无法进行。水参与了生物体内所有的生理生化过程,生物体内缺水到一定程度,生命过程就无法进行。因此,水是生命之源。

2. 水在人体内的功能

水在人体内的功能如下。

(1)参与物质代谢。许多营养物质必须溶于水才能发生代谢反应,水的解电因数高,可促进电解质的解离,人体内许多物质只有解离成离子状态才能发挥生物学作用。

(2)直接参加一些代谢反应,如水解、加水、去水、氧化还质等。水还参与废物排泄。水有流动性,在消化、吸收、循环和排泄过程中,充当载体并有运输功能,如消化物的吸收和转运、血液循环、代谢废物排出体外等。

(3)调节体温。水的比热容,有利于人体在环境温度高时通过蒸发散热来维持体温的正常。

(4)具有滋润、润滑作用。机体含有足够的水分能使皮肤滋润。体内缺了水,不仅影响新陈代谢,皮肤也会失去光泽,使人显得干瘪和苍白,这是老年人的皮肤皱纹逐渐增多、加深的原因之一。水作为关节、肌肉和脏器的润滑剂,可以维护其正常工作。例如,唾液有助于吞咽食物、泪液能防止眼球干燥、关节液可减少运动时关节之间的摩擦等。

总之,水在体内参与各种生理活动和代谢反应,这些都是维持生命的重要过程。

3. 健康饮水

绝大多数天然水是天然水溶液,水中含有钾、钠、钙、镁等阳离子和氯离子、硫酸根、重碳酸根、碳酸根等阴离子,满足人体内所含元素种类同是自然界基本一致的。

要维持水在体内的平衡,不断地补充水是必要的。体内水的来源主要有三方:一是碳水化合物、脂肪、蛋白质三大物质代谢过程产生的水分(代谢水);二是食物中含有的水分(食物水);三是每天喝的水(饮料水)。其中饮料水是机体补水的主要来源,代谢水和食物水的变动较小,所以饮料水是调节水平衡的主要方式。

饮水时以少量、多次,饮用至无口渴感为宜。成人一天 7～8 杯(1500～1700ml),饮水量和季节、活动量、造成排汗多少等因素有关。水的摄入与排出须保持平衡,否则会出现机体内水过多或过少,从而引发疾病。

在水分摄入不足、大量出汗、腹泻等情况下均可引起体内缺水。人体缺水或失水过多时会使血液浓缩,黏稠度增高,不利于血液循环及营养物的吸收,表现出口渴、黏膜干燥、消化液分泌减少、食欲减退、精神不振、身体乏力等症状。体内缺了水,不仅影响新陈代谢,还会影响美容,使皮肤失去光泽。老年人还容易形成血栓。

因此,人体每日必须摄入足量的水,以保证各种生命活动的正常进行。从某种程度上说,水比食物还要重要。

8.4　本章案例分析

【案例 8-1】 一名男子食用"野草莓"中毒

【事件经过】 一名中年男子外出踏春时,因食用了野外采摘的"野草莓"后出现了恶心呕吐、腹痛腹泻及口腔烧灼感等症状被送进了医院急诊医学科,医生根据其临床表现,初步判定为百草枯中毒。经催吐、洗胃、导泻、灌肠等方法促进毒物排出后,转入重症监护室进一步进行血液灌流治疗。因食用量少,就医及时,患者转危为安。

【事件原因】 食用了野外采摘的"野草莓"后出现了恶心呕吐、腹痛腹泻及口腔烧灼感等症状。

【事件结果】 根据其临床表现,初步判定为百草枯中毒。

【安全警示】 在外游玩时,切忌不要随便乱吃野生动植物,小心食物中毒。

【案例 8-2】 一户人家办酒席,吃席者多人死亡

【事件经过】 某镇一户人家办酒席,发生食物中毒事件,有多人死亡。经调查发现 4 名死者都曾于 3 月 23 日晚在该镇石通村参加同一场丧事并就餐。公安机关提取死者血样送检,检测出甲醇成分。结合公安机关调查和医疗救治专家诊断,死亡人员符合甲醇中毒特征。除 4 名死者外,还有 13 人在医院接受观察治疗后没有生命危险。

【事件原因】 结合公安机关调查和医疗救治专家诊断,死亡人员符合甲醇中毒特征。

【事件结果】 因甲醇中毒,导致 4 人死亡,13 人留院观察治疗。

【安全警示】 聚餐时,应注意所饮酒类是否属于假冒伪劣产品,小心酒精中毒。

【案例 8-3】 自来水被污染,导致食物中毒

【事件经过】 某地区 3 个村共计 17 人出现头晕、恶心、腹泻、乏力等症状被紧急送医,随后很快被医院诊断为食物中毒,并进一步确定中毒原因为自来水中钡金属超标。经调查,这是由于当地某化工厂有毒物质泄漏导致自来水污染所致。

【事件原因】 当地某化工厂有毒物质泄漏导致自来水污染所致,自来水中钡金属超标。

【事件结果】 因食用被污染的自来水导致该地区 17 人出现头晕、恶心、腹泻、乏力等症状。

【安全警示】 日常生活中,要注意饮用水是否干净卫生,如发现不适,应第一时间就医。

8.5 本 章 小 结

本章主要从饮食安全的概念,食品安全的历史与现状,饮食安全问题的成因与对策,食物中毒的定义、特点、预防、处理,养成合理营养、膳食平衡的饮食习惯,还介绍了常见营养误区、营养失衡的防范、良好合理的饮食习惯、饮水与健康等内容,强调大学生要养成科学饮食的好习惯,才能有效地促进健康。大学生掌握食品安全的知识只是预防食品安全问题的一个方面,但最主要的是,大学生要在日常生活中践行食品安全的理念,这样才能有效达到预防食品安全问题出现的目的。

大学生健康安全

大学生是我国未来现代化的建设者和接班人,关系着国家和民族的发展和兴旺,为国家培养合格、健康的建设者和接班人是所有高等学校的重要职能,也是高等教育者不可推卸的责任。随着我国经济繁荣,社会的多元化和两极化相应地引发了很多社会问题,影响了人们的人生观、价值观,改变了人们的思想和心理,大学生也必然受到冲击。他们不仅需要有健壮的体魄,还要有健康的心灵,大学生的健康问题已面临严重的威胁,大学生健康安全教育已直接关系到大学生能否全面发展和早日成才。因此,开展和加强大学生健康教育工作,维护和提高大学生的综合健康水平,避免和减少各种疾病和心理障碍的发生有着重要意义。

9.1 健　　康

9.1.1 健康的概念

世界卫生组织定义:健康不仅是没有疾病或不虚弱,而是身体的、精神的健康和社会幸福的完满状态。根据世界卫生组织的定义,健康是指一个人在身体、精神和社会等方面都处于良好的状态。健康包括两个方面的内容:一是主要脏器无疾病,身体形态发育良好,体形均匀,人体各系统具有良好的生理功能,有较强的身体活动能力和劳动能力,这是对健康最基本的要求;二是对疾病的抵抗能力较强,能够适应环境变化,各种生理刺激以及致病因素对身体的作用。传统的健康观是"无病即健康",现代人的健康观是整体健康。世界卫生组织提出"健康不仅是躯体没有疾病,还要具备心理健康、社会适应良好和有道德"。因此,现代人的健康内容包括躯体健康、心理健康、心灵健康、社会健康、智力健康、道德健康、环境健康等。健康是人的基本权利。健康是人生的第一财富。在世界卫生组织的定义中,健康是完美状态,是一种理想的状态。如果将死亡视为绝对的黑,健康状态即为绝对的白,二者之间则是长长的灰色区域。而且此灰色由白到黑逐渐加深,形成一个坐标轴。抽象地,每个人在其生命的每一时刻的确健康状态都处在这个坐标上的某个位置,少数人逼近白色端,少数人逼近黑色端,大多数人的健康状态散布在黑白之间。为克服定义健康为一种完美状态所带来的操作性困难,世界卫生组织于1957年表述健康状态为"个体在一定环境遗传条件下能够恰当地表达其行为功能";在1984年进一步补充:"生活自理能力的丧失是健康丧失的终点"。根据这些概念,健康的分级如下。

第一级健康,或称为躯体健康,包括无饥寒、无病弱,能精力充沛地生活和劳动,满足基本的卫生要求,具有基本的预防和急救知识。

第二级健康,或称为身心健康,包括一定的职业和收入,满足经济要求,在日常生活中能自由地生活,并享受较新的科技成果。

第三级健康,或称为主动健康,包括能主动地追求健康的生活方式,调节自己的心理状态,以缓解社会与工作的压力,并可以为社会作贡献。

有些学者因此提出"亚健康"和"亚临床"观点。一个重要的命题因此出现:医学不能仅仅被动地救死扶伤,也不能为预防疾病而预防疾病,医学还应该帮助人们促进健康——帮助每一个人积极地远离健康坐标的黑色端,移向白色端。这将是人类的医学事业在今后的主要方向之一。激发人们促进健康的意愿,帮助人们掌握促进健康的知识和技能,这个任务就落在了健康教育的肩上。

9.1.2 健康的标准

1. 标准一:根据 WHO 对健康的定义

(1) 躯体健康。躯体健康指人的肌体及其生理功能方面的健康,包括身体发育正常,体重适当,体形匀称,眼睛明亮,头发有光泽,皮肤有弹性,睡眠好,能够抵抗一般性感冒和传染病等。

(2) 心理健康。心理健康指人的精神、情绪和意识方面的良好状态,包括智力发育正常,自我人格完整,心理平衡,有正确的人生目标和较好的自控能力,精力充沛,情绪稳定,处事乐观,能从容不迫地负担日常生活的付出和繁重的工作而不感到过分紧张与疲劳,思想和行为符合社会准则及道德规范,与周围环境保持协调,具有追求健康文明生活方式的主观愿望和自觉行动,能够对健康障碍采取及时、合理的预防、治疗和康复措施。

(3) 社会适应性良好。社会适应性良好指人的外显行为和内隐行为都能适应复杂的社会环境变化,能为他人所理解,为社会所接受,行为符合社会身份,与他人保持正常的人际关系。同时,还应该接受良好的文化教育,掌握与自身发展和社会进步相适应的科学知识或专业技能,培养从事工作、生产、劳动及其他社会事务的综合素质,不断丰富人生经历、积累人生经验、增强社会适应能力。

2. 标准二:WHO 提出健康的十条标准

(1) 充沛的精力,从容不迫地负担日常生活的付出和繁重的工作而不感到过分紧张与疲劳。

(2) 处事乐观,态度积极,乐于承担责任,事无大小,不挑剔。

(3) 善于休息,睡眠好。

(4) 应变能力强,能适应外界环境中的各种变化。

(5) 能够抵御一般感冒和传染病。

(6) 体重适当,身体匀称,站立时,头肩位置协调。

(7) 眼睛明亮,反应敏捷,眼睑不发炎。

(8) 牙齿清洁,无龋牙,不疼痛,牙龈颜色正常,无出血现象。

(9) 头发有光泽,无头屑。

（10）肌肉丰满，皮肤有弹性。

以上十条体现了健康所包含的躯体、心理的完好状态和社会适应能力 3 方面的内容。

3. 标准三：对现代健康的理解

（1）快食。食欲旺盛，吃得痛快。一日三餐，饮食规律，感觉津津有味，不挑食，不偏食，不酗酒，进食量有节制，没有过饱或不饱的感觉。说明消化吸收功能比较好。

（2）快眠。入睡快，能一觉睡到天亮。睡眠时间规律，不失眠，不做梦，醒后头脑清醒，感觉舒畅。说明神经系统的兴奋、抑制功能协调，身体无病理信息干扰。

（3）快便。便意来时，能顺畅排泄大小便，且排便时间规律，感觉轻松自如，粪便颜色无异常，无排便困难或疼痛及其他不适感。说明泌尿系统及胃肠功能良好。

（4）快语。语言流畅，语意清楚，语音清晰。说话中气足，无声音沙哑、含糊不清或反应迟钝、词不达意的现象。说明头脑灵活、思维敏捷、心肺功能正常。

（5）快行。行动自如、协调，迈步轻松、有力，转体敏捷，反应迅速。证明躯体和四肢状况良好，精力充沛、旺盛。因诸多病变导致身体衰弱，均先从下肢开始；人患有内脏疾病时，下肢常有沉重感；心情焦虑，精神抑郁，则往往感到四肢乏力，身心交瘁。

（6）良好的处世技巧。看问题、办事情，都能以现实和自我为基础。处世乐观，态度积极，尊重他人，善待自己，能够主动与人交往并被大多数人所接受。

9.1.3 影响健康的因素

1. 环境因素

环境中的有毒有害因素通过人自身的行为作为中介来作用于人体。所以，环境因素对人类健康的影响极大，所有健康问题或多或少都与环境有关。

（1）自然环境。自然环境是人类赖以生存的物质基础

环境污染必然对人体健康造成危害。其危害机制比较复杂，一般具有浓度低、效应慢、周期长、范围大、人数多、后果重，以及多因素协同作用等特点，如工作紧张、知识更新、信息过量引起精神焦虑；空气、水源污染，化学品充斥人居环境，电磁、辐射等影响代谢平衡。

气候变化对人类健康具有多重影响。有些影响是正面的，但多数是负面的。一方面，极热和极冷天气的变化率、洪涝和干旱的频率、地方空气污染状况以及空气过敏源对居民健康都具有直接影响。另一方面，一些影响健康的因素来源于气候变化对生态系统和社会系统的影响，这些影响包括传染病的发病动态、区域粮食生产水平和营养不良，以及由于人口流动和经济萧条对健康产生的各种连带影响等。

（2）社会环境。社会环境包括社会制度、政治、经济、文化、教育和社会稳定等诸多因素，也包括工作环境、家庭环境、人际关系等，不良的风俗习惯、有害的意识形态，也有碍于个人和群体的健康。

因此，预防疾病，促进健康，重要的是改善环境。例如，压力过大、竞争加剧、就业困难、社会暴力和国际恐怖事件等会导致一部分人心态浮躁、心理失衡；精神抑郁、过度疲劳、过分透支体力等会使免疫力下降，造成亚健康状态人群明显增多，甚至占职业人群的 $60\%\sim70\%$，久而久之，也就从量变转变为质变，并进而危害健康。

2. 行为与生活方式因素

行为是完整有机体的外显活动，由内外部刺激作用于动物和人所引起。行为既是内外

环境刺激的结果,又反过来对内外环境产生影响。

（1）人的行为指具有认识、思维能力并有情感、意志等心理活动的人对内外环境刺激所做出的能动的反应。从公共卫生和医学的角度,人的行为可分为外显行为与内隐行为。外显行为是可以被他人直接观察到的行为,如言谈举止。内隐行为是不能被他人直接观察到的行为,如意识、情绪等,即通常所说的心理活动。但一般可通过观察人的外显行为,而了解其内隐行为。外显行为和内隐行为,如吸烟、酗酒及"七情六欲",都可能对人自身或他人的健康产生影响。事实上,通过人自身的行为可以加强、减弱或避免对环境中有毒有害因素的暴露;也意味着接受、利用或排斥医疗卫生保健因素。根据世界卫生组织 2020 年 12 月发布的《2019 年全球卫生估计报告》,在当前全球十大死因中,有 7 个是非传染性疾病。自 2000 年以来,心脏病死亡人数增加了 200 多万,2019 年增至近 900 万;2000—2019 年,全球糖尿病死亡人数增加了 70%,男性糖尿病死亡人数增加了 80%;2019 年,肺炎和其他下呼吸道感染是最致命的传染病,被列为第四大死因;从 2000—2019 年,结核病死亡人数从第 7 位降至第 13 位,全球死亡人数减少了 30%。

（2）生活方式是指人们长期受一定文化、民族、经济、社会、风俗、规范影响,特别是受家庭影响而形成的一系列生活习惯、方法、技巧、经验及观念。其中,一些不良行为和生活方式给个人、群体乃至社会的健康带来直接或间接的危害。如不合理饮食、吸烟、酗酒、久坐而不锻炼、性乱、吸毒、药物依赖、破坏生态、污染环境等。

3. 生物遗传因素

20 世纪初,人们称病原微生物引起的传染病和感染性疾病为生物性致病因素。随着对疾病认识的不断加深,现已查明除了明确的遗传病外,许多疾病如高血压、糖尿病等的发生均包含一定的遗传因素。发育畸形、寿命长短也不排除有遗传方面的原因,同属生物遗传因素致病范畴。

4. 医疗卫生服务因素

医疗卫生服务指医疗卫生机构和卫生专业人员为了防治疾病、增进健康,运用卫生资源和各种手段,有计划、有目的地向个人、群体和社会提供必要服务的活动过程。健全的医疗卫生机构,完备的服务网络,适当的卫生投入与合理的卫生资源配置等,对个人、群体乃至社会的健康有积极的促进作用。反之,就不可能提供优质、高效、公平、合理的医疗卫生服务,进而影响健康。目前,我国城乡卫生资源配置和卫生服务提供严重失衡,一方面城市医疗资源过剩,另一方面农村医疗资源严重缺乏。占全国人口 80% 的农村居民仅享有20% 的卫生资源,占 20% 的城市居民却享有 80% 的卫生资源,这对农村居民的健康水平造成了严重影响。

在影响人群健康和疾病的 4 类因素中,行为与生活方式因素最为活跃,也相对容易发生变化。美国历经 30 年的努力使心血管疾病的死亡率下降了 50%,此成就的约 66% 归功于健康相关行为的改善。而且,美国学者通过对 7000 人为期 5 年半的研究,发现只要坚持7 项简单的日常行为,就可以使人群的期望寿命有较大幅度的提高:每日正常而规律的三餐,避免零食;每天吃早餐;每周 2～3 次的适量运动;适当的睡眠(每晚 7～8 小时);不吸烟;保持适当体重;不饮酒或少饮酒。

医学专家,尤其是预防医学专家必然地看到了通过改善人们的健康行为来防治疾病的重要价值,而改善人们的健康行为需要健康教育。因此,健康教育是人类与疾病作斗争的客观需要。这是健康教育走到疾病防治第一线的根本原因,也是健康教育所具有的最重要的意义,即它的社会意义。

9.2 大学生心理健康

9.2.1 大学生心理健康的基本概念

心理健康一词最早由美国精神病学家斯威特(Sweeter)提出。它是指人的内部心理和外部行为和谐、协调,并适应社会准则和职业要求的良性状态。它包括了人的知、情、意、行的健康状况,体现在理想境界、智能发展、情绪、意志、性格、人际关系等方面。1946年,第三届国际心理卫生大会曾为心理健康下了这样的定义:心理健康是指在身体、智能及情感上能保持同他人的心理不相矛盾,并将个人心境发展成为最佳的状态。1948年,世界卫生组织对心理健康的定义是:"人们在学习、生活和工作中的一种安宁平静的稳定状态。"《简明不列颠百科全书》将心理健康解释为:心理健康指个体心理在本身及环境条件许可范围内,所能达到的最佳功能状态,而不是指绝对的十全十美。归纳起来,心理健康的内容应该包含两个最基本的要素:一个是情绪情感要素,另一个是思维或智力要素,而且,两种要素体现在人际交往的情境之中。

据此,可以将心理健康的含义概括为个体能够积极地适应环境,有正常的认知水平、稳定愉快的情绪、同客观现实保持积极平衡的意志行为、良好的个性特征与状态和正常的自我控制能力。

9.2.2 大学生心理健康标准

大学阶段是大学生心理迅速走向成熟的时期。这一时期,个体智力发展进入最高阶段,心理需要呈现多样化,情感体验丰富而深刻,自我意识趋于成熟与完善,性意识和爱情需要进一步发展。然而,由于大学生心理发展未完全成熟,在心理发展过程中呈现出一些明显特点:一是心理社会成熟度相对滞后,引发种种矛盾和冲突,心理发展具有双重性;二是心理发展处于急剧变化之中,且存在着不稳定因素,容易受外界和生活情境的影响,具有可塑性;三是不同年级大学生的心理发展因面临任务、所处环境不同而有所差异,使大学生心理发展具有阶段性。大学生心理健康标准,需要依据大学生心理特征和心理发展特点进行确定。

1. 人格完整

人格完整就是指有健全统一的人格,即表现在能力、气质、性格和动机、兴趣、理想、信念、世界观等各方面都能平衡和谐发展,而不存在明显缺陷与偏差。大学生应以积极进取的人生观作为人格的核心,并以此有效地支配自己的心理行为;个人的所想、所说、所做都是协调一致的,即胸怀坦荡,言行一致,表里如一。

2. 智力正常

智力是人的观察力、注意力、记忆力、想象力、思维力、实践活动能力等的综合水平。一般来说,大学生的智力是正常的,其智力的总体水平高于同龄人,关键要看大学生的智力是否正常地、充分地发挥了效能。

3．情绪健康

情绪健康的主要标志是情绪稳定和心情愉快。这是心理健康的重要标志,情绪异常往往是心理疾病的先兆。大学生应经常保持愉快、开朗、自信、满足的心情,善于从生活中寻求乐趣,对生活充满希望;情绪稳定,具有调节控制自己的情绪以保持与周围环境动态平衡的能力。

4．意志健全

意志是人意识能动性的集中表现,是人的重要精神支柱。意志健全是指大学生应有坚强的意志品质,包括目的明确合理、自觉性高、善于分析情况、能果断地作出决定、有毅力、心理承受能力强、自制力好、抗干扰能力强等。

5．适应能力强

较强的适应能力是大学生心理健康的主要特征。一个适应能力良好的大学生能顺应大学的学习、生活和人际关系,能迅速完成从中学到大学角色的转变;能与社会保持良好的接触;能正确认识社会、了解社会,其心理行为能顺应社会文化的进步趋势,如果发现自己的需要和愿望与社会需要发生矛盾和冲突时,能迅速进行自我调节和修正,使自己和社会保持协调一致,而不是逃避现实,更不是与社会需要背道而驰。

6．能够悦纳自己

正确地认识、了解、悦纳自己是大学生心理健康的重要条件。一个心理健康的大学生能体验自己的存在价值,有自知之明,能对自己的能力和性格作出恰当的、客观的评价,能悦纳自己的优点和缺点,如身高、相貌等;对自己不会提出苛刻的、非分的期望与要求,对自己的生活目标和理想追求能切合实际;同时,他们会努力发展自身的潜能,即使面对挫折也能正确接受。

7．和谐的人际关系

和谐的人际关系是人们获得心理健康的重要途径,大学生和谐的人际关系应体现在乐于与人交往,且交往动机端正,既有稳定而广泛的人际关系,又有知心朋友;在积极的交往中保持独立完整的人格,有自知之明,不卑不亢;能客观地评价别人和自己,在交往中善于取长补短,宽以待人,友好相处,乐于助人。

8．心理行为符合大学生的年龄特征

人的生命发展在不同年龄阶段,都有相对应的心理行为表现,从而形成不同年龄阶段独特的心理行为模式。大学生应具有与年龄和角色相适应的心理行为特征,即大学生的言行举止符合其年龄特征是心理健康的表现。

综上,人的心理健康水平是动态发展的。在人生的不同阶段,一个心理健康的人可能因为内外环境的变化向反方向发展,而一个心理不健康的人也可能通过自身的努力和外界的帮助成为一个心理健康的人。在特定环境下,健康的人可能会表现出不健康的情绪和行为,不健康的人也有可能表现出健康的情绪和行为。对个体来说,重要的是能及时意识到自己的不健康状态,并能主动加以调整和改变。

9.2.3 大学生心理问题表现

大学生常见的心理健康问题,主要有以下几种。

(1) 对新的生活环境和新的学习方式不能很好适应。生活环境的变化对大学新生有直接的重要影响。与中学相比,由于大学学习专业性、自主性、实践性和探索性的特点,在学习要求、学习内容、学习方法等诸多方面有不同,新生一时无所适从。

(2) 学习心理问题。大学生在学习上的长期的紧张感、压抑感得不到消除,造成学习心理上的焦虑现象是普遍的。

(3) 人际关系问题。人际交往中,有的大学生以自我为中心,不懂得尊重他人,固执己见,自以为是,长期与同学不合而导致关系紧张,由此带来苦闷、焦虑,以致长期被消极的心境困扰;有的学生个性抑郁,缺乏自信,自我否定,由于自我评价过低而产生自卑、自缩甚至自闭心理,长期处在忧虑之中。

(4) 恋爱和性问题。理想中的交友恋爱与现实中的具体问题之间的矛盾处理不好就会引发心理问题。失恋易导致大学生产生心理困惑和心理障碍,更有甚者出现变态心理或轻生心理。由于性教育的缺失,性知识的贫乏,大学生有关性生理与性心理方面的问题并未得到很好的解决,从而对其身心造成很大的影响。如性生理适应不良,青春期性生理的成熟,必然带来相应的心理变化,渴望获得异性的好感与承认,产生性幻想、性压抑、性冲动、性梦等。由于性教育的严重缺失,很多学生不能正确认识自我的性反应,产生了堕落感、耻辱感与罪恶感。性心理问题,如性好奇、性无知、性贞洁感淡化、性与爱的困惑、性与爱的分离、由于性行为引起的后果及其产生的心理压力,都是值得引起重视的问题。

(5) 人格缺陷。大学生中有部分人存在不同程度的人格发展缺陷,表现为不良的人格倾向。

(6) 就业问题。面对当前激烈的就业竞争环境使就业问题给大学生带来了较大的心理压力,就业的压力越大,心理越紧张,心理障碍也越有可能发生。

(7) 特殊群体学生的心理健康问题。特困生心灵深处自觉不自觉地产生一种挫折感,从而导致了自卑而敏感、人际交往困难、身心疾病突出和问题行为较多的状况,对他们的学习、生活、性格等诸多方面都造成了很大影响。

9.2.4 大学生心理健康问题产生原因

造成大学生心理问题的原因主要有如下 4 个。

(1) 角色转换与适应障碍。大学新生都有一个角色转换与适应的过程,每年刚入学的大学生往往会出现各种各样的心理问题,心理学上将这一时期称为"大学新生心理失衡期"。导致新生心理失衡的原因首先是现实中的大学与他们心目中大学不统一,由此产生心理落差;其次是新生对新的环境、新的人际关系、新的教学模式不适应,产生困惑而造成心理失调;另外,新生作为大学中普通的一员,与其以前在中学里作为佼佼者的感觉产生巨大落差。

(2) 交际困难。"踏着铃声进出课堂,宿舍里面不声不响,互联网上诉说衷肠。"这句顺口溜实际上反映了相当一部分大学生的交际现状。现代大学生的交际困难主要表现为不会独立生活,不知道如何与人沟通,不懂交往的技巧与原则。有的同学有自闭倾向,不愿与人交往;有的同学为交际而交际,不惜牺牲原则随波逐流。

(3) 对网络过度依赖。不少大学生一方面因交际困难而在网络的虚拟世界里寻找心理满足,另一方面也被网络本身的精彩深深吸引。因此,有些大学生对网络的依赖性越来越强,有的甚至染上了网瘾,每天花大量时间泡在网上,沉迷于虚拟世界,自我封闭,与现实生活产生隔阂,不愿与人面对面交往。

(4) 学习与生活的压力。大学生的学习压力相当一部分来自所学专业非所爱,这使他们长期处于冲突与痛苦之中;课程负担过重,学习方法有问题,精神长期过度紧张也会带来压力;生活的压力主要在于学生不善于独立生活和为人处世,还有生活贫困所造成的心理压力。另外,大三、大四学生会面临就业的困扰,对未来的担忧也容易导致心理问题。

以上是导致大学生心理问题的 4 个比较常见的原因。对大学生来说,出现心理问题要及时进行调整,也可以寻求心理医生的帮助,总之不要把问题都憋在心里。

9.2.5 大学生心理问题的自我调节

1. 正视情绪问题

遭遇困境或受挫出现消极情绪时,不要逃避,要正视消极情绪(要明白它是一种正常的反应)。冷静下来,对受挫及不良情绪产生原因仔细地进行客观剖析和认真体验,以便有的放矢地找出最佳的解决方案。此外,要敢于表达或暴露自己的情绪,这样才能有针对性地和有效地驾驭与控制它。盲目地压抑和掩饰不利于自身情绪系统的健康发展,也不利于良好人格的重塑。

2. 合理宣泄

通过适当的途径将压抑的不良情绪释放出来是心理调节的一种常用方法。宣泄(因受社会道德和规范的限制)要选择合理的方式并适度宣泄。否则,不择方式与不顾后果的尽情倾泻,可能如火上浇油,反而把事情弄得更糟,增添新的烦恼。通常可以用以下方式进行合理宣泄。

(1) 高声唱歌。放开喉咙高声唱那些平时自己喜欢唱的,且唱得最好而又有气势的歌曲。

(2) 大声呼喊。可以吼叫(在室内面壁)或呼喊(到操场、旷野、山顶),在不妨碍他人的情况下高声疾呼,吐出胸中的郁闷。

(3) 哭出声来。当痛苦悲伤时,流泪会使人内心感到舒畅一些,如低声饮泣不能减轻悲痛,则索性哭出声来。

(4) 文体活动。听音乐、读幽默故事、参加娱乐或体育活动均为宣泄的好方法,有时骂人也无妨(在无他人的情况下,可以大声痛骂某一个你想骂的人)。再者,求助咨询师,通过向其倾诉,缓解来自不良情绪的压力,削减可能出现的侵犯动机。合理宣泄可以使人尽快地拨开迷雾。

3. 改变不良认知

借助理性的思考方式,用纠正不正确或不合理的信念来对抗非理性思考方式,以消除情绪困扰和行为异常的一种自我心理调节法。合理信念则产生合理的情绪行为反应,不合理信念则产生不合理的情绪行为反应。艾里斯提出以下几种不合理信念。

（1）对自己的不合理要求。"我必须出色地完成所做的事情，赢得别人的赞赏。否则，我会认为自己是一个毫无价值的人。"在这种情况（给自己提出的是难以达到的目标）下，因失败（在所难免）而失望（感到受不了），由此产生情绪障碍。理性的人应当意识到，一件事没做好，并不说明其一无是处，而只说明其在这件事上办得不好。

（2）对他人的不合理要求。"人们必须善意对待我，并以我所希望的方式来对待我。否则，社会应该对他们那种轻率之举给予严厉的谴责、诅咒和惩罚。"事实上，这种无理要求行不通。理性的人是会尊重他人的，不要求别人做事以自己的意志为转移。这样，就会避免消极情绪的产生。

（3）对周围环境及事物的不合理要求。"我周围的环境与条件，必须是安排得良好的，以便我能很舒服地、很快地、很容易地得到每一种我想得到的东西，而我不想要的东西一件也碰不到。"世界上各种事物均有其各自的运动规律，不可能凡事都顺着个人心意。理性的人在可能的情况下，会尽可能地去改善周围环境，以适合自己的需要，如果不能改变，要努力去正视并接受这个事实。

4．自我放松

自我放松是一种通过放松自己的躯体（身体）和精神（心理），以降低交感神经的活动水平，减缓肌肉紧张，消除焦虑等主观状态而获得抗应激效果的自我心理调节方法。当人们面临挫折与冲突时，学会自我放松可以远离消极情绪的困扰与伤害。如在思考时，出现过度紧张可用深呼吸来放松自己的身体和心理。具体做法：深吸一口气——快速吐气放松，也可以用力深吸一口气，使之尽量进入腹部而不要停留于胸部，再慢慢把气吐出，这样循环往复，直到过度紧张反应消失为止。其他放松的方法介绍如下。

（1）平卧，从上至下，从左至右分别使身体各部肌肉紧张起来，然后再放松。做完之后，安静地松弛几分钟。

（2）洗热水澡，可使身心放松。

（3）在条件允许时，做些户外运动，如游泳，在沙滩或草地上奔跑，以获得一种解脱感。或者在快速行驶物上让新鲜空气扑面而来，或纵声喊叫、唱歌、大笑，在地上打滚、丢石头、爬树，忘记习俗的约束。

（4）闭目养神或听音乐。

5．活动调适法

活动调适法是当一个人陷于不良情绪时，可以通过改变一下活动内容（做一些有趣的事，使生活变得丰富多彩），使自己从困扰中解脱出来的一种心理调适方法。

6．交往调适法

交往调适法是通过与自己熟悉的人沟通，达到交流感情、减轻烦恼、困扰的一种心理调适方法。主要有如下两种沟通方式。

（1）直接的沟通。如向亲人或朋友倾诉，听取他们的开导，共同找对策，同时获得情感上的安慰；

（2）间接的沟通。如书信、谈话等方式。

7．暗示调适法

暗示调适法是通过语言的刺激来纠正或改变人们某些行为或情绪状态的一种心理调

适方法。自我暗示指通过有意识地将某种观念暗示给自己，从而对情绪和行为产生影响。长期处于烦恼或压抑的人，可以经常告诫自己：要想开一些，快乐一些。

以上调节方法对于有轻度心理障碍的人能起到一定的缓解和调节作用，对于有中度及严重心理障碍问题的人，建议到专门的机构找专业的咨询人员来一起解决问题。

9.3　大学生的心理健康与人格完善

9.3.1　人格的概念

人格是指一个人在社会化过程中形成和发展的思想、情感及行为的特有统合模式，这个模式包括了个体独具的、有别于他人的、稳定而统一的各种特质或特点的总体。

人格一词的英文为 personality，起源于古希腊语 persona。而 persona 最初指古希腊戏剧演员在舞台演出时所戴的面具，与中国京剧中的脸谱类似，而后指演员本人，一个具有特殊性质的人。现代心理学沿用 persona 的含义，转义为人格，其中包含了两层意思。一是指一个人在人生舞台上所表现出的种种言行，人遵从社会文化习俗的要求而做出的反应，即人格所具有的"外壳"，就像舞台上根据角色的要求而戴的面具，反应出一个人外在表现。二是指一个人由于某种原因不愿展现的人格成分，即面具后的真实自我，这是人格的内在特征。人格是一个具有丰富内涵的概念，其中反映了人的多种本质特征。首先，人格具有其独特性，一个人的人格是在生物遗传、社会文化、家庭、学校教育等因素的交互作用下形成的。不同的遗传、生存及教育环境，形成了各自独特的心理特点。人与人没有完全一样的人格特点。所谓"人心不同，各有其面"，这就是人格的独特性。其次是人格的稳定性，个体在行为中偶然表现出来的心理倾向和心理特征并不能表征他的人格。当然，强调人格的稳定性并不意味着它在人的一生中是一成不变的，随着生理的成熟和环境的变化，人格也有可能产生或多或少的变化，这是人格可塑性的一面，正因为人格具有可塑性，才能培养和塑造人格。再次，人格具有统合性，人格是由多种成分构成的一个有机整体，具有内在统一的一致性，受自我意识的调控。人格统合性是心理健康的重要指标。当一个人的人格结构在各方面彼此和谐统一时，他的人格就是健康的。

影响人格形成与发展的因素有以下 4 个方面。第一，生物遗传因素。遗传对人格的作用，是一个有重要理论意义和实践意义的复杂问题，目前还难以得出明确的结论。根据现有的研究，人们对遗传的作用有以下看法：遗传是人格不可缺少的影响因素。遗传因素对人格的作用程度随人格特质的不同而异。通常在智力、生物因素相关性较大的特质上，遗传因素的作用较重要；而在价值观、信念等社会因素关系紧密的特质上，后天环境的作用可能更重要。人格的发展是遗传与环境两种因素交互作用的结果。第二，社会文化因素。每个人都处在特定的社会文化环境中，文化对人格的影响是极为重要的。社会文化塑造了社会成员的人格特征，使其成员的人格结构朝着相似性的方向发展，这种相似性具有维系社会稳定的功能，又使每个人能稳固地"嵌入"整个文化形态里。社会文化对人格的影响力因文化而异，文化越是复杂，其对人格的影响也越复杂。社会文化对人格具有塑造功能，这表现在不同文化的民族有其固有的民族性格。第三，家庭环境因素。家庭是儿童最早接触的环境，父母是孩子的启蒙老师，父母以什么方式和态度教育子女也很重要，他们的教育方式直接影响着孩子的人格。有心理学家将父母的养育方式主要分为民主型、专制型与放纵型 3 类。研究结果显示：民主型的养育方式中，父母既满足儿童的正当要求又在某种程度上给孩子约束和限制，既保护孩子的活动，又给孩子社会文化的训练，父母与子女的关系十分和谐。在这样的养育环境中，儿童更容易形成谦虚、有礼貌、待人亲切诚恳、独立性强等人格特征。除了父母的教育以外，家庭成员的相互关系，特别是父母的关系对儿童的人格形成有重要的作用。和睦、互相尊重、互相理解和支持的家庭氛围，对孩子的人格有积极的影响，反之，父母间的争吵、隔阂、猜疑乃至关系破裂与离异会对儿童人格的形成具有消极的影响。因此家庭教育对人格的最终形成起着至关重要的作用。第四，学校教育因素。教师对学生人格的发展具有指导定向作用。教师的人格特征、行为模式与思维方式对学生产生巨大影响。每个教师都有自己独特的风格，这种风格为学生设定了一个"气氛区"，在教师的不同气氛区中，学生表现出不同的行为表现。同时，学校是同龄群体会聚的场所，同伴对学生人格具有巨大的影响。班集体是学校的基本组织结构，班集体的特点、要求、舆论和评价对于学生人格的发展具有"弃恶扬善"的作用。

9.3.2　人格发展理论

人格发展理论是一种人类学理论，主要有 3 种理论：弗洛伊德的人格发展阶段理论、皮亚杰的认知发展理论和埃里克森的人格发展阶段理论。下面简要介绍这 3 种理论。

1. 弗洛伊德的人格发展阶段理论

弗洛伊德的人格发展阶段理论是建立在他的性心理发展理论的基础之上的，因此也叫作心理性欲发展理论。弗洛伊德认为，儿童出生到成年要经历几个先后有序的发展阶段，每个阶段都有一个特殊的区域成为力比多（libido）兴奋和满足的中心，此区域被称为性感区。据此，弗洛伊德认为心理性欲发展划分为口唇期、肛门期、性器期、潜伏期、生殖期 5 个阶段，并且他认为，儿童在这些阶段中获得的各种经验决定了他们成年后的人格特征。

（1）口唇期（0～1 岁）。婴儿的活动大部分以口唇为主，诸如吸吮、咬、吞咽等，口唇区域成为快感的中心，嘴巴几乎是他们的整个世界。婴儿的口唇活动如果没有受到限制，成年后性格倾向于乐观、慷慨、开放和活跃等；婴儿的口唇活动如果受到限制，成年后性格倾向于依赖、悲观、被动、猜疑和退缩等。

（2）肛门期（1～3 岁）。儿童因排泄解除压力而产生快感，肛门一带成为快感中心。在这一时期，儿童必须学会控制生理排泄过程，使它们的功能符合社会的要求。也就是说，儿童必须接受在厕所中大小便的训练。大小便排泄对成人的人格有很大的影响。肛门排泄活动如果不加限制，成年后性格倾向于不讲卫生、浪费、凶暴和无秩序；肛门排泄活动如果严加限制，成年后性格倾向于爱清洁、忍耐、吝啬和强迫性。

（3）性器期（3～5 岁）。这一时期力比多集中在生殖器上，性器官成为儿童获得快感的中心。此时儿童以异性父母为"性恋"的对象。男孩要占有他父亲的位置，有与自己父亲争夺母亲的表现；女孩要占有她母亲的位置，有与自己母亲争夺父亲的表现。男孩爱母亲，妒忌父亲；女孩爱父亲，妒忌母亲。弗洛伊德认为，这是一种本能的异性爱的倾向，一般由母亲偏爱儿子和父亲偏爱女儿所促成。这种幼年的性欲由于受到压抑，在男孩心理上就成了恋母情结，在女孩心理上就成了恋父情结。如果这两种情结获得正当的解决，儿童认同父母的价值观念,导致超我的逐渐形成和发展,就会形成与年龄、性别相适应的许多人格特征。

以上 3 个心理性欲阶段可称为前生殖阶段,它们是人格发展的最重要阶段。弗洛伊德认为,一个人的人格实际上是在人生的前五年就已形成。

(4) 潜伏期(5～12 岁)。这一时期力比多处于沉寂状态。儿童将上一阶段以父或母为对象的性冲动转移到环境中的其他事物上去,如学习、体育、歌舞、艺术、游戏等。在这个阶段,儿童表现为对异性漠不关心,游戏时大多寻找同性伙伴。这种现象持续到青春期才有改变。

(5) 生殖期(12～20 岁)。这是人格发展的最后阶段,也就是通常说的青春期。男女儿童在身体上和性上趋于成熟,性的能量和成人一样涌现出来,异性恋的行为明显。这个时期最重要的任务是力图从父母那里摆脱出来,减少同父母、家庭的联系,逐渐发展出成人的异性恋,人格向着成熟的方向发展。

弗洛伊德认为,在人格发展的各个阶段都有可能发生力比多的变异,这种变异主要有固着和倒退。在某个阶段,力比多过度满足或缺乏,都会使力比多停止在这个发展阶段上,此为固着。如果力比多在发展过程中遇到挫折,就会从后一个阶段返回到前一个阶段,此为倒退。固着和倒退都会对人格的发展产生不良影响,导致神经症和精神病。

2. 皮亚杰的认知发展理论

皮亚杰是西方儿童心理学界公认的儿童心理学奠基人之一。他的认知发展阶段论,主要包括如下 3 个相互联系的部分。

(1) 动作技能的成熟。

(2) 智慧技能的成熟。

(3) 认知结构的形成。

在皮亚杰看来,幼儿的思维只不过是一些直观行为而已。就像小孩子涂鸦那样。这种不着边际的乱画,没有任何逻辑性,更谈不上概念或者规则了。皮亚杰把儿童的认知过程分为 4 个阶段,即感知运动阶段(0～2 岁)、前运算阶段(2～7 岁)、具体运算阶段(7～11 岁)和形式运算阶段(11～15 岁)。第一阶段是从生理上说的,第二阶段是从心理上说的。具体运算阶段又叫作逻辑运算阶段,也就是说,孩子开始使用逻辑方法思考问题了。前运算阶段的儿童对自己的推理常会感到困惑。

此外,皮亚杰还从两个方面解释了他的认知发展阶段理论。第一,根据认知结构的社会意义的可利用性,把认知发展划分为 3 个水平。第二,根据心理的发展是否遵循守恒定律,把心理的发展划分为 3 个水平。皮亚杰认为,儿童思维和语言的发展与感觉和运动的发展有密切关系。例如,动物越高等,感官和语言越复杂,思维和语言也就越发达。此外,皮亚杰把感知运动阶段和前运算阶段的思维特点概括为同一性和顺应性,具体地说,就是对现实环境具有很强的适应能力。皮亚杰从这两点出发进行研究,揭示出各年龄段儿童认识发展的一般规律。例如,他通过实验发现,前运算阶段的儿童具有好动的特点,喜欢反复接触同一事物;情绪变化剧烈,态度改变快速;游戏是儿童的主导活动,离不开具体事物;其认识发展具有明显的具体性等。这种以具体运算为特征的认知发展阶段,儿童的思维是非常具体的,往往局限于具体的事物之中。同时,这一阶段的儿童还必须应付周围日益增多的刺激物,而且还要应付新的需求,并去满足它们。他们的思维随着年龄的增长而发展起来,虽然他们仍然处于具体运算阶段,但他们已经在逐步摆脱具体形象的束缚,开始抽象思维了。

3. 埃里克森的人格发展阶段理论

埃里克森人格发展阶段理论是一个自我意识发生和发展的重要理论。埃里克森(Erikson,1902—1994)是美国著名精神病医师,新精神分析派的代表人物。他认为,人的自我意识发展持续一生,他把自我意识的形成和发展过程划分为 8 个阶段,这 8 个阶段的顺序是由遗传决定的,但是每一阶段能否顺利度过却是由环境决定的,所以这个理论可称为"心理社会"阶段理论。每一个阶段都是不可忽视的。

埃里克森的人格终生发展论,为不同年龄段的教育提供了理论依据和教育内容,任何年龄段的教育失误,都会给一个人的终生发展造成障碍。它也告诉每个人你为什么会成为现在这个样子,你的心理品质哪些是积极的,哪些是消极的,大多是在哪个年龄段形成的,给人以反思的依据。

(1)婴儿期(0~15 岁):基本信任和不信任的冲突。

此时不要认为婴儿是一个不懂事的小动物,只要吃饱不哭就行,这就大错特错了。此时是基本信任和不信任的心理冲突期,因为这期间孩子开始认识人了,当孩子哭或饿时,父母是否出现则是建立信任感的关键。信任在人格中形成了"希望"这一品质,它起着增强自我的力量。具有信任感的儿童敢于希望,富于理想,具有强烈的未来定向。反之则不敢希望,时时担忧自己的需要得不到满足。埃里克森把希望定义为:"对自己愿望的可实现性的持久信念,反抗黑暗势力、标志生命诞生的怒吼。"

(2)儿童期(1.5~3 岁):自主与害羞和怀疑的冲突。

这一时期,儿童掌握了大量的技能,如爬、走、说话等。更重要的是,他们学会了怎样坚持或放弃,也就是说儿童开始"有意志"地决定做什么或不做什么。这时候父母与子女的冲突很激烈,也就是第一个反抗期的出现。一方面,父母必须承担起控制儿童行为使之符合社会规范的任务,即养成良好的习惯,如训练儿童大小便,使他们对肮脏的随地大小便感到羞耻,训练他们按时吃饭,节约粮食等;另一方面,儿童开始有自主感,他们坚持自己的进食、排泄方式,所以训练良好的习惯不是一件容易的事。这时孩子会反复应用"我""我们""不"来反抗外界控制,而父母决不能听之任之、放任自流,这将不利于儿童的社会化。反之,若过分严厉,又会伤害儿童自主感和自我控制能力。如果父母对儿童的保护或惩罚不当,儿童就会产生怀疑,并感到害羞。因此,把握住"度"的问题,才有利于在儿童人格内部形成意志品质。埃里克森把意志定义为:"不顾不可避免的害羞和怀疑心理而坚定地自由选择或自我抑制的决心"。

(3)学龄初期(3~5 岁):主动对内疚的冲突。

在这一时期如果幼儿表现出的主动探究行为受到鼓励,幼儿就会形成主动性,这为他将来成为一个有责任感、有创造力的人奠定了基础。如果成人讥笑幼儿的独创行为和想象力,那么幼儿就会逐渐失去自信心,这使他们更倾向于生活在别人为他们安排好的狭窄圈子里,缺乏自己开创幸福生活的主动性。当儿童的主动感超过内疚感时,他们就有了"目的"的品质。埃里克森把目的定义为:"一种正视和追求有价值目标的勇气,这种勇气不为幼儿想象的失利、罪疚感和惩罚的恐惧所限制"。

（4）学龄期（6～12岁）：勤奋对自卑的冲突。

这一阶段的儿童都应在学校接受教育。学校是训练儿童适应社会、掌握今后生活所必需的知识和技能的地方。如果他们能顺利地完成学习课程，他们就会获得勤奋感，这使他们在今后的独立生活和承担工作任务中充满信心。反之，就会产生自卑。另外，如果儿童养成了过分看重自己的工作的态度，而对其他方面木然处之，这种人的生活是可悲的。埃里克森说："如果他把工作当成他唯一的任务，把做什么工作看成唯一的价值标准，那他就可能成为自己工作技能和老板们驯服的、最无思想的奴隶。"当儿童的勤奋感大于自卑感时，他们就会获得有"能力"的品质。埃里克森说："能力是不受儿童自卑感削弱的，完成任务所需要的是自由操作的熟练技能和智慧。"

（5）青春期（12～18岁）：自我同一性和角色混乱的冲突。

这一阶段，一方面青少年本能冲动的高涨会带来问题，另一方面，更重要的是，青少年面临新的社会要求和社会的冲突而感到困扰和混乱。因此，青春期的主要任务是建立一个新的同感或自己在别人眼中的形象，以及他在社会集体中所占的情感位置。这一阶段的危机是角色混乱。"这种统一性的感觉是一种不断增强的自信心，一种在过去的经历中形成的内在持续性和同感（一个人心理上的自我）。如果这种自我感觉与一个人在他人心目中的感觉相称，很明显，这将为一个人的生涯增添绚丽的色彩"（埃里克森，1963年）。埃里克森把同一性危机理论用于解释青少年对社会不满和犯罪等社会问题上，他说：如果一个儿童感到他所处于的环境剥夺了他在未来发展中获得自我同一性的种种可能性，他就将以令人吃惊的力量抵抗社会环境。在人类社会的丛林中，没有同一性的感觉，就没有自身的存在，所以，他宁做一个坏人，或干脆死人般地活着，也不愿做不伦不类的人，他自由地选择这一切。随着自我同一性形成了"忠诚"的品质。埃里克森把忠诚定义为："不顾价值系统的必然矛盾，而坚持自己确认的同一性的能力。"

（6）成年早期（18～25岁）：亲密对孤独的冲突。

只有具有牢固的自我同一性的青年人，才敢于冒与他人发生亲密关系的风险。因为与他人发生爱的关系，就是把自己的同一性与他人的同一性融为一体。这里有自我牺牲或损失，只有这样才能在恋爱中建立真正亲密无间的关系，从而获得亲密感，否则将产生孤独感。埃里克森把爱定义为"压制异性间遗传的对立性而永远相互奉献"。

（7）成年期（25～65岁）：生育对自我专注的冲突。

当一个人顺利地度过了自我同一性时期，以后的岁月将过上幸福充实的生活，他将生儿育女，关心后代的繁殖和养育。埃里克森认为，生育感有生和育两层含义，一个人即使没生孩子，只要能关心孩子、教育指导孩子也可以具有生育感。反之，没有生育感的人，其人格贫乏和停滞，是一个自我关注的人，他们只考虑自己的需要和利益，不关心他人（包括儿童）的需要和利益。在这一时期，人们不仅要生育孩子，同时要承担社会工作，这是一个人对下一代的关心和创造力最旺盛的时期，人们将获得关心和创造力的品质。

（8）成熟期（65岁以上）：自我调整与绝望期的冲突。

由于进入衰老过程，老人的体力、心理和健康每况愈下，对此他们必须做出相应的调整和适应，所以被称为自我调整对绝望感的心理冲突。当老人回顾过去时，可能怀着充实的感情与世告别,也可能怀着绝望走向死亡。自我调整是一种接受自我、承认现实的感受;一种超脱的智慧之感。如果一个人的自我调整大于绝望,他将获得智慧的品质。埃里克森把智慧定义为:"以超然的态度对待生活和死亡。"老年人对死亡的态度直接影响下一代儿童时期信任感的形成。因此,第8阶段和第1阶段首尾相连,构成一个循环或生命的周期。

埃里克森认为,在每一个心理社会发展阶段中,解决了核心问题之后所产生的人格特质,都包括了积极与消极两方面的品质。如果各个阶段都保持向积极品质发展,就算完成了这阶段的任务,逐渐实现了健全的人格,否则就会产生心理社会危机,出现情绪障碍,形成不健全的人格。

9.3.3　培养健康的人格

时代的发展彰显着大学生健全人格教育的价值。一个具备健全人格的人,就能很好地实现人与人之间、人与社会之间、人与自然之间关系的和谐。在群体之间,他能显现群体性的和美,在个体之中,他能体现个体性的独特。一个具备健全人格的人,就能在平凡的生命中,创造不平凡的人生价值。

大学生处在青年期的中晚期,是人格完善与定型的关键期。大学生人格的整合与塑造,既是个人身心健康成长的需要,也关系到当前我国教育改革的顺利进行。美国教育家戴尔·卡耐基在对各界名人进行广泛的调查后认为,个人事业上的成功,15%是由于他们卓越的学识和专业技术,85%靠的是不凡的人格心理素质,因而有人说"人格即命运"。也就是说,除了才华和机遇外,人格是决定人的一生成功与否、快乐与否的关键因素。

1. 大学生健康人格的体现

(1)正确的自我意识。大学生应该能够正确、客观地认识自己,较全面地分析评价自己的优缺点,接纳自己,对自己有合理的期望值,为自己确定合适的发展方向,善于改进自己、完善自己。缺乏正确自我意识的人表现为自我冲突、自我矛盾,或者自视清高、妄自尊大,或者自轻自贱、妄自菲薄,从而放弃一切可以努力的机遇。

(2)良好的情绪控制能力。大学生应该能够调节和控制自己的情绪,经常保持愉快、满足、乐观、开朗的情绪,能够面对挫折和不幸。在不同的场合说适当的话、做适当的事,尽力避免给别人造成伤害。

(3)较强的社会适应能力。大学生应适应不断发展的社会,其思想和行为应跟上时代的发展;应自觉遵守校纪校规、社会公德和行为规范。当自己的愿望和社会需要发生矛盾时,能够进行自我调节,以求与社会协调一致。要爱护集体,关心社会,热爱祖国。

(4)和谐的人际关系。人际关系最能体现一个人的人格健康程度,具有健康人格的大学生应当与周围的人友好相处,诚恳、热情地对待他人,尊敬、信任他人。

(5)乐于求知创新。乐于求知创新是大学生健康人格的重要内容。21世纪需要富有创新意识和创新能力的人才,大学生既应具有渊博的知识,又应有较强的创新能力,使自己符合时代的要求。

2. 如何培养和塑造健康的人格

(1)培养健康的自我意识。

培养正确认识自己的能力。正确认识自己、客观地评价自己并非一件容易的事。能够正确认识自己,就是要全面分析自己的优点和缺点,认识到"尺有所短,寸有所长"。

首先,了解自己的性格特点,塑造良好的性格。一位哲学家说过"一个人的性格就是他的命运"。爱因斯坦也曾说过,一个人的事业成功取决于其性格上的伟大。性格和人格并不是一个概念,性格包含在人格的概念中,它是人格的核心内容。因此,良好的性格可以增加人们的成功系数。

其次,认清自己的气质类型,充分发扬气质的积极面。气质有多血质、胆汁质、抑郁质和黏液质4种类型,多数人的气质属于复合型。气质与遗传有关,但其本身并无好坏之分,它不决定智商高低、成就大小。实际上,各种气质的人都名人辈出,如诗人普希金属于胆汁质,评论家赫尔岑属于多血质,寓言家克雷洛夫属于黏液质,小说家果戈理属于抑郁质。努力发挥气质的积极面,可扩展成功的机遇。

(2) 培养获取积极自我体验的能力。

积极的自我体验即真善美的体验。

① 真的体验,即成功的体验。在学习和工作中,积极进取,就可以获得成功的体验。成功的体验不仅可以使人们情绪快乐,而且可以帮助人们树立自信心,加快成功的步伐。

② 善的体验,即道德的体验。关爱他人、关心集体、关注社会,培养正义感和同情心,有利于社会的发展。

③ 美的体验。美的体验可以促使人们对生活的热爱、对生命的珍惜、对祖国的钟情和对人类的奉献。它能催人奋起,催人向上,使之热爱生活,去创造更加美好的生活。

(3) 培养自我实现的调控能力。

自我控制不仅是个体所具备的基本人格特征,而且也是成功人格特质之一。要使自我设计顺利完成,大学生要注意以下几个方面。

① 给自己设立一个适当的理想奋斗目标。孙中山先生说:"青年要立志做大事。"即大学生要树立远大的奋斗目标。但是,在设立目标时,要注意正视自我,选择适合自己水平的理想目标。如果目标过高,难以实现,就会使人产生挫折感,在心理上产生消极影响;目标过低,会使人错过许多发展的机会,无法实现自我发展。

② 要适时调整自己的目标。要经常反省自己,在反省过程中肯定自己的优点,发现、改正自己的缺点和错误。当目标和实际情况发生冲突时,要自我调节。调节不健康的心理状态,对不符合要求的情绪和冲动进行自觉的控制,保持心理健康,实现自我完善。

我国大学生中,由于情绪失控而自杀或对别人进行暴力攻击的现象时有发生,因此,加强情绪的自我控制十分重要。

(4) 学会自我激励。

在生活中,有没有激励,人的前进的动力是不一样的。美国心理学家詹姆士的研究表明,没有受到激励的人,只能发挥其能力的20%~30%;而当他受到激励时,其能力可以发挥80%~90%,相当于前者的3~4倍。别人的激励会使你充满信心,自我激励会带给你无穷的力量。

(5) 培养愉快的心境。

心境是人们在日常生活中经常体验的一种微弱的、持久的、影响人的整个精神活动的情绪状态。心境有愉快的或忧愁的、悲伤的、怨恨的。良好的、愉快的心境可以使人和颜悦色,做起事来轻松愉快,为别人帮忙也很爽快;不好的心境使人脸色难看,对人态度生硬,做事往往不能获得积极的结果。因此,保持乐观、愉快的心境,对学习、工作、人际交往都十分重要。大学生保持愉快的心境可以采取以下措施。

① 全身心地投入学习、工作和社会生活、人际交往活动中。当人们通过自身的努力,在学习、生活、工作以及交往活动中有所发现、创造、收获和奉献时,会体验到成功的快乐,保持愉快的心境。再如,关注周围美好的人和事物,领会生活的真谛和乐趣,也可使自己保持乐观、快乐的心境。

② 学习、掌握丰富的知识。学习科学文化知识是优化人格整合的过程。"文化的最后成果是人格。"丰富的知识使人自信、坚强、明智,无知则容易使人自卑、粗鲁等。因此,大学生应拥有丰富的知识。

③ 参加各种有益的活动。大学校园生活是丰富多彩的,除学习之外,还有各种各样的活动,如体育、音乐、绘画、写作、座谈会等。有益的活动可以使大学生不断获得新知识,丰富生活内容,开阔思路,并在活动中充分发挥自己的聪明才智,体验到满足感和充实感,预防因无所事事而产生空虚、孤独的消极体验。

④ 保持必要的社会交往和情感交流。这是维持一个人心境平衡的重要条件。找出充分表达自己情绪的方法,创造适于宣泄自己情绪的氛围、环境、条件,这都有助于基本情绪的稳定和健康发展。

(6) 培养建立和谐人际关系的能力。

和谐的人际关系有利于提高和完善大学生的自我意识能力。置身于良好的人际关系中,人们可以感到自己为他人所接受、承认,从而认识到自己对他人以及社会的价值,提高自信心。同时,通过别人对自己的态度和评价,使自我评价更为全面、客观,和谐的人际关系有利于促进大学生心理健康。正如一位哲学家所说:"如果你把快乐告诉一个朋友,你将得到两个快乐,如果你把忧愁向一个朋友倾吐,你将被分去一半忧愁。"因此,大学生应当积极营造和谐的人际关系。

9.4　大学生的心理危机识别与干预

9.4.1　心理危机的相关理论

1. 心理危机的含义

面临突然或重大生活事件,如亲人亡故、突发威胁生命的疾病、灾难等,个体既不能回避又无法用常用的方法来解决问题时所出现的心理失衡状态。某一事件是否会成为危机,有 3 个影响因素:第一,个体对事件发生的意义以及事件对自己将来的影响的评价;第二,个体是否拥有一个能够为自己提供帮助的社会支持系统;第三,个体是否获得有效的应对机制,也就是个体能否从过去经验中获得解决问题的有效方法,如哭泣、愤怒、向他人倾诉等。由于个体在这 3 个方面可能存在着较大的差异,因此,相同的事件不一定对每个人都构成危机。

2. 大学生心理危机的种类

大学生心理危机的种类如下。

（1）发展性危机。发展性危机是个人在正常成长和发展过程中，对急剧的变化或转变所产生的异常反应，如升学危机、性心理危机等。这些危机是大学生生命中必要和重大的转折点，每一次发展性危机的成功解决都是大学生走向成熟和完善的阶梯。

（2）境遇性危机。境遇性危机是指突如其来、无法预料和难以控制的心理危机，如交通事故、人质事件、突然的绝症或死亡、被人强暴、自然灾害等。

（3）存在性危机。存在性危机是指一些人生中的重要事件出现问题，而导致的个人内心的冲突和焦虑，是伴随重要的人生目的、人生责任和未来发展等内部压力的冲突和焦虑的危机。

3. 心理危机的主要原因

心理危机的主要原因如下。

（1）精神疾病是导致大学生心理危机和自杀的重要因素。

（2）人格成长中的挫折与早期经验不良现状。

（3）适应困难、交往障碍与自卑。

（4）学习、择业、就业压力带来的心理烦恼。

（5）情感与性问题带来的心理困扰。

4. 心理危机的特征

心理危机的特征如下。

（1）突发性。危机常常是出人意料、突如其来的，具有不可控制性。

（2）紧急性。危机的出现如同急性疾病的暴发一样具有紧急的特征，它需要人们去紧急应对。

（3）痛苦性。危机在事前事后给人带来的体验都是痛苦的，而且还可能涉及人尊严的丧失。

（4）无助性。危机的降临，常常使人觉得无所适从，而且，危机使得人们未来的计划受到威胁和破坏。由于心理自助能力差、社会心理支持系统不完善，危机常常使个体感到无助。

（5）危险性。危机之中隐含着危险，这种危险可能影响到人们的正常生活与交往，严重的还可能危及自己和他人的生命。

5. 心理危机的结果

心理危机的结果如下。

（1）顺利度过危机，并学会了处理危机的方法策略，提高了心理健康水平。

（2）度过了危机但留下心理创伤，影响今后的社会适应。

（3）经不住强烈的刺激而自伤自毁。

（4）未能度过危机而出现严重心理障碍。

9.4.2 如何识别大学生心理危机

（1）从宏观方面来看，大学生心理障碍、生理疾患、学习和就业压力、情感挫折、自我期望值过高、在学习上遇到挫折后产生很大的失落感和心理落差，经济压力、家庭变故及周边生活环境等诸多因素，会导致心理危机发生。还有抑郁心理、孤僻性格、自卑心理、抑郁症、精神分裂等精神疾病,是引起心理危机、导致自杀等极端行为的主要原因。抑郁心理与孤僻性格往往与人格发展、早期经历不良等因素有关;自卑心理往往与自身缺陷、自我期望过高或过低等因素有关;而抑郁症和精神分裂是心理问题已经危机化了,并且随时随地都有可能发生极端行为。

（2）从微观方面来看,识别大学生个体心理危机可以从以下几个方面来判断。

① 心理学认为,情绪是指个体需要是否得到满足的反应,需要是情绪的基础。当需要满足时就会产生积极的情绪体验,反之,就会产生消极的情绪体验。良好的情绪是心理健康的重要标准之一,不良的情绪体验是心理发生问题的主要因素。异常情绪包括抑郁、焦虑、淡漠、躁狂等。大学生的情绪突然改变、明显不同于往常,出现不良情绪反应,如情绪低落、悲观失望、焦虑不安、无故哭泣、意识范围变窄、忧郁苦闷、烦恼或喜怒无常、自我评价丧失、自制力减弱等消极情绪时,就有发生心理危机的可能。恶劣的情绪是判定个体发生抑郁症的重要临床表象。

② 正常的行为活动是一个人心理健康的重要表现之一。当个体大学生出现行为异常,如饮食、睡眠出现反常,不讲究个人卫生习惯,自制力丧失不能调控自我,孤僻独行等非常态行为时,就要注意是否有心理危机问题了。行为异常是判定个体发生抑郁症的重要条件之一。行为变化和情绪变化密切相关,不良的情绪必然导致行为的反常变化。

③ 学习兴趣下降。如上课无故缺席,常迟到早退,成绩陡然下降,根本无法进行正常的学习和听课。心理学认为,正常、有效、良好的学习能力是个体心理健康的前提和标准。当个体在智力正常的情况下突然丧失了学习这一功能时,就说明是心理状态发生了问题。

④ 丢弃或损坏个人平时十分喜爱的物品。这是十分典型的识别根据。如果个体大学生不能正常有序的学习和生活,把自己平时很喜欢的东西随意丢弃或毁坏等,这意味着不正常的心理行为发生了,而且是心理障碍达到危机的程度时,才会出现的情况。

⑤ 自杀意图的流露。如谈论自己的死或与死有关的问题,或写下遗嘱之类的东西,有的甚至已经采取过某些手段企图自杀。

9.4.3 心理危机干预的基本步骤与技术

心理危机干预就是对处于心理危机状态者采取明确有效的措施,使症状得到缓解,使心理功能恢复到危机前的水平,并获得新的应对技能,以预防将来心理危机的发生。危机干预的主要目标是降低急性、剧烈的心理危机和创伤的风险,稳定和减少危机或创伤情境的直接严重后果,促进个体从危机和创伤事件中恢复或康复,帮助的及时性、迅速性是其突出特点,有效的行动是危机干预成败的关键。

1. 危机干预的步骤

在大学校园内,当发现学生面临心理危机时,可使用心理学家总结的"六步干预法"进行危机干预。

（1）确定问题。危机干预的第一步是从求助者的立场出发,确定和理解求助者的问题。干预人员使用积极的倾听技术:同感、理解、真诚、接纳以及尊重,包括使用开放式问题,既注意求助者的语言信息,也注意其非语言信息。

（2）保证求助者安全。在危机干预过程中,干预人员应该将保证当事人安全作为首要目标。这里的安全是指对自我和对他人的生理和心理的危险性降低到最小的可能性。在干预人员的检查评估、倾听和制定行动策略的过程中,安全问题都必须给以同等的、足够的关注。

(3) 给予支持和帮助。危机干预强调与当事人沟通和交流,通过语言、语调和躯体语言让求助者认识到危机干预人员是能够给予其关心帮助的人,让求助者相信"这里有确实很关心你的人"。

(4) 提出应对的方式。帮助当事人探索可以利用的替代解决方法,促使当事人积极地搜索可以获得的环境支持、可利用的应付方式,启发其思维方式。当事人知道有哪些人现在或过去能关心自己,有许多可变通的应对方式可供选择。

(5) 制订行动计划。帮助当事人做出现实的短期计划,包括另外的资源的提供应付方式,确定当事人理解的、自愿的行动步骤。计划应该根据当事人应付能力,着重于切实可行和系统地帮助当事人解决问题。计划的制订应该与当事人合作,让其感到这是他自己的计划。制订计划的关键在于让求助者感到没有剥夺他们的权力、独立和自尊。

(6) 得到当事人的承诺。帮助当事人向自己承诺采取确定的、积极的行动步骤,这些行动步骤必须是当事人自己的,从现实的角度是可以完成的。如果制订计划完成得较好的话,则得到承诺比较容易。在结束危机干预前,危机干预工作者应该从求助者那里得到诚实、直接和适当的承诺。

除以上6步之外,还应该启动社会支持系统。社会支持系统主要包括来自父母及其他亲人,来自老师和同学,来自其他方面如朋友和社区志愿者的支持等。这种支持不仅包括心理和情感的支持,也包括一些实质的救助行动。有调查表明,大学生从他人那里获得的社会支持具有可靠同盟、价值增进、工具性帮助、陪伴支持、情感支持、亲密感和满意度等调节功能,这些功能对处于危机期的大学生具有重要作用。

2. 危机干预主要应用技术

危机干预主要应用技术如下。

(1) 支持技术。这类技术的应用旨在尽可能地解决危机,使病人的情绪状态恢复到危机前水平。由于危机开始阶段病人焦虑水平很高,应尽可能使之减轻,可以应用暗示、保证、疏泄、环境改变、镇静药物等方法;如果有必要,可考虑短期的住院治疗。

(2) 干预技术。又称解决问题技术,帮助病人按以下步骤进行思考和行动,常能取得较好效果。①明确存在的问题和困难;②提出各种可供选择的方案;③罗列并澄清各种方案的利弊和可行性;④选择最可取的方案;⑤确定方案实施的具体步骤;⑥执行方案;⑦检查方案的执行结果。

在这里临床医务人员的作用在于启发、引导、促进和鼓励,而不是提供现成的公式。进一步讲,治疗人员在干预的过程中的职能如下。①帮助患者正视危机;②帮助患者正视可能应对的方法;③帮助患者获得新的信息或知识;④可能的话在日常生活中给患者提供帮助;⑤帮助患者回避一些应激性境遇;⑥避免给予不恰当的保证;⑦敦促患者接受帮助。

(3) 危机干预的倾听技术。危机干预浓缩了一系列治疗技术和策略,要求危机干预工作者比日常心理咨询或治疗者更加主动、积极和自信。准确和良好的倾听技术是危机干预者必须具备的能力,实际上有时仅仅倾听就可以有效地帮助所有的人。为了做到很好地倾听,危机干预工作者必须全神贯注于求助者。

（4）有效倾听的重要因素。

① 要在开始时就用自己的言语向对方真实地说明自己将要做什么。

② 要让求助者知道,危机干预工作者能够准确地领会其所描述的事实和情绪体验。

③ 要帮助求助者进一步明确了解自己的情感、内心动机和选择。

④ 要帮助求助者了解危机境遇的影响因素。

9.5　本章案例分析

【案例简介】

小张（化名）通过 QQ 向班主任和心理辅导员老师发送消息："抱歉,老师,我害怕我父母,我选择自杀。"学校、学院及时采取措施,快速找到该生进行劝说,阻止了其自杀的行为。

【案例分析】　案例中小张因害怕其降级的事被父母知道后,会对其进行严肃批评是危机事件产生的"导火索";小张学业压力大及和其父母之间紧张的家庭关系是整个事件的"根源"。有效处理好此类心理危机事件,根本上需从学生的心理层面出发,找准源头和切入点,家校联动,助力学生走出心理危机。

【事件原因】

（1）家庭因素。监护人对其教育、沟通方式不当。

小张是家中独子,性格孤僻（其父亲反馈）。其父母离异均重组家庭,小时候主要由爷爷、奶奶负责抚养,爷爷是军人,根据小张同学的自述,爷爷对其管教非常严格,如果有犯错误的行为,爷爷会破口大骂,让其去死。同时,他认为父亲对其管教非常严格,害怕自己犯错误,父亲就会给予严厉批评。

（2）学业因素。学业无规划,数理化学习能力弱。

根据小张自己及其家人阐述,学数理化对小张来说是比较困难的事,其在大一、大二的挂科科目中主要是数理科目,同时,其对大学学业没有任何中长期规划。

（3）性格因素。性格较内向,社会交往能力弱。

寝室成员、学生班干部均反馈,该生平时性格较内向,几乎不和同学有深度沟通交流,跟室友也不怎么说话,个人主动交往意愿较弱。

【事件后果】　导致该生因挂科 9 门,害怕降级而被父母责骂,压力过大故做出自杀的过激行为。

【安全警示】

1. 重视对大学生的生命教育,加强对大学生沟通能力的培养

该案例反映出一方面学生解决问题的能力较差,因为降级,感觉无法面对父母就选择极端的方式,另外一方面学生在降级事件中,由于其自身压力过大,缺乏主动交往能力和沟通能力,压力无法释放,最终选择轻生的方式。对此,辅导员应加强对新生的生命教育,在新生入校后,辅导员应将第一学年作为预防阶段,着重以提升学生独立解决问题的能力、沟通能力为主要目标,培养学生正确的生命观。

2. 构建全员、全过程、全方位育人"同心圆"

高校辅导员的主要工作职责是做好学生的思想政治教育和价值引领。大多数人会理

解成只要是教育学生都应该是辅导员的工作。加强各方联动,形成以学生为主体,辅导员、班主任、任课老师、家长"五位一体"的全员育人格局;将育人时间轴延伸到大一前和毕业后两个时间段,打通育人的全过程闭环流程;注重校内、校外相联系,塑造全方位育人环境,针对问题学生的不同方面,都有所关注,有所关怀,积极探寻解决问题的有效策略,促进学生身心健康成长。这在一定程度上就能够避免突发事件的发生。构建全员、全过程、全方位育人"同心圆",各方形成教育合力,助力学生健康成长。

3. 善于总结,促进自我成长发展

突发事件的处理考验的不是个人的能力,是团队的力量。此次事件能够在短时间内迅速解决,得益于团队的支持(学校、学院领导、学生处、保卫处等职能部门,辅导员、班主任、学生班干部共同发力)。学校党委副书记在指示工作时的"报、寻、助"三字,简短有力,却蕴含着巨大的工作方法论信息。这不仅可以适用于突发事件,日常的重大事件等的处理也可以类比,做到举一反三。

9.6　本章小结

大学生健康安全一直是高校教育的热门话题,也是高校安全工作中不能忽视的问题,只有身心健康,才能积极地为社会建设服务。本章的侧重点是大学生的心理健康,重点讲述大学生心理健康基本概念、大学生心理问题表现、大学生心理健康问题产生原因、大学生心理问题的自我调节以及大学生的人格发展和心理危机干预等。再通过学业预警引发心理危机案例进行系统分析,明确了大学生心理健康在大学生健康教育中的重要意义和地位,值得研究者高度重视和关注。

第 4 篇

生活安全

社会生活安全

在校期间,大学生除了正常的学习生活外,还要走出学校参加各种各样的社会活动。在这样的情况下,学生作为弱势群体往往成为犯罪分子伤害的对象。缺乏社会经验,尤其是缺乏安全意识的学生就成为各种不安全问题和案件的受害者。加强大学生的安全教育,不断增强大学生的安全意识和自我保护防范能力,已经成为社会的共识,有着迫切的必要性,宿舍安全的防范,尤为重要。

10.1 学生宿舍的安全防范

10.1.1 处理宿舍人际关系

要处理好宿舍里的人际关系,首要的问题就是大学生要加强自身修养,做到能尊重人,理解人;其次,舍友之间要加强沟通,宿舍卧谈会就是一种良好的沟通形式,通过沟通促进了解,增进友谊;第三,舍友间多开展一些文体活动,对于增强宿舍的凝聚力,建立融洽的宿舍关系不无好处。

1. 尽量与舍友保持统一的作息时间

一个宿舍有三四个、五六个,甚至更多的人在一起生活,宜有统一的作息时间。只有大家协调一致、共同遵守,才能减少争执,消除摩擦,维持正常的生活秩序。如果你是"夜猫子",晚上睡得很迟,待舍友都睡了,才洗漱睡觉,这样就容易惊醒其他人,影响别人休息。久而久之,你就会引起舍友的厌恶。因此,宿舍的全体成员应当尽量统一起居时间,减小作息差距。倘若实在有事,早起或者晚睡的成员应尽量减少声响和灯光对舍友的影响。

2. 不搞"小团体"和个人主义

在宿舍,应当以平等的态度对待每一个人,不要厚此薄彼,和一部分人打得火热,而对另一部分人疏远不理。有些人喜欢同宿舍之中的某一个人十分亲近,在平时,老是同一个人说悄悄话,无论干什么事、进进出出都和一个人在一起。这样就容易引起宿舍其他成员的不悦,认为你是不屑与之交往。结果,你俩的关系也许搞好了,但却疏远了其他人。这就不利于建立和谐的宿舍关系,也是得不偿失的。建立有深度的友谊是好事,但决不能以牺牲友谊的宽度和广度为代价。同时,还要注意不要太个性张扬,凡事以自我为中心,听不进别人意见或者建议,不利于同学之间的和谐相处。因此,在宿舍里,对每个人尽量保持平衡的关系,尽量和舍友处在不即不离的状态,不搞"小团体"和个人主义。

3. 不触犯舍友的个人隐私

每个人都有自己的秘密,也有足够的好奇心。对于舍友的隐私,不要想方设法去探求。对方把一个领域化为隐私,对这个领域就有了特殊的敏感,任何试图闯入这个领域的话题都是不受欢迎的。尤为注意的是,未经得舍友同意,切不可擅自乱翻其物品。要格外注意这个问题,千万不要随随便便,以为是熟人就忽略了细节。另外,同住一间宿舍,有时难免知道舍友的某些隐私,但要守口如瓶,告诉他人不仅是对舍友的不尊重,也是不道德的。以上几个方面,应切实做到,否则触怒舍友,发生"干戈之争"就在所难免。另外,不要诋毁民族习惯和民族风俗,每个民族都有自己的习惯和风俗,不能因为别人的习惯与自己的不一样或有差距,就随便乱说和诋毁,这是引起宿舍矛盾的重要方面。

4. 积极参加宿舍集体活动

宿舍的活动不单纯是一个活动,更是舍友之间联络感情的重要形式和手段,应该积极参与、配合。千万不要幼稚地把集体活动当作纯粹是费财费力的无聊之举,表现出一副不屑为伍的样子。其实,那都是感情投资,不可或缺。舍友决定一起去干什么,要尊重他们的选择。确实不能参加,可以把自己的想法和意见提出来,不要勉强参与反倒让舍友觉得你在应付了事,更不要一口回绝而伤了舍友的兴致。可以说,集体活动的有无和多少,也从一个侧面反映了这个宿舍的团结程度。倘若这样的活动总是不参加,多多少少显得不合群,会受到同学的排挤,被认为是"另类"或不好相处,影响了舍友之间的感情。

5. 别人有难要帮,自己有事也要说

良好的人际关系是以互相帮助为前提的。当舍友遇到困难时,应当主动伸出援助之手,这样会换来同学之间的友谊。那么,当我们有事时,是否宜向舍友求助呢?答案是肯定的。因为有时求助反而能表明你对别人的信任,能够融洽关系,加深感情,和谐相处。若有事需请人帮忙,倘若舍友远求他人,舍友得知后反觉得你不信任他。你不愿求别人,别人以后有事又怎么好意思求你帮忙?其实,求助舍友,只要讲究分寸,不使人为难,都是可以的。

6. 不拒绝零食和宴请

舍友买了水果、瓜子之类的零食,分给你时,你就大方接受,不要以为吃别人的难为情而拒绝。有时,舍友因过生日或其他事请你吃饭,你也应欣然前往。即使没有钱"回请"他,也没有关系,因为互酬不仅体现在物质上,不同于商品经济中的"等价交换"原则,它更体现在心理上。接受别人的邀请,从某种意义上说,也是给别人面子。倘若不论零食或宴请,都一概拒绝,时日一久,难免会被认为清高傲慢,之后就对你"敬而远之"了。

7. 不逞一时口快

"卧谈会"是宿舍的一个重要活动项目。舍友互说见闻,发表意见,本来是件很愉快的事,但也往往因小事而发生争执,"卧谈会"变成了"口舌大战"。有些人喜欢说别人笑话,讨别人便宜,哪怕玩笑,也不肯以自己的吃亏而告终;有些人喜欢争辩,试图通过说服对方显示自己的能耐,让舍友"尊重"自己;有些人害怕被人看不起,就故意在"卧谈会"中唱反调,甚至揭人之短,对他人进行人身攻击。这种喜欢逞一时口快,在嘴巴上占便宜的人感觉太好胜,难以合作。你不尊重别人,别人也不会尊重你。你夸夸其谈,想处处表现得比别人聪明,最后也只会引起别人反感。

8. 完成该做的杂务,宿舍"家务"不推诿扯皮

宿舍每位成员该做的杂务,不仅指做好自己一个人的事,也包括做好集体的事。有些人在家懒惰成性,所有的事都指望家人打理,住集体宿舍难免恶习毕露:开水从来不打,每天喝别人打的;不整理衣物,乱扔一地;宿舍的公共卫生更是不闻不问,扫地、擦门窗等事都指望舍友来完成,没有哪一个集体会欢迎一个自私、懒惰和邋遢的人。因此,必须尽力搞好属于自己的那份杂务,不要指望别人来"帮助"你,凡事要养成亲力亲为的好习惯。

9. 学会包容和体谅

学会包容和体谅,宿舍说大不大,说小不小,舍友之间的磕磕碰碰无论如何也避免不了,可以说是"大摩没有、小擦不断",首先要调整的就是作息时间,作息时间只有大家协调一致、共同遵守,才能减少争执,消除摩擦,维持正常的生活秩序。另外,遇到事情最好一起解决或者私下好好解决,即使是被人误会或者就是别人的错,也要学会包容和体谅,等事情过一段时日后,找个合适的机会再进行解释或说明,这样有利于同学之间的相处。

10.1.2 保障人身财产安全

1. 居安思危,提高自我防范意识

一般防盗的基本方法是人防、物防和技防。其中"人防"是预防和制止盗窃犯罪唯一可靠有效的方法。对大学生而言,提高防范意识,做好防盗工作,不仅是个人的事,也是全校师生共同关心的大事。只有人人参与其中,群防群治,才能真正有效控制和防范盗窃案的发生。事实上,发生在大学生周围的盗窃案件大部分是由于大学生自身的防范意识淡薄而引起的,不注意对自身财物的保管,给盗窃分子以可乘之机。在日常生活中,大学生应从以下几个环节上加强安全意识培养,提高防盗能力。一是大额现金不要随意放在身边,应就近存入银行,同时办理加密业务,将存折和印鉴、密码、身份证分开存放,最好不将自己的生日、手机号码或家庭电话号码、学号作为存折或信用卡的密码,防止被他人轻易盗取;二是对贵重物品,如手机、快译通、照相机、笔记本电脑、平板电脑等,不用时最好锁起来,以防被顺手牵羊;三是不要怕麻烦,随手关窗锁门;四是相互关照,勤查勤问,对陌生人要多留一个心眼;五是积极参与安全值班,共同维护集体利益。

2. 做好宿舍安全防范,保障财产安全

要锁好宿舍门窗,不私自留宿外人,对陌生人提高警惕,保管好钥匙,加强宿舍管理,切实负起值班责任,遇有可疑人、事应主动询问并及时报告,离开宿舍时,一定要将贵重物品妥善保管,建立安全意识。作为大学生必须关心自身财产安全,时刻保持警惕性,严防其财产的遗失,对自身的现金和贵重物品应采取妥善保管的措施,要严禁陌生人进入宿舍。遇可疑人员,除盘问外,可跟进观察;发现可疑情况可给保卫部门打电话,或呼喊救援。

3. 注意公共场所财产安全

(1)教室。尽量避免独自在教室,携带好随身物品,及时注意周边的人和发生的事;注意电器使用及电器维护,防止电器事故;注意电线等物品,避免发生触电事故。

(2)操场。做运动时做好热身,注意运动时自身情况,小心运动、适量运动;注意在运动中的人,避免发生碰撞事故;注意操场老化的路面及健身器材,避免人身受到伤害。

(3)校外场所。不外露或炫耀随身携带的贵重物品;单独外出不宜带过多的现金、尽量外出时结伴而行,避免在荒僻、阴暗处行走,早出早归,单独一人时不要显露过于胆怯的神情,不轻信陌生人,注意尾随人员,时刻注意自己随身物品;不随意接受并食用陌生人给的食物饮品,注意看管好自己携带的饮品、食品,不给不法分子留机会。

4. 做好防电信诈骗安全防护

提高防范意识,学会自我保护。积极参加学校组织的法制和安全教育活动,积极参加学校开设的"大学生安全教育"课程学习,多知道、多了解、多掌握一些防范知识。在日常生活中,要做到不贪图便宜、不谋取私利,不要轻信花言巧语,不要把自己的家庭地址等情况随便告诉陌生人,以免上当受骗。远离校园贷、套路贷,要理性消费,避免落入需要贷款才能解决的超前消费陷阱。多听、多看、多学习防诈骗知识,了解真实的诈骗案件,认识各种诈骗的常规套路,提升自身的网络安全防范意识。不要太轻易地相信他人,遇到好友借钱、快递理赔、物流丢失等,一定要通过正规的平台向官方进行核实,不要盲目转账。另外,切记天上不会掉馅饼,一切刷单都违法。

5. 加强学习,掌握财产安全发生的原因,积极做好应对

(1)利用安全教育平台,学习预防消防安全、用电安全、防溺水、防偷、防盗,大学生活安全、饮食安全、人身安全、体育运动中的安全等内容。

(2)在保证安全的前提下采取措施积极应对,提高个人防范意识,定时排查身边安全隐患,注意细节,及时解决涉及安全的问题,如定时检修电器等生活物品。

6. 加强宣传,形式多样地宣讲安全教育

作为学校,要对学生开展安全教育,使学生接受比较系统的防溺水、防交通事故、防触电、防食物中毒、防体育运动伤害、防火、防盗、防骗、防煤气中毒等安全知识。还可以利用悬挂横幅、张贴标语、学校宣传走廊等宣传工具和举行安全征文、知识竞赛、家长会等形式开展丰富多彩的安全教育,提高广大学生、家长的安全意识、安全防范能力和自我保护能力。在每个人都树立了牢固的安全意识时,学校还要做好监督管理工作。

10.2 公共场所的安全防范

大学校园生活对于每一个大学生来说都是美好而难忘的,但是有些容易被忽视的问题,如安全问题,需要正视,而且安全是一切美好生活的前提。

10.2.1 大学生校园安全常识

1. 防火安全

(1)在教室、实验室、宿舍、公寓楼、行政楼、学校经营商铺及下属企业场所等处学习、工作和生活时,应严格遵守安全管理规定和操作规程。

(2)不要私拉乱接电源和违章使用电器,不要携带火种到山上。

(3)熟悉日常学习、工作和生活场所的消防安全出口、逃生线路等情况。

(4)发现火情初起时保持镇定,不要惊慌,应及时寻求帮助,酌情选择灭火器、水或以扑打、窒息等方法将其扑灭。

(5)发生火灾立即报学校保卫处值班室和学校微型消防站,第一时间进行处置。

(6)扑救火灾应注意切断电源,转移易燃、易爆危险品,做到先避险,后抢险,先救人,再救物,先救灾,再恢复的原则。

（7）火灾逃生须牢记十要诀：熟悉环境，迅速撤离，毛巾保护，通道疏散，低层跳离，绳索滑行，借助器材，暂时避难，标志引导，避免踩踏。

2．宿舍安全防范

（1）养成随手锁门（上保险）、关窗的良好习惯，确保没有无关人员进入。

（2）保管好自己的随身物品，如钥匙，不要随便借给他人或乱丢乱放。

（3）不要擅自留宿外来人员，发现可疑人员应提高警惕，及时向相关部门报告。

（4）妥善保管各类贵重物品，尤其是笔记本电脑、平板电脑等，不使用时须上锁存放，手机须放置于视线之内。

（5）大额现金应及时存入银行，密码选择不使用生日等易被他人破解的数字，存折、银行卡等丢失应及时挂失。

（6）在宿舍内禁止使用蜡烛或明火，如确须使用须报备。

（7）不要在宿舍内私接电源、电线，禁止使用床头灯、电炉、电褥、电熨斗、热得快、电饭煲、电热毯等电器设备。

（8）不要在宿舍内焚烧物品及存放汽油、燃料乙醇、丙酮等易燃易爆物品和有毒、有害、放射性危险品。

（9）不许在宿舍内抽烟，特别是卧床吸烟。

（10）不要随意动用消防设施。

3．公共场所安全防范

（1）在操场、食堂、教室、阅览室、实验室、办公室等场所要注意保管好随身携带的物品；短暂离开时，要将贵重物品带走或委托信任之人看管。

（2）请不要把手机、笔记本电脑、平板电脑等贵重物品及大额现金放在书包内，并用此书包在图书馆、教室等地占位。

（3）发现物品丢失或可疑人员时，要及时与场所管理人员取得联系，并报告学校保卫处值班人员，视情况而定，如有必要，须及时报警。

（4）请自觉遵守公共场所有关管理规定，共同维护公共场所正常秩序，确保公共区域安全。

4．网络安全

（1）大学生在使用校园网络时，作为校园网络用户，应当遵守有关法规的规定，不得制作、复制、发布、传播含有下列内容的信息。

- 违反宪法所确定的基本原则；
- 危害国家安全，泄露国家秘密，颠覆国家政权，破坏国家统一；
- 损害国家荣誉和利益；
- 煽动民族仇恨、民族歧视，破坏民族团结；
- 破坏国家宗教政策，宣扬邪教和封建迷信；
- 散布淫秽、色情、赌博、暴力、凶杀、恐怖或教唆犯罪；
- 侮辱或者诽谤他人，侵害他人合法权益；
- 含有法律、行政法规禁止的其他内容。

（2）遵守网络道德，做文明守法网民。

（3）网络交友须谨慎,要增强防范意识,防止上当受骗。

（4）加强技术保护措施,预防病毒入侵,并注意做好重要资料的备份保管工作。

5. 交通安全

（1）增强交通安全意识,自觉遵守校园交通管理规定。

（2）在校园内行走,应注意观察、避让车辆。

（3）平时出行注意了解和掌握交通标识,严格遵守交通规则。

（4）不准在校园内练习或试驾机动车。

（5）所有车辆进入校园应服从管理,按规定路线行驶,并停放在指定地点。

（6）自行车出入校门须自觉下车推行,严禁购买赃车和证照不全的自行车。

（7）如在校园内道路上发生交通事故应立即报告保卫处,保卫处应及时到现场处置。

6. 防诈骗安全

（1）提高防范意识,学会自我保护,不要将亲朋好友的姓名、电话号码等重要个人信息告诉陌生人。

（2）交际须谨慎,不贪图便宜,不轻信花言巧语。

（3）求职就业时谨防落入"传销"陷阱,慎重对待网络、手机短信等传销信息。

（4）不要将自己的身份证、储蓄卡等重要证件或卡转借转租,以免造成不必要的损失。

（5）发现上当受骗应及时报案。

7. 预防抢劫

（1）尽量避免单独去人迹稀少的场所。

（2）不要独自到银行、邮局等处领取大宗现金。

（3）携带贵重物品或大宗现金出行,要提高警惕,注意观察周围情况。

（4）临危不惧、随机应变,沉着冷静地进行应付。

（5）与作案人巧妙周旋,伺机大声呼救。

（6）当无法抗衡时,要向有人、有灯光的地方奔跑。

（7）个人出行时,最好选择有监控设备覆盖的区域行走。

（8）注意观察作案人,尽量准确地记住其主要特征,并注意其逃跑方向。

8. 防性骚扰、性侵害

（1）筑起思想防线,提高识别能力。

（2）个人品行端正,反性骚扰的态度坚决。

（3）性骚扰、性侵害一般都有其发案的规律性,应尽量规避易受侵害的时间和场所(如夜晚、僻静的山林处),女同学外出应结伴而行。

（4）学会用法律保护自己,相信和依靠组织。

（5）掌握必要的防身技能,提高自我防范的有效性。

（6）一旦遇到不法侵害,确保生命安全,保护好现场或相关证据,第一时间报警。

9. 遵纪守法,提高安全防范意识

（1）树立正确的世界观、人生观和价值观,不断提高自身的综合素质。

（2）遵纪守法,品行端正,自觉抵制各种非法诱惑。

（3）养成良好的学习习惯,正确处理学习和娱乐的关系。

（4）树立健康的竞争意识和团队意识，建立良好的人际关系，增强对不良心理因素的化解能力，保持良好的心态。

（5）提高自我防范能力，勇于同违法犯罪行为作斗争。

10.2.2 树立正确的校园安全意识观

随着改革开放的不断深入，高等教育和校园安全对社会的开放程度越来越高。大学生所面临的各种不安全因素逐年增多，大学生受到的非法侵害案件和有关大学生的安全事故数目逐年上升。如果大学生因为安全问题出现意外，不仅个人的学业、身心健康等会受到影响，而且会给家庭带来不安和痛苦。因此，大学生在校期间，要认真学习安全知识，树立正确的安全观念，增强自我保护能力，做到居安思危、思则有备、备则无患。

1. 遵纪守法和文明修身的意识

大学生要树立安全意识、安全观念，首先要加强自身修养和增强法律意识，要学法、懂法、用法；其次要强化文明修身的意识。提高自己的道德素质，避免因自身的素质问题陷入冲突之中，使自身受到不安全因素的威胁。

2. 对安全形势认知的意识

安全隐患早知道，就是要对社会安全形势有一个全面的认知。虽然当前社会安全形势总体上基本稳定，校园安全状况要好于社会整体水平。但随着经济发展和社会的不断转型，大学生所处的安全环境在发生变化，面临的安全形势应引起重视，学生自身更应树立对安全形势有正确认知的意识。

3. 自我防范的意识

当前社会治安形势总体稳定，但也不可避免地在某些局部领域还存在许多不安全因素，这就要求大学生树立自我防范意识，对安全隐患要早有心理准备。早预案，做好自我保护，尽量避免不安全因素对自身的伤害。

4. 面对突发事件应变的意识

不安全事故的发生有些是没有预兆的，这就要求大学生要有面对突发事件应变的意识。这方面意识的培养，有利于大学生在面对突发事件的时候在最短的时间内作出判断，第一时间采取措施帮助自己和别人脱离危险，而不是因害怕、应变能力不够丧失了逃生和减少损失的机会。这方面的意识，需要在平时注重加强相关安全知识储备及应变能力的培养。

5. 维护国家安全的意识

公民有维护国家安全的责任和义务，大学生作为国家未来的建设者和可靠接班人更要有这种意识。要保持高度警惕，严格保守国家秘密，维护好国家安全，不透露任何涉及国家安全的信息，在面对危害国家安全的行为时要勇于承担责任和义务，坚决制止，及时揭露，用智慧保护国家安全。

6. 自我调节能力培养的意识

挫折是大学生成长过程中不可避免的问题。大学生要正确对待挫折，要具备积极应对挫折的心理意识。首先要树立正确的人生观、价值观，培养责任意识，学会冷静，辩证分析问题，克服困难；其次，要培养健康的心理品质和心理承受能力，自我调节心态，克服心理障碍,避免情绪极端化。

10.3 远离毒品、爱惜生命

根据《中华人民共和国刑法》第三百五十七条和《中华人民共和国禁毒法》第二条规定,毒品是指鸦片、海洛因、甲基苯丙胺(冰毒)、吗啡、大麻、可卡因,以及国家规定管制的其他能够使人形成瘾癖的麻醉药品和精神药品。《麻醉药品品种目录(2013 年版)》列明了 121种麻醉药品,《精神药品品种目录(2013 年版)》列明了 149 种精神药品。根据中国禁毒网权威发布,毒品分为传统毒品、合成毒品、新精神活性物质(新型毒品)。其中最常见的是麻醉药品类中的大麻类、鸦片类和可卡因类。

10.3.1 毒品的分类

1. 传统毒品

传统毒品一般是指鸦片、海洛因、甲基苯丙胺(冰毒)、吗啡、大麻、可卡因等。

(1)鸦片。俗称大烟、烟土,也叫作阿片、阿芙蓉。新鲜的生鸦片为膏状,有类似氨味或陈旧尿味,味苦。经加工后的熟鸦片为金黄色或棕色的块状体,味略次于生鸦片。

(2)海洛因。由吗啡与乙酸酐经化学作用而生成的一种衍生物。不同纯度的海洛因外观不同,一般呈灰白粉末状或压成块状,略有醋味。

(3)吗啡。从鸦片中分离出来的一种生物碱,在鸦片中含量 10% 左右。其为无色或白色结晶粉末,具有特殊的气味,形状似细咖啡粒。

(4)大麻。粗制的大麻毒品含量有叶、花、茎,有草腥味、略感麻性。

(5)可卡因。又称古柯碱,化学名称为苯甲基芽子碱,多呈白色晶体状,无臭,味苦而麻。

2. 合成毒品

所谓"合成毒品",是相对鸦片、海洛因这一类传统麻醉毒品而言的。鸦片、海洛因主要取材于天然植物,合成毒品是以化学合成为主的一类精神药品,直接作用于人的中枢神经系统,有的有兴奋作用,有的有致幻作用,也有的有中枢抑制作用。又因为合成毒品是近二十年才在中国出现滥用,并且多发生在娱乐场所,所以又被称为"新型毒品"和"俱乐部毒品"。合成毒品的常见类型如下。

(1)冰毒(甲基苯丙胺),外观为纯白结晶体,故被称为"冰"(Ice)。对人体中枢神经系统具有极强的刺激作用,且毒性强烈。因其原料外观为纯白结晶体,晶莹剔透,该药小剂量时有短暂的兴奋抗疲劳作用,故其丸剂又有"大力丸"之称。具有较强的成瘾性和依赖性,是我国流行较多的毒品之一。

(2)麻古,一种冰毒片剂,外观与摇头丸相似,主要成分是"甲基苯丙胺"和"咖啡因"。

(3)摇头丸(MDMA),苯丙胺类中枢兴奋剂,具有兴奋和致幻双重作用。

(4)K粉(氯胺酮),分离性麻醉剂。服用后听到快节奏音乐便会条件反射般强烈扭动,产生意识和感觉的分离状态,导致神经中毒反应和精神分裂症状,表现为幻觉、运动功能障碍,出现怪异和危险行为,同时对记忆和思维能力造成严重损害。此外,外观为白色结晶粉末的 K 粉,可随意勾兑进饮料、红酒中服下,易让人产生性冲动,所以又有"迷奸粉"之称。

（5）三唑仑,又名醅乐欣,淡蓝色片剂。一种镇静、催眠药物,长期服用极易导致药物依赖。

3. 新型毒品

所谓新型毒品是相对鸦片、海洛因等传统毒品而言,主要指人工化学合成的致幻剂、兴奋剂类毒品,是由国际禁毒公约和我国法律法规所规定管制的、直接作用于人的中枢神经系统,使人兴奋或抑制,连续使用能使人产生依赖性的精神药品(毒品)。因其滥用多发生在娱乐场所,又被称为"俱乐部毒品""休闲毒品""假日毒品"。新型毒品又被叫作"新精神活性物质",是不法分子为逃避打击而对管制毒品进行化学结构修饰得到的毒品类似物,具有与管制毒品相似或更强的兴奋、致幻、麻醉等效果。它是继传统毒品(如鸦片、海洛因、吗啡等)及合成毒品(如冰毒、摇头丸、麻古等)后,流行全球的第三代毒品。

（1）彩虹烟。彩虹烟外形和平日的香烟很像,也是由纸盒包装的,但却是一种新型毒品。人吸食彩虹烟的时候会产生特殊烟雾,色彩斑斓,乍一看很酷炫,还自带香气。彩虹烟的成分现在还不清楚,很可能是二三级毒品混合而成。正是因为充满"噱头",彩虹烟流行的速度非常快,更恐怖的是,其使用者平均年龄不足 18 周岁,这个阶段正是是非不分,盲目从众的年纪,吸彩虹烟的时候压根不觉得和毒品有什么关系,甚至就算知道了也只觉得很"酷"。

（2）笑气。"笑气"其实是一氧化二氮的俗称,是医用麻醉剂,有轻微麻醉作用,并能致人发笑。最近几年,"笑气"在全国各地的酒吧、KTV 等娱乐场所出现,成为最时尚、最流行的消费品,被吸毒人员当作毒品的替代品,有人一天吸食几百瓶甚至上千瓶。过量吸食"笑气"会引发精神疾病,甚至导致死亡。美国每年有 100 多人因滥用"笑气"死亡。杭州、宁波等地的医院就接诊过因吸食"笑气"发疯的病例和因长期吸食"笑气"成瘾导致双脚"瘫痪"坐着轮椅到医院治疗的病例。

（3）"迷幻蘑菇"。迷幻蘑菇又称"神奇蘑菇",其迷幻成分主要由一种含毒性的菌类植物"毒蝇伞"制成。该类毒菇由于在毒品市场盛行,有毒贩甚至人工培植贩卖。其外形与普通菇类相似,但是茎较粗,顶部亦尖长、细小。

（4）神仙水。咔哇潮饮又名神仙水,属于我国的管制类麻醉药品,学名伽马-羟基丁丙酯,是一种无色亦无味的液体,有白色粉末、药片、胶囊几种类型,一般是胶囊状和喷雾状。神仙水可以刺激人的神经,也会使人的心血管扩张,然后让人产生像头晕、心悸、视力模糊和贫血的症状。神仙水起效很快,大约 2 分钟就能够让人昏睡,10 分钟就可以让人昏迷不醒,因此,常被不法分子用来作案。一些不法分子还往其中掺杂可卡因、甲基苯丙胺、苯丙胺、氯胺酮等各种毒品,因此,市面上的很多神仙水成分十分复杂,如果吸食后,吸食者会发生什么样的身体反应无法估量。

10.3.2 毒品的危害

作为当代大学生,要自觉抵制毒品,不吸毒、不贩毒、不藏毒,吸食毒品对人的危害很大,首先是对身心健康危害,其次是对精神健康的损害,再次对是社会家庭的危害等。

1. 对身心健康的危害

（1）对消化系统的危害。各类毒品，尤以海洛因为甚，对消化系统均会造成危害，主要表现为消瘦、营养不良、便秘、肠胃功能紊乱，病毒性肝炎等。

（2）对呼吸系统的危害。毒品对呼吸道会产生直接刺激；毒品对呼吸道有特异性毒性作用；吸毒引起的营养不良与感染会对呼吸系统造成影响；海洛因等毒品会抑制脑干呼吸中枢、脑桥和延脑的呼吸调节中枢。

（3）对心血管系统的危害。很多毒品对心血管系统会产生直接影响，引起心律失常和心肌缺血性改变。如吸食和注射海洛因者，尤其是静脉注射海洛因的年轻海洛因成瘾者，易发生正常心瓣膜的急性心内膜炎及右心感染性心内膜炎。

（4）对神经系统的危害。吸食毒品会引起一系列神经系统病变，如抽搐、震颤麻痹、周围神经炎、远离注射部位的肌功能障碍；长期吸毒会引起智力减退和个性改变；静脉注射含有不溶性掺杂物的毒品，会直接引起脑血栓。

（5）引起性功能障碍。长期吸食毒品可明显损害性功能，导致性功能障碍，如男性海洛因成瘾者，表现为阳痿、勃起程度差而不能完成性交；女性主要表现为卵子发育或排卵功能障碍。但广州白云自愿戒毒医院专家表示，大部分吸毒者的性功能障碍是可逆的，接受正规的戒毒治疗康复后，可逐渐恢复正常。

（6）传播性病、艾滋病。毒品的危害还表现在吸毒者之间共用注射器、多性伴、发生不安全性行为等，使其容易患淋病、梅毒、尖锐湿疣、非淋菌性尿道炎等多种性病及艾滋病。

（7）许多毒品能直接改变人脑中部分化学物质的结构，破坏、扰乱人体神经的正常活动，有的甚至毒害、损伤神经组织，导致精神、心理异常、智力衰退、性情乖张、冷漠孤独、人格扭曲甚至心理变态。

2. 对精神健康的损害

吸毒会导致使用者产生各种精神异常征象。海洛因滥用过程中可能产生各种精神症状和异常行为，其精神异常状态多见的有依赖综合征、戒断综合征、急性脑综合征、情感障碍、人格障碍、智能障碍、意识障碍等。

研究表明，吸毒者往往有人格不成熟、人格缺陷的表现，其中，低自尊是最为突出的人格特征，他们常常感到自己不被接受，其用药动机源自他们提高自尊的需要及避免自我贬损的态度。有研究认为，吸毒者摆脱限制、逃避责任以及对新奇刺激的经历的渴求要高于正常人群。也有报道称，吸毒者需要更多的社会赞同，这意味着他们在滥用药物时更易受到同伴压力的影响。另外，吸毒者只有有限的未来发展取向，他们往往抱着"今朝有酒今朝醉"的生活态度。反社会人格在吸毒者中所占比例较大，美国研究发现，反社会人格是药物成瘾者普遍存在的一种人格障碍，占所研究患者的 25%。吸毒成瘾后，吸毒者的精神健康受到较为严重的损害，表现为交谈时可见赘述，注意力难以集中，记忆力明显受损；情感反应以淡漠、沮丧多见，亦有欣快者；意志活动减弱，行为趋向退缩，主动性不足，懒散、疲沓、劳动力明显下降；人格改变尤为突出，表现为焦躁易怒、猥琐自卑，对家庭和社会的责任感明显削弱。

3. 对社会家庭的危害

（1）对社会生产力的巨大破坏。吸毒首先会导致身体疾病，影响生产，其次是造成社会财富的巨大损失和浪费,同时,毒品活动还造成环境恶化,缩小了人类的生存空间。根据联合国毒品和犯罪问题办公室发布的《2022年世界毒品报告》显示,2022年全球约有3亿人使用毒品,超过3600万人患有吸毒障碍。全球毒品交易额为8000～10 000亿美元,毒品蔓延的范围已扩展到五大洲的200多个国家和地区。毒品消耗着人类的财富,使全世界每年有1000亿美元化为灰烬。

（2）毒品活动扰乱社会治安。吸毒者吸食、注射毒品,需要大量的金钱,吸毒者面对这样高额的费用和强烈的诱惑,会丧心病狂、不择手段,甚至铤而走险,进行抢劫、盗窃、诈骗、贪污、卖淫甚至杀人等违法犯罪活动,许多瘾君子五毒俱全,给社会治安造成严重危害。大量事实证明,吸毒已成为诱发犯罪、危害社会治安的根源之一。

（3）诱发犯罪率的上升。吸毒与犯罪是一对孪生兄弟,没有毒资来源,吸毒者就会逐步进行盗窃、拐骗、抢劫、走私、贩毒、杀人等刑事犯罪活动。

（4）严重阻碍社会经济发展,加剧贫困,败坏社会风气,祸国殃民。毒品活动加剧诱发了各种违法犯罪活动,扰乱了社会治安,给社会安定带来巨大威胁。吸毒、贩毒的肆意横行,导致一些地方经济状况严重滑坡,严重阻碍社会经济发展。公安机关抓获的卖淫嫖娼者中,吸毒者占多数。

（5）损耗大量钱财。毒品的危害,高额的毒资,使得一般的家庭难以承受,也使一些原本富裕的家庭家徒四壁,债台高筑。

（6）导致家庭破裂。夫妻中有一方吸毒,就会逐渐失去家庭义务和责任的观念,容易导致夫妻反目,最终家庭破裂。

（7）贻害后代。生活在吸毒者家庭的孩子常常伴有不健康的心理,有的甚至是近乎疯狂的变态心理,行为往往具有攻击性和反抗性,这样的孩子容易走上犯罪道路。

10.3.3 防范毒品安全

高校是毒品预防教育的重要场所,是控制青少年吸毒人员滋生的最有效防线之一。学校的吸毒预防教育,旨在培养学生抵抗毒品侵袭的心理素质,提高学生识别毒品、拒绝毒品的能力。学校要认真贯彻预防为主的原则,育人、育才、育德并重。要在教学课程中把禁毒教育作为学生德育教育的重要内容,要把中小学生毒品预防主题教育落到实处,常抓不懈,警钟长鸣,使学生时时处处自觉地加以防范。

1．认清毒品的危害

（1）吸毒破坏人体的正常生理机能和精神状态。

（2）吸毒耗费大量钱财,常常导致倾家荡产、妻离子散,家破人亡。

（3）吸毒诱发各种犯罪,影响社会安定。

2．谨慎交友,拒绝第一口

首次吸毒行为中,出于好奇和被诱骗的占72%。97%以上的人第一次吸毒是受"邀请"的,合成毒品滥用人群大多数情况下是聚众吸食。

3．提高心理素质和自我控制能力

不断加强对文化、科学和法律知识的学习,提高整体素质,提高自我控制能力。

4．培养文明、健康的兴趣爱好

（1）选择健康的生活方式,要注意自我调节,提高抗挫折的能力。

（2）参加有益身心健康的文化娱乐活动，丰富自己的精神生活。

（3）树立积极进取的人生观。

作为当代大学生，还要认真阅读缉毒和毒品方面的书籍，观看缉毒和毒品方面相关视频，少去夜店等场所，当知道身边的朋友吸毒时，首先应该劝告他们远离毒品，告诉他们毒品的危害，建议他们去戒毒所戒毒，假如他们不听劝告，可以向他们的亲人甚至警方反映情况等。

10.4　本章案例分析

【案例分析】　在校大学生走私、贩卖毒品牟利，自毁前途。

【事件经过】　2018 年 9 月 6 日，某大学学生何某为牟利，从微信为"日代处-哥"的网友处以人民币 1348 元的价格购买一盒 0.25mg 规格的 NICHI-IKO 睡眠导入剂，在收到从日本邮寄至中国的上述物品后以人民币 16 500 元的价格贩卖给祁某。同年 9 月 20 日，何某又以人民币 1570 元的价格，以同样的方式从"日代处-哥"处购买一盒 10mg 规格的 SAWAI 睡眠导入剂，后以人民币 21 000 元的价格贩卖给祁某。9 月 28 日，何某在签收上述包裹时被抓获。

【事件原因】　该案是一起在校大学生贩卖管制精神药品的案件。涉案被告人何某为大学生，1999 年出生，案发时尚未满 20 周岁，作为一名在校大学生本应努力学习知识，增强本领，而何某为满足自己无尽的物质欲望，明知是管制药品，仍贩卖牟利，从而走上违法犯罪的道路，害人害己，给自己的人生留下了难以磨灭的污点。

【事件后果】　法院审理后认定何某犯走私、贩卖毒品罪，判处管制 9 个月，并处罚金人民币 2000 元；何某退缴违法所得人民币 37 500 元予以没收，上缴国库；随案移送的作案工具苹果 XS 手机 1 部，予以没收。

【安全警示】　案件的警示意义在于，家庭、学校在完成传播知识的同时，一定要加大普法的力度，引导学生树立正确的人生观、价值观。

10.5　本章小结

本章主要从大学生宿舍的安全防范、公共场所的安全防范、毒品对大学生的危害及对毒品的安全防范等方面介绍如何处理好宿舍同学之间的关系，如何保护好个人财产，如遇到不法侵害时如何妥善处置及毒品对社会家庭的危害等，这些内容都值得大学生认真学习和思考。

交往安全

社会生活中的每一个人都生活在人际关系网中,每一个人的成长和发展都依存于人际交往。对于大学生而言,无论是在学校学习,还是毕业后的职业生涯,都不可能没有人际交往。在大学校园里,同学之间生活上的相互照顾,学习上的相互帮助,活动中的相互支持,感情上的相互交流,师生间的教学相长,都需要有良好的思想、行为、情感的沟通。处于青年期的大学生,思想活跃、感情丰富,人际交往的需要极为强烈,人人都渴望真诚友爱,大家都力图通过人际交往获得友谊,满足自己物质和精神上的需要。但面对新的环境、新的对象和紧张的学习生活,使得一部分学生由此而导致了心理矛盾的加剧。此时,积极的人际交往,良好的人际关系,可以使人精神愉快,情绪饱满,充满信心,保持乐观的人生态度。一般来说,具有良好人际交往能力的学生,大都能保持开朗的性格,热情乐观的品质,从而正确认识、对待各种现实问题,化解学习、生活中的各种矛盾,形成积极向上的优秀品质,迅速适应大学生活。相反,如果缺乏积极的人际交往,不能正确地对待自己和别人,心胸狭隘,目光短浅,则容易形成精神上、心理上的巨大压力,难以化解心理矛盾,严重的还可能导致病态心理,如果得不到及时的疏导,可能形成恶性循环而严重影响身心健康。因此,如何对大学生进行人际交往的指导,帮助他们优化人际关系,调适人际交往的心理问题,就显得至关重要。

11.1 大学生人际交往安全

11.1.1 人际交往概述

1. 人际交往的含义

人际交往是指人们在社会生活中交流信息、沟通感情、相互作用和相互知觉的过程,它表现为人与人之间的心理距离,反映着人们寻求满足需要的心理状态。人际交往具有两个最基本的特征,即沟通和相互作用。人际交往的直接结果是建立一定的人际关系,即人们在社会活动过程中所形成的建立在个人情感基础上的相互联系,也表现为人与人之间心理上的关系。而这种关系一旦建立,又反过来影响和制约着人们的交往。因此,有的学者主张人际交往就是人际关系,是同一个概念,虽然前者强调动态的相互作用,后者强调静态的情感联系,但它们的本质都是指人与人之间的心理距离关系。

人际交往的心理因素包括认知、动机、情感、态度与行为等。认知是个体人际关系的前提；动机在人际关系中有着引发、指向和强化功能；情感是人际关系的重要调节因素，人们在交往过程中，总是伴随着一定的情感体验，如满意与不满意、喜爱与厌恶等，人们正是根据自身情感体验来不断调整人际关系。情感直接关涉交往双方在情感需要方面的满足程度，即心理距离。所以，情感是人际关系中最重要的部分，它往往被当作判断人际关系状态的决定性指标；态度是人际交往的重要变量，每时每刻都在表现某种态度，态度直接影响着人际关系的建立、形成与发展。人的成长、发展、成功、幸福都与人际关系密切相关。没有人与人之间的关系，就没有生活基础。因此，正常的人际交往和良好的人际关系是个体获得幸福生活的保证，它能让人心情舒畅、工作顺利、合作愉快；良好的人际关系还是个体身心健康成长的基本条件，它能让人获得自信，在交往中有安全感；同时，良好的人际关系还是社会安定团结的保障，能让社会生活正常运行，有效发挥群体实力。

2. 人际交往的基本过程

人际交往是由信息交流、动作交换和相互理解 3 个过程构成的复杂活动。

（1）信息交流。信息交流也叫作人际沟通（interpersonal communication），指的是社会中人与人之间在共同活动中彼此交流思想、感情和知识等信息的过程。人们在交往中总要把自己的所见所闻告诉其他人，把自己的想法和感受告诉别人，同时也了解到交往对象的观点和态度，进而决定是否修正自己的观点或设法改变其他人的观点，这就需要进行人际沟通。

进行信息交流的手段有言语和非言语两种形式，因此，可以将人际沟通分为言语沟通和非言语沟通两种。言语沟通是通过语言这种媒介而实现的信息交流，是人们对书面语言和口头语言的应用，是人际沟通的主要手段。非言语沟通是通过语言以外的媒介，主要是各种表情（面部表情、言语表情和身段表情）而实现的信息交流。非言语沟通是言语沟通重要的补充形式，能起到增强表达、促进理解的作用。

（2）动作交换。人们在交往中除了运用各种手段进行信息交流外，还伴随着必要的动作。例如，在商业活动中的"一手交钱，一手交货"，教学活动中的"手把手"，朋友相聚时的"抱成一团"，亲密接触时的"勾肩搭背""手挽手"等，都是交往中的动作交换。有时，人的交往不用说话，仅是通过动作上的你来我往，便完成了交往过程，甚至还有"此时无声胜有声"的效果。

（3）相互理解。交往中的相互理解，是交往成败的关键。如果一番信息交流和动作交换以后，双方都在思忖"他这是什么意思？"那这样的交往就未达到预期效果。正如俄罗斯戏剧理论大师斯坦尼斯拉夫斯基所说："在和一个人交往时，首先要探寻他的心灵，他的内心世界。"相互理解包括 3 个方面，即意义理解、情感理解和动机理解。理解对方所提供信息的内容，明白对方在表达什么，这是意义理解；根据对方提供信息的方式，领悟其表达方式中所包含的情感和态度，这是情感理解；而洞察其提供信息的意图，也就是明白对方为什么要表达这个信息，就是动机理解。所以，在交往中要善于"察言观色"，以实现真正的相互理解，避免因对信息的误解而导致误会，造成交往的障碍。

3. 人际关系的功能

人际关系由认知成分、情感成分和动作成分 3 部分组成，它们相互联系、不可割裂。但是,在不同的人际关系形成中,它们所占的比重是不同的,例如,在家庭关系中情感的成分特别突出,在工作群体中认知成分较为重要,而在各项服务行业中动作成分起着最为重要的作用。正因如此,人际关系就具有了多方面的功能。

(1)获得信息的功能。人际交往与用书本获得信息相比,有内容更广泛、渠道更直接、速度更快等特点。随着交际范围的扩大和友情的加深,我们能认识更多的人,听到更多的事,交换更多的思想,获得更多的信息。

(2)认识自我的功能。人可以在与他人的交往中,与别人的比较中,以及别人对自己的态度和评价中认识、调整和改进自己,提高自我认识的水平。

(3)协同合作的功能。通过交往,可以相互促进、取长补短,使单独的、孤立无援的个体结成一个强有力的集体来共同战胜困难,完成任务。

(4)身心保健的功能。那些交际面广的人往往精神生活丰富,身心也更健康;相反,那些孤僻、不合群的人,往往有更多的烦恼和难以排遣的忧虑,因而会有更多的身心健康问题。

4.人际交往的基本规律

人际交往主要有三大基本规律,它们经常地、普遍地发生作用,时时刻刻影响着人们的人际交往。

(1)趣同规律。年龄相同的人、经历相似的人、情趣类似的人和态度一致的人之间,就更容易谈得来,彼此产生好感和心理上的共鸣。

(2)互补规律。一是需求上得到互补;二是利益上得到互惠。前者缘于心理上需求,后者则主要针对经济上的利益。

(3)回报规律。一是积极型回报,即受人之恩,常怀感恩之心;二是消极型回报,即指个体在遭受挫折之后,对构成挫折的人,采取报复行为。

5.人际交往的理论研究

(1)社会交换理论(social exchange theory)。

该理论认为,人际交往是一个社会交换的过程,人们之间的所有活动都是交换,是一种准经济交易:当你与他人交往时,你希望获取一定的利益,作为回报,也准备给予他人某种东西,他人也是如此。这种理论假定交换中的个体都是自利的(self-interested):人们试图使自己的收益最大化,并使自己的成本最小化,从而确保交换结果是正的净收益。

这种建立在成本和收益的经济模型基础上的人际关系的简单概念,被心理学家和社会学家延伸形成了复杂的社会交换理论。社会交换理论认为,人们所知觉到的一段关系的正性或负性程度取决于如下3点。

① 自己在关系中所得到的收益。

② 自己在关系中所花费的成本。

③ 对自己应得到什么样的关系和能够与他人建立一个更好的关系的可能程度。

换句话说,我们购买所能得到的最好关系,它对于我们的情感货币而言能提供给我们的价值最多。社会交换理论的基本概念是收益、成本、结果和比较水平。社会交换理论有许多研究证据的支持:朋友和亲密伴侣之间的确关注他们对这段关系是否抱有良好的感觉。

（2）公平理论（equity theory）。

一些研究者批评社会交换理论忽视了关系中的一个要素——公正的概念，或者说是公平。公平理论的支持者强调，人们并非简单地以最小代价换取最大利益；他们还要考虑关系中的公平性，即与人际关系中的同伴相比，两者贡献的成本和得到的收益基本是相同的（Homans，1961；Walster&Berscheid，1978）。这些研究者把一段公平的关系描绘为最快乐和最稳定的关系。相比较而言，不公平的关系导致一方感到过度受益（得到许多收益，耗费极小的成本），或者过度受损（得到极少收益，付出众多成本，不得不在这段关系中耗费诸多的时间和精力）。

根据公平理论，关系双方对过度受益和过度受损的都会感到不安，且双方都会有在关系中重建公平的动机。这对于过度受损的一方来说是合理的，但为什么过度受益的个体会想要放弃社会交换理论所阐述的这种轻松的交易——以微小的成本和工作来换取高额的收益呢？一些研究者强调，公平是一个强有力的社会标准——如果在一段关系中得到的超过应得的，个体将最终感到不安，甚至感到内疚。所以，按公平理论来看，当人际双方体验到的贡献成本和得到的收益基本相同时，人际关系是很愉快的。

（3）自我表露理论。

从广义来说，社会交换过程包含情感的交流，而情感的交流是与自我表露分不开的。所谓自我表露就是人们常说的"敞开心扉"，即把有关的信息、自己内心的思想和情感暴露给对方。良好的人际关系是在交往双方的自我表露逐渐增加的过程中发展起来的。自我表露可以增加他人对你的喜欢。自我表露本身具有很强的象征性，它给对方一个强有力的信号：你对他（她）相当信任，愿意有进一步的交往。而且，对他人的自我表露可以引发他人做自我表露，由此可以增进相互理解，相互信任。Briggs认为，自我表露对他人的益处包括以下5方面。其一，他们知道彼此相似与不同点在何处，还能了解相似与不同的程度；其二，准确地向他人表露自我，是健康人格的体现；其三，自我表露增强了自我觉察的能力；其四，分享体验帮助个体发现这不是他们唯一存在的问题；其五，自我表露可以从他人获得反馈，减少不必要的行为。

当然，自我表露也必须注意分寸，过分的表露会让人感到不舒服。一般来说，表露的范围和深度是随着关系的发展而逐步增加的，对于不同的关系，在不同的发展阶段，自我表露的广度和深度明显不同。在非常亲密的朋友中，自我表露往往十分深入，达到无话不说的地步，但也要注意不要轻易触及"隐私"问题。Briggs还认为，自我表露是存在风险的。最实质的风险包括来自不同目标人的攻击、嘲笑、拒绝与不关心；个人表露可能会受到听者的伤害；不适当的自我表露，可能引起他人的退缩或拒绝，对不适宜的人或在不适当的时间过分表露的人，被认为是社会化不良的标志。因此，只有"隐私"需求和沟通需求之间保持适度的平衡，亲密关系才能正常发展。

11.1.2 大学生人际交往的含义

1. 大学生人际交往的含义

大学生人际交往的含义严格地说有广义和狭义之分。广义的人际交往是指大学生和与之有关的一切人的相互作用过程。这里作为人际交往主体的大学生，可以是个体，也可以是群体;同样地,人际关系的对象,亦可以是个体,或者是群体。在这些人际关系中,有的对大学生的身心具有举足轻重的影响,如大学生和父母家人、亲朋好友以及老师、同学之间的人际关系;有的作用却无关紧要,如大学生和那些偶然相遇的路人的人际关系。狭义的人际交往是指大学生在校期间和周围与之有关的个体或群体的相处及交往,它是大学生之间以及大学生与他人之间沟通信息、交流思想、表达感情和协调行为的互动过程。其中最主要的是师生交往和同学交往,寝室交往是大学生的一种特殊的人际交往。为行文方便,本书取其狭义。

2. 大学生人际交往的意义

据统计,大学生每天除了睡眠外,其余时间中有70%左右用于人际交往。从心理发展的角度看,人际交往对大学生的成长与成才都具有十分重要的意义。

(1)人际交往影响大学生的性格和人生态度。

积极的人际交往,良好的人际关系,可以使人精神愉快,情绪饱满,充满信心,保持乐观的人生态度。一般来说,具有良好人际关系的学生,大都能保持开朗的性格,热情乐观的品质,从而正确认识、对待各种现实问题,化解学习、生活中的各种矛盾,形成积极向上的优秀品质,迅速适应大学生活。相反,如果缺乏积极的人际交往,不能正确地对待自己和别人,心胸狭隘,目光短浅,则容易形成精神上、心理上的巨大压力,难以化解心理矛盾。严重的还可能导致病态心理,如果得不到及时的疏导,可能形成恶性循环而严重影响身心健康。

(2)人际交往影响大学生的情绪和情感变化。

处于青年发展期的大学生,正处在人生的黄金时代,在心理、生理和社会化方面逐步走向成熟。但在这个过程中,一旦遇到不良因素的影响,就容易导致焦虑、紧张、恐惧、愤怒等不良情绪,影响学习和生活。实践证明,友好、和谐、协调的人际交往,有利于大学生对不良情绪和情感的控制和发泄。

(3)人际交往影响大学生的精神生活。

大学生情感丰富,在紧张的学习之余,需要进行彼此之间的情感交流,讨论理想、人生,诉说喜怒哀乐。人际交往正是实现这一愿望的最好方式。通过人际交往,可以满足大学生对友谊、归属、安全的需要,可以更深刻、更生动地体会到自己在集体中的价值,并产生对集体和他人的亲密感和依恋之情,从而获得充实的、愉快的精神生活,促进身心健康。

(4)人际交往是大学生成长成才的重要保证。

① 人际交往是交流信息、获取知识的重要途径。

现代社会是信息社会,信息量之大,信息价值之高,是前所未有的。人们对拥有各种信息和利用信息的要求,随着信息量的扩大,也在不断地增长。通过人际交往,可以相互传递、交流信息、成果,使自己丰富经验,增长见识,开阔视野,活跃思维,启迪思想。

② 人际交往是个体认识自我、完善自我的重要手段。

孔子曾说过:"独学而无友,则孤陋而寡闻"。人际交往,可以帮助人们提高对自己的认识,以及自己对别人的认识。在人际交往的过程中,从对方的言谈举止中认识对方。同时,又从对方对自己的反应和评价中认识自己。交往面越宽,交往越深,对对方的认识越完整,对自己的认识也就越深刻。只有对他人的认识全面,对自己认识深刻,才能得到别人的理解、同情、关怀和帮助,自我完善才可能实现。

③ 人际交往是集体成长和社会发展的需要。

人际交往是协调集体关系、形成集体合力的纽带。而一个良好的集体,能促进青年学生优良个性品质的形成,如正义感、同情心、乐观向上等都是在民主、和睦、友爱的人际关系中成长起来的。良好的人际关系还能够增进学生集体的凝聚力,成为集体中最重要的教育力量。

11.1.3　大学生人际交往的特点

1. 大学生人际交往的特点

(1) 高期望值与高挫折感。大学生对人际关系的追求往往带有较浓的理想化色彩,无论是对同龄同学,还是对师长,常常是以理想色彩来看待交往,希望交往不带任何杂质,常以理想标准要求对方,一旦发现对方某些不好的品质就深感失望。而且,与其他人群相比,大学生人际关系的挫折感较强,致使不少大学生不时沉湎于对过去的回忆之中,从而表现出渴望交往又自我封闭的双重性。

(2) 平等意识强。随着自我意识的逐渐增强,独立和自尊的要求越来越明显,这就使得大学生对人际交往过程中的平等性要求较高。他们既与他人平等相待,也希望他人对自己一视同仁。因此,大学生更多地选择与同辈交往而远离父母,经常回避居高临下的说教。平等性交往的需求使得那些谦和、真诚、善解人意、通情达理、热情乐观的人,容易受到学生的喜爱,人们乐意与之交往。

(3) 对异性之间的交往愿望强烈。由于处于青年中期,性生理的成熟,性意识的唤醒,对异性产生了强烈兴趣,而大学生的班集体生活和丰富多彩的课外活动又为异性之间的交往提供了许多机会,更强化了与异性交往的愿望。

2. 大学生人际交往的趋势

随着时代价值观的多元化发展,大学生的人际交往呈现前所未有的多元化与开放化趋势,主要表现如下。

(1) 从交往目的看,情感型交往与功利型交往并重。今天的大学生的交往动机慢慢变得复杂,选择什么样的人交朋友,并不纯粹是出于情感和志同道合,同时,比较重视与自身社会利益相关的务实性。

(2) 交往范围逐渐扩大。交往对象由以前的亲缘、朋辈交往转向更广泛的社会交往群体。同学交往不局限于同班同学,而逐渐发展到同级、同系甚至同校的可认识的所有同学;不仅包括同性交往,异性交往也是同学交往的重要内容和方式。

(3) 从交往方式看,以宿舍为中心,社会工作和网络社交占主导。大学生虽然主动追求开放式的人际交往,但由于时间、精力、生活环境、经济条件等方面限制,交往的主要场所仍然在校园内,中心是学生的宿舍。但同时校园里众多的社团交往,QQ、微信、微博、抖音等新媒体社交方式也逐渐被大学生接受并渗透到他们的日常生活之中。

11.1.4　大学生人际交往中存在的问题

1. 人际冲突

人际冲突是一种十分普遍的现象,只要有人群的地方,就必然存在人际冲突。人际冲突发生于个体与个体之间,是群际冲突和组织冲突的基础。在对人际冲突的原因进行准确分析的基础上对其进行有效的管理,对于建立和谐的人际关系,具有十分重要的意义。大学生人际冲突指大学生人际关系不符合大学生群体对其人际关系的基本认识,导致在大学生个体之间出现的人际关系的不协调现象,是比较常见的一种人际适应不良。有的大学生对于身边发生的一点点小事常会以过激的行为去解决;有的学生互不示弱,互不忍让从而发生冲突,甚至采取报复措施,造成心理上的障碍。

2. 交往恐惧

交往恐惧是指个体在公共的场合需要说话,或者需要做一些事情的时候就会感觉到特别的紧张、不自在、尴尬,担心自己表现不好,为此非常苦恼的表现。交往恐惧有很多的表现,最常见的是个体在公共场合下需要发言,感觉很紧张,这个时候可能就会失控,或者紧张严重到说不出话来。社交恐惧的过程中,会伴有很多个体的焦虑表现的发作,如会觉得心慌、胸闷、出汗、大脑一片空白、脸会变得通红,所以社交恐惧症又叫作赤面恐怖症。社交恐惧除了在公共场合下发言比较容易紧张,有的人可能会出现其他表现。例如,有的人不敢在公共场合吃东西,不敢在公共场合上厕所,不敢在公共场合有人看着自己的情况下写东西、签字,会觉得非常不自然,会觉得比较尴尬,这都是社交恐惧症的表现。交往恐惧是另一种比较常见的人际适应不良。交往恐惧的大学生不敢与人交往,担心别人瞧不起,不敢在大庭广众之下说话、发言,对人际交往充满恐惧。自卑是个人由于某些生理缺陷或心理缺陷及其他原因而产生的轻视自己、认为自己在某个方面不如他人的情绪体验。由高中升入大学,某些人由各方面都是出类拔萃的尖子生一下子变成了普通的一员。大学生在人际交往角色身份发生了较大的变化,这种变化越大引起心理冲突就越激烈,越有可能使其产生自卑心理。这样,有自卑心理的大学生自然不敢去面对自己的交往活动,人际交往成为他们心中的噩梦。

3. 沟通不良

沟通不良是人际适应不良的重要表现形式。在大学生人际交往过程中,有的大学生我行我素,从不与别人沟通;有的大学生虽有良好的沟通愿望却不得其法,常引起误解,造成人际交往障碍。沟通不良是大学生最为经常的冲突来源,沟通不良在大学生冲突来源中排在首位。

以上 3 种人际交往问题中,人际冲突和沟通不良容易导致发生人际交往安全问题。

11.1.5　大学生人际交往问题产生的原因

1. 家庭生活影响

00 后大学生大部分是独生子女,家庭生活往往使孩子形成以自我为中心的行为模式,这些孩子聚在一个集体里,会出现人际交往不良的现象。因为家里只有一个孩子,孩子享受的是父母带来的呵护及溺爱,从小缺乏集体环境而导致缺乏合作精神。家长的过分包办让独生子女上大学后缺乏为人处世的能力,慢慢地就养成孩子自私的心理。有些家长本身人际关系就处理不好,由于长期的影响,使孩子也反感与人交往。

2. 校园环境影响

大学具有比较开放的学习环境,生活在大学的学生吸纳多方面的思想观念、行为方式,人际关系处理不当就会产生矛盾。与中学相比,大学的管理模式比较松散和自由,强调的是个人的兴趣与发展。中学时期宿舍比较集中或居家,每天的安排有固定的规律,熟悉的面孔,相同的语言、习俗构成自己熟悉的环境。大学周围的人来自全国各地,生活习惯、家庭背景、性格,甚至语言等有一定差别,造成交往复杂、困难。另外,在大学,学习不再是唯一目标,大学生行为目标多元化,也是导致人际关系复杂难处的原因之一。

3．大学生自身因素影响

1）行为障碍

(1) 任性。独生子女的成长环境优越,从小父母对其几乎是有求必应,导致他们不太顾及环境和他人,行事任性。这种任性,在同龄人中,则容易产生矛盾。大学生本应心思细密,对他人的反应感受敏锐,但这种任性,会使他们丧失解读他人心理的习惯与能力。他们的行为原则是"我愿意、我乐意、我喜欢"。存在这种社交行为的大学生往往要求别人迁就自己。

(2) 退缩。这是腼腆的大学生常有的社交行为障碍。性格上内向,使他们在交往中不敢采取主动,而是守株待兔。他们往往缺乏自信,过度防范,这使他们即使有心仪的交往对象,也不会主动出击。这种态度其实令他们烦恼,面对失去的机会他们也会极其遗憾。

2）能力缺陷

(1) 语言表达能力。沟通不畅,语言表达能力是影响人际交往的重要因素。例如,有人语言表达不准确,常常词不达意,别人就不能确切理解其含义或容易引起误会,而且引起对方的反感。

(2) 交往能力。每个大学生的交往能力都是不同的,性格外向的学生比性格内向的学生,更喜欢主动结识新朋友,具有更多的人际交往的锻炼机会,使他们交往能力不断提高。

3）性格障碍

(1) 以自我为中心。只关心自己的兴趣和利益,不为他人的处境着想;对他人缺乏责任感;对别人的进步和成绩怀有很强的嫉妒心。

(2) 不尊重别人。对他人缺乏同情心,不关心他人的悲欢情绪;总喜欢控制和支配别人。

(3) 自私。学习成绩好,但不肯帮人。

4）认知偏差

在社会认知过程中,认知者和被认知者总是处在相互影响和相互作用的状态。因此,在认知他人、形成有关他人的印象的过程中,由于认知主体与认知客体及环境因素的作用,社会认知往往会发生这样或那样的偏差。从社会心理学的角度看,这些偏差无非是由于某些特殊的社会心理规律的作用而产生的对人这种社会刺激物的特殊反映。认知偏差主要有以下几种。

(1) 首因效应。

首因效应也叫作首次效应、优先效应或"第一印象"效应。它是指当人们第一次与某物或某人相接触时会留下深刻印象。第一印象作用最强,持续的时间也长,比以后得到的信息对于事物整个印象产生的作用更强。首因,是指首次认知客体而在脑海中留下的"第一印象"。首因效应,是指个体在社会认知过程中,通过"第一印象"最先输入的信息对客体以后的认知产生的影响作用。当人们来到一个新环境时,都会在新面孔中寻找适合做朋友的人,也许恰好就有一个人让你觉得亲切可爱、热情幽默、善良乐观,很想和他成为好朋友,可是相处了一段时间甚至一个学期、一年以后,你忽然发现他不是你原来想象的样子,他是个斤斤计较、自私小气、脾气不好的人,这时你才感慨"路遥知马力,日久见人心"。这就是首因效应使人产生的认知偏差。我们很容易因为第一印象中别人表现得好或坏来判断这个人是好人还是坏人。从身边的例子就能看出,首因效应的重要性。在日常生活中,当和一个人不熟时,很多人更倾向于对那些长相好看,举止合乎自己喜好的人产生好印象。

(2)近因效应。

所谓"近因",是指个体最近获得的信息。近因效应与首因效应相反,是指在多种刺激一次出现的时候,印象的形成主要取决于后来出现的刺激,即交往过程中,我们对他人最近、最新的认识占了主体地位,掩盖了以往形成的对他人的评价,因此,也称为"新颖效应"。多年不见的朋友,在自己的脑海中印象最深的其实就是临别时的情景;一个朋友总是让你生气,可是谈起生气的原因,大概只能说上两、三条,这也是一种近因效应的表现。在学习和人际交往中,这两种现象很常见。我们对一个人的认知很大程度上取决于我们对这个人最近做的一件事给我们产生的印象。近因效应影响着在人际交往中对人和事作出客观、正确的评价和判断,妨碍我们客观地、历史地看待人和客观事实。

(3)晕轮效应。

晕轮效应又称光环效应,是指当认知者对一个人的某种人格特征形成好或坏的印象之后,还倾向于据此推论该人其他方面的特征。如果认知对象被标明是"好"的,他就会被"好"的光圈笼罩着,并被赋予一切好的品质;如果认知对象被标明是"坏"的,他就会被"坏"的光圈笼罩着,他所有的品质都会被认为是坏的。这就像刮风天气之前晚间月亮周围的大圆环(即月晕或称晕轮)是月亮光的扩大化或泛化一样,故称为晕轮效应。晕轮效应使我们经常在认知中产生偏差,虽然我们有时知道事情并不是这样的。这种一好百好,一坏百坏的认知判断,容易对他人造成认知偏差。

(4)社会刻板印象。

人们的社会认知偏差不仅发生在对个人的认知中,也发生在对一类人或一群人的认知中。社会刻板印象就是指人们对某个社会群体形成的一种概括而固定的看法。一般来说,生活在同一地域或同一社会文化背景中的人,在心理和行为方面总会有一些相似性;同一职业或同一年龄段的人,他们的观念、社会态度和行为可能比较接近。如在地域方面,人们有英国绅士、美国西部牛仔、原始生活中的非洲人、观念保守的东方人的印象;在职业方面,人们会自然想到教师的文质彬彬、医生的严谨或地质勘探队员的粗放等;在年龄方面,老年人比青年人更守旧等。人们在认识社会时,会自然地概括这些特征,并把这些特征固定化,这样便产生了社会刻板印象。

不同地域的人会被认为有不同的性格特征,虽说这些认识有一定的合理性,但是若不具体问题具体分析、具体的人具体对待的话,也很容易造成人际交往障碍。

11.2 大学生良好人际交往建立原则

每个成长中的大学生,都期望自己生活在良好的人际关系氛围中,如何提高个人的人际魅力,持续良好的人际关系状态,是每个大学生值得思考的问题。调查结果证明,那些对大学生活感到满意度低的学生,其列在第一位的是人际关系不适。对在校大学生,就要从品德、性格、潜力、学识、体态、交际手段与社会经验等方面锻炼自己,使自己能够适应大学生活。良好的人际交往和沟通潜力不是与生俱来的,它需要在社会交往实践中学习、锻炼和提高。但如同其他事务一样,"没有规矩不成方圆",大学生在交往过程中,也有它内在的规律性,即依据必须的交往原则。只有遵循了正确的交往原则才能建立起和谐的人际关系,才能在交往中掌握和创造更好的人际交往的艺术。

11.2.1 把握良好人际关系的原则

1. 正直原则

主要是指正确、健康的人际交往潜力,营造互帮互学、团结友爱、和睦相处的人际关系氛围,决不能搞拉帮结派,酒肉朋友,无原则、不健康的人际交往。

2. 平等原则

主要是指交往双方人格上的平等,包括尊重他人和保持他人自我尊严两个方面。彼此尊重是友谊的基础,是两心相通的桥梁。交往务必平等,平等才能深交,这是人际交往成功的前提。社会主义人际关系的根本特征就是平等,这是社会进步的表现。贯彻平等原则,就是要在交往中尊重别人的合法权益,尊重别人的感情。古人云:"欲人之爱己也,必先爱人;爱人者,人恒爱之;敬人者,人恒敬之"。尊重不是单方面的,而是取决于双方,既要自尊,又要彼此尊重。

3. 诚信原则

指在人际交往中,以诚相待、信守诺言。在与人交往时,一方面要真诚待人,既不当面奉承人,也不在背后诽谤人,要做到肝胆相照,襟怀坦荡;另一方面,言必行,行必果,承诺的事情要做到,这样才能赢得别人的拥戴,彼此建立深厚的友谊。马克思把真诚、理智的友谊赞誉为"人生的无价之宝"。古人说,"精诚所至,金石为开""心诚则灵"。可见,真诚是换取友谊的钥匙。

4. 宽容原则

在与人相处时,应当严于律己,宽容待人,理解对方的差异。俗话说,"金无足赤,人无完人"。交往中,对别人要有宽容之心,如"眼睛里容不得一粒沙子"般斤斤计较,苛刻待人,或者得理不让人,最终将会成为"孤家寡人"。另外,要有宽容之心,还须以诚换诚,以情换情,以心换心,善于站在对方的角度去理解对方,看问题就会柳暗花明,豁然开朗。

5. 换位原则

在交往中,要善于从对方的角度认知对方的思想观念和处事方式,设身处地地体会对方的情感和发现对方处理问题的独特个性方式等,从而真正理解对方,找到最恰当的沟通和解决问题的方法。

6. 互补互助交互原则

这个原则是大学生处理人际关系的一种心理需要,也是人际交往的一项基本原则。由于大学生在经济生活上还没有独立,依然处在以学为主的学生时代,因此互补性原则主要体现在精神领域,包括大学生气质、性格、个性特征的内容,我们会发现不同气质、性格和潜力的人能够相处配合得较好,而各方面都十分强的两个人倒并不配合相处得很好。"尺有所短,寸有所长",在交往过程中要勇于吸收他人的长处,以弥补自己的不足。从心理学上讲,每个人都是天生的自我中心主义者,个体都期望别人能承认自己的价值,支持自己,接纳自己,喜欢自己。由于这种寻求自我价值被确认和情绪安全感的倾向,在社会交往中,更重视自己的自我表现,注意吸引别人的注意,期望别人能接纳自己,喜欢自己。阿伦森的研究证明,人际关系的基础是人与人之间的相互重视、相互支持。对于真心接纳我们,喜欢我们的人,我们也更愿意接纳对方,愿意同他们交往并建立和维持关系。

7. 功利作用原则

心理学家霍曼斯提出,人与人之间的交往本质上是社会交换过程,人们期望交换对自己来说是值得的,期望在交换过程中至少得等于失,不值得交换是没有理由去实施的,不值得交换的关系也没有理由维持,所以人们的一切交往行动及一切人际关系的建立与维持都是根据必须的价值观进行选取的结果。对于那些对自己来说值得的,或得大于失的人际关系,人们倾向于建立和持续,对自己来说不值得,或失大于得的,人们就倾向于逃避、疏远或终止。我国心理学家研究发现,随着人们价值观倾向的不同,人际交往中存在着不同的社会交换机制。对重内在情感价值的人而言,他们在人际交往中个人情感卷入更多,因而有明显的重情谊、轻物质的倾向,与别人的交换倾向于增值交换过程。他们在人际交往中感到欠别人的情分,因此在回报时,往往也超出别人的期望,这种过程的循环往复,就导致了交往双方都感到得大于失。与此同时,对重外在物质利益的人而言,他们在人际交往中重物质利益意识多于个人情感意识的投入,因此倾向于用物质来衡量自己的得失,在人际交往中处于减值交换。

8. 自我价值保护原则

自我价值,指个人对自身价值的意识与评判;自我价值保护指人为了持续自我价值的确立,心理活动的各个方面都有一种防止自我价值遭到否定的自我支持倾向。人在任何时期的自我价值感,都是既有的一切自我支持信息的总和。自我价值支持的变化无非来自两方面,一是贴合人们意愿,自我支持力量的增加;另一方面,与人们的期望相反,使人们面临自我价值威胁,因而务必进行自我价值保护的消极变化,即自我价值支持力量的失去或自我面临新的攻击。个性是我们面临肯定的人转向否定时,我们面临两种选取:一是承认别人转变的合理性,否定我们自己,贬低自我价值;二是进行自我价值保护,尽可能维护自我价值的不变,降低所失去的自我价值对自己的重要性。许多研究证明,自我价值否定是十分痛苦的,因此当面临自我价值威胁时的优先反应不是否定自身,而是尽可能保护自己。

11.2.2 掌握人际交往的艺术

1. 语言艺术

"良言一句三冬暖,恶语伤人六月寒。"这句话告诉我们交往时要注意运用语言的艺术。语言艺术运用得好,就能优化人际交往。相反,如果不注意语言艺术,往往在无意间就出口伤人,产生矛盾。

(1)称呼得体。称呼反映出人们之间心理关系的密切程度。恰当得体的称呼,使人能获得一种心理满足,使对方感到亲切,交往便有了良好的心理氛围;称呼不得体,往往会引起对方的不快甚至愤怒,使交往受阻或中断。所以,在交往过程中,要根据对方的年龄、身

188

份、职业等具体情况及交往的场合、双方关系的亲疏远近来决定对方的称呼。对长辈的称呼要尊敬,对同辈的称呼要亲切、友好,对关系密切的人可直呼其名,对不熟悉的人要称呼全名。

(2) 说话注意礼貌。

① 正确运用语言,表达清楚、生动、准确、有感染力、逻辑性强,少用土语和方言,切忌平平淡淡、滥用辞藻、含含糊糊、干巴枯燥。

② 语音、语调、语速要恰当,要根据谈话的内容和场合,采取相应的语音、语调和语速。

③ 讲笑话要注意对象、场合、分寸,以免笑话讲得不得体,伤害他人的自尊心。

④ 适度地称赞对方。每个人都希望别人赞美自己的优点。如果我们能够发掘对方的优点,进行赞美,他会很乐意与你多交往。但是赞美要适度,要有具体内容,绝不能曲意逢迎。真诚的赞美往往能获得出乎意料的效果。

⑤ 避免争论。青年大学生喜欢争论,但争论往往是在互不服输、面红耳赤、不愉快甚至演化成直接的人身攻击或严重的敌意中结束。这对人际关系的影响是显而易见的。因此大学生要尽量避免争论,而要通过讨论、协商的途径解决分歧。

语言艺术运用得好,就能吸引和抓住对方,从内容到形式适应对方的心理需要、知识经验、双方关系及交往场合,使交往关系密切起来。

2.非语言艺术

非语言艺术一般包括眼神、手势、面部表情、姿态、位置、距离等。掌握和运用好这种交往艺术,对大学生搞好人际交往是不可少的。"眼睛是心灵的窗户""眼睛像嘴一样会说话",面部表情是内心情绪的外在表现,它们均能表达人的态度和情感,如眉飞色舞表示内心高兴,怒目圆睁表示愤怒等。交往中还可以用人体动作来表达思想,大学生在人际交往中根据谈话的内容和场合,正确运用非语言艺术,巧妙地表达自己的思想感情,有时能起到"此时无声胜有声"的作用。但非语言艺术要运用得恰到好处,不可过于频繁和夸张,以免给人手舞足蹈之感。

此外,大学生还要学会有效地聆听。人际关系学者认为"倾听"是维持人际关系的有效法宝,几乎所有的人都喜欢听他讲话的人,所以,大学生要学会有效地聆听。在沟通时,作为听者要少讲多听,不要打断对方的谈话,最好不要插话,要等别人讲完之后再发表自己的见解;要尽量表现出聆听的兴趣,听别人讲话时要正视对方,切忌小动作,以免对方认为你不耐烦;力求在对方的角色上设身处地考虑问题,对对方表示关心、理解和同情;不要轻易地与对方争论或妄加评论。

11.2.3 增强自己的人际魅力

人际魅力是指在人际交往过程中形成的,个体对他人给予的积极和正面评价的倾向。每个人都有自己喜欢的人,并愿意与之交往;每个人也都有自己讨厌的人,不愿意和这些人交往。这种现象实际上反映的就是人际魅力。大学生可以从以下几个方面增强人际魅力,从而做一个受欢迎的人。

1.努力建立良好的第一印象

心理学家卡耐基在其著作《怎样赢得朋友,怎样影响别人》一书中总结出给人留下良好的第一印象的 6 种途径。

（1）真诚地对别人感兴趣。

（2）微笑。

（3）多提别人的名字。

（4）做一个耐心的倾听者，鼓励别人谈他们自己。

（5）谈符合别人兴趣的话题。

（6）以真诚的方式让别人感到他很重要。

2．提高个人的外在素质

追求美、欣赏美、塑造美是人的天性。美的外貌、风度能使人感到轻松愉快，并且在心理上构成一种精神的酬赏。因此，大学生应恰当地修饰自己的容貌，扬长避短，注意在不同场合下选择样式和色彩符合自己的服装，形成自己独特的气质和风度。同时，大学生应注意追求外在美和内在美的协调一致，即外秀内慧，因随着时间的推移，交往的加深，外在美的作用会逐渐减弱，对他人的吸引会逐渐由外及内，从相貌、仪表转为道德、才能。

3．培养良好的个性特征

良好的个性特征对建立良好的人际关系有吸引作用，不良个性特征对建立良好的人际关系有阻碍作用。生活中，大家都愿意与性格良好的人交往，没有人愿意与自私、虚伪、狡猾、性情粗暴、心胸狭隘的人打交道。因此，要不断形成良好的个性特征，注意克服性格上的弱点。

4．加强交往，密切关系

心理学研究表明，人与人之间空间距离上的接近，是促进人际吸引的重要因素，因为人与人之间空间位置上越接近，彼此交往的频率就越高，越有助于相互了解，沟通情感，密切关系。即使两个人的人际关系比较紧张，通过交往，也有可能逐步消除猜疑、误会。反之，即使两人关系很好，但如果长期不交往，彼此了解减少，其关系也可能逐渐淡薄。大学生同住在一起，接触密切，这是建立友情的良好的客观条件，应充分利用这一条件，与朋友保持适度的接触频率，使人际关系不至于淡化甚至消失。切忌"有事有人，无事无人"。

11.3　大学生如何应对交往危机

11.3.1　谨慎网络交友

（1）树立一定的自我保护意识。虚拟世界的交往带有很多不确定的因素，和网友交流的时候，要仔细观察网友的言论，看看他们喜欢讨论的话题是什么，品味是否高尚，人格是否完善。

（2）慎重将网上的朋友转化为现实中的朋友。网上交友需要考虑对自己学习和生活的影响，学会理性辨别，慎重选择。

（3）不要被网友的一些言论所迷惑。网上交往可以满足一些心理需要，并且不必承担现实交往中那么多的压力和责任，但是虚拟的交往难以触摸到生活的现实。

（4）拒绝与不认识网友的金钱交易。网上交友无论聊得有多熟悉，如果网友以各种理由借钱或者投资等涉及经济方面的事情，都要提高警惕，果断拒绝经济方面的任何来往。

（5）谨慎与网友见面。在网上交友一段时间后，可能就会产生见上一面的想法，在见面之前，一定要把网友的真实身份搞清楚，了解其职业、家庭等详细情况。

11.3.2　防止人际交往纠纷的发生

即使在最亲密的人际关系中，人际交往冲突也是有可能发生的。人际交往冲突对人际关系有着深远的影响。每一次人际交往冲突，既有可能导致了解深入、感情加深，也有可能导致矛盾加剧、关系破裂。合理应对人际交往冲突是维护良好的人际关系、预防人际关系破裂的重要策略之一。面对人际交往冲突应做到如下几点。

1. 要承认人际冲突的存在有其必然性

每个人的经历、情感、观念、需要、利益、背景、潜在变化趋势都不可能完全一样。当这种不一致被理解为重要的差异时，冲突就无可避免地产生了。像当年轰动全国的马加爵事件中，马加爵的经历、背景和需要与他的舍友是有非常大的差异的，无可避免地就发生了人际冲突，而且没有客观地承认这种人与人之间必然的差异，导致了悲剧的发生。所以只有承认人与人之间存在的差异，认识差异，才能抱着"求同存异、和而不同"的原则理性地去对待人际冲突。

2. 要树立从人际冲突中学会成长的心态

人际冲突的发生并不一定是"糟糕的"。从积极的方面讲，冲突能暴露不曾了解的差异，加深对对方的理解并修正对对方的不合理期待，将潜在的矛盾公开化以促成问题尽快彻底解决。如果在人际冲突中总是一直处在人际冲突中消极的一面，没有从人际冲突中成长，而是消沉，令人际关系不断激化，最终可能会导致不良结果的发生。

3. 用合适的方法应对人际冲突

处理得当的人际冲突不仅会大大降低其对人际关系的破坏性，而且提供了学习与人相处的策略和解决人际危机的机会。对于如何解决人际冲突，有如下几个步骤。

第1步：相信一切冲突都可以理性而建设性地获得解决。

第2步：客观了解冲突的原因。

第3步：具体地描述冲突。

第4步：向别人核实自己对有关冲突的描述是否客观。

第5步：提出可能解决冲突的合理方法。

第6步：对提出的方法逐一进行评价，选出最佳方法且对双方最有益。

第7步：尝试使用最佳方案。

第8步：评估实现最佳方案的实际效应，并按照双方带来的最大利益和有利于维护良好人际关系的原则给予修正。

11.3.3　防止打架斗殴的发生

打架斗殴是一种违法行为，《中华人民共和国治安管理处罚法》第三章第四十三条规定，殴打他人的，或者故意伤害他人身体的，处五日以上十日以下拘留、并处二百元以上五百元以下罚款；情节较轻的，处五日以下拘留或者五百元以下罚款。

1.打架斗殴的危害

（1）打架斗殴是一种与社会主义道德规范严重背道而驰的恶习,它不仅损害了他人人身健康,侮辱了人格,而且妨害了社会秩序。一旦矛盾激化,极易导致严重的斗殴、伤害和杀人案件的发生。有的同学脾气大,同学之间往往因一点小事就发生争吵,为几句话就可能大打出手甚至持械伤人,最后给自己或他人及家庭造成了不应有的痛苦和伤害,后果严重的还要承担法律责任。

（2）要学会正确处理同学间的矛盾。同学之间没有根本的利害冲突,在走出校园进入社会之后,很多人会发现最值得怀念的就是自己的大学时代,同学之间的关系是最纯真、最美好的关系。

2.预防打架斗殴的措施

1）关爱学生,加强管理

（1）经常性开展对校园管制刀具的清查、收缴行动。对情节轻微的,学校给予纪律处分,学校、班主任应与家庭密切配合,落实帮教措施;情节较重、屡教不改的,递交公安机关按照《中华人民共和国治安管理处罚法》等相关规定进行处罚。

（2）加强对学生的科学世界观、人生观、价值观的培养和法制教育,培养学生高尚的道德意识和审美习惯培养。

（3）关爱每一个学生,以最大限度地减轻学生压力,防止校园意外事件尤其是暴力事件的发生。

（4）加强对学生的跟踪管理,及时了解学生动向,把握学生思想动态,及时发现学生矛盾,及时引导学生正确处理矛盾。

2）引导学生正确应对打架斗殴

（1）针对打架斗殴这一形式,无论是已经受到过伤害的学生,还是正在遭受或即将遭受伤害的学生,都可以在学校、警方、家长的帮助与配合下,与施暴者来一场斗智斗勇的周旋,而不要逆来顺受或以暴治制暴。否则,不但不能阻止打架斗殴对自己的伤害,还会使其对自己的伤害越来越大。

（2）与犯罪行为作斗争是无可非议的,但对同学们来说,一定要讲策略,要学会具体情况具体分析,特别是要尽可能避免正面的直接搏斗,以免引起不必要的伤亡。只要能想办法达到使施暴者受到合法惩罚这个目的,就是勇敢的表现,并不是只有正面的直接搏斗才算勇敢。在自己势单力薄,不满足施暴者的某些欲望便不能脱身,甚至还要受皮肉之苦时,给钱便是一种缓兵之计,但一定要把对方的体貌特征看清楚,以便协助学校、家长或警方把他们抓获。

（3）同学们更应树立较强的自我保护意识,尤其是要学会说"不"。当有人尤其是陌生人约自己到较偏僻的地方去时,一定要坚决拒绝;当侵害到来时,一定要想办法逃脱,并积极寻求帮助。

（4）同学们还要自觉增强法治意识,在侵害发生后,要能够勇敢站出来,用法律的武器保护自己的正当权益。在今天这个法制日益健全的社会中,施暴者永远只是极少数人,而任何人,只要他们违犯了法律,就都必将要受到惩罚。在法律面前,人人平等。

3）加强学生思想道德教育，形成健全的人格

（1）树立正确的教育导向。各学科教师在教学过程中应加强德育目标的渗透，形成全面的思想道德教育氛围。辅导员、班主任通过定期召开主题班会、团队活动会、班级管理的总结会，使学生不断树立正确的人生观，价值观，形成正确的道德观。

（2）引导学生多读书，让学生在读书中更多地接受中华传统文化精华的滋养。学校要善于打造自己的书香特色，要能切实针对青少年的喜好和身心发展规律来制定科学合理的学习内容。要在校园内大力倡导读书活动，通过广泛深入地读书来引导全体学生，使他们借助作品来了解社会、了解人生。要让所有的学生，在读书中既养成理性思辨的能力，又生出对真善美的追求和向往之情。

（3）开展丰富多彩的集体活动，培养同学间友爱互助的良好氛围。对他人的残忍，很大程度上是缺乏集体关爱的原因。集体是个人消解矛盾的最好环境，在集体活动中，通过同学间的友爱互助，可以把很多小的摩擦消除在萌芽状态。多参加集体活动的大学生，就能够养成一种关注他人和包容的良好品行。学校、学院应该多开展丰富多彩的集体活动，让学生在活动中感受到集体的温暖、感受到他人的关爱，从而养成谦恭有礼、关爱他人、敬重生命的品质。

（4）加强法制教育。学校应该将法制教育融入教育、教学全过程，做到制度化、经常化。学校应每学期邀请法制部门来校举办法制教育讲座，经常组织学生观看法制教育片，并通过黑板报、宣传栏、固定标语、组织师生讨论等多种形式和手段，让学生多渠道了解法律知识，增强学生法治意识和明辨是非、遵纪守法的能力。教会学生在遇到被勒索、被殴打的暴力侵害时，要机智勇敢，冷静面对，及时通知教师或领导，不要沉默不语，更不要"以暴制暴"。教育学生勇敢面对暴力，积极同邪恶势力作斗争。

（5）强化校园管理。学校保卫处根据在校学生的活动规律，组成值班小组，每天早、中、晚按时对学校的重要场所进行巡查，避免暴力事件发生，并把防止校园"暴力"作为班级考核的重要内容。保卫处定期召开安全教育大会，严肃通报班级发生的严重暴力事件，二级学院召开班主任会议，认真检查班主任的整改措施，及时总结预防暴力事件的经验方法，使有暴力倾向的学生时时处处感到有压力，有顾虑，不敢肆意妄为。对重点"问题学生"进行重点教育，重点监控。本着治病救人的方针，联合家长，经常和他们沟通、交流，帮助他们克服心理障碍，不使他们处于被遗忘的角落。完善学校对参与校园暴力事件学生的教育与惩罚方案。以周边发生的暴力危害事件，教会他们认清违纪违法行为的危害性和严重后果，增强法治意识，防患于未然。

（6）与家庭教育密切配合。家校合力可以使家庭教育得到指导，又可以延长学校的教育手段。学校辅导员、班主任应经常主动和学生家长联系，了解学生在家的表现，向家长介绍学生在校的表现，听取意见，研究教育措施，交流教育经验，使家庭教育和学校教育职能充分发挥。总之，通过学校的积极努力会将学校打架斗殴事件减少下来，但要彻底地预防校园打架斗殴事件的发生更需家庭和社会的全力支持与合作。

11.4　大学生恋爱纠纷的处理

正确处理好大学生中的恋爱纠纷,对于安定大学生生活,帮助大学生创造良好的学习环境,预防和减少刑事、治安案件的发生都具有重要意义。对此问题,应注意以下几点。

1.宽容和理解

如果只是两个人日常生活中的小矛盾,那么就要学会理解和包容,恋爱的过程中要学会和对方相处,宽容大度,体贴关心,这些都会增加二人的感情而且会让你获得甜美的恋爱体验。

2.理智地面对自己的感情

如果两个人的感情真的出现了裂痕,要理智地去面对,不要胡乱地将一切错误都归咎于对方。要仔细思考出现问题的原因,是因为太忙而忽视了对方的感受,还是因为彼此之间缺乏信任,抑或是两个人真的在世界观和人生观的上差异太大。

3.杜绝无休止的争吵

生气的时候确实很难控制住自己的情绪,但是尽量避免无休止的争吵,歇斯底里和不等对方说完就挂掉电话,愤怒地乱摔东西,都是不明智的做法,这样只会让你在对方眼中的形象更加不堪,而不会起到挽救感情的作用。

4.理智处理恋爱纠纷

首先,恋爱纠纷应当以双方当事人协商处理为主。因为当事人最熟悉纠纷的原委,只要双方冷静,问题是不难解决的。如果协商不成,可以请老师和同学出面做工作。要有诚意,不管恋爱结局如何,都要有解决问题的诚意。只有这样,才能在协商、调解中冲破障碍,求同存异,妥善解决争端问题。其次,严于律己,宽以待人。恋爱双方多作自我批评,防止加剧感情裂痕,铸成难以收拾的僵局。再次,涉及中断恋爱关系,要持慎重态度。在感情好的时候,要看到对方的短处;在发生感情裂痕的时候,要想到对方的长处。要珍惜已经建立的爱情,不要人为地制造或加大裂痕。在双方感情矛盾中,有过错一方要主动承认错误,并用实际行动改正错误,以取得对方谅解。如果确无和好可能,或者一方坚持中断恋爱关系,也要面对现实,为了双方今后的长久幸福,果断地中断恋爱关系。

11.5　本章案例分析

【案例分析】 小A与小B从形影不离到反目为仇的变化令人十分惋惜。引起这场"悲剧"的根源,关键在两个字——嫉妒。

【事件经过】 小A与小B是某艺术院校大三的学生,同在一个宿舍。入学不久,两个人成了形影不离的好朋友。小A活泼开朗,小B性格内向,沉默寡言,小B逐渐觉得自己像一只丑小鸭,而小A却像一位美丽的公主,心里很不是滋味,她认为小A处处都比自己强,把风头占尽,时常以冷眼对小A。大学三年级,小A参加了学院组织的服装设计大赛,并得了一等奖,小B得知这一消息先是痛不欲生,而后妒火中烧,趁小A不在宿舍之机将A的参赛作品撕成碎片,扔在小A的床上。小A发现后,不知道怎样对待小B,更想不通为什么她要遭受这样的对待。

【事件原因】 因为嫉妒心理使两个好朋友间的友谊破裂。

【事件后果】 嫉妒心理是一种损人损己的病态心理,严重影响自己的身心健康,必须正确处理好自己的嫉妒心理,因为嫉妒对别人进行实际的伤害,就已经不是小事情了,要及时纠正这种错误心理。

【安全警示】 嫉妒心理是一种损人损己的病态心理,严重影响自己的身心健康,此案例带给我们以下警示。

(1) 认清嫉妒的危害。嫉妒的危害一是打击了别人,二是伤害并贻误了自己。遭到别人嫉妒的人自然是痛苦的,嫉妒别人的人一方面影响了自己的身心健康,另一方面由于整日沉溺于对别人的嫉妒之中,没有充沛的精力去思考如何提高自己,恰恰又继续延误了自己的前途。认清这些是走出嫉妒误区的第一步。

(2) 克服自私心理。嫉妒是个人心理结构中"我"的位置过于膨胀的具体表现,总怕别人比自己强,对自己不利。因此,要根除嫉妒心理,首先要根除这种心态的"营养基"——自私。只有驱除私心杂念,拓宽自己的心胸,才能正确地看待别人,悦纳自己,正如人们常说的"心底无私天地宽"。

(3) 正确认知。客观公正地评价别人,也要客观公正地评价自己。别人取得了成绩并不等于自己的失败。强烈的进取心是人们成功的巨大动力,但冠军只有一个,尺有所短,寸有所长,一个人不可能事事都走在人前,争强好胜不一定能超越别人。"人贵有自知之明",一个人只要客观地认识自己的优势和劣势,现实地衡量自己的才能,为自己找到一个恰当的位置,就可以避免嫉妒心理的产生。

(4) 将心比心。这是老百姓常说的一句俗语,在心理学上叫"感情移入"。当嫉妒之火燃烧时,不妨设身处地地为对方着想,扪心自问,"假如我是对方又该如何呢?"运用心理移位法,可以让自己体验对方的情感,有利于理解别人,有利于抑制不良心理状态的蔓延,这是避免嫉妒心理行之有效的办法之一。

(5) 提高自己。嫉妒的起因就是看不惯别人比自己强。如果能集中精力,不断地学习、探索,使自己的知识、技能、身心素质不断得到提高,那么,也可以减少嫉妒的诱因。而且,丰富多彩的课余生活将自己的闲暇时间填得满满的,自然也就减少了"无事生非"的机会,这是克服嫉妒心理最根本的方法之一。

(6) 完善个性因素。大凡嫉妒心理极强的人,都是心胸狭窄、多疑多虑、自卑、内向、心理失衡、心理素质不良的人。努力完善自己的个性因素,提高自己的心理素质,以健康的心态面对生活。

(7) 树立正确的竞争意识。以和平、合理为基础的竞争是向上的动力,对手之间可以互相取之所长,共同进步;还必须建立正确的竞争意识。嫉妒是人类心灵的一大误区,祝愿所有的大学生朋友自觉克服嫉妒心理,走出心灵误区,成为身心健康的栋梁之材。

11.6　本章小结

本章主要介绍大学生人际交往安全、大学生良好人际交往建立原则、大学生如何应对交往危机及大学生恋爱纠纷的处理等内容,这些内容都与大学生息息相关。当代大学生除了学习知识、技能外,也需要在大学期间学会处理人与人之间的关系,这既是保障高校校园和谐发展的重要部分,也能为大学生将来踏入职场做好准备。

交 通 安 全

12.1 交通安全基本概念

本书的交通安全相关概念主要参考 2003 年颁布的《中华人民共和国道路交通安全法》。其中,对"交通事故"所做的定义为车辆在道路上因过错或者意外造成的人身伤亡或者财产损失的事件。构成要点:车辆、在道路上、交通性质、人的违法行为、损害后果、人的心态。本书将大学生交通安全分为校园内交通安全和校园外交通安全。

12.1.1 校园内交通安全

校园内发生交通事故的关键原因是观念麻木和安全意识淡薄。很多大学生离开父母和家庭的时间不长,欠缺社会经验,交通出行安全防范意识较为薄弱。另外,有的同学在思想方面还存有校园内骑自行车和走动比校外道路上安全性高的错误观点,一旦出现意外,发生交通事故就无可避免。校园内发生交通事故的主要原因有下列几类。

(1) 注意力不集中。这是最关键的原因,主要表现为非机动车驾驶人在行进时边走马路边看书边听歌,或是东张西望、不耐烦。

(2) 走在路上开展球类运动。大学生精力充沛、开朗爱动,即便在路上走动也是跑跑跳跳、嬉戏打闹,乃至有时候还在路上开展球类运动,提升了发生安全事故的风险。

(3) "飞速"骑行。高校校园总面积一般都较大,宿舍与教室、公共图书馆等场所的间距较远,因此,很多大学生选购了单车,课间活动或上、下课时骑单车在茫茫人海中穿梭是高校的一道风景线,但部分学生把单车骑得飞快,与轿车比速度,殊不知这样做埋下了安全隐患。

12.1.2 校园外交通安全

(1) 走动时发生交通事故。大学生课外闲暇时买东西、旅游观光、探友要到城区活动,这种地区交通量大,非机动车多,各种各样交通标识目不暇接,与校园对比,交通条件更为复杂,若欠缺行驶经验,发生交通事故的概率很高。上海市一所著名大学的校领导说:"在每个高校中普遍存在这样一种状况,极少数学生书读得越多,越不容易行走,遵循交通法规的观念越欠缺,不但在校园里乱骑自行车、违章停车,在大街上违背交通法规也时有发生。"

（2）乘坐代步工具时发生交通事故。大学生离校、回校，出门度假旅游，进行社区实践活动，求职等活动必须乘坐各种各样远途或近途的代步工具。全国各省高校大学生因乘坐代步工具发生交通事故的状况时有发生，有时甚至导致集体性死伤，教训十分惨痛。

12.2　大学生交通安全隐患及产生原因

每到上、下课等时段，高校校园内人、车异常拥挤。由于人员较多，加上各种机动车和非机动车数量的增加，使得校园内安全隐患陡增，安全事故逐步增多。近年来，各高校屡次发生大学生交通安全事故，如发生车撞人，造成人员伤亡，还有车辆剐擦、碰撞的事故发生，因此，各高校目前在交通安全管理方面均存在很多问题和缺陷。

道路交通系统包括人、车、路3个基本要素，高校出现交通安全隐患主要有以下4个方面的原因。

1. 人车混行

由于高校道路是典型的"社区道路"，它与"社会道路"不同，没有严格的机动车道、非机动车道的划分，部分区域甚至没有严格的车行和人行道的划分。再加上人员比较密集，且作息时间比较固定，因此，上、下课的时段是道路上人员和车辆较多的时段。这时就不可避免地会造成人车混行的情况发生，增加了交通安全危险程度。

2. 道路交通安全设施缺乏

校园车辆随意停放的情况比较普遍，即使划定了停车线，仍出现部分车辆乱停乱放的情况。另外，校园内只有部分道路设置了减速带，整个校园内没有限速标志，人行横道线只有在部分学生通行较集中的道路上有，没有人车分流的护栏等设施。由于学校绿化面积大，岔路多，很多十字路口视线不佳，又缺乏相应的道路广角镜等设施，增加了安全隐患。

3. 道路交通安全监管不力

学校的交通安全监管工作主要是由保卫处负责，但是鉴于人员有限，工作繁重，在道路交通的管理方面显得有些力不从心。保卫处更多的管理工作放在对校园内机动车、非机动车的登记管理、校外车辆进出校园监督管理等方面。另外，对于保卫部门管理校园交通安全，还存在制度上的限制，因为根据《中华人民共和国道路交通安全法》的规定，高校保卫部门作为校园道路的管理部门但又不能查处校园内的车辆交通违法行为，更没有处罚权。从监管的技术层面来说，目前高校保卫部门对于校园交通安全的管理更多还停留在"人防""物防"层面，缺乏"技防"。

4. 师生安全意识薄弱

由于教育引导相对薄弱，高校师生在道路交通安全方面的意识普遍不强。因此，在校园内经常能够看到这样一些情况：很多学生不仅走在路上看手机、打电话、听音乐，而且不走人行道；有的学生在校园内超速骑行电动车，有的甚至搭载两三个人；有的学生甚至在没有摩托车或小轿车驾驶证的情况下，无证驾驶机动车辆；还有部分教师在校园内超速行驶、乱停乱放。这些行为的存在，使得校园道路交通安全形势更加严峻。

12.3 大学生交通安全事故的防范

12.3.1 规范大学生交通安全制度

学校成立交通安全领导小组,由专人负责交通安全工作,包括:每月积极配合交警部门开展交通安全宣传教育活动,及时沟通交通管理信息;开辟有关交通安全知识橱窗和永久性宣传标语,利用广播、黑板宣传交通安全的重要性;组织、安排校园交通安全执勤岗,维持校门口及附近丁字路口的交通秩序。在以上工作的基础上要严格制定和规范《学生校内、校外交通安全管理制度》《教职工车辆安全管理制度》《学校校车安全管理制度》等高校交通安全制度,并要求师生员工严格执行。

1.《学生校内、校外交通安全管理制度》应做出如下具体规定

学生来校上学可以采用步行、乘公交车或骑自行车的方式。

学生在来校上学和周末回家的途中要严格遵守交通法规,确保交通安全。骑车的学生在学校门前应提前减速,下车推行进入学校校园。学生的车辆统一进入车库并停放整齐。学生的车辆进入停放区域后应把车锁起来,自己妥善保管好车钥匙。学生车辆统一推行出车库。在校门口严禁骑车,所有学生有序推行自行车出校门。

2.《教职工车辆安全管理制度》应做出如下具体规定

所有教职工要严格遵守交通法规,确保交通安全,做学生表率。所有教职工车辆在学校门前提前减速。骑自行车和骑电动自行车的人员下车推行进、出校园;骑摩托车的人员通过市政公共交通道路且属于校园公共路段时,应小心驾驶,以最低车速缓慢进、出校园。

开汽车的人员应主动避开学生上学、放学高峰时间进出校园。

所有车辆在学校校园内禁止鸣笛。

所有教职工车辆按照指定区域整齐停放。

所有教职工车辆应自行上锁并妥善保管好车钥匙。

停车区域不能长期停放不使用的教职工车辆。

3.《学校校车安全管理制度》应做出如下具体规定

严格遵守操作规程和交通法规,做到安全行车、文明行车,杜绝发生交通事故。

爱护车辆,注意保养维护,不得私自将车辆借给他人使用。出车前必须进行安全检查,返回后及时清洗,保持车辆整洁,车辆技术状况良好。

各部门用车由校办统一安排。驾驶员接通知后方可出车,不得私自用车。

车辆如损坏、有故障或发生交通事故要及时报告,立即处理,不得隐瞒不报或私自处理。

做好车辆年审工作,加强安全防范意识,坚持学习安全法律知识,防患于未然。

制定和执行的制度包括但不限于以上制度。

12.3.2 提高大学生交通安全意识

不管是校内还是校外,发生交通事故最主要的原因是思想麻痹、安全意识淡薄。作为

一名在校大学生,遵守交通法规是最起码的要求。若没有交通安全意识,则很容易有生命之忧。除提高交通安全意识、掌握基本的交通安全常识外,还必须自觉遵守交通法规,才能保证安全。以下几点是大家必须掌握并要在日常生活中严格遵守的。

（1）在道路上行走时,应走人行道,在没有人行道的地方要靠路边行走。横过马路时必须走过街天桥或地下通道,在没有天桥和地下通道的地方应走人行横道;在没画人行横道的地方横过马路时要注意观察来往车辆,经观察发现路上无来往车辆时便迅速直穿过马路;走路时要集中精力,"眼观六路,耳听八方";不与机动车抢道,不翻越护栏或隔离墩、不闯红灯、不进入标有"禁止行人通行""危险"等标志的地方。

（2）骑车时,出行前要先检查车辆的铃、闸、锁、牌是否齐全有效,保证没有问题后方可上路。应在非机动车道内行驶,遇到没有划分车道的地方要靠右行驶。通过路口时要严守信号,停车不要越过停车线;不要绕过信号行驶;不要骑车逆行;不扶肩并行;不双手离把骑车;不攀扶其他车辆;不在人行便道上骑车。在横穿 4 条以上机动车道或中途车闸失效时,须下车推行;骑车转弯时要伸手示意,不要强行猛拐。

（3）乘坐市内公共汽车等交通工具时应待车停稳后,依次上下车,不挤不抢。车辆行驶中不得把身体伸出窗外。乘坐长途客车、中巴车时不能因贪图便宜而乘坐车况不好的车,不要乘坐"黑巴""摩的"等安全没有保障的车辆。

12.3.3　开展大学生交通安全活动演练

高校应定期开展交通安全活动演练,演练内容可涉及安全过马路或街道、如何安全乘车、如何安全骑自行车或电瓶车等交通工具以及交通事故后如何应急防护与逃生等知识,通过演练提升大学生的交通安全意识和应急处置能力,避免发生交通事故;同时,让大学生了解交通规则,认识交通标志、标线,学习安全过马路和安全乘车、坐车、下车等交通安全知识,遵守交通法规,提高自我保护能力;通过模拟演练,大学生应充分掌握交通事故应急处置、逃生的方法,提高自身的交通应急处置能力,增强交通安全意识和交通法治观念。

12.3.4　大学生交通安全急救知识

1. 乘车时的自救方法

乘车时若发生危机,可采取以下方法。

1）车祸基本自救方法

遇到车祸来不及做缓冲动作时,应迅速抱住头部并缩身成球形,以此减少头部、胸部受到的撞击。

2）汽车行驶时落水

汽车坠落的情况不同时,所受的冲击也大不相同。但是,受到强烈的冲击是普遍的情况。坠落时,应该用手护住头部和胸部,尽可能将身体倒在座席上,并紧闭嘴唇,咬紧牙齿,冲击一过,要迅速冷静地作出判断,弄清汽车下沉后的状况。一般汽车着水大多为正方向,如果还能从车窗逃出,应尽快打开车窗逃出去;如不可能,就应该关闭车窗,控制水的侵入,打开全部车灯,待车内稳定后,再决定从哪个门、窗逃出。解开安全带,脱掉外衣,当水位到下颚时,作一次深呼吸,然后打开门、窗逃出。此时,由于外部水的压力,车门可能难以打开。不过,水灌满车体必然需要一定时间,即使车体将要灌满水时,车内也还有一些空气,应从容不迫,冷静判断。特别是当大客车坠入水中时,更不能惊慌失措、争先恐后逃生,应有次序地撤出。

3) 汽车冲出路面

最常见的严重交通事故是汽车冲出路面,这时千万不要惊慌乱动,应等驾驶员把车子停稳之后,再按次序下车,以免造成翻车事故。不要让乘客在车身不稳时下车,以免造成危险。前轮悬空时,应先将前面人员逐个接下车;后轮悬空时,则应先让后面的人员逐个下车。汽车冲下路基时,首先应使车子保持平衡,防止翻车;其次要切断汽车电路,防止漏油发生火灾。

汽车冲出路面发生翻滚时,乘客在意识丧失之前,应紧握双手并紧靠座椅后背;驾驶员应紧握方向盘,与车子保持同轴滚动,使身体不在车内来回碰撞,以免严重撞伤。

4) 发生撞车时

副驾驶位是最危险的座位,如果坐在该处,撞车后,首先要抱住头部躺在座位上,或者双手握拳,用手腕护住前额,同时屈身抬膝护住腹部和胸部。坐在后座的人最好的防护办法就是迅速向前伸出一只脚,顶在前面座椅的背面,并在胸前屈肘,双手张开,保护头部和面部,背部后挺,压在座椅上。发生车祸时,后座的乘客应迅速用双手用力向前推扶手或椅背,或两脚一前一后用力向前蹬,这样,消耗了撞击力,可以缓冲身体前冲的速度,从而减轻受害的程度。汽车相撞时发生火灾的可能性极大,所以撞击一停止,所有人就要尽快设法离开汽车。

5) 汽车起火时

当汽车被撞后发生火灾时,由于被撞车辆零部件损坏,乘车人员伤亡比较严重,首要任务是设法救人。如果车门没有损坏,应打开车门让乘车人员逃出,以上两种方法可以同时进行。同时,驾驶员可以利用扩张器、切割器、千斤顶、消防斧等工具配合消防队员救人灭火。当公共汽车发生火灾时,由于车上人多,要特别冷静、果断,首先应考虑到救人和报警,视着火的具体部位确定逃生和扑救方法。如着火的部位在公共汽车的发动机,则驾驶员应开启所有车门,令乘客从车门下车,再组织扑救火灾。如果着火部位在汽车中间,则驾驶员开启车门后,乘客应从两头的车门下车,驾驶员和乘车人员再扑救火灾、控制火势。如果车上线路被烧坏,车门开启不了,乘客可从就近的窗户下车。如果火焰封住了车门,车窗因人多不易出去,可用衣物蒙住头从车门处冲出。

专家指出,正确的搬运方法能减少病人的痛苦,防止损伤加重;错误的搬运方法不仅会加重病人的痛苦,还会加重损伤。因此,正确的搬运在现场救护中显得尤为重要。

移动伤员七注意如下。

①迅速观察受伤现场和伤情;②先救命后治伤;③先止血、包扎、固定再搬运;④保持脊柱和肢体在同一轴线上,不要无目的地移动伤员,防止损伤加重;⑤搬动伤员动作要轻巧、迅速,避免不必要的移动;⑥注意伤情变化;⑦多人同时搬运,步骤要协调一致。

在预防发生车祸方面,应该特别加以重视如下几点。

(1) 乘客在乘车时不要打瞌睡。因为打瞌睡就会放松警惕,车祸发生时根本无法预防。

（2）在乘车时注意力要集中，注意行车的速度以及道路情况；同时，要尽可能地抓住扶手或可扶的地方。一旦发生车祸，就会有所准备。

（3）乘车时的坐姿至关重要。如果车相撞，则汽车在受到猛烈冲击时，随着惯性运动，人会向前倾倒，接着又会反弹向后恢复原位，脖子也会跟着向后，因此，颈椎极易受到撞击，产生严重的损伤。如果这时侧着身子深坐在椅子内，就能有效地保护颈椎。

2. 乘船时的自救方法

当遇到风浪袭击时，不要慌乱，要保持镇静，不要站起来或倾向船的一侧，要在船舱内分散坐好，使船保持平衡。若水进入船内，要全力以赴将水排出。

如果发生翻船事故，木制船只一般不会下沉，人被抛入水中，应该立即抓住船舷并设法爬到翻扣的船底上。离岸边较远时，最好的办法是等待求助。玻璃纤维增强塑料制成的船翻了以后会下沉，但有时船翻后，因船舱中有大量空气，能使船漂浮在水面上，这时不要将船正过来，而要尽量使其保持平衡，避免空气跑掉，并设法抓住翻扣的船只，以等待救助，这也是一种自救的办法。

海上遇到事故需弃船避难时，首先要对浮舟进行检查，清点好带到浮舟上去的备用品，将火柴、打火机、指南针、手表等装入塑料袋中，避免被海水打湿。根据一般原则，在最初24 小时内应该避免喝水、吃饭，培养自己节食的耐力。长期在海上随风漂流时，容易发生水疽、皮炎和眼球炎症等。此刻，不要将水疱弄破，最好消毒后待其自然干燥。对于皮炎和眼球炎症，要避免阳光直射。坐在浮舟上时间过长，会感到不舒服，所以久坐时要活动活动手脚，使臂肘和肩膀的关节、腿部的肌肉得以放松。同时，应注意保暖，不要被海水打湿身体。

1）救生衣的使用方法

（1）两手穿进去，将其披在肩上。

（2）将胸部的带子扎紧。

（3）将腰部的带子绕一圈后再扎紧。

（4）将领子上的带子系在脖子上。

2）自制救生衣

在水中漂浮时，如果没有现成的浮袋或救生衣，应该利用穿在身上的衣服自制浮袋或救生衣，可以使用的有大帽子、塑料包、雨衣、衬衣、化纤或棉麻的带筒袖的上衣等，甚至可以将高筒靴倒过来使用。但应注意不要将衣服全部脱掉，以保持正常的体温，具体方法如下。要在踩水的状态下，用皮带、领带或手帕将衣服的两个手腕部分或裤子的裤脚部分紧紧扎住，然后将衣服从后往前猛地一甩，使其充气。为了不让空气漏掉，用手抓住衣服下部，或者用腿夹住，然后将它连接在皮带上，使它朝上漂浮。如果用裤子做浮袋，将身子卧在浮袋上，采用蛙泳的方式是比较省力的；如果穿裙子，不要把它脱下来，要使裙子下摆漂到水面上，并尽力使其内侧充气。

3）水上遇难时信号工具的作用

在水上遇险后，有效地利用各种信号工具发出求救信号，会加大得救的可能性。

（1）反射光。利用铁或闪光的金属物，将阳光反射到目标物上。如果阳光强烈，反射光可达 15km 左右，而且从高处更容易发现。

(2) 信号筒。信号筒有白天用和晚上用两种。白天用的信号筒会发出红色烟雾,晚上用的会发出红色的光柱,燃烧时间为 1～5min。夜间在 20km 外都能看到,白天在 10km 内才能看到。

(3) 防水电筒。这是一种小型的手电筒,可以在夜间发出信号,但最多只能照射 2km 左右。

(4) 自制信号旗。将布绕在长棒的顶端作为信号旗使用。

(5) 海上救生灯。海上救生灯点着后靠海水来发光,将其浸入海水可连续发光 15h,在 2km 远的地方就可以发现,该工具寿命为 3 年。

(6) 铝制尼龙布。铝制尼龙布的反光性强,从远处就能发现,而且容易被雷达发现。

4) 不会游泳者落水后的自救

遇到这种情况时,下沉前拼命吸一口气是极其重要的,也是能否生存的关键。往下沉时,要保持镇静,紧闭嘴唇、咬紧牙齿憋住气,不要在水中拼命挣扎,应仰起头,使身体倾斜,保持这种姿态,就可以慢慢浮上水面。浮上水面后,不要将手举出水面,要放在水面下划水,使头部保持在水面以上,以便呼吸空气。如有可能,应脱掉鞋子和重衣服,寻找漂浮物并牢牢抓住。这时,应向岸边的行人呼救,并自行有规律地划水,慢慢向岸边游动。

5) 如何从沉船上弃船逃生

(1) 弃船的相应准备。船舶在海上突然发生严重海难事故,当全力抢救仍无法使船舶免于沉没或毁灭时,只能弃船。弃船命令由船长发布,船员及旅客应服从指挥。在撤离舱室前,首先应尽可能地多穿衣服,能穿不透水的衣服则更好,戴上手套、围巾,穿好毛袜、鞋子。穿戴妥当之后再穿救生衣。如果时间允许,离开舱室前还应带些淡水、食物,带一件大衣或一条毛毯。

(2) 跳船前须知。如果没有时间放下救生船或救生筏,要走到正在沉没的船逆风的一边,避开螺旋桨。如果螺旋桨仍在转动,就要离开船尾到船头去。

(3) 正确的跳船姿势。左手紧握右侧救生衣,夹紧并往下拉;右手五指并拢捂住口鼻;双脚并拢伸展,身体保持垂直,头朝上,脚向下起跳。在水中的位置要离沉船远一些,以避免船下沉时引起的旋涡把人吸进去。跳水时,如看到船舶四周海面上漂浮着燃烧的油火,千万不要惊慌,要看清周围情况,在船舶的上风侧选择适当位置,然后深吸一口气,用一只手掩住口鼻,另一只手遮住眼睛及面部,两腿伸直并拢,侧身垂直向下跳入水中。入水后要向上风方向潜游,如需露出水面换气,则应先将手伸出拨动水面,拨开火焰,头露出水面后立即转向下风方向,做一个深呼吸再下潜,向上风方向游去。如此反复,直至游出着火海面。

6) 救生筏上的生存及自救

如果有时间从沉船上或落水处转移到救生筏上,要注意不要往救生筏上跳,应该小心地爬上去。当你在水中想登上救生筏时,可用手握住船舷边缘,把身体悬挂住,再爬上救生筏,不要与人抢着往上爬,以免救生筏失去平衡造成倾覆。登上救生筏时,要从船上带一些给养过去,最重要的是带饮用水,不要喝海水。如果有一个以上的救生筏,则要用至少 6m 的绳子把它们连在一起,绳子只能系在救生筏外缘周围的救生索上,连在一起的救生筏比分散的更容易被发现。留在失事的地方,至少留 3 天,这样会有最大的获救机会。在此期间要仔细搜索这一区域,打捞漂浮的工具,搜寻并贮藏可用物品,仔细检查救生筏是否充足气、有无裂缝或可能擦破的地方。用救生筏上能够提供的任何东西搭盖避风雨的篷子。轮班值勤,不要忘记用绳子将值勤的人系在筏上,以增大安全系数。不要坐在船边上或站起来,没有告知他人时,不要随便移动。尽快拧出湿衣服上的水。把头包上,以防冷风吹到或强光晒到。把身上的油污洗干净。要尽量保持脚的干燥。如果脚和腿变得麻木和肿胀,不要施用按摩和热敷,而要将其放平。如果肿得厉害,就把鞋脱掉,把鞋系在固定物上,以免被抛到筏外。在救生筏上可以想方设法获取食物(如钓鱼)来维持生存需要。如果知道哪边是岸,就朝岸的方向划。陆地附近的标记如下:天空晴朗的时候,天上有不动的积云;泻湖之上天空呈青绿色;漂浮的木头;雪野之上有白色的天空(水使天空呈现灰色);水的着色更淡;海浪的喧哗声;不停息的鸟叫声;早晨和日落时鸟飞动的方向。如果是在晚上到达陆地附近,则尽量等到白天再登陆,并应仔细选择登陆点。

3. 乘飞机时的自救方法

乘坐飞机需注意以下安全问题。

(1)一定要系安全带。为了减少飞机坠落时给自己的冲击力,最好的办法是系上安全带,按照飞机上的安全提示,保持俯身,双手抓住脚踝等安全姿势。当然,还要学会如何最快速地解开安全带。

(2)乘飞机要着装简便,记住座位与安全门之间的排数。高跟鞋等在空难中不仅可能妨碍逃生,而且会制造额外的危险。选定一个安全门,记住自己所在位置与安全门之间的座位排数,以避免在机舱充满烟雾时迷路。

(3)后舱比前舱安全。在空难中幸存与所处位置有关,根据美国一家飞行安全网站的统计,坐在机舱后部的乘客在航空事故中的存活率要比坐在前排的乘客高出 20%。因为即使在冲出跑道、迫降等事件中,飞机也总是前行,因此,撞击也发生在前部,这就是把飞行数据记录仪置于机尾的原因。

(4)尽量选择直飞航班。由于大多数空难都是发生在飞机起飞和降落的阶段,因此,应该尽量选择直飞航班,这可以最大限度地减少起飞和降落的次数。

(5)飞机坠落后,必须迅速离开飞机。在飞机坠落后,如果伴有起火冒烟,乘客一般只有不到两分钟的逃离时间。如果飞机坠落在陆地上,乘客应该逃到距离飞机残骸 200m 以外的上风区域,但不要逃得太远,以方便救援人员寻找。如果飞机坠落在海面,乘客应该尽快游离飞机残骸,越远越好,因为飞机机体可能爆炸,也可能沉入水底。

12.4 大学生发生交通安全事故处理流程及急救程序

12.4.1 大学生交通安全事故处理流程

1. 及时报案

无论在校外还是在校内,发生交通事故时,如果有人员伤亡,应立即抢救伤员(拨打电话 120),然后报警(拨打电话 110);切记不可站在车道上打电话;应保护现场并等候警察到场处理,千万不能与肇事者"私了"。若在校外发生交通事故,除及时报案外,还应该及时与学校取得联系,由学校协助处理有关事宜。如果未造成人员伤亡,当事人对事实及成因无争议,则自行协商处理损害赔偿事宜,不必通过公安机关交通管理部门处理可自行撤离现场,恢复交通。如果当事人对事实及成因有争议,应迅速报警,警察会帮助当事人区分过错,并对当中的违法行为给予处罚。

2. 保护现场

事故现场的勘查结论是划分事故责任的依据之一,若现场没有保护好,会给交通事故的处理带来困难,造成"有理说不清"的情况。因此,发生交通事故后一定要保护好事故现场。

3. 控制肇事者

若肇事者想逃脱,一定要设法控制,如自己不能控制,可以发动周围的人帮忙控制,当实在无法控制时,要记住肇事车的车牌号及车辆的其他特征。

12.4.2 交通事故急救程序

交通事故发生以后,首先要保持头脑冷静,控制情绪,切莫惊慌失措,乱喊乱跑,造成现场更加混乱的状况;其次,应发扬人道主义精神,积极采取行动,抢救伤员。

(1)正确判断伤情和受伤部位。

(2)注意搬动伤员的方法,应保护脊柱和骨折肢体。

(3)按"先救命,后救伤"的原则,先心肺复苏,后处理受伤部位。

(4)迅速止血,包扎伤口,固定骨折处。

(5)尽快转送医院。

12.5 本章案例分析

【案例分析】 校园交通安全事故处置。

【事故经过】 2009年4月16日中午1点左右,某高校内,王某与几名同学一起行走在校道上,行至校园斜坡路段的时候,一辆面包车从后面开来,车速不快,但车像失控一样一直向右边靠,把同学们挤到了路边,最终还是撞到了王某。王某的手机被碾碎,身上多处擦伤,盆骨撞伤,不能站立。面包车"司机"房某将王某送到了校医务室,在场的同学都惊慌失措,全部都跟着跑到了校医务室,没有发现肇事车辆被开走,事故现场被破坏。随即,学校保卫处、学生处负责人及辅导员等人赶到了现场,并向交警部门报案,同时扣留了房某的身份证,要求其同事将肇事车辆开回学校。随后,学校派车将王某送到了医院,并通知了学生家长,交警部门也到校进行调查。经医生检查,王某并无大碍,大家冷静下来后发现,交警部门所登记的肇事者,并不是当时开车的"司机"房某。房某是该公司的部门经理,还没有取得驾驶证,而交警部门登记的肇事者是该公司真正的司机。由于没有足够的证据,肇事者拒不承认已经换人的事实。在支付了第一天的医疗费之后,肇事方采取了回避策略。4月20日,辅导员接到了家长的电话,希望学校能够出面协调,让肇事方先支付医药费,校方本着保护学生的原则,将学生家长和肇事方一起约到了学校,希望肇事方能够承担相应的责任。在校方的压力下,肇事方答应了家长的要求,然而并没有履行。4月24日,辅导员陪同家长来到交警中队,与肇事方进行调解,由于事故现场被破坏,没有有力的证据指证肇事者实际为无驾驶证的房某,所以事故只认定为一般交通事故,调解结果为公司赔偿所有医药费,赔一部手机,外加五千元人民币。在整个事故的处理过程中,辅导员都全程陪同,校方也处处为学生利益着想,为学生争取合法、合理权益,学生和家长都感到非常满意。

【遵循原则】 此案例最后成功解决,让学生得到了应有的赔偿,学生家长对校方的处理态度非常满意,主要遵循了以下几条处理突发事件的原则。

(1)坚守岗位原则。高校发生突发事件,辅导员必须及时到场,了解情况,为妥善处理事故赢得时间。本案例中,出事的时间是中午,本不是上班时间,但在事故发生后的第一时间,辅导员就到达现场,了解情况,安慰受伤学生。

(2)及时上报原则。在辅导员职权范围不能解决的事故中,在做好学生思想工作的同时,要及时上报领导、公安部门,寻求支持和帮助。本案例中,辅导员在到达现场后立即向保卫处、学生处、系部领导进行了汇报,学生处、保卫处领导也在第一时间到达事故现场,同时向交警部门报案。在肇事方回避家长、不愿意进行赔偿,家长要求学校出面调解的情况下,辅导员也及时向领导汇报,得到学校的支持,使得事情能更顺利地推进。

(3)及时与家长联系原则。遇到学生伤亡等重大情况,辅导员一定要及时通知家长,即给家长一个信息,希望家长能够与校方共同解决问题。同时,在整个事件的处理过程中要多与家长沟通,取得信任,说明事件的严重性,取得谅解,共同商议如何帮助学生。在案例中,辅导员在这一方面可以说是做得比较到位,事故发生后立即与家长取得联系,在整个事件处理过程中,都与家长密切配合,满足家长的要求。

(4)保护学生的原则。事故发生后,校方首先要保护好学生,在本案例中,肇事方蛮横无理,采取回避策略,企图不负责任,直接损害到了学生的利益。因此,在家长提出要求学校出面协调的时候,校方责无旁贷地进行了调解,并协助家长向交警部门反映清楚情况,监督交警部门秉公处理。

【案例警示】 不可否认的是,通过这次事故,可以看到高校校园交通安全还存在着许多问题,如对学生的校园安全教育及事故应急处理教育还不到位。通过这个案例,可以认识到高校需要从以下几方面进行改进。

(1)完善校园道路交通体系。在校园内道路多、道路复杂的地段,要加强标识摆放,如案例中的出事地点是斜坡,这样的地段应该有更明显的标识,提醒司机上坡慢行。在复杂路段、容易出事故的路段安装摄像头,对司机有一定的警惕作用,如果不幸发生事故,也容易取证。

(2)加强学生安全意识教育。对学生而言,总会觉得校园内是安全的,许多学生在校园内从来没有让车先行的习惯,总是有种“在校园内,车辆不敢撞我”的想法,这往往导致学生来不及躲避快速行驶的车辆而被撞伤。在学生日常教育中,要特别加强学生的安全意识教育,哪怕在校园里,也要时时保持安全意识,遵守交通规则,谨慎慢行。

(3)加强学生事故应急处理教育。在这个案例中可以看到,事故一发生,在场的同学都惊慌失措,不知如何是好,最终导致事故现场被破坏,肇事者被调换。在日常安全教育中,指导学生如何正确处理突发事件尤为必要。例如,在交通事故发生的第一时间,应该保护事故现场,认清肇事者。在送伤者前往治疗时,要留人看守事故现场,等待交警的到来。或者在事发后,用相机、手机等工具拍下当时的场面,以便日后取证,维护自己的权益。

【**安全警示**】 校园交通事故的妥善处理与日常的安全教育密不可分,与学校与家长的配合密不可分,与老师对事件的跟进和服务密不可分。要做到及早教育,有备无患,及早处理,保障利益,这样才能让高校校园更安全。

12.6　本章小结

本章涉及的知识点较多,如校园内交通安全、校园外交通安全、大学生交通安全隐患及大学生交通安全产生的原因,作为学校相关管理部门要制定大学生交通安全制度,提高大学生交通安全防范意识,还要积极开展大学生交通安全演练活动,加强大学生交通安全急救知识培训等。本章还重点介绍了乘车、乘船、乘飞机的自救方法,以及交通安全事故处理流程及急救程序,对当代大学生处理相关安全事故起到指引作用。通过本章学习,大学生应明白交通安全的重要性,时刻提醒自己:安全第一,珍惜生命。

生命财物安全

13.1　人身安全

13.1.1　人身安全概述

1. 人身安全的定义

人身安全的定义有广义和狭义之分,广义范畴包括人的生命、健康、行动自由、住宅、人格、名誉等安全内容;狭义范畴主要指我国刑法上所指的人身安全,本义是作为自然人的身体本身的安全,任何人不得侵犯他人的人身安全。

人身安全是指个人的生命、健康、行动、名誉等没有危险或不受威胁,是人们赖以生存和活动的首要条件,是每个人最重要、最基本的安全需求。大学生的人身安全是指大学生身体健康不受伤害,没有危险和不受威胁。随着各种社会矛盾的出现和高校的不断社会化,危害大学生人身安全的因素逐渐增多,再加上大学生生活空间和交流领域的不断扩展,高校大学生人身伤害事故和案件时有发生。作为大学生,只有充分保证自身生命安全和身体健康才能顺利完成学业,才能有机会、有能力为祖国和社会做贡献,更好地实现自身的人生价值。因此,在大学生中普及保护人身安全知识,树立正确的安全防范意识,具备基本的安全防范知识和能力,尽可能避免各种伤害,对确保其生命安全具有举足轻重的意义。

2. 安全第一,生命至上

生命对于我们每个人只有一次,应尊重生命,关注安全,珍惜我们的生命。安康幸福是人们共同的夙愿,但意外和伤害随处可见,我们要以事故案例为戒,远离人身安全危险,提高自我防范意识和自我安全保护能力,用安全智慧"趋利避害",遵循"适者生存"的法则,平平安安度过一生。

在大学校园里或者社会实践中,大学生应始终注意自己的安危,学会安全防护,维护集体的生命安全。当个人的人身安全受到威胁和伤害时,应当及时做出反应和应对,主动上报学校相关部门、公安机关,并告知亲属,避免遭受不法侵害,避免遭受人身伤害和财物损失。同时要时刻提防意外事故造成的安全危险,树立安全意识,远离安全风险隐患。

13.1.2　人身伤害与意外

1. 人身伤害

我国民法将人身伤害分为一般伤害和致残伤害两类。一般伤害指经过治疗可以恢复健康的伤害；致残伤害是指使人肢体或器官全部或部分丧失功能的伤害，如断肢、失明、失聪、脑震荡后遗症等。大学生人身伤害事故，按事故原因划分为责任事故、意外事故、灾害事故；按事故场合划分为群体性活动中的人身伤害事故、体育运动中的人身伤害事故、实验实习中的人身伤害事故。

人身伤害可能造成直接财产损失或身体损伤，并可能导致精神损害，精神的打击会进一步造成抑郁、精神分裂等病征。根据多数国家的民法理论与实践，对造成人身伤害的侵权行为，适用赔偿损失等民事责任方式，并适用消除影响、赔礼道歉等责任方式。对故意造成人身伤害事故的行为，肇事行为人应承担相应的刑事责任。

1) 群体性活动中的大学生人身伤害事故

高校群体性活动中的大学生人身伤害事故是指在学校组织的或学校负有管理职责的各种群体性教育教学活动中，造成大学生人身损害后果的事故。这类事故具有偶然性、群体性等特点，一旦发生，很有可能造成多人伤亡甚至更严重的后果。

(1) 群体性活动中造成大学生人身伤害事故的原因。

① 活动组织存在漏洞。群体性活动因为参与人员众多、环节复杂，因此，活动的组织工作显得尤为重要。如果在组织管理上存在漏洞，则不仅活动不能顺利开展，而且活动参与人员的人身安全也无法得到保障，出现突发事件时无法有效处置，进而造成人身伤害事故。

② 活动场地和设施、设备出现故障或损坏。群体性活动对活动场地及设施、设备的要求较高，往往配备音响、灯光设备等大功率电器，以及舞台、横幅等设备设施，这些设施、设备的故障和损坏是造成高校群体性活动中大学生人身伤害事故的重要原因。

③ 活动参与者自身的原因。活动期间，参加活动的个别大学生不遵守活动纪律，不服从工作人员的管理安排，甚至出现冲突、拥挤等行为，也极容易导致人身伤害事故。

④ 其他原因。意外事件、人为破坏及自然因素也是造成高校群体性活动中大学生人身伤害事故的重要原因。

(2) 群体性活动中大学生人身伤害事故的防范措施。

① 严格审批，认真组织。高校群体性活动的组织者要按规定严格审批备案，要根据活动的规模、流程、场地等制订完善的工作预案，配备足够的工作人员并认真落实、分工负责。活动期间，要加强现场秩序的维护，做好应急处置，确保活动有序进行。

② 加强安全检查和隐患的排查整改。活动进行前，活动组织者要联系学校相关职能部门对活动场地及设施、设备开展全面的安全检查和隐患排查整改工作，及时消除可能引发人身伤害事故的各种隐患。

③ 加强安全教育。活动开始前，活动组织者要对参加活动的大学生及工作人员进行安全教育，重点要明确活动的组织纪律和相关要求，以及应急预案的相关措施。

④ 在高校群体性活动中，一旦发生大学生人身伤害事故，活动组织者要迅速启动应急预案，并按要求认真组织实施。大学生一定要保持镇定，听从指挥，在工作人员的安排下有序撤离，千万不可拥挤踩踏，以免造成更为严重的后果。

2) 体育运动中的大学生人身伤害事故

高校体育运动中的大学生人身伤害事故是指在学校组织实施的校内外体育活动（包括

体育课、课外体育活动、体育竞赛和课余体育训练）及在学校负有管理责任的体育场馆和其他体育设施内发生的，造成在校大学生人身损害后果的事故。当前体育运动中大学生人身伤害事故经常发生，是高校大学生人身伤害事故的主要类型。

（1）引起高校体育运动中人身伤害事故的原因。

① 学校因素。

a. 安全教育落实不力。个别高校对大学生的体育运动安全教育没有落到实处，导致部分大学生缺乏正确的安全防范意识及基本的体育运动知识和技能，体育运动观念及动作错误，引发伤害事故。

b. 体育场地设施不安全。个别高校对体育场地设施的管理不到位，维修不及时，因体育场地设施故障或损坏造成大学生体育运动中人身伤害事故的情况时有发生。

c. 学校卫生保健制度不健全。有些高校卫生保健制度不健全，没有对大学生定期进行相应的体格检查或检查不认真，从而无法发现大学生身体健康存在的隐患，导致大学生在运动中发生伤害事故。

② 教师因素。

a. 教师工作责任心不强。个别体育老师因为自身工作责任心不强，上课积极性差，对所教大学生没有实施合理的保护和帮助，对学生的违规和错误行为不及时纠正，往往造成大学生人身伤害事故。

b. 教学组织不当。在实际的教学工作中，个别体育老师不能根据体育教学规律及学生的身心特点严格按照大纲内容、教学步骤组织教学，或不能根据学生的实际情况和气候特点做好充分的准备工作，这也是造成体育运动中大学生人身伤害事故的重要因素。

③ 大学生自身因素。

a. 安全意识淡薄，心理素质不稳定。部分大学生在体育运动中没有树立正确的安全防范意识，思想上麻痹大意，运动前准备活动不充分，不采取必要的安全防范措施，运动盲目和冒失。另外，部分大学生心理素质差，在运动中情绪低下，存在紧张、畏难、恐惧、害羞、犹豫等不良心理，进而导致动作变形，引发伤害事故。

b. 身体因素。有的大学生对自身的健康状况不了解，没有发现自身隐藏的一些疾病，往往因高强度的运动而诱发各种疾病导致伤害事故的发生。

c. 缺乏体育运动基本常识。实践中，很多大学生因为没有接受过正规的体育训练和培训，自身不具备基本的体育运动常识，体育运动缺乏科学性和合理性，技术动作不规范，违背基本的运动规律而造成伤害事故。

d. 组织纪律观念差。有的大学生在体育运动中，缺乏组织观念，不按照体育老师和管理人员的要求进行练习和比赛，这也是引发大学生人身伤害事故的重要原因。

（2）体育运动中人身伤害事故的防范措施。

① 学校方面。

a. 完善体育场地设施，充分保证安全。作为学校，有义务为在校大学生提供安全的体育运动场地和设施。学校要高度重视体育运动场地和设施的安全，要建立健全工作制度，强化管理责任，配备专职人员做好场地和设施的维修保养工作，防止因体育场地设施损坏而导致大学生人身伤害事故发生。

b. 建立健全卫生保健制度。学校要建立健全针对大学生的卫生保健制度,定期对大学生开展相应的体格检查,及时发现和提醒大学生自身隐藏的各种疾病,避免因盲目运动而造成伤害。

c. 加强对大学生的体育运动安全教育。通过安全教育,使大学生树立正确的体育运动安全防范意识,具备必备的体育运动基础知识和技能。同时,要对个别大学生进行及时、有效的心理引导,克服大学生体育运动中的心理障碍。

② 教师方面。

a. 提高安全防范责任意识。作为教师,在教学过程中要提高自身的安全防范意识,增强责任心,认真检查和排除各种隐患,耐心、科学地开展教学活动,及时对学生实施合理的保护和帮助措施,确保大学生人身安全。

b. 合理组织教学。教师要根据体育教学规律、学生的身心特点及季节、环境等因素,严格按照大纲内容、教学步骤组织教学,防止因教学组织不当而造成大学生人身伤害事故。

③ 大学生自身。

a. 增强体育运动安全意识。大学生要不断增强自身的体育运动安全防范意识,要对体育运动中潜在的不安全因素保持充分的认识,克服自身心理障碍,以认真、谨慎的态度参加各项体育运动。

b. 掌握基本的体育运动知识和技能。大学生要加强学习,掌握基本的体育运动知识和保护技能,科学、合理地开展体育运动,规范自身技术动作,切勿盲目和麻痹大意,确保自身安全。

c. 增强组织纪律观念。大学生在体育运动中,要严格服从体育老师和管理人员的安排和指导,以大局利益为重。在自己或同学受伤时,要团结友爱,互相帮助,及时报告老师,果断采取措施。

3）实验实习中的人身伤害事故

高校实验实习中的大学生人身伤害事故是指在学校组织的各种实验实习活动中发生的,造成大学生人身损害后果的事故,如电击、爆炸、中毒、机械损伤等。

（1）造成高校实验实习中大学生人身伤害事故的原因。

实验实习是大学生学习过程中的重要环节,主要是锻炼大学生的实际操作能力,对促进大学生综合素质的提高具有重要意义,但因为以下因素的影响,高校实验实习中经常发生大学生人身伤害事故。

① 学生安全防范意识不强,操作失误。不同于理论学习,实验实习活动要求大学生必须亲自动手操作,特别是很多实验本身就具有一定的危险性,所以对实验的规范操作非常重要。有的大学生安全防范意识不强,对实验实习潜在的危险性认识不足,不按照指导老师的要求和实验规程操作,进而导致伤害事故的发生。

② 指导老师工作不到位。有的指导老师在实验实习过程中过分相信自己的经验,简化实验操作过程;也有个别老师在工作中责任心不强,不及时纠正学生的错误,进而导致伤害事故的发生。

③ 实验实习设施、设备出现故障。大学生实验实习的设施、设备很多都是精密仪器,精度要求很高,因为电压、药品或设施、设备本身的故障都有可能导致伤害事故发生。

（2）高校实验实习中大学生人身伤害事故的防范措施。

① 树立正确的安全防范意识，严格操作规程。大学生要树立正确的实验实习安全防范意识，在进行实验实习之前，要仔细阅读和认真掌握实验实习的操作规程，特别是对相关注意事项要认真学习，要明确因为操作不当可能带来的危险。在实验实习过程中，要认真按照指导老师的要求和操作规程进行操作。发生意外时，要及时向老师报告，果断处置。

② 指导老师精心指导。指导老师在实验实习进行前，要对大学生认真讲解实验实习的操作规程和注意事项，对实验的设施设备要认真进行检查，并及时整改隐患。在实验实习的过程中，要杜绝经验化教学，要耐心、科学地指导，对学生的错误行为要及时纠正。一旦发生人身伤害事故，要按照应急预案及时、有效地处置。

2．人身意外

人身意外通常指意外身亡和意外伤残。因无法预见的事故或突发情况导致人员死亡或者身体伤残，也就是意料之外的事情，不在可控范围之内。如何面对人身意外，发生意外事故后应该怎么办，也是应提前思考的问题，同时应学习、掌握相关法律法规和安全知识，利用专业知识来应对和处置人身意外事故。我国对人身伤残划分为十个等级，经过专业机构鉴定，对照十级伤残鉴定标准，责任单位或责任人应支付受害人医疗费和其他赔偿、补偿费。购买了人身意外伤亡保险的，在意外身故后，保险公司应支付意外保险赔偿费。

1）自然灾害带来的人身意外事故的预防

（1）地震危害的预防。①保持清醒的头脑；②在室内的人寻找相对安全的躲避空间；③能撤离时，迅速有序地撤离到安全地区；④在室外的人迅速远离危险区；⑤汽车不停在桥上；⑥被埋压在废墟下的人，积极自救，但要保存体力；⑦寻找身边的生存条件。

（2）雷击危害的预防。①安装可靠的避雷装置；②雷雨时不要触摸铁制管道；③不在雷雨中行走、游泳；④远离危险物；⑤做好急救工作；⑥少用、不用手机。

2）其他意外事故带来的人身安全事故的预防

（1）运动损伤的预防。①做好运动前的准备活动；②做好运动后的整理活动；③注意运动后的饮食；④正确处理运动时的伤痛；⑤患有疾病的同学不参加剧烈活动。

（2）溺水的预防。①不随意下河；②不到不了解的水域游泳；③不熟悉水性者落水要努力保持仰位；④施救者切忌正面接触；⑤抢救溺水者时，应将其头朝下，顶住其腹部。

（3）烧（烫）伤的预防。①尽量远离热源；②发生烧（烫）伤后，要立即隔断热源；③对于轻度烧（烫）伤，立即用自来水冲洗，对于大面积烧（烫）伤，要保护创面，进行专业抢救。

（4）化学物质灼伤的预防。①了解化学物质的特性；②严禁违规操作；③做好事故发生时的自我保护；④用清水冲洗并使用恰当的中和剂清洗伤口。

（5）触电的预防。①立即断电；②对心跳微弱的触电者采取人工呼吸、胸外心脏按压等措施进行急救。

（6）旅途中特殊情况下的自救。①在沙漠里迷路，待在易被发现处，保持体力，通过鼻腔呼吸，减少出汗和水分流失，想办法发出国际通用的求救信号；②船只下沉，尽可能久地待在船上，弃船时尽可能带走全部淡水。

（7）被关在电梯里的自救。①保持冷静；②利用电梯内的电话、警钟、手机求救；③切忌频繁踢门、拍门；④勿强行扒门。

（8）爆炸事故的预防。①熟知民用爆炸物品的性质；②遵守规定；③遵守操作规程；④做好设备定期检验；⑤做好"八防"工作，即防止可燃气体粉尘与空气混合，防止明火，防止摩擦和撞击，防止电火花，防止静电放电，防止雷击，防止化学反应，防止中毒；⑥做好事故发生时的自我保护。

（9）放射性事故的预防。①熟知放射性物品的性质；②不得未经批准、未着保护装备进入放射性物品所在场所；③建立健全事故应急救援预案；④发生事故立即报告。

（10）大学生心理危机的预防。①正确面对困难；②倾诉以缓解心理压力；③明确生命的意义；④养成屡败屡战的作风。

（11）食物中毒的预防。①做到"六要"和"六不要"，"六要"为饭前便后要洗手，公用餐具要消毒，自己的食品要看好，购买食品要查证，生吃水果要削皮，对自己要有自信心，"六不要"为不要吃含毒食品，不要吃太多的腌制食品，不要吃大海鱼内脏，不要吃不认识的食物，不要吃来历不明食物，不要吃不卫生饭店或摊点的饮食；②做好集体预防；③做好食物中毒事件的处理，包括抢救病人，封存可疑食物，立即报告，收集标本，查清污染源，调查究责。

（12）一般传染病的预防。①管好传染源；②切断传播途径；③保护易感人群；④做好个人防护。

3. 故意伤害

高校故意伤害案件特别是打架斗殴案件，除了少数是事先有预谋外，多数当事人事先并没有准备，甚至双方并不认识，往往因矛盾纠纷瞬间激化而爆发。而大学生大多会参加集体活动，在面对矛盾纠纷时往往缺乏理智，常常会有多人卷入，造成多人受伤。

1）引起大学生被故意伤害的原因

（1）利益纷争。这里的利益不仅包括经济利益，还包括大学生学习、生活中的一些荣誉、竞选学生干部等其他利益，双方往往为某种利益产生冲突，进而造成伤害事故的发生。

（2）恋爱纠纷。大学生因恋爱而引发的一些纠纷和不安定因素经常出现，特别是由此引起的校园故意伤害案件时有发生。

（3）运动冲突。体育运动因激烈的肢体碰撞极容易引发冲突而导致伤害事故的发生。

（4）酗酒滋事。大学生酗酒已经成为较普遍的现象。有的大学生在酗酒后，要么与他人发生矛盾，造成自身或双方的伤害，要么故意挑起事端伤害他人。

（5）心理问题。有些同学因猜忌、嫉妒等不良心理支配，往往把别人的进步和成绩当作对自己的威胁进而对别人进行故意伤害。另外，因为学校及周边的治安形势严峻，不法分子无故挑起事端而伤害大学生的现象也经常出现。

2）防范故意伤害的措施

（1）增强大学生的法制纪律观念。大学生要自觉养成遵纪守法的良好习惯，切实加强自身法制纪律观念和意识。一方面，大学生自身可以避免很多矛盾和纠纷，在与别人发生矛盾纠纷时也可以用法律武器进行解决，避免伤害。另一方面，大学生可以用法制纪律约束自己不伤害别人，从某种意义上说这也是对自身的一种保护。

（2）加强大学生思想道德修养。大学生要不断提高自己的文明程度和道德水准。首先，要保持文明友好的言行举止、高尚的道德情操及正确的荣辱观，不主动制造纠纷、激化矛盾。其次,要客观分析、冷静处置发生在生活中的各种矛盾。生活中的矛盾无时不在,只有具备博大的胸怀,冷静处置,才能防止伤害。同时,大学生要养成谦虚谨慎的作风,在生活中要诚恳友爱,与人为善,克服骄横跋扈、妄自尊大、唯我独尊的错误作风,以减少不必要的伤害。

（3）正确化解矛盾纠纷。很多人身伤害是因为对矛盾纠纷处理不当激化所致,正确化解生活中的矛盾纠纷可以避免很多伤害。矛盾激化,很多时候是由于化解矛盾纠纷的方法不当造成的。因此,大学生在面对矛盾纠纷时必须要坚持正确的化解方法。一是保持理智。矛盾纠纷发生后,只要有一方能坚持冷静理智,不发火、不急躁,语言、举止文明,对方的锋芒就会削减。二是保持谦逊的作风。发生矛盾纠纷时,只要自身态度谦逊,严于律己,不过多指责对方,对方固执己见就失去了意义,矛盾也就不容易激化。

3）大学生遭遇故意伤害时的处置措施

（1）低调应对,迅速离开。大学生在遭遇故意伤害时,千万不要进行硬碰硬的冲突,这样只会造成更为严重的后果。一般情况下,大学生可以低调应对,以消减对方的锐气,最好是在伤害发生之前抓住时机迅速离开。

（2）寻求他人帮助。大学生在遭遇故意伤害时,要注意观察现场及周围情况,可以适时向周围的同学和路人求助。

（3）进行正当防卫。当伤害在所难免时,大学生可根据双方力量对比情况实施正当防卫,以尽可能减少伤害。

（4）及时报案或报告。大学生一定要及时向公安机关报案,这样可以得到及时的帮助和救治。同时,及时向公安机关反映情况,有利于打击违法犯罪,减少伤害。

13.1.3 大学生怎样远离意外伤害

1. 提高防备意识,做一个有智慧的大学生

作为新时代的大学生,从幼儿园到大学一直生活在校园这个相对安全和单一的环境中,学习各方面的文化知识,对未来充满希望,对世界保持着美好的认识。但是,应该清醒地认识到,大学生不只是生活在象牙塔这座安全岛里,也得走入社会大环境,要独立面对人和事,独自处理个人的学习、生活、工作、情感等方方面面的事情。整个社会大环境是复杂的,不可避免会遇到突发的安全情况,甚至遭遇意外或伤害,怎样远离意外伤害,怎样防范意外伤害,是现代人必修的一门课程,也是大学生必须学会和掌握的生存能力和本领。

居安思危,谨言慎行,防患未然,坦然面对。常言道"生于忧患,死于安乐",没有安全风险意识,会让一个人变得无知,自认为安全危险离自己比较远,自己没有遭遇过安全事故,就觉得天下太平无事,这样的人是缺少生存智慧的,遇到危险时将毫无防备,造成的伤害或损失会比较严重,"亡羊补牢"为时已晚。

即使身在太平盛世的社会环境中,远离了战火和灾害,远离了暴力恐怖事件,也会出现火灾事故、交通事故、安全生产事故导致的人员伤亡情况,其中包括大学生发生意外身亡的情况。危险时刻存在,安全防范意识一刻也不能放松,大学生要具备同危险做坚决斗争的精神,坚决抵制麻痹思想,坚决摒弃安全陋习,坚决维护自身安全。

安全防范不只是学校保卫部门和公安机关的事,预防人身伤害和意外事故是每一个大学生自己的事,只有把安全当回事,心中时时刻刻装着安全,树牢安全观念,安全才会伴随人们每一天。务必杜绝"两耳不闻窗外事,一心只读圣贤书"。大学生应对所在地区、所处的城市、所属的学校,以及身边发生的安全问题和事故给予高度关注。从事故案例中吸取教训,进一步提高防备意识,从心理上筑起一道安全防线,避免自己遭遇同样的安全问题。

2. 学习安全常识,做一个有责任的大学生

在学校学习文化知识是大学生的本职任务,有利于未来职业生涯的发展。在学习科学文化知识的同时,大学生应积极学习安全知识和技能,掌握更多的安全常识,提高自我安全保护意识,有意识地锻炼身体,做一个对自己和家人都负责的人。

安全常识是生活中常见的应该被掌握的知识。我们从幼儿园学习红绿灯交通标识就开始接触安全知识,在学校里和生活中随处会用到安全常识,随处都可以学习安全常识,要做一个有心人,随处留意安全标识。

每个大学生都必须掌握基本安全常识,要清晰地知道什么不能做,知道哪些行为会导致危险发生,学校开设的安全课程尽可能地去学习,学校组织的安全知识培训和安全演练尽可能地去参与,牢记安全常识,尤其是涉及逃生、自救、防卫等方面的常识。

3. 远离安全危险,做一个有原则的大学生

坚决远离看得见或感受得到的危险源和风险隐患点,设有禁止标识和危险标志的地方不要私自违规进入,发现身边人员携带枪支、管制刀具或私藏毒品、易燃易爆等危险物品,应主动向相关部门报告。

应拒绝有危险的邀约,去没有保护措施的湖中划船,去河里或不明水域游泳,去夜场喝酒,去无人区、原始森林探险。安全保护措施不到位的工地、房屋、实验室、实训场所不能久留,不要私自到结冰的湖面或不明水域溜冰,要果断地对安全风险隐患说"NO!"。

4. 掌握自救技能,做一个有胆魄的大学生

当面临事故危险时,首先要自我脱险,无法脱险时再寻求帮助。例如,地震灾害发生时要快速离开建筑物,身处火灾现场时要熟练使用灭火器材和逃生工具,遇到有人心脏或呼吸骤停时要立刻实施心肺复苏术,发现有人触电时要安全有序进行处置。多掌握一门自救的安全技能,在危难时刻就多一线生的机会。有丰富的安全技能,临危不惧,可以让人变得自信从容,从而坦然地面对危险、挑战。

应服从学校的安全管理规定,不做有违校规校纪的事。校园因疫情防控封闭化管理时,有学生违规翻墙进出校园,造成病毒传播到校内发生集体感染,也有学生翻墙时被围栏刺伤,这些都是不遵守安全管理规定造成的后果。在上实验或实训课时,必须按规程进行操作,因违反正确的操作规程导致身体伤残或起火爆炸身亡的事故时有发生,大学生必须守牢安全的防线,使安全警钟长鸣。

5. 强化应变应对,做一个有能力的大学生

提高自己的安全风险管理能力,没有安全风险意识就是最大的安全风险。风险意识强的人,到酒店、影院、购物中心等场所,会首先观察安全出口和疏散通道的位置。走路千万不要踩踏井盖,因踩踏井盖掉进污水井的事故时有发生。

在安全问题上,千万不要做"明知山有虎,偏往虎山行"的英雄壮举,安全开不得半点玩笑,安全是严肃、认真的事,必须坚持原则,时刻让自己处于相对安全的状态,当自己陷入不

安全的境地时,要想方设法尽快脱离危险,要利用一切可用资源帮助自己脱离困境。

保持安全距离,远离危险的人、物或区域,在出行过程中,不乘坐黑车、问题车和超载车,骑车或驾车不超速、不靠近危险车辆,注意观察路况,不逆行,不横穿马路。关注极端天气变化情况,汛期和强降雨时段不要前往低洼区域或河流边,远离有滑坡、泥石流等地质灾害隐患的山谷,远离可能被大风刮倒或吹垮的树木、支架、广告牌等重物。

13.2 财物安全

13.2.1 财物安全概述

1. 大学生的个人财产

一定的财产,或者说,一定的经费和物质资料是完成大学学业的物质保证。财产是否安全会直接影响大学生的精神状态,一旦财物受到侵犯,大学生就会产生急躁、伤心等消极情绪,处于愤怒、抱怨、憎恨、难受的状态,这种状态会影响正常的学习和生活;其次,财物是学习和生活的工具,失去后会给大学生的学习和生活带来不便,从而影响学习的效率和生活的品质。大学生应该学习有关财产安全方面的知识,认识侵财案件的特点,积极预防侵财案件的发生,最大限度地减少财产安全损失。大学生在校园里财产被侵犯的主要形式是盗窃和电信诈骗,其次是传销、抢劫或抢夺、校园贷勒索等。

2. 大学生财产安全保护

大学生个人财产的保护途径如下。一是他力保护;二是自力保护。他力保护就是利用法律法规和规章,依靠国家行政、司法机关,高校保卫职能部门和其他行政组织的保护。自力保护或称自我保护,是凭借自己对财产安全的防范意识和基本常识,依靠自己的力量,对财产的不法侵害进行事前的预防和适时的防卫以及事后的保护。不同形式的侵财行为,具有不同的特点,大学生通过认识和学习,增强防范意识,掌握失窃时的应对方法,就能冷静地对待失窃案件,并将侵财案件的发生率降到最低。

大学校园并没有因为是大学生学习和生活的地方而成为"世外桃源",在大学校园里,大学生钱财物品被盗、被骗、被抢的事件时有发生,对此,大学生应该提高警惕,掌握相关的防范知识和应对策略,保证自己的财产安全。

13.2.2 财物侵害与损失

1. 校园盗窃案件

盗窃,是一种以非法占有为目的,秘密窃取国家、集体或他人财物的行为。近年来,各大学校积极走产学研相结合的道路,以及后勤服务的社会化等,使得进出校园的人员多而杂,加之校园周边环境越来越复杂,使得校园受到社会的冲击和影响越来越大;然而,学校师生员工的安全意识并未随着一系列变迁而及时跟上,尤其是在校内的安全意识相当淡薄,疏于防范。犯罪分子有可乘之机,导致盗窃案件频繁发生,高校盗窃案发案率居高不下,给学校及师生造成了大量的财物损失。校园盗窃案的类型如下。

(1)"顺手牵羊"。物主短暂离开、临时外出、粗心大意或注意力不集中时,被顺手拿走笔记本电脑、手机、钱包等贵重物品。

（2）破门盗窃。宿舍门已损坏，踢门就能进入，窃贼利用这点，破门而入实施盗窃。

（3）撬门扭锁。盗窃分子往往有很多撬开门锁的方法，进门后也往往会将抽屉、箱子撬遍，满屋翻个底朝天。

（4）插片入室。学生宿舍中一些宿舍门的门板和门框之间缝隙比较大，足以用卡片等"插片"开锁。

（5）偷配钥匙。有些窃贼作案前有预谋地偷配了钥匙，然后寻找机会，入室盗窃。

（6）翻入室内。有些宿舍没有结实的护栏，却有易于翻越、攀登的窗户，包括门上通风窗，窃贼都有可能从此翻入。

（7）"垂钓钩物"。有些窃贼会用竹竿或其他用具将晾在窗外或阳台上的衣服钩走，多发生在晚上同学们熟睡之时。

（8）假借推销。一些窃贼常常以推销物品的形式踩点，然后进行偷窃。有的是边推销边实施盗窃，有的是踩点后再寻找时机进行盗窃。

（9）假认老乡。有的窃贼以"认老乡"的名义，尤其是对大一的学生，或以困难求助为名窃取同学银行卡和密码，进而取走卡里的存款。

（10）留宿外人。一些学生违反学校相关规定，擅自带老乡、校外人员留宿寝室，当宿舍同学去上课时，放心地将钥匙交给他们，为留宿人员在宿舍内进行盗窃打开了方便之门。

2. 发生被盗后的应对措施

（1）保护现场，及时报案。一旦发生被盗案件，不要惊慌失措，应迅速组织在场人员保护好现场，并及时向学校保卫部门报告，不得先行翻动、查看自己的物品，否则会将现场有关的痕迹及物证破坏，不利于调查取证。

（2）如果发现存折、银行卡或汇款单失窃，要马上去银行、邮局挂失。

（3）如果与盗贼狭路相逢，不妨机智周旋，尽量避免发生正面搏斗，可反锁门，寻求帮助，也可虚张声势，假装与朋友在一起。

（4）如果发现可疑人员，一定要沉着冷静，应主动上前询问，一旦发现其有问题，要设法将其稳住，必要时组织学生围堵，及时向有关部门报告，防范盗贼狗急跳墙，造成不必要的人身伤害。在当场无法抓获盗贼的情况下，应记住盗贼的特征，包括年龄、性别、身高、胖瘦、相貌、衣着、口音、动作习惯、佩戴的物品等，以便向公安部门提供破案线索。

（5）知情人员应当积极配合公安部门的调查取证工作，有的人对身边发生的案件采取事不关己、高高挂起的态度；有的人在接受调查人员询问时不敢提供有关情况，怕遭受打击报复、怕影响同学的关系等，这些想法都是错误的，会给侦查破案工作带来许多困难，往往也会贻误破案的最好时机，使犯罪分子逍遥法外，继续作案。

3. 抢劫和抢夺

抢劫是指以非法占有为目的，以暴力、胁迫或者其他方法施行的将公私财物据为己有的一种犯罪行为。抢夺是指以非法占有为目的，乘人不备，公然夺取他人的财物。这两类犯罪行为同时都侵害了他人的人身权利，而且容易转化为凶杀、伤害、强奸等恶性案件，严重侵犯大学生的财产及人身权利，威胁大学生生命安全，造成大学生生命、健康及精神上的损害，比盗窃犯罪具有更大的危害性。这两类犯罪行为在大学校园里比盗窃行为发生得少,但也时有发生,因此,也必须积极防范。

（1）大学校园里抢劫、抢夺案件的特点。

① 案发时间多为晚上,特别是校园内夜深人静、行人稀少时;午休时间也可能发案。

② 案发地点多为校内偏僻场所或人少的地段。

③ 抢劫、抢夺的对象多为携带贵重物品的人、滞留在阴暗处的恋爱男女或单独的一人,特别是女同学。

④ 犯罪分子攻击的目标是抢夺现金、贵重物品。

⑤ 犯罪分子较凶残,多数携带凶器,极具侵害性。

⑥ 作案人一般为校园附近农村、厂或城镇中不务正业、有劣迹的小青年。

（2）发生抢劫、抢夺时怎么办?

① 案发时要在保证自身安全的情况下尽力反抗,分析犯罪分子和自己的力量对比,只要具备反抗的能力或时机有利就应发动进攻,以制服或使作案人丧失继续作案的心理和能力。

② 与作案人尽量纠缠。可利用有利地形和身边的砖头、木棒等足以自卫的武器与作案人形成僵持局面,使作案人短时间内无法近身,以便引来援助并对作案人造成心理上的压力。

③ 实在无法与作案人抗衡时,可以看准时机向有人、有灯光的地方或宿舍区奔跑。

④ 巧妙麻痹作案人。当已处于作案人的控制之下而无法反抗时,可按作案人的需求交出部分财物并采用语言反抗法,理直气壮地对作案人进行说服教育,晓以利害,从而造成作案人心理上的恐慌。切不可一味地求饶,应当尽力保持镇定,与作案人说笑斗口,采取幽默方式表明自己已交出全部财物并无反抗的意图,使作案人放松警惕,以便看准时机进行反抗或逃脱其控制。

⑤ 采用间接反抗法。采用间接反抗法是指趁其不注意时在作案人身上留下记号,如在其衣服上擦点泥土、血迹,在其口袋中装点有标记的小物件,在作案人得逞后悄悄尾随其后,注意其逃跑去向等。

⑥ 如果敌强我弱,要采取灵活的做法,注意观察作案人,尽量准确记下其特征,如身高、年龄、体态、发型、衣着、语言、行为等。

⑦ 及时报案。要在最短时间内向公安机关、学校保卫部门报案,说明案发时间、地点,犯罪分子特征,自己财物损失情况等。作案人得逞以后,很有可能继续寻找下一个抢劫目标,甚至在作案现场附近的商店和餐厅进行挥霍。高校一般都有较为严密的防范措施,能及时报案和准确描述作案人特征,有利于有关部门及时组织力量布控、抓获作案人。

⑧ 无论在什么情况下,遇到抢劫时只要有可能就要大声呼救,或故意高声与作案人说话。犯罪分子逃跑时,应大声呼叫周围的群众,堵截追捕,迫使犯罪分子放弃所抢物品。

4. 校园贷的危害及套路

校园贷,又称校园网贷,是指一些网络贷款平台面向在校大学生开展的贷款业务。无须任何担保,无须任何资质,只需动动手指,填填表格,就能贷款几千甚至几万元。据调查,校园消费贷款平台的风控措施差别较大,个别平台存在学生身份被冒用的风险。此外,部分为学生提供现金借款的平台难以控制借款流向,可能导致缺乏自制力的学生过度消费

1）校园贷的危害

（1）网络贷款使大学生心理产生极大压力，让大学生的生活陷入网贷的泥潭中不能自拔。

（2）网贷会促使大学生不良消费以及连环贷款，容易使其消费理念及价值观产生偏颇。

（3）若大学生不能及时还清贷款，可能导致辍学、自杀等情况的发生。

（4）网贷会使原本幸福的家庭陷入网贷的阴影，增加家庭经济负担及父母心理负担。

（5）网贷的大学生在同学及朋友间的信誉受损，影响正常的人际交往。

2）校园贷的套路

套路一：以好处为诱饵，引诱贷款。诈骗分子在大学校园内以"给好处费"为诱饵，让大学生以自己的名义在网贷平台贷款，事后给大学生几百元至数千元不等现金作为"好处费"，并承诺所有贷款均由自己来还，与帮其贷款的大学生毫无关系，然而一旦贷款成功，便人间蒸发。

套路二：发布虚假广告，骗取押金。诈骗分子一般在搜索引擎上大量散布虚假网络贷款信息，待大学生搜索到该公司信息后与其联系，便伪造贷款合同，并要求大学生缴纳数千元的保证金，有些还会继续以信誉不足等为由，多次要求贷款人向其转账。

套路三：骗取学生信息，迅速转账。诈骗分子还会先通过各种手段，如制作虚假贷款申请表获得大学生手机暂时使用权、银行卡以及个人信息，将银行卡与自己的微信、支付宝等绑定后再交还学生，并以该大学生名义在网贷平台多次办理大学生贷款，时刻关注到账信息，一旦到账迅速转移，随后销声匿迹。

套路四：谎称"黑户"漏洞，套现分红。诈骗分子谎称大学生分期贷款可以操作为银行内部的"黑户"，从而不用还款，可以利用这一软件漏洞赚钱。这种方式主要是让大学生分期贷款购买高端电子产品后再低价出售，套现后诈骗分子成功"分红"，事后贷款平台催大学生还款时，诈骗分子已不知去向。

套路五：额度小，期限短。"额度小"是为了迎合大学生的借款需求；"期限短"是为了间接提高贷款利息，而且短期的总利息看起来不会很高，大学生比较容易接受。但是，如果真正计算贷款成本，费用是非常高的，因为还包括手续费及其他费用。若借款学生未按时还款，逐日累积，还款金额会迅速增加。

套路六：采用"砍头息"。给借款人发放借款时，贷款公司（或贷款平台）会从本金中扣除一部分钱，这部分钱就是"砍头息"。例如，甲借给乙3万元，但在给乙付钱的时候，甲将扣除3000元作为利息，也就是说，乙实际拿到手的钱只有2.7万元。

套路七：给还不起款的借款人介绍还款路径。若借款学生还不起款，放款人往往会主动为其介绍路径，而该路径就是向另外一家贷款公司借钱，还上一家公司的欠款。这意味着借款人将签下更高额的欠款合同，易引发"连还贷"。不少大学生通过网络借贷后，拆东墙补西墙、利滚利，借款人的债务就越滚越高，后患无穷。

套路八：规避法律风险，做假流水。高利贷是不受法律保护的，为了规避这一风险，一些贷款公司先将承诺的款项打入借款人的账户，然后让借款人取出来，再从中取走一部分钱，最后借款人拿到手的钱并没有承诺的那么多，但实际还款金额却是承诺的借款数额。

套路九：贷款合同免责条款无本万利。一些校园贷款平台的服务协议里都有免责条款，其中明确有些情况是网贷平台不承担责任也不赔偿的。如电信设备出现故障不能进行数据传输的；由于黑客攻击、电信部门有技术调整、设备故障、网站升级、银行方面的问题等原因而造成的服务中断或者延迟。在实际操作中，网贷平台完全可以利用这些免责条款不承担应承担的责任。

13.2.3 大学生怎样保护自己的财物

1. 预防盗窃

1）宿舍防盗

（1）长时间离开宿舍应将宿舍门窗关好。如果宿舍门锁仅为挂锁，最好更换。最后离开宿舍的同学要特别注意关窗锁门，养成随手关窗锁门的习惯。

（2）短时间离开宿舍，如上厕所、去洗手间洗漱或者到其他寝室串门，也要随手锁门。

（3）不要随手将手机、钱包、平板电脑、数码相机等容易拿走的贵重物品放在桌面或床上，应尽量锁好。有笔记本电脑的同学，最好放入储物柜。

（4）大额现金不要放在寝室，应及时存入银行，随用随取。

（5）陌生人来访要特别注意，不要将视线离开其行动范围。见到形迹可疑的、在宿舍楼里四处走动、窥探张望的陌生人，要主动询问，即使不能当场指认，也能使盗窃分子感到无机可乘，客观上起到预防作用。

（6）不要将钥匙和证件等乱放，并且不能将钥匙借给他人。

2）公共场所防盗

要特别注意在食堂、教室、操场等公共场所的防盗，在教室学习和食堂就餐时，很多同学习惯用书包占位置，从而给小偷以可乘之机。防范的方法如下。

（1）不要用书包占座位，在就餐时，书包尽量放在双腿上，或者将书包斜挎在肩上或手上。如果需要用书包占座位，包中的贵重物品，如手机、钱包、相机等要取出来带走。如果是几个同学一起用餐，可以轮流打饭。

（2）食堂用餐排队打饭时，不要将手机或者钱包放于上衣的外口袋以及书包后袋中，随身的背包、挎包都要移到身前。

（3）在教室午睡或去厕所、外出打电话时，应该携带或找同学帮忙看管个人的贵重物品，以防一觉醒来或外出归来时，书包或者书包内的贵重物品被盗走。

（4）在操场上运动，最好把手机和钱包集中放在一起，并找专人帮忙看护，或者到相对封闭的场馆运动。

3）外出时防盗

（1）外出采购、游玩时尽量不要携带大量现金和贵重物品。不要把钱夹放在身后的裤袋里。不管是吃饭、购物还是拍照，钱包不能离身，至少不能脱离视线。在等车时注意身边的人，特别是那些公交车一靠站就故意拥挤却不上的人，对手里拿报纸、雨伞、塑料袋等物品，多次重复上下车且行动反常的人，要特别注意。在上下车时，不要为争抢座位、急于下车而拥挤，造成站台、车厢秩序混乱，给犯罪分子以可乘之机。

（2）乘车前准备好零钱，使用完手机后要立即放回随身携带的包内。钱款和物品应尽量放在贴身口袋内,不要置于包的底部或边缘,以免盗贼盗走钱物。上车前检查手提包的拉锁,系好衣扣,不给盗贼作案的机会。不要在站台上清点财物,不要在车上翻钱包。乘车时,包应放在身前,听到喊"车厢里人多拥挤,请大家保管好随身物品""请大家往里走,不要在门口"等类似用语时,要领会到可能是防盗暗语,应提高警惕。如一人旅行,尽量避免睡得太沉,加强警惕,看管好自己的行李物品。

4)银行卡(账号)的防盗

(1)存折和储蓄卡的密码及卡号要保密。储蓄卡要随身携带,但不能与自己的身份证和密码放在一起保管。

(2)存折和储蓄卡的密码最好不设为自己的出生日期或电话号码,防止被他人破解密码,盗取存款。

(3)在取款机上取款以后,可以随便输入一个临时设定的"密码",并按"确认"键,这样就可以把自己刚输入的正式密码取消,避免泄露密码。

(4)在取款机上取款时,要检查取款机是否安装了其他电子设备,同时警惕他人站在背后偷记卡号和密码。

(5)网上银行有一定风险,如必须使用,一定要使用安全的网络,防止他人利用木马程序盗取账号和密码。

2.预防抢劫、抢夺

(1)外出时不要携带过多的现金和贵重物品,特别是必须经过抢劫、抢夺易发生地段,如果因购物需要必须携带大量现金或较多的贵重物品,应请同学随行。

(2)现金或贵重物品最好贴身携带,不要置于手提包或挎包内。

(3)不外露或向人炫耀贵重物品,应将现金、贵重物品藏于隐蔽处。

(4)尽量不要在午休、夜深人静时单独外出,特别是女同学;不要在僻静、阴暗处行走、逗留。如必须通过僻静、阴暗处,最好要结伴而行,或者携带一些防卫工具。

(5)发现有人尾随或窥视,不要紧张,更不要露出胆怯神态,可以大胆回头多盯对方几眼,或哼首歌曲,或大叫同学、教师的名字,并改变原定路线,立即向有人、有灯光的地方走去。

(6)不单独滞留或行走在偏僻、阴暗处。女生独自外出或回校,穿着不要过于时髦、暴露。

3.防止敲诈、勒索

敲诈勒索罪是指以非法占有为目的,对被害人使用恐吓、威胁或要挟的方法,非法占有被害人公私财物的行为。敲诈勒索罪是一种重要的侵犯财产罪,其犯罪对象是公私财物。也有学者认为,敲诈勒索罪的对象是复合的,包括人和公私财产。从敲诈勒索罪的客观要件入手,敲诈勒索的客体只能是财产所有权,因而其犯罪对象只包括公私财物,而不包括人。

1)提高防范敲诈的意识

(1)谨防"首感效应"。

(2)谨防"标签效应"。

(3)谨防"贪利心理"。

(4)谨防"急功近利"。

（5）谨防"盲目同情"。

（6）谨防被人抓住把柄而被敲诈。

2）识别常见的诈骗敲诈方式

（1）通过上网聊天交友，取得信任后，编造谎言进行诈骗。

（2）编造学生在学校受到意外伤害，对学生家长及亲属实施诈骗。

（3）冒充学校工作人员进行诈骗。

（4）利用别人恋爱行为进行诈骗。

3）掌握防骗防敲诈方法

（1）如果大学生已经上当受骗，要立即向学校保卫部门或就近的公安部门报案，要如实回答公安、保卫人员提出的各种问题。

（2）尽可能地掌握各种证据，以便给公安机关侦破案件提供线索。

4. 校园网贷的防范措施

（1）大学生应树立正确的消费观，不虚荣，不攀比，应该理性消费，防止冲动消费。

（2）坚决不做卡奴、贷奴。很多大学生通过各种渠道办理信用卡和网贷，虽然短期获得了经济上的高消费，但是之后的日子里压缩生活开支，为还款付出更多的金钱和精力，更严重者会走上歧途，对自己的学业和未来都产生影响。购物分期需量力而行且要综合比较，尽量不分期购物，同时切忌以贷还贷。

（3）平时可参加勤工俭学以缓解压力。节流的同时还需要开源，在大学里有很多可供学生自己支配的课余时间，可以在平时多参加一些兼职活动，不仅能得到一定的收入改善生活，还能提前适应社会环境。在兼职的过程中一定要防止上当受骗。

（4）大学生应注意对自己个人信息的管理，无论是身份证、学生证，还是支付宝、银行卡账户，都不宜随便透露给他人，哪怕是学校的熟人（包括老师、学长、室友等），以免被有心人利用，如用你的个人信息去进行校园贷，你就会在自己不知情的情况下背一身债，有许多大学生就是因为这样而走向了极端。

（5）强化法律意识，知道什么行为是合法的、是受法律保护的，假如进行了校园贷，当自己的权益被侵害时应如何维权。

（6）不参与校园网贷行为，不在校园内宣传网贷，不做网贷代理人或中介，不向同学介绍网贷经历或网贷路径，更不能直接开展网贷业务。

（7）正规公司都有正规流程，放贷之前就要求缴纳费用的贷款公司基本都是"骗子公司"，请不要相信。

（8）以贷款培训作为入职前提的公司可以直接列为"骗子公司"，可以上工商局等官方网站查询此公司信息。

（9）无论在任何场合都要谨慎充当担保人，更不要用自己的身份信息替他人贷款，否则要承担贷款连带责任或还款责任。

（10）法律是一道红线也是一道护身符。作为大学生，不要参与不良校园网贷，不做网贷代理，不宣传网贷，不触碰法律这条红线。如果不慎深陷网贷陷阱，一定要寻求警方的帮助和法律的保护，不可走向极端。

13.3　公共安全

13.3.1　公共安全概述

1. 公共安全的定义

公共安全是指社会和公民个人从事和进行正常的生活、工作、学习、娱乐、交往所需要的稳定的外部环境和秩序,它涉及全社会成员或某领域、某地域大多数人的安全。

公共安全包含信息安全,食品安全、卫生安全、出行安全、避难者行为安全、人员疏散场地安全、建筑安全、城市生命通道安全等。特别是近年来发生的突发事件,如人员聚集踩踏事件。如何预防和应对突发事件,成为社会普遍关注的热点话题。

2. 高校的公共安全

高校公共安全的核心是校园的安全稳定。师生在教学、学习、生活等各种社会交往与交流中所需要的良好环境与秩序依靠公共安全,包括治安安全、秩序安全、消防安全、交通安全、卫生安全等诸多领域。高校传统公共安全主要依托"人防、物防、技防"三防建设,管理的前瞻性不足,管理处于被动应对模式,无法发挥师生参与校园公共安全管理的主观能动性。例如,在安全巡查中存在不能完全覆盖、存有盲区的现象;在安全教育中存在师生安全知识学习不到位、安全防范技能掌握不到位的情形;在网格管理中存在有令不行、有章不循、安全生产主体责任不落实、安全投入和保障措施不到位的现象。

3. 公共安全事件

公共安全事件包括自然灾害、事故灾难、公共卫生事件、社会安全事件。这里着重介绍事故灾难中的踩踏事故。

据央视新闻报道,2022 年 10 月 29 日晚,韩国首尔龙山区梨泰院洞一带有数万人为庆祝万圣节而聚集并发生大规模踩踏事故,造成 154 人遇难,149 人受伤,伤亡人员多为年轻人,其中有许多是大学生。据 PP 体育报道,2013 年 6 月 20 日,中超联赛形象大使贝克汉姆亮相上海,现场数千观众、球迷冲开操场大门,引发踩踏事故造成至少 5 人受伤。据新浪新闻消息,2014 年 12 月 31 日晚,上海外滩陈毅广场发生踩踏事件,造成 36 人死亡、43 人受伤,遇难者包括复旦大学、华东师范大学、华东政法大学等多名高校的学生。严重的踩踏事件,不仅会造成交通混乱,影响社会治安秩序,而且会造成人员伤亡。

1) 踩踏事故的诱因

(1) 人多拥挤的环境。在拥挤且空间有限的环境下,有人摔倒或者蹲下极易引起踩踏事故,上海外滩发生的踩踏,就是由于人行通道阶梯处底部有人失衡跌倒,继而引发多人摔倒叠压,从而造成踩踏事故。

(2) 引起人们恐慌的枪声、爆炸声。当人群受到惊吓、产生恐慌,如听到爆炸声、枪声时,容易出现惊慌失措的失控局面,在无组织、无目的的逃生中,因拥挤、踩踏导致事故。

(3) 人群过于激动、兴奋、愤怒。由于人群过于激动、兴奋、愤怒等而出现骚乱,易发踩踏事故。2013 年,在足球运动员贝克汉姆离开同济大学交流会场前往足球场的过程中,现场气氛高涨,一度出现拥挤现象,进而造成踩踏事故。

2）踩踏事故的预防

（1）最好不要置身于人多且环境混乱的地方。

（2）在人多的地方，应顺着人流走，举止文明，不拥挤、不起哄、不制造紧张或恐慌气氛；发现不文明的行为，要敢于及时劝阻和制止；遇到台阶或楼梯时，尽量抓住扶手，防止摔倒。

（3）陷入人流中的保护措施。如果陷入拥挤的人流，一定要先站稳，身体不要倾斜失去重心，即使鞋子被踩掉了，也不要弯腰捡鞋子或系鞋带，要继续顺着人流走，尽量走到人流的边缘，有可能的话，可先抓住坚固可靠的东西慢慢走动或停住，待人群过去后迅速离开现场。

（4）在人群中保持警惕。在拥挤的人群中，要时刻保持警惕，当发现有人情绪不对或人群开始骚动时，就要做好保护自己的准备，并时刻注意脚下，千万不要被绊倒，避免自己成为踩踏事件的诱发因素。

（5）暂避拥挤的人群。发觉拥挤的人群向自己行走的方向来时，应立即避到一旁，不要慌乱，不要奔跑，避免摔倒。如果路边有商店、咖啡馆等地方，可以进去暂避。

3）踩踏事故中的自救

（1）摔倒后的保护措施。如大学生被人群挤倒后，要设法靠近墙角，身体蜷成球状，两手十指交叉相扣，护住后脑和颈部，两肘向前，护住头部，护住胸腔和腹腔的重要脏器。如果仰面躺着或者是摔倒，应立即将身体抱成球状，不要平躺，伺机找机会站立起来，如果受伤了，但是还能动，就要想办法起来，移动到稳定物旁，再考虑处理受伤处。

（2）大声呼救，稳住场面。当发现自己前面有人突然摔倒了，马上停下脚步，同时大声呼救，告知后面的人不要向前靠近。

（3）及时报警，等待救援。不去人群拥挤的地方，迫不得已陷入人群中时，要举止文明，顺着人流走，尽可能走在人流边缘，即使发生踩踏事件，也不要惊慌，积极采用自救的措施，为自身的生命安全增加一份保障。

13.3.2　破坏公共安全的行为

暴力恐怖袭击案件和个人极端暴力犯罪案件呈突发、频发的特点，造成大量无辜群众伤亡。典型案例如下。据新浪军事报道，2013年10月28日，3名暴力恐怖分子驾乘吉普车闯入长安街便道，沿途快速行驶故意冲撞游人群众，造成5人死亡、40人受伤；据央视网新闻频道报道，2014年3月1日，昆明发生暴力恐怖案，10余名统一着装的暴徒蒙面持刀在昆明火车站广场、售票厅等处砍杀无辜民众，致29人遇难、143人受伤。由此可见，与一般刑事犯罪案件相比，暴力恐怖袭击案件对国家和社会的危害要大得多。有的恐怖袭击案件甚至挑起民族、宗教矛盾，带有明显的政治目的，与复杂的国际形势密不可分。因此，反恐防暴斗争具有复杂性和艰巨性。

1. 认识恐怖活动

恐怖活动是指以制造社会恐慌、危害公共安全或胁迫国家机关、国际组织为目的，采取暴力、破坏、恐吓等手段，造成或者意图造成人员伤亡、重大财产损失、公共设施损坏、社会秩序混乱等严重社会危害的行为，以及煽动、资助或者以其他方式协助实施上述活动的行为;恐怖活动组织是指为实施恐怖活动而组成的犯罪集团;恐怖活动人员是指组织、策划、实施恐怖活动的人和恐怖活动组织的成员。

2.暴力恐怖袭击的特点

当前,我国发生的暴力恐怖袭击案件主要表现为民族分裂势力和宗教极端势力以极端暴力手段进行的、带有社会攻击性的恐怖活动,以个人利益为目的的恶性恐怖犯罪,帮派及黑社会势力所进行的带有强烈社会恐怖效应的暴力犯罪活动。

1) 实施的人员

(1) 发动"独狼式"袭击或"群狼式"袭击的恐怖分子。

(2) 为歪理邪说或拉人入教而袭击他人的邪教分子。

(3) 报复他人者:因对社会或生活不满而蓄意袭击他人;因某个具体矛盾而报复他人进而殃及无辜的亲朋好友;因生活、工作失意而悲观厌世、报复社会者。

2) 袭击的手段

(1) 常规手段。

① 刀斧砍杀袭击。恐怖分子多使用砍刀等,个人极端暴力袭击者使用匕首等管制刀具或菜刀等,在广场、车站等人员密集场所袭击不特定人员。

② 爆炸袭击。一般发生在公共汽车、地铁、飞机等公共交通工具上,以及车站广场、大型活动现象等人员聚集场所。

③ 纵火袭击。袭击者利用汽油、燃料乙醇、柴油等易燃物,在公共汽车、地铁等公共交通工具上或公共聚集场所实施的放火袭击。

④ 枪击。主要有手枪、制式步枪或冲锋枪射击等。

⑤ 劫持。武力劫持飞机、汽车等公共交通工具或某些场所的不特定人员。

⑥ 驾车冲撞碾压。把汽车作为暴力袭击工具,冲撞机动性建筑、重要设施等,以及在公共场所冲撞人群。

⑦ 投毒。为报复或泄私愤,向报复对象及不特定人群的食物或饮用水等,投放农药、鼠药等有毒有害物质。

(2) 非常规手段。

① 网络袭击。利用网络散布或传播恐怖信息,组织恐怖活动,利用网络黑客攻击特定的计算机程序和信息系统等。近年来,网络恐怖袭击手段在国内外发展迅速,危害很大。

② 生化袭击。为制造恐怖气氛或报复社会而向公共场所、特定人群、特定设施投放化学毒剂、生物毒素或放射物等有毒有害物质。

③ 核与辐射袭击。通过核爆炸或放射性物质的散布造成环境污染或使人员受到辐射伤害。

3.易发、高发暴恐的场所和地点

暴力恐怖袭击案件易发、高发的场所和地点主要有公共汽车、火车、地铁、飞机等公共交通工具上,火车站、汽车站、地铁站等人员密集处,幼儿园和中小学校园门口以及校车上,政府机关办事大厅等。

4.暴力恐怖袭击案件的应对办法

危险来临时,应首先保持冷静。暴力恐怖袭击案件的基本应对原则可归纳为一逃、二躲、三斗、四帮。

第一选择是"逃"。快速辨明袭击的来源和方式,选择保障自身安全的方式,迅速逃离危险区,跑到安全处,逃离袭击范围。遇有枪击时曲线跑,遇有砍杀时直线跑,遇有车辆冲撞时向两侧跑,在跑的过程中注意避免踩踏和拥挤。

第二选择是"躲"。逃离袭击者视线后,根据现场情况选择店铺、房间、树木、车体躲藏,并顺手拿起身边的工具等物体帮助躲避和阻挡砍杀;尽可能保持安静,及时把手机调至静音,适时用短信等方式向警方求救。遇到爆炸时迅速趴下,或就近选择掩藏场所,顺手使用简易的遮挡物护住身体的重要部位和器官。

第三选择是"斗"。组织、发动现场的青壮年力量顺手拿起身边或现场的各种工具和物品,如皮带、箱包、桌椅、拖把等,进行防卫或抵抗,迅速击打对方的头部、眼睛等要害部位,使其失去行动和反抗能力,等待警察等专业人员到达现场处置。

第四选择是"帮"。先自保后救人,力所能及地救死扶伤。在确保已脱离暴力袭击者的袭击范围并保证自身安全的情况下进行隐藏求救,迅速拨打110、120、119。同时,应当首先保障儿童、妇女快速撤离,然后力所能及地救助伤员。要牢记生命安全第一,以逃生为第一选择,切勿贸然进入危险区域抢救财物。

13.3.3　大学生怎样维护公共安全

作为当代大学生,必须提高自身素质,把促进公共安全和社会稳定的思想教育贯穿到平时的学习、生活及活动中,自觉成为国家安全和社会稳定的自觉维护者。

1. 保持乐观心态,培养高尚情操,端正学风考风

积极参与各种健康文明的文体活动,培养高雅情趣。重视心理健康,学习心理健康知识,积极参与心理健康活动,增强心理保健意识和能力;热爱生活,正确看待挫折,保持心胸开朗,情绪稳定,增强自我调节和自我控制的能力;遇到困扰勇于面对,积极寻求心理辅导,主动排解压力;同学之间互助互爱,检视自我,接纳他人,善于沟通。共同营造良好的学习氛围,刻苦学习,潜心钻研,开拓创新;遵守校规校纪,端正学风、考风,严肃考纪,上课不迟到、不早退、不旷课,考试不舞弊、不抄袭;努力学习科学文化知识,积极参加社会实践,不断提高自己的专业水平和综合素质;增强时间观念,严格作息时间,养成良好的生活习惯,珍惜青春,不沉溺网络,不虚度光阴。

2. 保护好个人信息,安全使用网络新技术

(1) 在公开网站平台填写信息时,避免用真名或姓名全拼,非必要时不要在线填表,联系方式可以用截图方式提供,尽量用邮箱代替手机号码。

(2) 安装软件时一定要仔细阅读涉及个人隐私内容(如通讯录、短信等)的权限获取申请。

(3) 在不必要的情况下关闭软件定位功能,以免泄露个人位置信息。

(4) 收集、整理好含个人信息的票据,如快递单、车票、刷卡凭证等,集中销毁。

(5) 不要在社交媒体随意公开自己及家人的隐私信息。

(6) 及时注销、解除绑定长时间不使用的账户。

(7) 不点击、浏览不知名的网站、不随意下载来历不明的应用软件,不扫描陌生二维码。

（8）及时关闭手机 Wi-Fi 功能,在公共场所不要随便使用免费 Wi-Fi。

（9）不随意参加小调查、街头问卷、抽奖或赠送、非正规办卡等活动,不随意填写个人信息。

（10）个人安全信息一旦被泄露,可向互联网管理部门和相关机构进行投诉举报。

3. 掌握应急避险知识,提高安全自救能力

1）发生劫持恐怖袭击事件时的应急避险

（1）在现场要保持镇静,不要乱跑乱叫。

（2）可先顺从劫持者,满足劫持者提出的要求。

（3）不要随便触碰现场的物品,以免触动爆炸装置或毒气设施。

（4）无论有什么事,大学生要向老师报告,不要直接与劫持者交涉。

（5）根据现场情况,老师要设法与劫持者交涉,争取逐步释放学生,优先释放体弱、生病、受伤的学生和女学生,并设法让被释放的学生把里面的有关情况、信息传递出去(尽可能讲明劫持者的人数、大体位置、武器装备、爆炸装置的位置等)。

（6）学生不要擅自采取营救行动。

（7）警察采取解救行动时,人质尽可能地卧倒贴地,用双手抱住头部,随后迅速按警察的指令撤离。

2）发生爆炸恐怖袭击事件时的应急避险

（1）不要惊慌乱跑,要趴在原地。

（2）用随身携带的手帕、纸巾或衣角捂住口鼻,防止烟气中毒。

（3）服从统一指挥,有秩序地从安全通道迅速撤离到安全区域。

（4）多层楼梯的转角处要有人员引导和维护秩序,防止前后踩踏事故的发生。

（5）学校或老师迅速报警,并协助警方调查。

（6）组织自救、互救,等待救援队伍。

3）发生生化恐怖袭击事件时的应急避险

（1）发现可疑的生化恐怖袭击迹象,要立即报告警方或应急管理部门。

（2）迅速用湿毛巾、手帕或衣角捂住口鼻,扎好领口、袖口、裤脚口,尽量减少皮肤的外露,以防人体表面被损伤或被蚊虫叮咬。

（3）统一指挥,有秩序地将师生转移到附近的人防工事内,或转移到上风方向的高地。

（4）来不及撤离的师生,可躲在封闭性较好的学校建筑物内,关严门窗,堵住缝隙,关闭空调机、通风机,等待救援人员。

（5）撤离到安全区域的师生,要迅速脱去被侵蚀的衣物,清洗或擦拭裸露的皮肤。

（6）如发现师生染毒,应及时用清水、肥皂水冲洗染毒部位,并紧急送医院,对症处理。

（7）如发现师生染病,要尽快将其隔离并送医院治疗,防止传染给其他师生。

4）发生核辐射恐怖袭击事件时的应急避险

（1）迅速远离放射源和污染区。不能迎着风跑,也不能顺着风跑,应尽量往风向的侧面躲。

（2）迅速用湿毛巾、手帕或衣角捂住口鼻(或佩戴防毒面具和各类防护口罩)。扎好裤脚口、袖口、领口,或用雨衣、塑料布等把暴露的皮肤遮盖住。

（3）不要乘坐电梯下楼。

（4）多层楼梯的转角处要有老师引导和维护秩序，防止前后踩踏事故的发生。

（5）学校或老师迅速报警，并协助警方调查。

（6）组织自救互救，等待救援队伍。

13.4　本章案例分析

【案例分析】　随着产学研融合发展，高校的实验活动种类日益繁多，近年来高校实验室发生爆炸造成人员伤亡的安全事故时有发生，引起社会各界的高度关注，其原因可归于高校安全管理上的疏漏。因此，必须强化师生安全意识，牢固树立"安全第一，以人为本，关爱生命"的安全理念，坚决杜绝违规开展实验、冒险作业。严格落实实验室安全管理制度，明确各实验室开展实验的范围、人员及审批权限，严格落实实验室登记使用相关制度。结合实验室安全管理实际，配备具有相应专业能力和工作经验的人员负责实验室安全管理。

【事件经过】　2018 年 12 月 26 日，北京交通大学市政环境工程系学生在学校东校区 2 号楼环境工程实验室进行垃圾渗滤液污水处理科研实验期间，实验现场发生爆炸，事故造成 3 名参与实验的学生死亡。事发科研项目负责老师李某、事发实验室安全责任人张某被追究刑事责任，包括学校书记、校长在内的 12 名相关安全责任人受到党纪政纪处分（摘自北京市应急管理局《北京交通大学"12·26"较大爆炸事故调查报告》）。

【事件原因】　违规开展实验、冒险作业，违规购买、违法储存危险化学品，对实验室和科研项目安全管理不到位，导致了本起安全责任事故。

【事件后果】　实验使用搅拌机对镁粉和磷酸进行搅拌，反应过程中，料斗内产生的氢气被搅拌机转轴处金属摩擦、碰撞产生的火花点燃爆炸，继而引发镁粉粉尘云爆炸，爆炸引起周边镁粉和其他可燃物燃烧，现场造成 3 名学生被烧死。

【安全警示】　高校尤其是理工科院校，必须建立集中统一的危险化学品全过程管理平台，全覆盖管控危险化学品。加强对危险化学品购买、运输、储存、使用管理；严控校内运输环节，坚决杜绝不具备资质的危险品运输车辆进入校园。设立符合安全条件的危险化学品储存场所，建立危险化学品集中使用制度，严肃查处违规储存危险化学品的行为。开展有针对性的危险化学品安全培训和应急演练。建立完备的科研项目安全风险评估体系，对科研项目涉及的安全内容进行实质性审核。对科研项目实验所需的危险化学品、仪器器材和实验场地进行备案审查，并采取必要的安全防护措施。

13.5　本 章 小 结

本章主要介绍了人身安全概述、人身伤害与意外、大学生怎样远离意外伤害、财物安全概述、财物损害与损失、大学生怎样保护自己的财物、公共安全概述、破坏公共安全的行为、大学生怎样维护公共安全等内容，强调大学生要提高警惕，增强财物安全保护意识，防范个人财物被盗和丢失。作为当代大学生，必须提高自身安全素养，掌握应急避险知识，提高安全自救能力，把促进公共安全和社会稳定的思想理念贯穿到平时的学习、生活及活动中，成为一个有人生智慧的大学生。

职前教育安全

14.1 常见兼职陷阱及预防

14.1.1 常见的大学生兼职工作

1. 家教

家教是大部分学生兼职工作的首选,从学生择业的角度来说,可以用到自己所学的知识、锻炼自己的能力;从家教工作的特点来说,工作相对轻松,工作环境相对安全、稳定,且劳动酬金稳定。

2. 促销

大部分企业是在周末和假日进行产品促销,工作时间集中,不与学习时间相冲突。一般企业招聘学生都是做临时或短期促销工作,大学生在促销工作中可以锻炼与人沟通的能力。

3. 服务生

服务生的工作也是很受学生欢迎的兼职工作。这类工作对学生所学专业没什么限制,一般也不需要什么工作经验,学生可以根据自己的时间随意安排。服务生工作可以锻炼学生的综合能力,如待人接物、社交礼仪、反应能力、记忆能力等。

4. 网络兼职

计算机技术和网络技术的发展,使网络兼职成为一种新型的兼职模式。学生可以通过网络进行网页文字采编、设计和制作网页等工作,还有的学生在网上开店铺,当然这也是自主创业的一种模式。这类工作的方式和地点灵活,不受时空限制,而且学生可以根据自己的兴趣发挥专业优势。

5. 自主创业

当前我国大学生就业形势严峻,国家鼓励大学生创业,自主创业已成为备受在校大学生青睐的一种兼职模式。自主创业就意味着很多问题学生要自主决策,可以锻炼学生的管理、决策等各方面的能力。

14.1.2 常见的兼职陷阱及注意事项

1. 常见的兼职陷阱

(1)用人单位收取押金。一些用人单位招聘大学生做兼职工作,然后以各种各样的借口向学生收取押金或保障金,并承诺在工作结束后退还。等学生交了押金后,这些单位又以各种借口让学生等消息,然后便没了踪影,学生所交的押金和保障金也就打了水漂。

(2)非法中介。由于学生找工作的渠道过窄,一些学生又求职心切,非法中介机构趁机进行不法行为,骗取中介费。非法中介机构的中介费用非常高,收取中介费后又不能及时地为学生找到合适的工作,一拖再拖,直到不了了之。还有一些不法中介,不断变换办公地点,专门骗取中介费。在学生交了中介费以后,中介机构却消失得无影无踪,学生根本不知道详细的联系方式,这使得有关部门的追查工作无法展开。

(3)娱乐场所的高薪诱惑。高薪是吸引学生求职的一个重要手段,一些娱乐场所利用高薪吸引求职的学生,做一些代客停泊、侍者的工作。一旦进入这些场所,很多学生便难以自拔,误入歧途。

(4)女生家教。许多不法分子以找家教为借口,单独约女大学生见面。有的女学生在对方约见时,不加考虑便去赴约,自身安全意识薄弱,使自己身处险境。

2．大学生外出打工的注意事项

大学生虽然知识水平较高,但是在校园的保护下,大多学生脱离社会实践,思想单纯,在复杂的社会现实面前容易上当受骗。在一项调查中显示,大部分打工的学生都会遇到拖欠、克扣工资等现象。大学生同农民工一样,在打工市场上属于弱势群体。当前,大学生打工的队伍不断壮大,维护打工大学生的合法权益也越来越受到重视。为增强大学生打工的安全防范意识,保障学生的切身利益,要注意以下事项。

(1)确认用人单位的合法性。在找到一份自己满意的工作时,一定要保持理智,在正式工作之前一定要确认用人单位是否具备法人资格、是否拥有工商管理部门颁发的营业执照、是否拥有固定的营业场所等问题,以确定用人单位的合法性。如果该单位既无固定的营业场所也没有合法的执照等,那么无论多么中意的工作,也不要应邀就职。大学生运用法律维护自身安全的意识不强,在找工作的时候,如果用人单位没有固定的工作场所,会引起大部分学生的怀疑,但是对于该单位是否具备法人资格、是否具有工商管理部门颁发的营业执照等问题容易疏忽。

(2)不要轻易交纳任何形式的押金。无论用人单位以任何借口收取押金或保证金,一定要谨慎对待。合法的用人单位在与劳动者订立劳动合同时,不会收任何形式的定金、保证金或抵押金。如果不小心缴纳了一定数额的押金,而后被用人单位克扣,不予返还,就会造成经济损失。如果不得不缴纳,就应在签订劳动协议时把押金的性质、数额、返还时间等内容详细地写进去,用法律的手段维护自身的利益,有了劳动协议的保障,用人单位就不能随意克扣押金,大学生的合法权益才能得以维护。

(3)小心使用相关证件。当用工单位要求学生以本人的身份证、学生证等相关证件作抵押时,一定要拒绝。一旦证件流失到不法分子手中,就会成为非法活动的工具,不但对自身的安全不利,还会给社会造成损失。另外,证件的复印件也要谨慎使用,在使用复印件时最好在复印件上写明使用目的,如果可以,尽量在使用完毕后收回证件复印件。

(4)签订劳动协议。因为大学生没有与用人单位签订合法的劳动协议,所以有些用人单位在工作结束时找各种理由克扣学生工资。大学生要学会维护自身权益,在工作之前要与用人单位签订劳动协议,协议书一定要明确大学生工作的权利、责任和义务,如工资额度、发放时间、安全保障等关系学生切身利益的内容一定要在协议中详细说明,以便发生纠纷时有据可依。

(5)谨防黑中介骗取钱财。有一些非法的中介机构,抓住大学生没有社会经验又求职心切的心理,趁机收取高额的中介费。收了费用以后不履行合同,不能及时地为大学生找到工作。因此,大学生在通过中介机构找工作时,一定要明确该中介机构是否有劳动部门颁发的"职业介绍许可证",或者在网上进行查询,了解其经营范围、经营情况是否与执照相符等问题。通过中介找工作,一定要请资质高、信誉好并有一定知名度的正规中介机构帮忙联系,一方面这些单位内部管理制度规范,可以保护大学生的利益,另一方面良好的群众监督和社会监管从侧面保障了大学生打工的安全。

(6)不要掉进传销的陷阱。传销是一种扰乱经济秩序,谋取非法暴利的行为。近年来,大学生误入传销骗局的事件时有发生。一些单位以销售人员的名义招聘大学生,很多学生被传销美丽的陷阱所迷惑,不能及时清醒,愈陷愈深,有些则在高回扣的诱惑下,不惜欺骗自己的同学、亲戚和朋友,害人害己。在通过同学或朋友介绍工作时,一定要小心谨慎,以防自己在不知不觉中陷入传销陷阱,使自己的身心受到伤害。

(7)不到娱乐场所工作。相对而言,在娱乐场所工作的薪资较高,如服务员、代客停泊等,薪水不菲。一些大学生对自己十分有信心,认为自己可以抵制各种诱惑,只赚取劳动所得,但是一旦进入,就深陷其中,不能自拔。另外,娱乐场所环境复杂,鱼龙混杂,常常有各种不法分子出没,到这里工作,人身安全没有保障。因此,大学生尽量不要到酒吧、歌舞厅等娱乐场所工作。

(8)远离高危工作。由于大学生缺乏工作经验,或者受所学专业限制,有些大学生为赚钱从事一些高危工作,例如到建筑工地工作、进行机械零件加工等,这些工作危险系数高、劳动强度大,容易发生意外,并且一些学生身单力薄,再加上没有经验,容易受到伤害。因此,在选择工作时,尽量远离此类工作。

(9)女生尽量不单独出行、赴约。尽管社会不断发展,女性的地位不断提高。但身体条件的限制和社会分工的差异性,决定了女性还是属于弱势群体。一些女性自我保护和防范意识比较差,在对方以家教或面试等借口约见时,没有经过考虑就单独赴约,给自身的安全带来极大的威胁。因此,女生尽量不要单独外出赴约,最好不要在夜间工作,尽量和同学结伴外出工作。

14.1.3 大学生兼职安全意识培养

近年来,我国一直在提倡教育改革,为了适应高等教育改革的需要,加强学生素质教育,增强大学生的社会实践能力,《中华人民共和国教育法》明确规定了大学生可利用课余时间,通过自己的能力、专业特长为他人或单位提供服务。但是现实社会错综复杂,在校大学生要注意上述问题。接下来介绍一些方法和技巧,帮助大家提升兼职安全意识。

1. 避免轻信,保持警觉

有些不法分子利用大学生涉世未深、对自己和社会了解不足,诈骗大学生的钱财,对大学生打工的安全造成威胁。有些不法分子以高薪诱惑,年薪上百万的职位让大学生放弃了警戒心、抱着试试看的心态,结果得不偿失。大学生急于找工作的心理,给一些利欲熏心的

230

人找到了假借招聘骗取钱财的机会。他们以报名费、服装费、培训费、证件费等各种名义收取钱财,但并不付诸实际工作,而是等骗取到一定的钱财后销声匿迹。大学生在找兼职工作时,一定要认真选择。只要仔细研究,就能看清招聘中的各种"猫腻"。大学生要对自己的职业生涯发展有清楚的构想,找到最适合自己的职位。

2．确定用人单位正规合法,从事合法的兼职工作

大学生可以通过多种途径了解用人单位,观察公司的外部环境和人员情况,如用人单位办公所在地的环境、单位工作人员的基本素质等,对于这些摆在眼前的东西不要视而不见,这些情况能传达公司的基本情况,还可以通过打听了解单位运营以及发展的概况。所谓"听"要有听的技巧,不能听片面之词,要"耳听八方",如上网找资料、发帖询问等,对于一些无法通过网站资源追踪的小公司,可以与前台、保安等工作人员聊天,得到关于公司的信息。通过多途径再三确认用人单位的切实情况,确保其正规性、合法性,避免自己在不知情的情况下从事了不合法的工作。

3．从正当的渠道获取信息

可靠的信息渠道是大学生维护打工安全的重要保障,很多大学生被骗就是因为轻信了不合理的信息,因此,要掌握从正当的渠道获取信息的方法和技巧。首先,从正规的中介机构获取招聘信息是很多大学生的选择,但前提是这家中介机构一定要正规,不要找规模小、不合法的中介机构。其次,要积极利用人脉关系,通过父母、亲戚或者老师来获得兼职工作。最后,可以很好地利用网络信息,从正规的招聘网站上获取招聘信息。目前,通过网上投简历获得工作机会是大学生求职的主要途径,而在校期间找兼职工作的大学生还没有充分地利用网络资源。网络信息多而杂,大学生在选择招聘网站和工作时要加倍小心。

4．工作期间做好自身安全的防护工作

获得一份合适的工作并不意味着就维护了大学生打工的安全,在工作期间,大学生应提高安全意识,做好自身安全的防护工作;要严格遵守国家的相关规定和工作单位的规定,严防火灾、偷盗、交通事故的发生,以保证自己的生命、财产安全不受威胁和侵害。具体的安全防护工作有:积极主动地学习劳动安全的基本常识,不懂的地方可以向专家、管理人员请教,努力提高专业工作技能,从根本上保障工作过程中的人身安全;在往返学校与实习地点的路上,要注意保管好自己的钱物,贵重物品一定要看管好,不要随意放置,同时要学会观察周围人员的情况,途中不要长时间睡觉;外出办事时尽量走大路,单独外出时要提高警惕;遵守交通规则,避免交通事故等。

14.2　大学生求职、择业安全

14.2.1　大学生求职基本概念

当前,参加各类人才招聘会成了大学生青睐的求职渠道,各高校在毕业生即将离校的时候也会举办不同规模的招聘会,学校对招聘单位的审核,无疑对大学生就业安全起到了保障作用。然而,还有很多毕业生通过人才市场寻求就业的机会。目前,人才市场上出现了不少"假招聘",甚至还有"招聘陷阱",有的不法分子利用大学生求职心切,自身专业技术不过关,急需入职培训等原因收取高额的培训费。有些单位受中介之"托",只招不聘,收取

中介的回扣。这些问题导致大学生在投递简历、资料,缴纳不菲的入场费、培训费后,就业问题还是得不到解决。当前大学生就业形势日益严峻,利用"假招聘"骗取大学生钱财的现象越来越普遍,成为一个需要引起重视的社会问题,政府有关部门、学校以及毕业生需要提高警惕,认清各种形式的就业陷阱,抵制违法行为,维护大学生就业安全。

对于刚刚走出校园、步入社会的大学生来说,在求职的时候最容易遭遇就业陷阱。就业陷阱指用人单位以招聘、就业为名义,非法牟取暴利的活动。就业陷阱可谓五花八门,如以试用的名义廉价谋取毕业生的劳动力的试用期陷阱,以收取押金、培训费等各种不合理的费用,承诺高薪的工资陷阱;无偿占有网页设计、广告设计方案的智力陷阱等。但是无论哪种就业陷阱,只要仔细分析就会发现它们都有一个共同点,就是那些所谓的用人单位根本不是以为企业招聘人才为目的,而是利用毕业生求职心切、经验不足的弱点,榨取学生的钱财和劳动力。当前很大一部分大学生在择业时会遭遇就业陷阱。

14.2.2 大学生求职过程安全防范

1. 人身安全问题

(1) 误入传销,自由受限。

传销是一种非法牟取暴利的行为,一些传销组织为获得利益,抓住大学生急于求职的心理,诱骗大学生加入其中。这些不法的传销组织通常把企业包装成一个实业公司,招聘毕业生工作,在面试时承诺"待遇高,工作轻松,发展前景好",待大学生上当受骗后,就通过各种形式的培训,对大学生进行"洗脑",甚至限制大学生的人身自由。

当前,非法传销活动猖獗,并且向高校渗透发展。这些非法传销组织具有很强的欺诈性和隐蔽性,不仅危害了青年的成长,而且不利于社会的稳定发展。就业压力大、社会经验不足、力求工作理想化、心智发育不成熟等弱点,使大学毕业生逐渐成为传销组织拉拢加盟的对象,面对传销组织强烈的思想攻势和环境熏陶,一些大学生成为传销理念的支持者和行动的实践者,不仅自己误入歧途,还拉拢亲戚、朋友进入其中。

非法传销组织紧紧抓住大学生的心理特点,以"就业、创业、招聘"为名诱骗大学生从事传销活动,传销组织不仅骗取钱财,还控制大学生的思想。部分学生上当受骗后,被传销组织非法控制,失去人身自由。有的大学生不能清醒地认识传销组织的危害,深陷其中,无法自拔。因此,非法传销给大学生的生命安全带来严重的威胁。

(2) 警惕以雇佣为名,图谋实施性侵害的陷阱。

近年来,大学生就业面临严峻的形势,对于部分专业的女大学生来说,就业更是困难重重。随着社会经济的发展,社会环境日益复杂,很多不法分子利用女大学生涉世未深的弱点,以工作轻松、待遇优厚等条件诱骗女大学生从事非法活动,这些单位在选用女大学生时大都挑选年轻貌美的,女大学生在谋求就业岗位稍有不慎,就有可能被骗财骗色,甚至付出生命的代价。

女大学生遭受性侵犯的案例层出不穷,要在全社会引起足够的重视。这类陷阱主要是抓住女大学生盲目、不成熟的心理。一些不法单位经常以招聘"形象代表""公关模特""礼仪小姐"等名义进行招聘,在薪资待遇上一般都标有"待遇从优"等字眼,有的女大学生思想单纯,以为可以凭借自己的良好形象和气质从事这样的工作,获得比较丰厚的酬劳,其实这

232

些招聘背后往往都是令人不齿的交易。

女大学生应聘工作时，尽量做到以下几点。

① 面试着装应尽量职业化，力求大方得体，不要穿过于暴露的衣服。

② 面试时老板过分亲热或者请吃饭，一定要提高警惕。

③ 尽量不要跟别人去人少的地方，更要远离一些鱼龙混杂的娱乐场所，在公众场合女生最好不要喝酒。

④ 不要轻易和刚接触的人过于熟络，更不能轻易答应别人送自己回家，如果需要晚回家，最好和朋友搭伴，或者走人多的地方。

2．财产安全

1）入职时被骗取各种费用

这类骗局在大学毕业生求职过程中出现最为普遍，且骗术屡屡得逞。一些招聘单位伪造证件和劳动合同进行虚假招聘，向应聘的毕业生收取各类保证金、体检费、上岗费、培训费，获得钱财后就音讯全无。

2）用人单位以各种借口恶意克扣薪酬

因为试用期辞退应聘者不用担负任何法律责任，一些用人单位招聘毕业生上岗工作，在试用期即将结束时，便找出各种理由辞退一批毕业生，再招新人进入公司，周而复始，利用试用期骗取廉价劳动力，以降低企业运营成本。

3）警惕非法中介的陷阱

当前，很多非法中介，打着为毕业生解决工作问题的招牌，骗取大学生的押金、保证金。大学生选择工作单位时，最好直接与用人单位接触，面对面地交流。如果可能，尽量避免中介介入，尤其是那些规模小、没有资质、甚至无正式执照的"劳务介绍所"，更不要将自己的有效身份证件随便交给这些所谓的中介，不能随便在他们提供的文件上签字。这类中介往往在当求职者交纳一定数目的中介费后，列出一系列原因，以用人单位不要人、不雇佣应届毕业生等借口，不给大学生解决就业问题。实际上这些不法中介只是借用招聘公司来吸引求职者，这些单位一般都不需要招聘新人，甚至有的单位根本不存在。

大学生在求职时一定要弄清中介是否合法，一般要做到以下几点。

（1）看清对方营业执照，并上网进行查询。验证职业介绍许可证和营业执照是否齐全，是否持证、持照经营，看清收费项目和标准，了解是否明码标价等。除了具有中介许可证之外，一般会将营业执照悬挂在大厅等较显眼位置。求职的大学生一定要看清对方营业执照，并了解其经营范围是否与其所称的相符。

（2）一般情况下招聘单位是不会收取任何形式的钱财的。早在 1995 年，国家就明确要求用人单位不得以任何名义向应聘者收取报名费、抵押金、保证金等费用。如果确实要收，求职者一定要问清理由，并将这些费用的性质、收取时间、归还时间等都详细地写进协议中。另外，绝对不押任何有效证件给用人单位。

（3）寻求法律帮助。《中华人民共和国刑法》第二百六十六条规定：诈骗公私财物，数额较大的，处三年以下有期徒刑、拘役或者管制，并处或者单处罚金；数额巨大或者有其他严重情节的，处三年以上十年以下有期徒刑，并处罚金；数额特别巨大或者有其他特别严重情节的，处十年以上有期徒刑或者无期徒刑，并处罚金或者没收财产。本法另有规定的，依照规定。《中华人民共和国民法通则》第八十九条第三款规定：当事人一方在法律规定的范围内可以向对方给付定金。债务人履行债务后,定金应当抵作价款或者收回。给付定金的一方不履行债务的,无权要求返还定金;接受定金的一方不履行债务的,应当双倍返还定金。

3.警惕皮包公司的陷阱

大学生求职时常常遇到这种情况,就是未向某公司投送过简历,却被通知去面试。安全意识较高的大学生一般会先上网查询该公司是否合法。大多数这类公司都是非法的、不正当的。当接到面试通知,上网查看,就会发现同一个电话、地址可能注册了好几个公司,而且涉及的领域各不相同。遇到这种情况,一定要提高警惕,以免给自己带来不必要的损失。

对于识别这类陷阱,有以下几点建议。

(1)通过年检鉴别皮包公司。求职的毕业生如果接到一些自己并不了解或者并未投放简历的公司的面试通知,应该事先向工商管理等相关部门查询、核实该公司的真实情况。

(2)大学生还可以带上身份证,亲自到当地工商管理部门查询用人单位的年检情况,确定该单位的真实情况后,再做决定。

4.信息安全

近年来,社会上有些不法分子利用招聘获取学生个人信息,然后联系家长,编造学生遇到交通事故、生病住院等谎话,向毕业生家长、同学骗取钱财。随着科技和网络的发展,这种骗术进一步发展为盗用手机号、QQ号等进行诈骗活动,因此,一定要警惕网上招聘陷阱。

当前,网上的诱人广告琳琅满目,如"鼠标一点,就可黄金百万"等,难道天上真的可以掉馅饼,可以不劳而获吗? 其实这些一般都是陷阱。当前,国内有许多网站由于技术能力的限制无法一一辨别每条信息的真伪。有的信息可随意填写,一个人有时可以同时注册多个网站发布各种信息。有一些网站,在广告上吹嘘自己的网站拥有十几万个高薪职位可供查询,可实际上这些信息经过一段时间以后,绝大多数已成为无效的垃圾信息。此外,还有一些不法分子打着招聘的旗号来骗取钱财,通过网上付款等形式获得收益后就消失得无影无踪。

提防此类陷阱的几点建议如下。

(1)获取招聘信息的渠道一定要正确,必须是在正规的媒体或是网站发布的。

(2)不要相信短信、QQ等不明信息。

(3)要学会理性地认识和分析网上的相关信息。

(4)收到面试通知时,一定要仔细核查该公司的真实情况。

5.劳动合同方面的安全

1)有的单位不签订劳动合同

当前就业形势严峻,找到一份合适的工作不容易,一些毕业生因害怕失去工作机会而不敢提及合同的问题。还有的毕业生要求签订合同,但用人单位以各种借口进行推脱,久而久之,签合同的问题就不了了之。还有的毕业生分不清高校毕业生就业协议与劳动合同的具体用途,以为二者意义相同,因此有了就业协议书就没有要求单位签订劳动合同。

2）有的单位签订的合同有失公平

一方面,由于就业形势比较严峻,求职者众多,因此,毕业生在择业过程中处于被动地位。另一方面,由于缺乏实践经验和法律常识,在签订合同时,很多用人单位都提出了一些不合理的条款,如违约金、服务期等。

3）警惕劳动合同中的隐性陷阱

对于求职者来说,签订劳动合同是就业必须要认清的问题。毕业生找到工作后,一定要签订劳动合同,不要相信用人单位的花言巧语,劳动合同上不应留下空白处,这样不利于日后维护自己的合法利益。《中华人民共和国劳动法》(以下简称《劳动法》)明确指出,不管就业期限长短,雇佣双方都应主动要求签订劳动合同。也就是说,就业一定要签订劳动合同。由于工作性质、内容的不同,劳动合同的具体细则也不尽相同,然而有关合同期限、工作内容、劳动报酬、福利待遇、合同双方的权利及责任等基本内容,一般的劳动合同里都要体现。

毕业生在与用人单位签订劳动合同时应该注意以下问题。

（1）签订的劳动合同应当合法。

（2）要仔细查阅《劳动法》对试用期的明确规定。

（3）工作内容中的劳动条件在所签订的合同里应详细写明。

（4）对于毕业生来说,要掌握一些必要的、相关的知识,如法律常识等。

（5）在入职工作后,要及时地与用人单位签订劳动合同。

（6）依据《劳动法》第十九条规定:劳动合同应当以书面形式订立,并具备以下条款。

① 劳动合同期限。

② 工作内容。

③ 劳动保护和劳动条件。

④ 劳动报酬。

⑤ 劳动纪律。

⑥ 劳动合同终止的条件。

⑦ 违反劳动合同的责任。

劳动合同除前款规定的必备条款外,当事人可以协商约定其他内容。

14.2.3　常见的就业侵权行为及法律保护

1. 常见的就业侵权行为

1）欺骗宣传

一些用人单位在招聘时夸大单位规模、发展前景、工资待遇等情况,或者隐瞒单位实情;有的用人单位千方百计了解毕业生的情况,却设法回避毕业生提出的了解单位的问题。这些都将导致毕业生与用人单位之间信息不对称,侵犯了毕业生的知情权。有的用人单位甚至进行虚假宣传,以高薪、高福利诱惑毕业生从事名不副实的工作,严重损害毕业生利益。如某企业抛出低工资高奖金的制度吸引应聘者,扬言做得好月薪可达万元,其实是在几乎没有底薪的情况下领取苛刻的销售提成。管理规范的优秀企业通常会淡化奖金、提成这些易于滋生副作用的做法,只有那些员工流动性大的企业才会反其道而行之。广大毕业生应脚踏实地,不要投机取巧,不要相信天上能掉馅饼,增强抗拒诱惑的能力,避免落入不法分子的圈套。

2)招聘歧视

平等就业是法律赋予的权利,但近些年出现了不少招聘中的歧视行为。

(1)性别歧视。这是女生经常面临的无奈。有的用人单位不顾社会责任,片面追求利益最大化,逃避《劳动法》赋予女职工的特殊权利,在招聘员工时或私下或公开规定只招男生或男生优先。

(2)身体歧视。一些用人单位在缺少相关规定的情况下将身体有残疾或疾病的人拒之门外,剥夺了他们的就业机会;还有一些单位在并无必要的情况下对应聘者的身高、相貌甚至三围提出要求。

(3)户籍歧视。有的用人单位只招收本地户口的毕业生,或者没有本地户口就必须有本地户口居民的担保,抬高了外地户口毕业生就业的门槛。有的地方政府为了保护本地人口就业,制定不合理的人才准入制度,使本地单位无法招收外地户口的毕业生,或者无法使外地户口的劳动者成为正式职工,严重限制了人才的合理流动。以上歧视行为侵犯了广大毕业生的平等就业权,需要理直气壮地予以谴责。

3)违规收费

国家有关部门早就明文规定,用人单位不得以任何名义向应聘者收取报名费、押金、保证金等费用,对员工的培训费用应当从成本中支出。可有些用人单位却对此置若罔闻,巧立名目向应聘者收费。毕业生迫于对工作的需要往往只得就范。可是不少企业在收取了费用后便为所欲为,或者怠于履行义务,或者向求职者得寸进尺提出更过分的要求。因此毕业生在求职时要区分用人单位各项规定的合理性,要坚决抵制各种名目的收费行为。

4)侵犯隐私

毕业生在求职时,会在相关领域,如网络和求职材料上留下自己的信息资料,如姓名、年龄、身高、学历、电话、身份证号等,这些信息属于个人隐私的一部分,未经本人同意不得公开、泄露、出售。但可能因为各种原因,如工作人员的疏漏、网络软件的缺陷、不法分子的圈套等,这些信息被用来侵害当事人或谋求商业利益。因此,毕业生求职时不要随便将个人资料留给不可靠的单位和个人,投放网络时要选择安全防范能力强和可靠性高的网站,同时注意进行保密设置。在面试时,一些用人单位的提问会涉及个人隐私,如果与工作无关或者出于恶意,毕业生有权拒绝回答;如果是出于安排合适岗位的考虑或者考察应变能力,毕业生可以视情况回答。用人单位获得毕业生的个人隐私后,负有保密的义务,否则构成侵权。

5)侵犯知识产权

个别用人单位通过招聘时要求毕业生提供作品或者完成某项设计工作等方式,取得并盗用毕业生的智力成果。如某软件公司在报刊上刊登招聘启事,招聘计算机专业研究生,凡应聘者领取考卷一份,实为该公司某设计项目的一部分,以这样一场"虚假招聘"使本应耗费大量人力的设计工作轻松完成。所以广大毕业生尤其是设计类、计算机类的毕业生应该提高警惕,增强保护知识产权的意识,采取适当措施降低用人单位使用作品的可能性。例如,面试时不要让用人单位随意复制自己的作品;发送电子邮件时,应对自己的作品进行处理,降低相关图片的分辨率;交付自己的作品时,应要求用人单位签收,以保存证据。

6) 虚假试用

一些不法企业利用试用期廉价使用毕业生。规定试用期是正常的招聘行为,但有些企业在试用毕业生时劳动强度高、工资报酬低,在试用期结束后又以种种借口辞去毕业生,更有甚者,还向毕业生收取所谓培训费。所以广大毕业生在求职时一定要就试用期问题在合同中明确约定;在试用期间要注意保留有关工资、工作时间、工作能力的证据,以备必要时维护自己的权利。

7) 合同陷阱

毕业生尤其要防备一些老谋深算的老板设置的合同陷阱。近年来,社会中出现了一些合同严重违反法律的情况,这些合同都是无效的,下面介绍一些这样的非法合同,希望广大毕业生提高警惕。

(1) 暗箱合同。这类合同中的权利和义务一边倒。有些企业(尤其是私营和个体工商户)与劳动者签合同时,多采用格式合同,根本不与劳动者协商,不向劳动者讲明合同内容。在合同中,只从企业的利益出发规定用工单位的权利和劳动者的义务,很少或者根本不规定用工单位的义务和劳动者的权利。

(2) 霸王合同。这类合同一般是以给劳动者或其亲友造成财产或人身损失相威胁,迫使对方在违背真实意愿的情况下所签订的。例如,有的企业看重一名技术员后,先与该技术员的亲朋好友订立劳动合同,然后再与该技术员谈判,强迫与其订立劳动合同,否则就以解雇其亲朋好友相威胁。

(3) 生死合同。部分用人单位不按《劳动法》的规定履行劳动安全义务,妄图以与劳动者约定工伤概不负责的条款逃避责任。签订这类合同的往往正是从事高度危险作业的单位。这类企业劳动保护条件差、安全隐患多、设施不安全,生产中极易发生安全事故。

(4) 卖身合同。具体表现为一些用人单位与劳动者在合同中约定,劳动者一切行动服从用人单位安排,一旦签订合同,劳动者就如同卖身一样失去人身自由。在工作中,加班加点,强迫劳动,有的甚至连吃饭、穿衣、上厕所都规定了严格的时间,剥夺了劳动者的休息权、休假权,甚至任意侮辱、体罚、殴打和拘禁劳动者。劳动者的生活、娱乐和人身自由受到限制。

(5) 双面合同。一些用人单位与劳动者签订合同时,准备了至少两份合同。一份是假合同,内容按照劳动部门的要求签订,对外应付有关部门的检查,但在劳动过程中并不实际执行;另一份为真合同,是用人单位从自身利益出发拟定的违法合同,合同规定的权利和义务极不平等,用以约束劳动者。

8) 非法中介

一些不法分子冒充合法机构,通过广告宣传,虚构招聘岗位,收取中介费后便人间蒸发。更有些私人机构互相勾结,串通欺骗求职者,举办所谓招聘会,接收大量简历,并不招一兵一卒,意在敛取求职者的钱财。奉劝广大毕业生不要轻信那些无相应资质的中介机构和场所,求职应去政府举办或者政府审查许可的有信誉的人才市场和人才服务机构。

14.2.4 劳动合同法的主要内容

《中华人民共和国劳动合同法》(以下简称为《劳动合同法》)的主要内容如下。

1. 劳动合同关系的建立与劳动合同的订立

用人单位自用工之日起即与劳动者建立劳动关系。建立劳动关系,应当订立书面劳动合同。订立劳动合同,应当遵循合法、公平、平等自愿、协商一致、诚实信用的原则。已建立劳动关系,未同时订立书面劳动合同的,应当自用工之日起一个月内订立书面劳动合同。用人单位与劳动者在用工前订立劳动合同的,劳动关系自用工之日起建立。用人单位与劳动者协商一致,可以订立固定期限劳动合同、无固定期限劳动合同和以完成一定工作任务为期限的劳动合同。

劳动合同应当具备以下条款:①用人单位的名称、住所和法定代表人或者主要负责人;②劳动者的姓名、住址和居民身份证或者其他有效身份证件号码;③劳动合同期限;④工作内容和工作地点;⑤工作时间和休息休假;⑥劳动报酬;⑦社会保险;⑧劳动保护、劳动条件和职业危害防护;⑨法律、法规规定应当纳入劳动合同的其他事项。此外,用人单位与劳动者可以约定试用期、培训、保守秘密、补充保险和福利待遇等其他事项。

2. 签订无固定期限劳动合同的规定

无固定期限劳动合同,是指用人单位与劳动者约定无确定终止时间的劳动合同。用人单位与劳动者协商一致,可以订立无固定期限劳动合同。有下列情形之一,劳动者提出或者同意续订、订立劳动合同的,除劳动者提出订立固定期限劳动合同外,应当订立无固定期限劳动合同:①劳动者在该用人单位连续工作满十年的;②用人单位初次实行劳动合同制度或者国有企业改制重新订立劳动合同时,劳动者在该用人单位连续工作满十年且距法定退休年龄不足十年的;③连续订立二次固定期限劳动合同,且劳动者无本法第三十九条和第四十条第一项、第二项规定的情形,续订劳动合同的。

用人单位自用工之日起满一年不与劳动者订立书面劳动合同的,视为用人单位与劳动者已订立固定期限劳动合同。同时,在法律责任中规定用人单位违反本法规定不与劳动者订立无固定期限劳动合同的,应自订立无固定期限劳动合同之日起每月向劳动者支付2倍的工资。

无固定期限劳动合同并非没有终止时间的"铁饭碗",只要符合法律规定的条件,劳动者和用人单位都可以依法解除劳动合同。

3. 试用期的法律规定

劳动合同期限三个月以上不满一年的,试用期不得超过一个月;劳动合同期限一年以上不满三年的,试用期不得超过两个月;三年以上固定期限和无固定期限的劳动合同,试用期不得超过六个月。同一个用人单位与同一劳动者只能约定一次试用期。以完成一定工作任务为期限的劳动合同或者劳动合同期限不满三个月的,不得约定试用期。

试用期包含在劳动合同期限内。劳动合同仅约定试用期的,试用期不成立,该期限为劳动合同期限。劳动者在试用期的工资不得低于本单位相同岗位最低档工资或者劳动合同约定工资的百分之八十,并不得低于用人单位所在地的最低工资标准。

在试用期中,除劳动者有本法第三十九条和第四十条第一项、第二项规定的情形外,用人单位不得解除劳动合同。用人单位在试用期解除劳动合同的,应当向劳动者说明理由。

4. 集体合同

企业职工一方与用人单位通过平等协商,可以就劳动报酬、工作时间、休息休假、劳动安全卫生、保险福利等事项订立集体合同。集体合同草案应当提交职工代表大会或者全体职工讨论通过。集体合同由工会代表企业职工一方与用人单位订立；尚未建立工会的用人单位，由上级工会指导劳动者推举的代表与用人单位订立。

企业职工一方与用人单位可以订立劳动安全卫生、女职工权益保护、工资调整机制等专项集体合同。在县级以下区域内，建筑业、采矿业、餐饮服务业等行业可以由工会与企业方面代表订立行业性集体合同，或者订立区域性集体合同。

集体合同订立后，应当报送劳动行政部门；劳动行政部门自收到集体合同文本之日起十五日内未提出异议的，集体合同即行生效。

5. 劳务派遣制度

劳动派遣单位应当依照公司法的有关规定设立，注册资金不得少于五十万元。劳动派遣单位是本法所称用人单位，应当履行用人单位对劳动者的义务。劳务派遣单位与被派遣劳动者订立的劳动合同，除应当载明本法第十七条规定的事项外，还应当载明被派遣劳动者的用工单位以及派遣期限、工作岗位等情况。

劳动派遣单位应当与被派遣劳动者订立两年以上的固定期限劳动合同，按月支付劳动报酬；被派遣劳动者在无工作期间，劳务派遣单位应当按照所在地人民政府规定的最低工资标准，向其按月支付报酬。劳务派遣单位应当将劳务派遣协议的内容告知被派遣劳动者。劳务派遣单位不得克扣用工单位按照劳务派遣协议支付给被派遣劳动者的劳动报酬。劳务派遣单位和用工单位不得向被派遣劳动者收取费用。

用工单位应当履行下列义务：①执行国家劳动标准，提供相应的劳动条件和劳动保护；②告知被派遣劳动者的工作要求和劳动报酬；③支付加班费、绩效奖金，提供与工作岗位相关的福利待遇；④对在岗被派遣劳动者进行工作岗位所必需的培训；⑤连续用工的，实行正常的工资调整机制。用工单位不得将被派遣劳动者再派遣到其他用人单位。

被派遣劳动者享有与用工单位的劳动者同工同酬的权利。用人单位不得设立劳务派遣单位向本单位或者所属单位派遣劳动者。

14.3　本章案例分析

【案例分析】　传销是一种非法牟取暴利的行为，一些传销组织为获得利益，抓住大学生急于求职的心理，诱骗大学生加入其中。以下案例中的小何同学就是因为未能识别虚假招聘信息，独自前往偏僻地带应聘，最终误入传销组织。

【事件经过】　大学生小何在网上看到了一家大型贸易公司在招聘临时销售人员，待遇优厚，但工作地点却在某偏远县。经过电话联系，对方确认小何符合该公司的兼职条件，并且提供了相当优越的培训条件。小何收拾行李坐上了去该县城的大巴。谁料到约定地方之后，就被关进了一间8人宿舍。小何这才知道自己被骗进了传销组织。对方要求小何与其他人一起去"培训"，小何拒绝，并提出要离开。这时对方的真面目终于露了出来，不但扣押了他的证件、手机等个人物品，还将他关在宿舍内，由数人轮番"教育""劝导"。好在小何趁看守他的人午睡之机，找了一张卡片写下求救信息丢到楼下，被路过的居民捡到后并报警，小何最终被成功解救。

【事件原因】 小何同学上当受骗，误入传销组织，并被非法控制，失去人身自由。

【事件后果】 小何同学机智地求救，最终获救。

【安全警示】 清醒地认识传销组织的危害，找工作不要急于求成，一定要确保招聘信息的真实性、安全性。

14.4 本 章 小 结

本章主要介绍了常见的大学生兼职工作，如家教、促销、服务生、网络兼职、自主创业等，还介绍了常见的兼职陷阱及注意事项，如用人单位收取押金、非法中介、娱乐场所的高薪诱惑及大学生兼职安全的注意事项；还介绍了大学生求职基本概念、大学生求职过程安全防范、常见的就业侵权行为及法律保护等内容。

随着经济的发展和社会的不断进步，我国越来越重视提高国民的素质，因此，也就越来越重视教育。在短短的几年时间，高等教育从精英教育走向了大众化教育。高校扩大招生规模，高校毕业生的人数呈跳跃性增长的态势，大学生的就业问题面临着严峻的形势。目前，我国正处于社会的转型期，还处于经济建设的摸索期。大学生就业的劳动力市场还不够健全、规范。就目前形势看，高校对毕业生就业指导的力度不够。学生毕业后面临着生存的压力，很多学生求职心切，在求职过程中疏忽了自身安全，给不法分子带来乘虚而入的机会。本章介绍了大学生在求职过程中可能遇到的安全隐患，对大学生安全求职具有重要意义。

第 5 篇

安全防范与防控

防范诈骗

大学生处在刚成年但还涉世未深的阶段,因安全意识和防范意识相对淡薄而容易上当受骗。社会高度发展的今天,我国面临着复杂、严峻的安全形势,而大学生的安全意识又相对薄弱,这就迫切需要对大学生进行安全教育,培养他们的安全防范意识,树立正确的安全防范观念,做好必要的安全防范教育工作。

15.1 诈骗概述

15.1.1 诈骗的类型

诈骗是指以非法占有为目的,用虚构事实或者隐瞒真相的方法,骗取款额较大的公私财物的行为。通过近期校园发生的诈骗案例进行分析,大致有以下12种最为常见的诈骗类型。

1. "网恋交友"类诈骗

目前,大学生刚走进校园,一切事物都是新鲜的,对美好生活充满着憧憬,对新鲜事物还不能更好地认知和防范。"网络交友"是一个很时髦也很时尚的话题,受到年轻人的追捧,殊不知,"网络交友"藏着很大的玄机。随着网络技术的不断发展,"网络交友"已经成为最受用户欢迎的交友方式,然而近年来,利用社交、婚恋等软件实施电信网络诈骗的案件频发。从该类诈骗犯罪的模式来看,诈骗分子将自己打造为成功单身人士,以交友为名在各类婚恋网站、网络社交平台物色诈骗对象。随后主动发起甜蜜攻势以博取受害人信任,待确认恋爱关系后,骗子便打着"稳赚不赔"的噱头开始诱骗受害人投资、转账进而骗取财物。很多大学生经不住诱惑,容易上当受骗。

2. "网上裸聊"类诈骗

一些不法机构通过"网上裸聊"对大学生下手,而很多大学生确实不幸"中招",这是为什么呢?因为大学生处于青春期,他们对"网上裸聊"事件没有清晰的认识,再加上我国性教育相对落后,很多两性知识都是通过一些小视频、广告册等进行宣传教育,没有专门的性教育课程,导致大学生对两性行为的认识存在偏差,产生极大的好奇心理和不正确的性价值取向,给"网上裸聊"类诈骗提供不法机会。

3. "网贷客服"类诈骗

不法分子通过网络发布信息,冒充网贷平台客服,谎称受害人注册的网贷账户不符合国家政策,需配合注销,否则将影响个人征信。在取得受害人信任后,不法分子以注销贷款账户需要清空贷款额度为由,要求受害人提取账户额度,并转移至不法分子指定的账户。若受害人未曾注册过网贷,不法分子则谎称其身份信息被盗用注册了网贷账号,也需要配合注销,要求受害人转账完成"清零"和"销户"。另外,"网贷客服"不法分子还会以能够提供最低的利率、不用担保、还款自由方便等作为诱饵,层层递进,让一些经不起诱惑的大学生当受骗。

4."冒充好友(QQ、微信)"类诈骗

很多不法分子都会在诈骗之前的某一时间在 QQ(微信)加受害人为好友,然后偷偷把头像、昵称换成受害人较熟悉好友的形式,冒充受害人好友行骗;或者说之前那个账号不用了这是自己的新账号,然后以酒驾出事故跟对方私了或同学出车祸急需救急但无现金、微信无法支付等借口让受害人通过支付宝、银行卡转账骗取受害人钱财。

5."免费送手机或抽奖"类诈骗

目前,无论是在虚拟的网络世界还是在现实的生活中,都经常刷到或者看到免费送手机、免费抽奖等广告,并且所谓免费送的手机都是品牌手机,价值几千块钱,而且包邮送到家。不法分子会设计一个链接,当你点击链接下单以后,会让受害人填写个人相关信息,之后提交,但是提交之前需要受害人缴纳个税和保证金,一般为不法分子用于免费发放手机的价格的一半左右,且他们会明确告诉受害人,只要受害人收到手机进行确认后,缴纳的个税和保证金一定会退还给受害人。结果却是手机没有收到,个税和保证金也退不回,当受害人知晓上当受骗时,觉得被骗的金额也不算太多,没有选择报警或报告学校,导致不法分子屡屡得手。

6."网购退款"类诈骗

此类诈骗的手法主要是通过诈骗短信或者诈骗电话通知用户订单取消需要退款,给用户发送钓鱼短信,用户点击钓鱼短信中的恶意网址链接输入银行账号、手机号、身份证号等信息后,用户手机会被安装手机支付病毒,支付病毒窃取手机支付验证码盗刷受害人资金。

7."刷单兼职"类诈骗

刷单兼职诈骗就是指骗子通过网络途径发布以"零投入、高回报、日清日结"为噱头的刷单兼职信息,通过头几次刷单后立即返还本金、佣金骗取事主信任后,诱导其加大本金投入,随后以打包任务未完成等理由拒不返款,最终将事主拉黑,现在国家明确规定,刷单就是诈骗。

8."冒充公检法"类诈骗

冒充公检法类诈骗是一种电信网络诈骗。冒充公检法类诈骗紧跟社会热点、不断迭代升级,造成的损失金额往往较大,广大群众深恶痛绝。此类诈骗让受害人深信不疑的重要原因之一就是诈骗分子通过非法获取的公民个人信息,从而在诈骗过程中准确说出受害人姓名、工作单位、住址、身份证号等,具有极强的迷惑性。冒充公检法等机关工作人员,谎称受害人名下银行账户、电话卡、社保卡、医保卡等被冒用,或者身份信息被泄露,或者涉嫌洗钱、非法出入境、快递包裹藏毒等违法犯罪,以此要求受害人将资金转入"安全账户"配合调查或接受监管,进而实施诈骗。为增加可信度,一些诈骗分子会向受害人展示虚假公检法网站上发布的假通缉令等法律文书。为远程获取受害人手机上的个人信息,诈骗分子常常要求受害人下载具有屏幕共享功能的 App。为使受害人处于完全被操控状态,诈骗分子还会诱骗受害人到酒店等封闭空间,阻断所有短信、来电等外界联系。

9."返利充值"类诈骗

返利充值(红包)诈骗的犯罪嫌疑人利用 QQ、微信、微博等社交工具发布信息,称有发红包返利活动拉人入 QQ 群或微信群,诱导被害人转钱,实施诈骗;或拉人入 QQ 群或微信群,以明星、网红粉丝福利、返利群等为名,让被害人认为是追星活动,诱导被害人在群内发红包或者点击群内链接付款充值等,最后将被害人踢出群,从而实施诈骗。

10."代发论文"类诈骗

不法分子通过在淘宝、QQ、微信等平台开设店铺,以可以在核心期刊上代发论文为由,谈好价格后先让受害人支付数千元定金,数天后发给受害人一份虚假的"用稿通知书",支付尾款之后,嫌疑人便将其拉黑,以达到骗钱的目的。

11."投资博彩"类诈骗

诈骗分子通过引诱受害人参加各类投资、博彩,初步试水能有小额甚至大额获利之后,让受害人深陷其中,但当大额投入后,所有投资的钱就会有去无回。

12."退票改签"类诈骗

以"机票退改签"骗局为例,骗子在网上预留虚假的航空公司客服电话,吸引受害人上钩,然后冒充客服人员以帮助受害人办理机票退改签手续为由,趁机骗取钱财。

15.1.2 校园诈骗的主要手段和特征

1. 主要手段

(1)假冒身份,流窜作案。诈骗分子往往利用假名片、假身份证与人进行交往,有的还利用捡到的身份证等在银行设立账号提取骗款。骗子为了既能骗得财物又不露出马脚,通常采取游击方式流窜作案,财物到手后即逃离。还有人以骗到的钱财、名片、身份证、信誉等为资本,再去诈骗他人,重复作案。

(2)投其所好,引诱上钩。诈骗分子往往利用被害人急于就业和出国等心理,投其所好,应其所急施展诡计而骗取财物。

(3)真实身份,虚假合同。利用合同或无效合同诈骗的案件,近几年有所增加。一些诈骗分子利用高校学生经验少、法律意识淡薄、急于赚钱补贴生活的心理,常以公司名义、真实的身份让学生为其推销产品,事后却不兑现诺言和酬金而使学生上当受骗。对于类似的案件,由于事先没有完备的合同手续,处理起来比较困难,往往时间拖得很长,花费了许多精力却得不到应有的回报。

(4)借贷为名,骗钱为实。有的诈骗分子利用人们贪图便宜的心理,以高利集资为诱饵,使部分教师和学生上当受骗。

(5)招聘为名,设置骗局。随着高校体制改革和社会主义市场经济的发展,高校学生分担培养费的比重逐步加大。为了减轻家庭负担,勤工俭学已成为大学生求学的重要手段。诈骗分子往往利用这一机会,用招聘的名义对一些"无知"学生设置骗局,骗取介绍费、押金、报名费等。某高校几位学生通过所谓的"家教中介"机构联系家教业务,交了中介费后,拿到手的只是几个电话号码,其实,对方并不需要家教,或者说"联系迟了",但要想要回中介费是绝对不可能的。

(6)骗取信任,寻机作案。诈骗分子常利用一切机会与大学生拉关系、套近乎,或表现出相见恨晚而格外热情,或表现得十分感慨以朋友相称,骗取信任后寻机作案。

2.主要特征

(1)冒充大学生或高校老师、工作人员进行诈骗。假冒大学生行骗的骗子多是几个人配合,自称是大学生,多以自己银行卡被吞、包被盗或是与同学走散无钱返校为由,利用大学生特别是女大学生涉世未深、单纯善良、容易同情的特点进行诈骗。冒充高校老师、工作人员进行诈骗的诈骗分子往往年龄偏大,衣着讲究,对学校情况了如指掌,利用学生社会经验不足、勤工俭学心切的弱点作案。

(2)利用银行账户进行远程诈骗。诈骗分子通过某些途径了解到大学生的手机号码和家庭住址等信息,通过电话进行诈骗,诈骗分子多以大学生患病或遭受严重伤害为由,利用学生家长恐慌、急切的心理实施诈骗,并要求家长尽快将所要费用汇入其指定账户,此类诈骗数额一般较大,易于得手,且较难侦破。

(3)以高利集资为诱饵,使部分教师和学生上当受骗。个别学生常以"急于用钱"为借口向其他同学借钱,然后挥霍一空,要债的追紧了就再向其他同学借款补洞,拖到毕业一走了之。

(4)招聘诈骗。利用大学生找工作心切的心理,以网上兼职工作待遇优厚,工作轻松自由为诱饵,特别是针对女学生实施诈骗,有的被骗求职报名费、中介费;有的被骗"保证金""保密费",有的甚至被骗进入传销组织或是卖淫组织限制人身自由,还有的以被骗去"刷信誉"。

(5)便宜购物和顺手牵羊。一些骗子利用教师、学生"识货"经验少又苛求物美价廉的特点,上门推销各种产品而使师生上当受骗。更有一些到办公室、学生宿舍推销产品的人,一发现室内无人,就会顺手牵羊、溜之大吉。

(6)冒充学校老师通过电话进行诈骗。诈骗分子多以学生身体不适为由,利用学生家长恐慌、急切的心理实施诈骗,并要求家长尽快将所要费用汇入其指定账户。

15.1.3　诈骗防范知识

1.提升严防意识,学会自我维护

学生必须积极主动参加学校组织的法制和安全严防教育活动,多晓得、多介绍、多掌控一些严防科学知识,这对于自己有百利而无一害。

2.交友要谨慎,避免以感情代替理智

对于熟人或朋友介绍的人,要学会"听其言,察其色,辨其行",不能言听计从、受其摆布利用。交友最基本的原则有3条:一是择其善者而从之,真正的朋友应该建立在志同道合、高尚的道德情操基础之上;二是真诚的感情交流而不是简单的利益关系,要学会了解、理解和谅解;三是严格做到"四戒",即戒交低级下流之辈,戒交挥金如土之流,戒交吃喝嫖赌之徒,戒交游手好闲之人。

3.同学之间必须相互沟通交流、相互协助

同学之间互相帮助,能够快速了解对方,增进同学之间的友谊,能够让自己收获到更多的成就感,也能够让别人感受到同学之间的关心和友爱,而且互相帮助体现了一个人的优秀品质。

4.防范诈骗"十条"要牢记

(1)不要轻易相信来历不明的电话或者短信,避免给不法分子进一步设下圈套的机会。

(2)不要轻易地向陌生人透露自己以及家人的身份信息、存款等,尤其是在公共场合。

(3)不要轻易地向陌生人汇款、转账,若遇到必须要汇款、转账的情况,一定要再三核实对方的信息。

(4)不要有贪小便宜的心理,毕竟世界上没有免费的东西。

(5)要注意向家里的老人科普诈骗等知识,这样可以在平时提高警惕。

(6)不要让家里的老人独自带大量现金出门,容易引起不法分子注意。

(7)家里面不要保存过多的贵重物品或是现金,若是必须放家里的一定要妥善保管好。

(8)家里面的存折、信用卡、银行卡等密码一定要保密,不要随意向他人透露。

(9)要相信科学,不要盲目迷信,如果生病了一定要及时就医,不要相信所谓的巫医、游医等,若发现了可疑情况,一定要及时报警。

(10)若是有人用大钱换零钱或是主动用零钱换整钱的时候,一定要多加注意,防止被骗。

15.2 诈骗的危害

诈骗是指以非法占有为目的,用虚构事实或者隐瞒真相的方法,骗取款额较大的公私财物的行为。诈骗是非法获取利益的手段,诈骗对大学生的危害是非常明显的,最主要的危害有3种,分别为心理危害、身体危害和社会危害。

1.大学生受骗心理特征

目前,很多诈骗不法分子把大学生作为诈骗对象,在网络、新闻中也会时常看到大学生被骗的报道,学生的钱财会受到损失,同时也会影响学生的身心发展,难以让学生养成良好的三观,对学生的价值观念会产生不良影响。

1)受骗前的心理特征

高校大学生正处于身心快速发展的时期,还没有达到成熟的阶段。一些大学生认为自己的认知和心理都很成熟,对于社会上的事物会有自己简单的判断,形成一定的意识。当诈骗事件发生时,一些学生明知道是诈骗,但自认为可以依靠自己的智慧和方法逃脱骗局,在放松戒备的时候,非常容易步入不法分子的圈套,他们总是认为很多诈骗手段很假,根本不可能骗得了他们,自视过高容易掉入诈骗陷阱。

2)受骗中的心理特征

学生在受骗的过程中,心理活动比较复杂。首先,学生在接触不法分子的时候就会感觉非常振奋,学生就会觉得这是一场神奇的经历。当不法分子利用诱饵引学生上钩的时候,就会使一些学生放松了警惕,逐步对不法事件产生信赖感。诈骗分子还用一种"逼迫"方式,如冒充公检法要求汇款的、陌生人谈到银行卡的、陌生人打电话通知中奖、发短信让点击链接等,这些都是不法分子的诈骗手段。学生在遇到这些问题时由于紧张和焦虑的心理,时常会表现得不知所措,进而被诈骗分子带入圈套中,学生的钱财就会被骗。

3)受骗后的心理特征

大学生的自尊心比较重,受骗后不愿意让别人知道。怕自己的受骗经历会遭受别人的嘲笑。还有一些学生对于受骗事件总是有一种不在乎的态度,认为上当也是一种"福气",把这件事当作显摆的资本。一些学生在受骗之后,会很后悔、懊恼,认为自己没用、愚蠢,有时会自暴自弃,影响自身身心健康。

2.大学生受骗的危害

(1)可能引发被害学生的心理问题。在不少网络诈骗的案例中,因为学生无法偿还附带的高额利息的贷款,借贷公司可能会采取各种措施向被害学生施加还款压力,如使用恐吓、威胁等手段,使学生产生巨大的心理压力,致使其离家出走,更有甚者面对羞辱和恐吓选择了自杀的极端道路。同样,在交友类诈骗案件中,被害方在交流过程中付出了真实感情,一旦真相大白,事实往往使其难以接受,产生巨大的情绪反应。

(2)造成财产损失。交友诈骗、网络游戏虚假交易诈骗、刷单诈骗等形式可能涉及经济数额较大,对学生来说可能是笔不小的财产损失。这几种诈骗都具备一定隐蔽性,此类犯罪分子通常都会隐匿自己的真实身份,倘若未能及时报警,可能面临财产无法追回的危险。

(3)可能滋生不良的生活习惯。高校学生的主要经济来源是家庭,有的学生心智尚不成熟,易滋生攀比心理,所以通过借贷和非法兼职来满足自身需求,这会助长冲动和盲目消费的恶习,容易走向恶性循环,更有甚者会走上违法犯罪的道路,诱发其他犯罪。

(4)违法犯罪的新高地。信息化的快速发展和普及,淘宝等网购潮流的兴起,在给社会带来巨大发展机遇的同时,也给许多不法分子开辟了违法犯罪的新土壤。不法分子利用网络的虚拟性和匿名性,大肆进行违法犯罪活动,且辐射范围越来越大。据统计,网络诈骗发案率逐年大幅度递增,涉案金额成倍增长,网络诈骗已成为典型的多发性侵财犯罪,严重影响了群众的安全感。

(5)社会矛盾的导火索。此类案件一旦发生,少则几百元,多则几万元,有的甚至几十万、上百万元,给学生造成了较大的经济损失,有时受害人及其亲友因公安机关未能及时侦破或未能追回受损财物,便对公安机关不满,严重影响了群众对公安工作的满意度,有的甚至产生对社会的极端报复心理,滋生了社会不安定因素。

(6)传统侦查的冲击波。此类诈骗案件作为新型犯罪,突破了传统犯罪的时空特点,使行为地和结果地分离、犯罪地与被害人所在地分离、犯罪所得在异地实现,给"条块分割,以块为主"的公安机关侦查办案模式带来巨大冲击,且侦破过程涉及银行、电信等有关部门,这些部门在管理上是"以条为主",使得地方公安的侦查方式难以在上述部门顺畅贯彻,导致侦破难度加大。

15.3 防范诈骗的方法

1.提高思想认识

(1)加强防范意识,提高对校园诈骗的预防准备,切记不可轻信广告或网络贷款等,同时可以通过参加学校或社会组织的安全防范教育活动来提高这方面的认识。

（2）遵守校园纪律，要服从管理，听从学校安排，在对待校园诈骗的问题上，做到及时反馈。

（3）守住法律底线，增强法律意识，不做任何违法违规的事，不接触有关校园诈骗的一切违法行为，既要做到不参与，又要做到不上当。

（4）谨慎交友，理智判断，千万避免以感情代替理智，要学会分辨各色人等，听其言、察其色、辨其行，一旦发现与校园诈骗有关，要马上断绝来往。

（5）加强交流，吸取他人教训。同学之间相互告诫、相互帮助，共同面对校园诈骗。

（6）不浏览色情网站。大多数的国家都把色情网站列为非法网站，我国把色情网站列为扫黄打非的对象，浏览色情网站，会给自己的身心健康造成伤害，长此以往还会导致走向犯罪的道路。

（7）网络购物时，要选择合法的、信誉度较高的网站交易。网上购物时必须对该网站的信誉度、安全性、付款方式，特别是以信誉卡付费的保密性进行考查，防止个人账号、密码遗失或被盗，造成不必要的损失。

（8）切忌贪小便宜。对飞来的横财和好处特别是不熟悉的人所许诺的利益要深思和调查，要知道天上不会掉馅饼，克服占便宜心里，就不会对突如其来的横财和好处欣喜若狂，要三思而后行。

（9）自觉抵制封建迷信。封建迷信侵袭人们思想，愚弄群众，腐蚀人心，扰乱社会秩序，与社会主义核心价值观的要求格格不入。因此，作为当代大学生，要自觉抵制算命打卦、烧香拜佛、请大师、看风水、拜神婆、做道场等封建迷信活动，要崇尚科学，破除迷信。全体大学生，特别是党员学生干部，要深入学习社会主义核心价值观，认清封建迷信的严重危害，做到不听、不信、不传，对发生在身边的迷信活动坚决抵制，并及时向公安机关和有关部门举报。

（10）不要将个人有效证件借给他人，以防被冒用不要将个人信息资料如存折（银行卡）密码、住址、电话、手机号码等轻易告诉他人，以防被人利用后实施诈骗。

（11）必须冷静。千万不要慌张，一旦发现被骗，赶快想办法掌握对方的有罪证据，迅速报警，要防止打草惊蛇，有人认为把钱追回是关键，所以在发现上当后想私了，于是主动上门恳求骗子返还财产，这是很愚蠢的办法，这等于告诉对方骗局已经暴露，提醒骗子赶快逃跑。聪明的做法是，一方面装作仍蒙在鼓里，随时掌握对方行踪，另一方面查明对方骗财的流向并及时报案。

2. 远离校园贷、套路贷

校园网贷套路深，学生选择要谨慎。近年来，各类"网贷"诈骗横行，校园成为重灾区。不法分子利用大学生法律意识薄弱、自我保护能力欠缺等弱点，将罪恶的魔爪伸向校园。随着国内疫情形势的逐渐好转，各地开始复工复产复学，各种针对学生的诈骗行为也随之而来，诈骗手段层出不穷，令人防不胜防。一些不良贷款平台利用虚假宣传，诱骗在校大学生陷入"校园贷""套路贷"等陷阱，"小贷"滚成"巨债"，并采用威胁、恐吓甚至暴力方式催贷，严重危害大学生安全。

（1）量力而行，理性消费，树立正确的消费观。全体师生根据自身经济状况合理消费，务必量力而行，杜绝超出自身承担能力的高消费和超前消费，根据自身经济条件制定消费计划,合理安排生活支出,避免过度消费和超前消费,不盲目消费,跟风攀比,培养理性消费意识和良好消费习惯,学会合理分配和使用金钱,做到量入为出。

（2）学习金融知识,提高对金融诈骗和不良借贷的防范意识。当前金融产品层出不穷,广大师生应主动了解和学习金融知识,提高辨别合法金融服务的能力,谨防落入欺诈陷阱。

（3）谨慎选择借贷服务机构。现阶段,国家已着手整顿校园网贷,要求网贷机构暂停在校园开展师生网贷业务。

（4）注意维护自己的合法权益。如因前期疏于防范已陷入不良网贷的困扰中,自身权益正在或者即将遭受伤害,应及时向学校报告有关情况,并寻求国家公权力的介入,以维护自己的合法权益。

3. 提高自身"防骗"意识

（1）必须要有防止被骗的意识。俗话说:"害人之心不可有,防人之心不可无。"当然,"防人"并不是要搞得人心惶惶,关键是要有这种意识,对于任何人,尤其是陌生人,不可随意轻信和盲目随从,遇人遇事,应有清醒的认识,不要因为对方说了什么好话,许诺了什么好处就轻信、盲从。要懂得调查和思考,在此基础上作出正确的反应。

（2）不感情用事。诈骗分子的最终目的是骗取钱财,并且是在尽可能短的时间内骗取成功。因此,对于表面上讲"感情""哥们义气"的诈骗分子(特别是新认识的"朋友"、"老乡"、遭受不幸的"落难者"),若对你提出钱财方面的要求,切不可被感情的表象所蒙蔽,不要一味"跟着感觉走"而缺乏理智,要学会"听、观、辨",即听其言、观其色、辨其行,要懂得用理智去分析问题。最好能对比一下在常理下应作出的反应,如认为对方的钱财要求不合实际或超乎常理时,应及时向老师或保卫部门反映,以避免不应有的损失。

（3）要特别注意"能人"。对过于主动自夸自己"本事"或"能耐"的人,或者过于热情地希望"帮助"你解决困难的人,要特别注意。那些自称名流、能人的诈骗分子为了能更快地取得你的信任,以达到其不可告人的目的,大多都会主动地在你面前炫耀自己的"本事",说自己如何了得,取得了什么成就,而且他正在运用他的"本事""能耐"为你解决困难或满足你的请求。当你遇到这种人时,应当格外注意,因为你面前的那个"能人"很可能是一个十足的诈骗分子,而且他正企图骗取你的信任,此时你的反应很大程度上决定了此后是否会上当受骗。

（4）忌贪小便宜。对飞来的"横财"和"好处",特别是不很熟悉的人所许诺的利益,要深思和调查。要知道,天上是不会掉下馅饼的,克服贪小便宜的心理,就不会对突然而来的"好处"欣喜若狂。对于这些"横财"和"好处",最好的防范是三思而后行。

15.4 本章案例分析

【案例 15-1】 网络贷款类诈骗。

【事件经过】 2022 年 6 月 3 日,学校某入驻企业职工在网上办理无抵押贷款,客服以交保证金为由指导其进行转账操作,被骗 5000 元。

【套路解析】 不法分子以无抵押、放款及时等理由诱使事主上钩,然后以提升信用度,贷款需要事主做流水、验资、交保险费、保证金、激活账号等各种理由,让事主转账到骗子提供的账户。

【防骗提醒】 以缴纳"手续费""解冻费""做流水""交保证金"等理由让交钱的,都是诈骗。不要告诉他人动态验证码和银行卡号。

【案例 15-2】 冒充电商客服诈骗。

【事件经过】 2022 年 4 月 5 日,某学院大一学生接到淘宝"客服"人员来电,称其购买的商品损坏,可通过企业微信加对方好友进行理赔。"客服"指导该生开通支付宝赔付功能,随即称由于操作失误需要取消此功能,但是要缴纳保证金,该生转账后又说需缴纳部分流动资金,其按照"客服"指引如数转账后仍需缴纳百分之三的评估金,至此学生发现被骗,已损失 4989 元。

【套路解析】 不法分子冒充淘宝、天猫、京东、抖音、快手、拼多多等电商平台客服或者物流快递企业客服,谎称被害人网购商品出现问题,以退款、理赔、退税等为由,诱导被害人私下添加"理赔客服"微信、QQ 或在虚假的退款理赔网页中提供银行卡或手机验证码等信息对受害人实施诈骗。部分诈骗分子先了解受害人支付宝芝麻信用分,诱骗其开通借贷账号并贷款,谎称受害人贷到的款项是退款,因退款客服操作失误不小心退多了,让受害人扫码退还多余的款项,从而骗取钱财。

【防骗提醒】 退款、退货通常由买家发起申请,陌生来电主动提出退款、退货,往往都是骗子的陷阱。正规的退款、退货,款项会由支付渠道原路退回,如接到自称"店铺客服""快递客服""卖家"等电话,不要轻易透露验证码或银行卡密码等信息,不要点开对方发来的"退款链接"。

15.5 本章小结

本章通过防范诈骗、诈骗的危害以及防范诈骗的方法,分析不法分子通过网络、短信等实施诈骗,目的就是骗取受害人金钱,诈骗分子行骗的过程其实很简单,大致可分为两个阶段:一是博取信任;二是骗取对方财物。对于行骗者和受害者来说,第一阶段都是最重要的,这也是行骗者行为表现得最为突出的阶段。虽然行骗手段多种多样,但只要我们树立较强的反诈骗意识,克服内心的不良心理,保持应有的清醒,做到"三思而后行",保持清醒的头脑,在绝大多数情况下是可以避免上当受骗的。

防范自然灾害

自然灾害是指给人类生存带来危害或损害人类生活环境的自然现象,包括干旱、高温、低温、寒潮、洪涝、山洪、台风、龙卷风、冰雹、风雪、霜冻、暴雨、暴雪、冻雨、酸雨、大雾、大风、结冰、雾霾、地震、海啸、滑坡、泥石流、浮尘、扬沙、沙尘暴、雷电、雷暴、火山喷发等。近年来,由于极端天气导致的旱灾、洪涝、台风、海啸、地震等自然灾害,不仅在数量上持续增加,而且强度加剧,对人类生产生活各个领域造成前所未有的影响。

16.1　自然灾害概述

16.1.1　自然灾害的形成及分类

1. 自然灾害的形成

自然灾害是对能够给人类和人类赖以生存的环境造成破坏性影响的事件总称。纵观人类的历史可以看出,灾害的发生原因主要有两个:一是自然变异;二是人为影响。因此,通常把以自然变异为主因的灾害称为自然灾害,如地震、风暴、海啸;将以人为影响为主因的灾害称为人为灾害,如人为引起的火灾、交通事故和酸雨等。

影响自然灾害灾情大小的因素有3个:一是孕育灾害的环境;二是导致灾害发生的因子;三是承受灾害的客体。

2. 自然灾害的分类

自然灾害形成的过程有长有短,有缓有急。有些自然灾害,当致灾因素的变化超过一定强度时,就会在几天、几小时甚至几分、几秒内表现为灾害行为,如火山爆发、地震、洪水、飓风、风暴潮、冰雹、雪灾、暴雨等,这类灾害称为突发性自然灾害。旱灾、农作物和森林的病、虫、草害等,虽然一般要在几个月的时间内成灾,但灾害的形成和结束仍然比较快速、明显,所以也把它们列入突发性自然灾害。另外,还有一些自然灾害是在致灾因素长期发展的情况下,逐渐显现成灾的,如土地沙漠化、水土流失、环境恶化等,这类灾害通常要几年或更长时间的发展,则称为缓发性自然灾害。

许多自然灾害,特别是等级高、强度大的自然灾害发生以后,常常诱发出一连串的其他灾害,这种现象叫作灾害链。灾害链中最早发生的、起作用的灾害称为原生灾害;由原生灾害所诱导出来的灾害则称为次生灾害。自然灾害发生之后,破坏了人类生存的和谐环境,由此还可以衍生出一系列其他灾害,这些灾害泛称为衍生灾害。如大旱之后,地表与浅部淡水极度匮乏,迫使人们饮用深层含氟量较高的地下水,从而导致了氟病,这些都称为衍生灾害。

16.1.2 自然灾害的特征及影响

1. 自然灾害的特征

自然灾害是人类依赖的自然界中所发生的异常现象,自然灾害对人类社会所造成的危害往往是触目惊心的。

(1) 自然灾害具有广泛性与区域性。一方面,自然灾害的分布范围很广。不管是海洋还是陆地,地上还是地下,城市还是农村,平原、丘陵还是山地、高原,只要有人类活动,自然灾害就有可能发生。另一方面,自然地理环境的区域性又决定了自然灾害的区域性。

(2) 自然灾害具有频繁性和不确定性。全世界每年发生的大大小小的自然灾害非常多。近几十年,自然灾害的发生次数呈现出增加的趋势,而自然灾害的发生时间、地点和规模等的不确定性,又在很大程度上增加了人们抵御自然灾害的难度。

(3) 自然灾害具有一定的周期性和不可重复性。主要自然灾害中,无论是地震、干旱还是洪水,它们的发生都呈现出一定的周期性。人们常说的某种自然灾害"十年一遇、百年一遇",实际上就是对自然灾害周期性的一种通俗描述,自然灾害的不重复性主要是指灾害过程、损害结果的不可重复性。

(4) 自然灾害具有联系性。自然灾害的联系性表现在两个方面。一方面是区域之间具有联系性。例如,南美洲西海岸发生"厄尔尼诺"现象,有可能导致全球气象紊乱;美国排放的工业废气,常常在加拿大境内形成酸雨。另一方面是灾害之间具有联系性。也就是说,某些自然灾害可以互为条件,形成灾害群或灾害链。例如,火山活动就是一个灾害群或灾害链。火山活动可以导致火山爆发、冰雪融化、泥石流、大气污染等一系列灾害。

(5) 各种自然灾害所造成的危害具有严重性。例如,全球每年发生可记录的地震约500 万次,其中有感地震约 5 万次,造成破坏的近千次,而里氏 7 级以上足以造成惨重损失的强烈地震,每年约发生 15 次,干旱、洪涝两种灾害造成的经济损失也十分严重,全球每年损失可达数百亿美元。

(6) 自然灾害具有不可避免性和可减轻性。由于人与自然之间始终充满着矛盾,只要地球在运动、物质在变化,只要有人类存在,自然灾害就不可能消失,从这一点看,自然灾害是不可避免的。然而,充满智慧的人类,可以在越来越广阔的范围内进行防灾减灾,通过采取避害趋利、除害兴利、化害为利、害中求利等措施,最大限度地减轻灾害损失,从这一点看,自然灾害又是可以减轻的。

2. 自然灾害的影响

1) 饮用水供应系统被破坏

绝大多数的自然灾害都可能造成饮用水供应系统的破坏,这将是灾害发生后首当其冲的问题,常在灾害后早期引起大规模的肠道传染病的暴发和流行。

在水灾发生时,原来安全的饮用水源被淹没、被破坏或被淤塞,人们被迫利用地表水作为饮用水源。这些水被上游的人畜排泄物、人畜尸体及被破坏的建筑中的污物所污染,特别是在低洼内涝地区,灾民被洪水较长时间的围困,更易引起水源性疾病的暴发流行。孟加拉国水灾曾因此造成大量的人群死亡。

在地震时,建筑物的破坏也会涉及供水系统,使居民的正常供水中断,这对于城市居民的影响较为严重,而且由于管道的破坏,残存的水源极易遭到污染。海啸与风灾也可能造成这种情况。

在灾害发生时,由于许多饮用水源枯竭,造成饮用水源集中。在一些易受灾的缺水地区,居民往往需要到很远的地方去取饮用水。一旦这些水源受到污染,就会造成疾病的暴发流行,如四川巴塘曾因旱灾而发生过极为严重的细菌性痢疾流行。

在一些低洼盐碱地区,水旱灾害还会造成地下水位的改变,从而影响饮用水中的含盐量和 pH 值。当水中的 pH 值与含盐量升高时,有利于霍乱弧菌的增殖,因而在一些霍乱疫区,常会因水旱灾害而造成霍乱的再发,并且能延长较长时间。

2）食物短缺

尽管向灾区输送食物已成为救灾的第一任务,但当规模较大、涉及地域广阔的自然灾害发生时,局部的食物短缺仍然难以完全避免。加之基本生活条件的破坏,人们被迫在恶劣条件下储存食品,很容易造成食品的霉变和腐败,从而造成食物中毒以及食源性肠道传染病流行。

水灾常伴随阴雨天气,这时的粮食极易霉变。中国南方数省的一次大规模水灾过程中,就曾发生多起霉变中毒事件。当灾害发生在天气炎热的季节时,食物的腐败变质极易发生。由于腌制食品较易保存,在大规模灾害期间副食品供应中断时,腌制食品往往成为居民仅有的副食,而这也为嗜盐菌中毒提供了条件。

食物短缺还会造成人们的身体素质普遍下降,从而使各种疾病易于发生和流行。

3）燃料短缺

在大规模的自然灾害中,燃料短缺也是常见的现象,在被洪水围困的灾民中更是如此。燃料短缺首先是迫使灾民喝生水,进食生冷食物,从而导致肠道传染病的发生与蔓延。

在严重的自然灾害后短期内难以恢复燃料供应时,燃料短缺可能造成居民个人卫生水平的下降。特别是进入冬季,人群仍然处于居住拥挤状态,可能导致体表寄生虫的滋生和蔓延,从而导致一些本来已处于控制状态的传染病(如流行性斑疹、伤寒等)重新流行。

4）水体污染

洪水往往造成水体的污染,造成一些经水传播的传染病大规模流行,如血吸虫病、钩端螺旋体病等。但洪水对于水体污染的作用是两方面的。在大规模的洪水灾害中,特别是在行洪期间,由于洪水的稀释作用,这类疾病的发病数并无明显上升的迹象,但是,当洪水开始回落,在内涝区域留下许多小的水体,如果这些小的水体遭到污染,则极易造成这类疾病的暴发和流行。

5）居住条件被破坏

水灾、地震、火山喷发和海啸等,都会对居住条件造成大规模的破坏。在开始阶段,人们被迫露宿,然后可能在简陋的棚屋中居住相当长的时间,造成人口集中和居住拥挤。唐山地震时,在唐山、天津等城市,简易棚屋绵延数十里,最长的居住时间达一年以上。即使搬迁回原居之后,由于大量的房屋被破坏,居住拥挤状态仍持续了很长时间。

露宿使人们易于受到吸血节肢动物的袭击。在这一阶段,虫媒传染病的发病率可能会增加,如疟疾、乙型脑炎和流行性出血热等;人口居住的拥挤状态,有利于一些通过人与人之间密切接触传播的疾病流行,如肝炎、红眼病等。如果这种状态持续到冬季,则呼吸道传染病将成为严重问题,如流行性感冒、流行性脑脊髓膜炎等。

6）人口迁徙

自然灾害往往造成大规模的人口迁徙。唐山地震时,伤员运送直达位于我国西南腹地的成都和重庆。在城市重建期间,以投亲靠友的形式疏散出来的人口,几乎遍布整个中国。而今的经济条件下,灾区居民外出并从事劳务活动,几乎成了生产自救活动中最重要的形式。

人口的大规模迁徙,首先是给一些地方病的蔓延造成了条件,并使一些疾病大流行,如欧洲中世纪的黑死病,中国云南 19 世纪中叶鼠疫大流行,就是从人口流动开始的。

人口流动造成了两个方面的问题。其一,当灾区的人口外流时,可能将灾区的地方性疾病传播到未受灾的地区。更重要的是,当灾区开始重建,人口陆续还乡时,又会将各地的地方性传染病带回灾区。如果受灾地区具备疾病流行的条件,就有可能造成新的地方病区。其二,它干扰了一些主要依靠免疫来控制疾病的人群的免疫状态,造成局部无免疫人群,从而为这些疾病的流行创造了条件。

在我国,计划免疫已开展相当广泛,脊髓灰质炎、麻疹的控制已大见成效;伤寒、结核病和甲、乙型肝炎的发病率已大幅下降。灾害的干扰使计划免疫工作难以正常进行,人群流动使部分儿童漏种疫苗,这些情况均有可能使这类疾病的发病率升高。

一些在儿童和青年中多发的疾病,人群的自然免疫状态在疾病的流行中起着重要作用。无论是灾区的人口外流,还是灾区重建时人口还乡,都会使一些无免疫人口暴露在一个低水平自然流行的人群之中,从而造成这些疾病的发病率上升。

16.2　气象自然灾害的防范

16.2.1　气象自然灾害的种类

在多种自然灾害中,气象灾害是包含种类最多、活动最频繁、分布特别广泛、危害最大的一种。最常见的气象灾害有干旱、暴雨洪涝、冰雹、大风、寒潮、干热风、雷暴、沙尘暴等。

我国地形复杂,面积广大,南北贯通多个气温带,东西横贯多个时区,是世界各国中气候种类最多、气象灾害最复杂的国家。目前我国的气象灾害根据危害程度大致可分为 7 大类 20 余种,气象种类可以说占全球气象灾害种类的大半,不仅在全国范围内气象灾害种类出现多,就是一个区域也存在较多种类。

由于我国所处位置的原因,在全国范围内一年四季都会发生不同类别的气象灾害。春季发生的气象灾害以干旱、沙尘暴、寒潮、雪害、低温连阴雨等灾害为主;夏季发生的气象灾害以暴雨洪涝、台风、干旱、风雹、雷暴、干热风、高温酷热等为主;秋季发生的气象灾害以台风、干旱、冷害、连阴雨、霜冻等为主;冬季发生的气象灾害以寒潮、大风、雪害、冻害等为主。

气象灾害造成的灾害特别巨大,气象灾害造成的灾害不仅是一时的,而且会在一段时间内对地区间的经济和社会发展造成特别严重的影响。例如,台风会严重威胁沿海地区海上作业和航运；持续性的暴雨或大雨会导致江河洪水泛滥，并且会引发泥石流、山体滑坡等地质灾害；干旱、洪涝、连续高温或低温等气象灾害如果大面积地持续发生，则会导致区域内的农牧业严重受损、疾病流行等。

16.2.2 气象自然灾害的应对与安全教育

1. 雷电危机的应对

（1）在户外遭遇雷电时，要及时躲避，不要在空旷野外停留，在空旷野外无处躲避时，要尽量寻找低洼之处（如土坑等）藏身，或者弯腰低头，抱头抵胸，双脚合拢，尽量减小身体与地面的接触，远离山顶、孤立的大树、高塔、电线杆、广告牌。

（2）雷雨天气在户外不要使用手机，远离电话、供电线路等输电设备。不靠近铁轨、金属长栏杆及外露的水管、煤气罐等金属物体，手中不要拿有金属杆的雨伞、铁器、铁锹等金属物品。

（3）在江、河、湖泊游泳、划船、钓鱼时遇到雷雨天气，要立即停止，不要在开阔的水域和小船上，也不要在突出的岩石或悬崖下躲避雷电。

（4）如果发现头发竖起或有蚂蚁爬走的感觉时，可能要被雷击，要立即趴在地上，并迅速摘下身上的金属饰品。

（5）在室内时，不应冒险外出。将门窗、电闸、煤气管道、自来水管道关闭；不接打电话，不接触金属和带电装置。不要在雷电交加时用淋浴喷头洗澡。

（6）如多人共处室外，相互之间不要挤靠，以防被雷击中后电流互相传导。

（7）遭受到雷击的人可能被烧伤或严重休克，但身上并不带电，可以安全地加以处理和抢救，首先将伤员转移至安全的地方，然后拨打 120 电话求救。

（8）遇到受雷击被烧伤或严重休克的人，应马上让其躺下，扑灭身上的火，若伤者虽失去意识，但仍有呼吸和心跳，应立即送医院治疗。

（9）若伤员停止呼吸，在颈动脉（颈部一侧）处检查脉搏，如果没有脉搏，就立即对伤员进行人工呼吸等心肺复苏抢救，一直坚持到医护人员到场。

2. 洪水危机的应对

（1）注意收听收看天气预报。当天气预报连续预报有暴雨或大暴雨时，居住在河谷、低洼地带、沿江沿湖地区的人们，就要提高警惕，随时注意水情的变化，及时采取适当的措施。应备足食品、衣物、饮用水、生活日用品和必要的医疗用品，妥善安置家庭贵重物品，也可将不便携带的贵重物品做防水处理后埋入地下或放到高处，票款、首饰等小件贵重物品可缝在衣服内随身携带。

（2）注意水位变化，一旦发生险情，要按照预先选择好的路线撤离易被洪水淹没的地区。

（3）如果洪水来势凶猛，已来不及撤离时，可爬上屋顶、墙头或附近的大树，等候救援。土墙、泥缝砖墙住房，经水泡随时都有坍塌的危险，只能作为暂时的避难场所，因此，还应寻找别的办法逃生。

（4）如果有可能，可吃些高热量食品，如巧克力、饼干等，喝些热饮，以增强体力。避难时，应携带好必备的衣物以御寒，特别要带上必需的饮用水，千万不要喝洪水，以免传染上疾病。

（5）用手电筒、哨子、旗帜、鲜艳的床单、衣服等工具发出求救信号，以引起营救人员的注意，前来救助。

（6）可借助木板、木床、箱子等可以在水上漂浮的东西逃生，但须注意，不到万不得已不要用这种办法。

（7）在野外，山洪暴发时如来不及转移，要就近迅速向山坡、高地、楼房、避洪台等地转移，要设法尽快与当地政府救援部门取得联系，报告自己的范围和险情，积极寻求救援。

（8）在野外不要沿着泄洪道方向跑，而要向两侧快速躲避。千万不要轻易涉水过河，不要游泳逃生，不要爬到泥坯房的屋顶，更不可攀爬带电的电线杆或铁塔。

（9）在室内，为防止洪水涌入屋内，首先要堵住大门四周的所有空隙。最好在门槛外侧放上沙袋，沙袋可用麻袋、草袋或布袋、塑料袋，里面塞满沙子、泥土、碎石。如果预料洪水还会上涨，那么底层窗槛外也要堆上沙袋。

（10）如果洪水不再上涨，应在楼上储备一些食物、饮用水、保暖衣物以及烧开水的用具。洪水到来时，来不及转移的人员，应立即爬上屋顶、楼房高层等高地暂避。

（11）如洪水继续上涨，暂避的地方已难自保，则要充分利用准备好的救生器材逃生，或者迅速找一些门板、桌椅、木床、大块的泡沫塑料等能漂浮的材料扎成船筏逃生。

（12）如已被卷入洪水中，要尽可能抓住固定的或能漂浮的东西，寻找机会逃生。洪水水位未完全退却之前，不要到易被淹没的地带活动，也不要到淹没地带围观。

（13）在通过受淹道路和下穿式通道时，要注意观察水情，竖立警示牌，防止别人误入深水区或掉进排水口。

（14）洪水退后，要协助防疫人员做好食品、饮水卫生和疾病防疫工作。不能食用动物尸体，水饮用前要彻底煮沸。

3. 冰雪天气与暴雨天气危机的应对

1）应对冰雪天气的措施

（1）随时收听天气预报，提前做好准备工作。储备足够的食品、饮用水、燃料和打火机及手电、蜡烛等，以防冰雪破坏供电、供水、煤气管道。

（2）防寒不好的房屋应及时加固门窗避寒，同时为家畜备好饲料，在窝棚做好保暖工作。

（3）收到冰雪天气警报后，为老人、孩子、心血管和肺部疾病患者做好防寒保暖准备。不要外出，并通过电话与外界保持经常的联系。

（4）冰雪天气时，学生上学不要骑车，以防滑倒跌伤；行车应减速慢行，转弯时避免急转以防侧滑，踩刹车不要过急过死；驾驶人员应佩戴有色眼镜或变色眼镜保护视力。

（5）野外徒步行走遭遇暴风雪时，首先要选择干燥、背风、向阳的地方，如岩石、洞穴、树林或矮树丛等处藏身，接着用灯光、声音和通信工具紧急求救，藏身时绝不能睡着，以防冻伤。

（6）在冰冷刺骨的地带要多运动，只要环境允许就要不停地活动。雪地水源丰富，一定要烧开才能饮用，否则会引起腹泻。

（7）在野外，随身携带的食品和饮用水用完后，可积极寻觅食物。对寻找的无毒食物和饮用水必须煮熟、煮沸后食用。

（8）同伴局部冻伤时,应尽快将患者移往温暖的帐篷或山屋中,轻轻脱下伤处的衣物及所有束缚物,如戒指、手表等,可用皮肤对皮肤的传热方式,温暖患处,冻伤的耳鼻或脸可用温毛巾覆盖,可慢慢地用与体温一样的温水浸泡患部使之升温。如果仅仅是手冻伤,可以把手放在腋下升温,然后用干净纱布包裹患部,并送医院治疗。

（9）当全身冻伤者出现脉搏、呼吸变慢的情况时,要保证其呼吸道畅通,并进行人工呼吸和心脏按压,渐渐使其体温恢复,然后速去医院。

（10）冻僵的伤员已无力自救,救助者应立即将其转运至温暖的房间内,搬运时动作要轻柔,避免僵直身体的损伤。然后迅速脱去伤员潮湿的衣服和鞋袜,将伤员放在 38～42℃ 的温水中浸浴。如果衣物已冻结在伤员的肢体上,不可强行脱下,以免损伤皮肤,可连同衣物一起浸入温水,待解冻后取下。

2）应对暴雨天气的措施

（1）不要将垃圾、杂物丢入马路边的下水道,以防堵塞,积水成灾。

（2）家住平房的居民应在雨季来临之前检查房屋,维修房顶。

（3）预防居民住房发生小内涝,可因地制宜,在家门口放置挡水板、堆置沙袋或堆砌土坎。

（4）暴雨期间尽量不要外出,必须外出时应尽可能绕过积水严重的地段。

（5）在山区旅游时,注意防范山洪。上游来水突然混浊、水位上涨较快时,须特别注意。

（6）室外积水漫入室内时,应立即切断电源,防止积水带电伤人。

（7）在户外积水中行走时,要注意观察,贴近建筑物行走,防止跌入窨井、地坑等。

（8）驾驶员遇到路面或立交桥下积水过深时,应尽量绕行,避免强行通过。

4.高温天气危机的应对

（1）注意收听高温预报,饮食宜清淡。多喝凉开水、冷盐水、白菊花水、绿豆汤等防暑饮品。

（2）高温时间外出时,应备好太阳镜、遮阳帽、清凉饮料等防暑用品。衣着要宽大舒适,以通风透气性好、吸湿性强的棉织物为宜,少穿化纤品类服装;长时间外出还要准备好十滴水、清凉油、人丹等防暑药物。

（3）室内要注意保持通风,早晚可在室内适当洒水降温;如在户外工作,可早晚工作,中午多休息。

（4）合理安排作息时间。睡眠时注意不要躺在空调的出风口和电风扇下,以免患上空调病和热伤风,空调温度应控制在与室外温差 5～10℃,室内外温差太大,反而容易中暑、感冒。

（5）出汗后,应用温水冲洗,洗净擦干后,在局部易出痱子的地方适当扑些痱子粉,以保持皮肤干燥。

（6）晒伤皮肤出现肿胀、疼痛时,可用冷水毛巾敷在患处,直至痛感消失,出现水泡,不要挑破,应请医生处理。

（7）一旦发现他人中暑,应尽快将其移到阴凉通风处,用冷水浸湿衣服,裹住身体,并保持潮湿,或者不停地扇风散热并用冷毛巾擦拭患者身体。直到体温下降到38℃以下,可用冷水毛巾敷于头部,饮用加盐凉开水,口服十滴水5ml,太阳穴涂抹清凉油。

(8) 如果中暑者意识比较清醒,应保持坐姿休息,头与肩部给予支撑。如果中暑者已失去意识,应平躺。给患者及时补充水分,通常服用口服补液盐,并且越凉越好。应多次少量地喝,不要大口喝,以免呕吐。如果病情严重,需送往医院救治。

(9) 对于重症中暑者,应尽快进行物理降温,如在额头上、两腋下和腹股沟等处放置冰袋,以防止脑水肿,同时用冷水、冰水或者75%燃料乙醇(白酒亦可)擦全身。如果病情严重,应及时就近送往医院治疗。

5.沙尘暴危机的应对

(1) 沙尘暴天气应减少外出,必须外出时,最好使用滤尘口罩、防尘眼镜,穿戴防尘手套、鞋袜、衣服,也可用湿毛巾、纱巾等保护眼、口、鼻,以免沙尘暴侵害眼睛和损伤呼吸道。一旦尘沙吹入眼内,不能用脏手揉搓,应尽快用流动的清水或滴几滴眼药水冲洗。

(2) 风沙天气外出回家后,可以用清水漱口,清理一下鼻腔,清洗面部,抹上补水护肤品;有条件的应该洗澡,更换衣服,保持身体洁净舒适,减少感染的概率,同时洗手、饮水。

(3) 遭遇沙尘暴时,在室内应及时关闭门窗,必要时可用胶条对门窗进行密封,关闭电视、风扇等家用电器。

(4) 如果在室外遇到沙尘暴,及时到商店、餐馆等安全处躲避。不要躲在广告牌、土墙、大树等易刮倒的设施旁;在野外,可用衣服蒙住头,以免吸入空气中的沙尘或被大风卷起的东西砸伤,同时蹲下身子,尽可能抓住牢固的物体。

(5) 遇见强沙尘暴天气时,骑车不要赶路,应把车停放在安全处,等到狂风过后再骑行。

(6) 在沙尘暴退去前,应暂时停止户外活动。

(7) 沙尘暴期间,发生慢性咳嗽伴有咳痰或气短、气喘憋闷及胸痛等症状时,应尽快送医院诊治。

(8) 沙尘干燥天气易出现唇裂、咽喉干痒、鼻子"冒烟"等情况,应多饮粥类、汤类、茶水、果汁,增加机体水分含量,补充丢失的水分,加快体内各种代谢废物的排出。

6.大风天气危机的应对

(1) 要弄清楚自己所处的区域是否为大风将要袭击的危险区域。

(2) 要了解安全撤离的路径,以及政府提供的避风场所(各级政府要做好预案)。

(3) 要准备充足不易腐烂变质的食品和水。

(4) 当外边的风变得越来越强时,要远离门窗,并躲在走廊、空间小的内屋或壁橱中,关闭所有的内房间门,加固外门。

(5) 如果在楼中居住,要待在楼的内间,如洗澡间或壁橱中;如果居住的是多层的楼房,要待在一楼或二楼的大堂内或洗澡间内,并且远离门窗,必要时躺在桌子或坚固的物体下。

(6) 遇到龙卷风时,有地下室的应避开所有的窗户,立刻进入地下室,躲在坚实的桌子或工作台下。千万不要躲在重物附近的地方,以免龙卷风破坏了房屋的结构,造成这些重物倒塌而压伤人。没有地下室的应立即进入一间小的、位于中间的房子,如厕所、壁橱或最底层的内部过道,脸朝下,用手护住头部,蹲伏于地板上,将厚的垫子(如床垫或毯子)盖在身上,以防掉落的碎物砸伤身子。

(7)龙卷风来临时,在办公楼内应立即进入楼房中心,处于封闭的、无窗户的区域。一定不要乘电梯,因为一旦停电,就可能被困在电梯内。

(8)在龙卷风期间,切记不可因任何原因而停留在活动房屋内。在活动房外面远比在活动房屋内有更大的存活机会。如果所在的社区有龙卷风避难所,或者附近有一个坚实的建筑物,应立即进去躲避。

16.3　地质自然灾害的防范

16.3.1　地质自然灾害的种类

地质灾害是指由于自然或人为作用,多数情况下是二者协同作用引起的,在地球表层比较强烈地破坏人类生命财产和生存环境的岩土体移动事件。地质灾害在成因上具备自然演化和人为诱发的双重性,它既是自然灾害的组成部分,同时也属于人为灾害的范畴。在某种意义上,地质灾害已经是一个具有社会属性的问题,已经成为制约社会经济发展和人民安居的重要因素。因此,地质灾害防治就不仅是指预防、躲避和工程治理,在高层次的社会意识上更表现为努力提高人类自身的素质,通过制定公共政策或政府立法约束公众的行为,自觉地保护地质环境,从而达到避免或减少地质灾害的目的。

地质灾害的分类有不同的角度与标准,十分复杂。就其成因而论,主要由自然变异导致的地质灾害称为自然地质灾害;主要由人为作用诱发的地质灾害则称为人为地质灾害。就地质环境或地质体变化的速度而言,可分为突发性地质灾害与缓变性地质灾害两大类。前者如崩塌、滑坡、泥石流、地面塌陷、地裂缝,即习惯上的狭义地质灾害;后者如水土流失、土地沙漠化等,又称环境地质灾害。根据地质灾害发生区的地理或地貌特征,可分为山地地质灾害(如崩塌、滑坡、泥石流等)和平原地质灾害(如地质沉降)。

1. 地震

地震是地下岩石发生破裂并释放弹性波传到地表所引起的震动。它是经常发生的有规律的自然现象,是地壳运动的特殊形式。地震发生往往具有突发性,其破坏力大,会给人类生命财产造成严重损失,除了直接造成房倒屋塌、山崩、地裂、砂土液化、喷砂冒水外,还会引起火灾、爆炸、毒气蔓延、水灾、滑坡、泥石流、瘟疫等次生灾害。据有关部门统计,地震灾害造成的伤亡人数占自然灾害伤亡人数的一半以上。我国是世界上陆地国家地震灾害最为严重的国家之一,发生地震的次数约占全球的33%。

2. 滑坡

滑坡是指斜坡上的岩体由于某种原因在重力的作用下沿着一定的软弱面或软弱带整体向下滑动的现象。

3. 崩塌

崩塌是指较陡的斜坡上的岩土体在重力的作用下突然脱离母体崩落、滚动堆积在坡脚的地质现象。

4. 泥石流

泥石流是山区特有的一种自然现象。它是由于降水而形成的一种带大量泥沙、石块等固体物质条件的特殊洪流。泥石流的识别：中游沟身长不对称，参差不齐；沟槽中构成跌水；形成多级阶地；等等。

5. 地面塌陷

地面塌陷是指地表岩、土体在自然或人为因素作用下向下陷落，并在地面形成塌陷坑的自然现象。

6. 雪崩

雪崩是一种自然现象，大量积雪从山坡上突然崩落下来，就叫作雪崩。雪崩可分为干雪崩和湿雪崩，也可以分别叫作粉雪崩和块雪崩，它们的形成和发生与不同的地貌和气候条件有关。雪崩是一种所有雪山都会有的地标冰雪迁移过程，它们不停地从山体高处借重力作用顺山坡向山下崩塌，崩塌时速度可以达到 $20\sim30\mathrm{m/s}$，体积可以是几百立方米至几千立方米，甚至更多。雪崩在有人居住或滑雪场等地方是一种严重的灾害，常会造成房屋倒塌和人员伤亡。

16.3.2 地质自然灾害的应对与安全教育

我国是一个自然灾害频发的国家，因此，了解相关自然灾害的防范措施与自救方法，有利于大学生在遇到突发的自然灾害时保证自己的人身安全。

1. 地震危机的应对

一旦发生地震，千万不要惊慌，要保持镇静，不要拥挤乱跑。应根据所在位置采取适宜的避震措施，并投入地震救护工作中去，以减少相应的损失。

（1）地震时若在户外，千万不能冒着大地的震动进屋去抢救亲人，要克制感情以避免更大伤亡，首先保存自己，才能在地震过后及时抢救亲人、朋友。

（2）山区傍山而建的建筑物内的居民、村民，要迅速撤离到安全地带，防止山体滑坡、坍塌和泥石流等地震引起的灾害危害。如果在山坡，千万不要跟着滚石往山下跑，而应躲在山坡上隆起的小山包的背后，同时还要远离陡崖，防止滑坡、泥石流的威胁。

（3）如果在街上行走时遭遇地震，最好将携带的皮包或柔软的物品顶在头上，无物品时也可以用手护在头部，尽可能做好自我防御的准备。应该迅速离开变压器、电线杆等危险设施、设备和围墙、狭窄巷道等，跑向比较开阔的空旷地带。

（4）地震时如果处在有毒气体的化工厂厂区，要朝污染源的上风处迎风奔跑，如果伤员氯气中毒，这时不要进行人工呼吸，待移动到安全地带后再行紧急抢救。

1）在屋内遇到地震

（1）地震突发时，若在家中，切不可贸然外逃，特别是居住在高层楼房、建筑物密集公寓区时。应立即在居所选择较理想的地方躲避，如床下、桌子底下。在楼房内，可选择开间小的卫生间、厨房、储藏室及墙角。

（2）在农村，地震时可逃出户外，来不及时，最好也在室内避震，如可躲在桌下、床下或其他理想的地方，依靠它们的支撑，挡住砸下的水泥块和砖块等；要注意远离窗户。外逃时，最好头顶被子、枕头或安全帽。

（3）地震突然发生后，必须抓住时机拉断电源、关闭煤气、熄灭炉火，以防火灾和煤气泄漏等次生灾害。

（4）夜间地震时，要尽快向安全地带转移。

（5）地震过后，房内人员应有组织、有秩序地迅速撤离已遭破坏的建筑物。高层住户向下转移时，千万不能跳楼，也不能乘电梯。

（6）为防止地震时门框变形打不开门，在防震期间，如家居安全条件允许，最好不要关门。

2）在行驶的车辆内遇到地震

在车辆行驶中遇到地震应抓牢扶手，以免摔伤、碰伤，同时要注意行李掉下来伤人。作为面朝行李方向的人可用胳膊靠在前排椅子上护住头和面部；背向行李方向的人可用胳膊护住后脑，并抬膝护腹，紧缩身体。地震后，迅速下车向开阔地转移，正在行驶的车辆应该紧急刹车。

3）地震后被压埋人员的自救

从防震的角度来讲，各种室内的应急措施都是十分软弱和有限的，不会阻止房屋的破坏和倒塌，因此人员有可能会被压埋在建筑物下。大地震中被倒塌建筑物压埋的人，只要神志清醒，身体没有重大创伤，都要鼓起求生的勇气，要消除恐惧心理，坚定生存信念，妥善保护好自己，积极实施自救，能自我离开险境者，应尽快想办法脱险。

（1）设法将手脚挣脱出来，清除脸上的灰土和压在身上的物件，特别是腹部以上的压物，等待救援。

（2）要尽量用湿毛巾、衣物或其他布料捂住口、鼻和头部，防止灰尘吸入发生窒息，也可以避免建筑物进一步倒塌造成的伤害。

（3）用周围可以挪动的物品支撑身体上方的重物，避免进一步塌落；扩大活动空间，保持足够的空气。

（4）寻找和开辟通道，设法逃离险境，朝着有光线、空气流通好或更安全宽敞的方向移动。

（5）寻找延迟生命的物品。如找到食品和水，要有计划地节约使用，尽量延长生存时间，等待救援。

（6）保存体力，不要盲目大声呼叫。在周围十分安静，或听到上面（外面）有人活动时，应利用一切办法与外界联系，如用砖、铁管等物敲打墙壁，向外界传递消息，当确定不远处有人时，再呼救。

（7）几个人同时被压埋时，要互相鼓励、共同计划、团结配合，必要时采取脱险行动。

2. 滑坡危机的应对

1）滑坡的判断

（1）大滑动之前，在滑坡前缘坡脚处，有堵塞多年的泉水复活现象，或者出现泉水（井水）突然干枯，井（钻孔）水位突变等类似的异常现象。

（2）在滑坡体中，前部出现横向及纵向放射状裂缝，它反映了滑坡体向前推挤并受到阻碍，已进入临滑状态。

（3）大滑动之前，滑坡体前缘坡脚处，土体出现上隆（凸起）现象，这是滑坡明显的向前推挤现象。

(4) 大滑动之前,有岩石开裂或被剪切挤压的现象。这种现象反映了深部变形与破裂。动物对此十分敏感,有异常反应。

(5) 临滑之前,滑坡体四周岩(土)体会出现小型崩塌和松弛现象。

(6) 如果滑坡体有长期位移观测资料,那么大滑动之前,无论是水平位移量或垂直位移量,均会出现加速变化的趋势,这是临滑的明显迹象。

(7) 滑坡后缘的裂缝急剧扩展,并从裂缝中冒出热气或冷风。

(8) 临滑之前,在滑坡体范围内的动物惊恐异常,植物变态。如猪、狗、牛惊恐不宁,不入睡,老鼠乱窜不进洞,树木枯萎或歪斜等。

2) 应对滑坡危机的措施

(1) 静。当不幸遭遇山体滑坡时,要沉着冷静,不要慌乱。慌乱不仅浪费时间,而且极可能做出错误的决定。

(2) 跑。遇到山体滑坡,应迅速撤离到避难场所。遇到山体崩滑时要朝垂直于滚石前进的方向跑,切忌在逃离时朝着滑坡方向跑,更不要不知所措,随滑坡滚动。千万不要将避灾场地选择在滑坡的上坡或下坡处。

(3) 躲。跑不出去时应躲在坚实的障碍物下。山体滑坡来势汹汹,如果你无法继续逃离,应迅速抱住身边的树木等固定物体,躲避在结实的障碍物下,或蹲在地坎、地沟里,应注意保护好头部,可利用身边的衣物蒙住头部。

(4) 等。滑坡停止后,不应立刻回家检查情况。因为滑坡会连续发生,贸然回家,可能会遭到第二次滑坡的侵害。只有当滑坡已经过去,并且自己房屋远离滑坡地点,确认完好安全后,方可进入。

3) 山体滑坡后如何救人

(1) 第一时间拨打救援电话,对于尚未滑动的滑坡危险区,一旦发现可疑的滑坡活动,应立即报告邻近的村、乡、县等有关政府或单位。

(2) 做好滑坡地区的排水工作,可根据具体情况砍伐随时可能倾倒的危树和高大树木。

(3) 从滑坡体的侧面开始挖掘,以救人为第一原则。遇到昏迷者及时进行心肺复苏。

3. 泥石流危机的应对

1) 泥石流的判断

(1) 当发现河(沟)床中正常突然断流或洪水突然暴涨并夹带较多的柴草、树木时,可确认河(沟)上游已形成泥石流。

(2) 仔细倾听是否有从深谷或沟内传来的类似火车轰鸣声或闷雷式的声音,即使听到的这种声音极微弱,也应认定泥石流正在形成,此时须迅速离开危险地段。

(3) 沟谷深处变得昏暗并伴有轰鸣声或轻微的振动感,则说明沟谷上游已发生泥石流。

2) 应对泥石流的措施

(1) 当前 3 日及当日的降雨量累计达到 100mm 时,处于危险区的人员应立即撤离。当听到危险区内有轰鸣声、主河洪水上涨或正常流水突然断流时,应立即意识到泥石流即将到来,应果断采取逃生措施。在逃生时,要向沟岸两侧山坡跑,爬得越快越高越安全。不要顺沟方向向上游或下游跑,不要停留在凹坡处。

(2)避开泥石流,应选择较高的基岩台地、低缓山梁上等安全处修建临时避险棚,切忌建在沟床岸边、较低的阶地、台地及坡脚、河道拐弯的下游边缘地带。

(3)泥石流非常危险,一旦陷入其中很难摆脱,万一不幸陷入其中,不要慌张,要大声呼救,并及时向后边的人发出警告,然后将身体后倾轻轻躺在沼泽地里,同时张开双臂,十指张大,平贴在地面上慢慢将陷入泥潭的双脚抽出来,切忌用力过猛过大,避免陷得更深。然后采取仰泳般的姿势向安全地带"游"过去,尽量以轻柔缓慢的动作进行,千万不要惊慌挣扎。

(4)泥石流发生后,沿河(沟)谷的道路也被掩埋、破坏得无影无踪,泥沙满沟,行走时要防止跌伤、磕碰,避免发生各种外伤。

4.崩塌与雪崩危机的应对

1)应对崩塌的措施

(1)夏汛时节,选择去山区峡谷旅游时,一定要事先收听当地的天气预报,不要在大雨后、阴雨连绵的天气进入山区沟谷。

(2)当斜坡底部或疏水孔有大量泥水透出时,显示斜坡内的水分已饱和,斜坡的中段、顶部有裂纹或新形成的梯级状,露出新鲜的泥土,都是山泥倾泻的先兆,应尽快远离这些斜坡。

(3)当发现有崩塌的前兆时,应立即报告当地政府或有关部门,进行抢护,使危害降至最低程度,同时紧急加固或抢修各类临时防护工程,及时通知其他受威胁的人群,提高警惕,密切注意观察,做好撤离准备。

(4)不要在凹形陡坡、危岩突出的地方避雨、休息和穿行,更不要攀登危岩。

(5)当处于崩塌体上,感到地面有变动时,要立即离开,用最快的速度向两侧稳定的地区逃离。如遇山泥倾泻阻路,切勿尝试踏上浮泥前进,应立刻自行后退,另寻安全小路。

(6)当处于崩塌体中部无法逃离时,找一块坡度较缓的开阔地停留,但不要与房屋、围墙、电线杆等靠得太近。

(7)如他人被崩塌的山石埋没,应立刻通知有关部门准备适当工具进行救援,并迅速挖掘,争分夺秒救出被压埋者,尽早将伤员的头部露出来,马上清除其口腔、鼻腔内的泥土、砂石,保持呼吸道的通畅。

(8)在搬运伤员中,为防止肢体活动,不论有无骨折,都要用夹板固定,并将肢体暴露在凉爽的空气中。

(9)在崩塌道路设置警示牌,防止车辆和行人误入危险区。

2)应对雪崩的措施

发生雪崩必须马上远离雪崩的路线,可采取如下措施脱险。

(1)判断当时形势。雪崩时人员出于本能,会直朝山下跑,但冰雪也向山下崩落,而且时速达到200km/h。向下跑很危险,可能被冰雪埋住;向旁边跑较为安全,可以避开雪崩;也可以跑到较高的地方避险。

(2)抛弃身上所有笨重物件,如背包、滑雪板、滑雪杖等。带着这些物件,倘若陷在雪中,活动起来会显得更加困难。

（3）切勿滑雪逃生。不过,如处于雪崩路线的边缘,则可疾驶退出险境。

（4）如果被雪崩赶上,无法摆脱,切记要闭口屏息,以免冰雪涌入咽喉和肺部导致窒息。

（5）抓紧山坡旁任何稳固的东西,如矗立的岩石之类。即使一时陷入其中,待冰雪泄完,便可脱险了。

（6）如果被冲下山坡,要尽力爬上雪堆表面,同时以俯泳、仰泳或狗爬法逆流而上,逃向雪流的边缘。

（7）逆流而上时,也许要用双手挡住石头和冰块,但定要设法爬上雪堆表面。

16.4 其他自然灾害的防范

16.4.1 其他常见自然灾害的种类

除了地震、洪水、台风、雷电等灾害严重影响了人们的生活乃至威胁人们的生命以外,我们对海洋灾害、大雾、冰雹等其他灾害也要不断提高防范意识,加强防范能力。

1. 风暴潮

来自高纬度地带的冷空气与来自海上的热带气旋通过交互影响,使沿海大风与巨浪接连发生,因此形成风暴潮。西太平洋是产生风暴潮最多的地区。风暴潮灾害的空间分布如下:我国的风暴潮遍及沿海各地,但主要集中的地段从北到南是莱州湾,江苏小洋河口至浙江的德海门,温州、台州、沙埕至闽江口,广东汕头至珠江口,雷州半岛东岸及海南岛东北部沿海。

2. 灾害性海浪

在海上引起灾害的海浪叫作灾害性海浪。灾害性海浪是由台风、温带气旋、寒潮等天气系统引起并在强风作用下形成的。灾害性海浪按天气系统类型分为冷高压型（也称寒潮型）、台风型、气旋型、冷高压与气旋配合型。

3. 海冰

海冰是由有害水冻结而成的,也包括流入海洋的河冰和冰山等。海冰是极地海域和某些高纬度区域突出的海洋灾害之一。海冰造成的灾害如下:推倒海上石油平台、破坏海洋工程设施、航道设施或撞坏船舶造成重大海难;阻碍船舶航行,损坏螺旋桨或船体,令其失去航行能力;海冰封锁港湾,使港口不能正常运作或大量增加使用破冰船破冰引航的费用;使渔业休渔期过长和破坏海上养殖设施、场地等,造成经济损失。我国冬季易于结冰的地区有渤海、黄海北部和辽东半岛沿海海域,以及山东半岛部分海湾。

4. 海啸

海啸主要是太平洋沿岸国家遭受的由于猛烈的地震所引起的海洋灾害。海啸形成的条件:引起海啸的海底地震震源较浅,一般要小于50km;必须有海底的大面积垂直运动;发生海底地震的海区要有一定的水深,尤其是横跨大洋的大海啸,一般水深都在1000m以上。海啸的危害:海啸在滨海区域的表现形式是海水陡涨,骤然形成向岸行进的"水墙",并伴随着隆隆巨响,瞬时侵入滨海陆地,吞没良田、城镇和村庄,然后海水又骤然退去,或先退后涨,有时反复多次,给人类生命、财产造成巨大损失。

5.赤潮

赤潮是因海水中一些微小的浮游植物、原生动物或细菌,在一定的环境条件下突发性地增值,引起一定范围内在一段时间中的海水变色现象。赤潮的危害:引起海洋异变,局部中断海洋食物链,威胁海洋生物的生存;有些赤潮生物的体外排泄物或死亡后分解的黏液会妨碍海洋动物滤食和呼吸,从而使其窒息死亡;赤潮生物所含毒素被海洋动物摄食后造成鱼、虾、贝类等中毒死亡,有的还会使脊椎动物和人类在食用后中毒死亡。

6.厄尔尼诺现象

厄尔尼诺现象指太平洋东部和中部的热带海洋的海水温度异常地持续变暖,使整个世界气候模式发生变化,造成一些地区干旱而另一些地区降雨量过多。

7.雷电天气

雷电天气是一种天气现象,表现为大规模的云层运动,比阵雨要剧烈得多,还伴有放电现象,常见于夏季。雷雨是空气在极端不稳定状况下,所产生的剧烈天气现象,它常携带强风、暴雨、闪电、雷击,甚至伴随有冰雹或龙卷风出现,因此往往造成灾害。

8.浓雾

浓雾是指在近低层空气中悬浮大量小水滴或冰晶微粒,使人的视线模糊不清,当水平能见距离下降到 1000m 以下时,就称为雾。雾有等级之分,能见距离为 500～1000m 称为轻雾;能见距离为 200～500m 时称为大雾;能见距离不足 200m 时称为浓雾。

16.4.2　其他常见自然灾害的应对与安全教育

我国拥有绵长的海岸线,海洋在给我们提供丰富资源的同时也带来了一些危害,我们应该掌握一些相应的应对措施,把灾害损失降到最小。

1.风暴潮危机的应对

应对风暴潮应采取以下措施。

(1)收听天气预报,船只不要出港。

(2)有风暴潮发生时远离海岸线。

(3)提高防台风、防风暴潮的认识。加大宣传力度,提高干部群众防台风、防风暴潮的自觉性,对沿海社区进行防台风、防风暴潮培训,拆除违禁养殖物,提高防台风、防风暴潮的整体作战能力。

(4)制订防台风、防风暴潮应急预案。根据防台风、防风暴潮预报警报,迅速部署应急预防措施,及时向各有关部门、渔业生产单位和渔船发布预警信息。养殖生产设施在防台风、防风暴潮来临前 24 小时完成加固。养殖生产人员及养殖船、筏在台风、风暴潮来临前 12 小时撤离至安全区域。

(5)进行沿海防台风、防风暴潮设施建设,提高防护能力。

(6)建立防台风、防风暴潮预警机制,确保迅速启动,准备有序,保障有力。

2.海冰危机的应对

(1)注意观测。发现海冰后要向有关部门及时报告。

(2)不要在海冰发生的海面行船。

（3）可向海面倾洒煤灰,利用其吸引日光热量来融化海冰。

（4）可使用炸药,炸出一条航路。

（5）可使用燃料加热来融化海冰。

3.海啸危机的应对

（1）对海洋进行检测,建立海啸的预警机制。

（2）要听从相关部门的指挥,该撤离时要在规定时间内马上离开。

（3）积极履行社会责任,迅速开展灾后抢灾、赈灾与灾后重建工作。

4.雷电天气的危机应对

（1）在雷雨天,人应尽量留在室内,不要外出,关闭门窗,防止球形闪电穿堂入室。

（2）尽量不要靠近门窗、炉子、暖气炉等金属的部位,也不要赤脚站在泥地或水泥地上,脚下最好垫有不导电的物品,尽量坐在木椅子上等。

（3）不要在河里游泳或划船,以防雷电通过水击中人体。

（4）在野外遇雷雨时,尽快找低洼地或沟渠蹲下,不要在孤立的大树、高塔、电线杆下避雨。

（5）一旦有人遭到雷击,应及时进行抢救,救护方法同触电急救相同,及时做人工呼吸和体外心脏按压等,同时急送医院。

5.雾灾的危机应对

（1）尽量不要外出,必须外出时,要戴上口罩,防止吸入有毒气体。

（2）尽量少在雾中活动,不要在雾中锻炼身体。

（3）行人穿越马路要当心,应看清来往车辆。

（4）驾驶车辆和汽车要减速慢行,听从交警指挥,乘车（船）不要争先恐后,遇渡轮停航时,不要拥挤在渡口处。

16.5 本章案例分析

【案例分析】 我国是世界上受自然灾害影响最为严重的国家之一,灾害种类多,分布地域广,发生频率高,造成损失重,这是基本国情之一。基于这一论断,如何应对自然灾害、减轻灾害造成的损失就成为急需解决的问题。案例中出现的洪水是我国常见的自然灾害,此类自然灾害一般具有周期性,可提前进行防控。

【事件经过】 2021年入秋后,冷暖空气在黄河中游持续猛烈交汇、带来连续降雨,黄河流域9月份平均降水量为179mm,为1961年以来历史同期最多,造成黄河中下游发生1949年以来最大秋汛,中游干流9天时间连续发生3次编号洪水,支流洛河、汾河水位或流量超历史实测记录,黄河中下游河道高水位、大流量行洪持续周期一个月,山西、陕西、河南、山东等省局地洪涝灾害严重,造成4省32市232个县（市、区）666.8万人受灾,因灾死亡失踪41人,紧急转移安置46.7万人;房屋倒塌4.6万间,不同程度损坏17.5万间;农作物受灾面积498.6千公顷;直接经济损失153.4亿元。

【事件原因】 洪水是我国比较常见的自然灾害,具有季节性,案例中出现的洪水灾害主要是冷暖空气在黄河中游持续猛烈交汇、带来连续降雨造成的。

【事件后果】 造成了人员的伤亡和财产的损失。

【安全警示】 自然灾害在某种意义上不是单一的个体存在,它属于一个综合体,存在于某个区域或者某一特定时间段,不止于学校范畴之内,但由于自然灾害引起的学校事件也不少见,因此高校应做好自然灾害预防,不仅要落实在纸上,还要付之于行。

16.6　本　章　小　结

自然灾害是指给人类生存带来危害或损害人类生活环境的自然现象,本章通过对自然灾害的形成及分类、自然灾害的特征及影响、气象自然灾害的种类、气象自然灾害的应对与安全教育、地质自然灾害的防范及其他自然灾害的防范入手,主要介绍当面临自然灾害时如何应对,如何保护好自己的生命财产安全等。

习近平总书记从纷繁复杂的现象中找到抵御自然灾害的治本之策,多次强调抵御自然灾害要"坚持以防为主",做到"以防为主",就是要更加自觉地处理好人和自然的关系,必须尊重自然、顺应自然、保护自然,"科学认识致灾规律,有效减轻灾害风险,实现人与自然和谐共处"。

疾 病 防 控

近年来,我国人民医疗保障水平有了较大提高,但仍有多种传染病尚未得到有效遏制,公共卫生事件仍然威胁着群众的生命和健康。据统计,全球新发现的30余种传染病已有半数在我国发现,有些传染病尚未得到有效遏制,有些还造成了严重后果(特别是"非典"和高致病性禽流感疫情)。重大传染病和慢性病流行仍比较严重,职业病危害呈上升趋势。

17.1 传染性疾病的应对与安全教育

传染性疾病就是人们常说的传染病,是许多种疾病的总称,它是由病原体引起的,是能在人与人、动物与动物或人与动物之间相互传染的疾病,最常见的如流行性感冒、乙肝细菌性痢疾、流脑、结核病、急性出血性结膜炎(红眼病)等。

17.1.1 传染病的分类及特点

1. 传染病的分类

《中华人民共和国传染病防治法》规定的传染病分为甲类、乙类和丙类。

(1) 甲类传染病是指鼠疫、霍乱。

(2) 乙类传染病是指传染性非典型肺炎、艾滋病、病毒性肝炎、脊髓灰质炎、人感染高致病性禽流感、麻疹、流行性出血热、狂犬病、流行性乙型脑炎、登革热、炭疽、细菌性和阿米巴性痢疾、肺结核、伤寒和副伤寒、流行性脑脊髓膜炎、百日咳、白喉、新生儿破伤风、猩红热、布鲁氏菌病、淋病、梅毒、钩端螺旋体病、血吸虫病、疟疾。

(3) 丙类传染病是指流行性感冒、流行性腮腺炎、风疹、急性出血性结膜炎、麻风病、流行性和地方性斑疹伤寒、黑热病、包虫病、丝虫病,除霍乱、细菌性和阿米巴性痢疾、伤寒和副伤寒以外的感染性腹泻病。

上述规定以外的其他传染病,根据其暴发、流行情况和危害程度,需要列入乙类、丙类传染病的,由国务院卫生行政部门决定并予以公布。

2. 传染病的特点

(1) 传染性。传染病的病原体可以从一个人经过一定的途径传染给另一个人。每种传染病都有比较固定的传染期,这个期间病人会排出病原体,污染环境,传染他人。

(2) 有免疫性。大多数患者在疾病痊愈后,都会产生不同的免疫力。

（3）可以预防。传染病在人群中流行，必须同时具备以下 3 个基本条件：传染源、传播途径和易感人群。缺少其中任何一个，传染病都流行不起来。控制传染源、切断传染途径、增强人的抵抗力等措施，可以有效预防传染病的发生和流行。

（4）有病原体。每种传染病都有它特异的病原体，包括微生物和寄生虫，如水痘的病原体是水痘病毒，猩红热的病原体是溶血性链球菌。病原体有细菌、病毒真菌、原虫、蠕虫。

17.1.2 常见传染病的诊断与治疗

1. 流行性感冒

1）病因

流行性感冒（流感）是由流感病毒通过呼吸道传播而引起的急性传染病，流感病毒存在于病人的口鼻等分泌物中，经飞沫传播。本病极易传播，可引起局部地区流行或世界性大流行。

2）症状

（1）大多数是突然发病，全身症状明显而呼吸道症状较轻。

（2）先有畏寒，继以高烧，可达 39～40℃，同时有头痛、全身酸痛和软弱无力症状。

（3）胃肠道症状：恶心、腹泻等。

（4）重症者，一开始病情严重，表现为明显高热、神志不清，颈强直，抽搐等；有些老年病弱者一开始发病就较严重。

3）防治

（1）高热、头痛、全身酸痛较重者可用复方阿司匹林、克感敏等药物或加用物理降温。

（2）较严重者，必须输液，可用抗生素治疗。

（3）中药治疗：感冒退热冲剂（大青叶板蓝根、连翘）每天 2～4 次，每次冲服一包。

（4）流行期减少集体活动，发现病人及早隔离和治疗，注意室内通风，提倡在公共场所戴口罩。

2. 脊髓灰质炎

1）病因

脊髓灰质炎（小儿麻痹）患者大多是小儿，是由脊髓灰质炎病毒引起的传染病。病人大便中有大量病毒，常由于接触病人的大便或污染的用具而传染。在生病最初 5 天内，也可由呼吸道分泌物传染。由于病毒侵犯不同部位的神经组织，病儿可发生不同部位瘫痪。

2）症状和风险

脊髓灰质炎是一种由病毒引起的传染性很强的疾病。它侵袭神经系统，可在数小时内造成全面性瘫痪。病毒主要通过粪口途径传播，或者在不太常见情况下，通过常见方式（如受到污染的水或食物）在人际间传播并在肠道内繁殖。初期症状包括发热、疲乏、头痛、呕吐、颈部僵硬以及四肢疼痛。每 200 例感染病例中会有一例出现不可逆转的瘫痪（通常是腿部）。在瘫痪病例中，5%～10%的患者因呼吸肌麻痹而死亡。脊髓灰质炎主要影响五岁以下儿童。然而，没有接种疫苗的任何年龄的人都可能感染这一疾病。治疗脊髓灰质炎没有特效药，只能进行预防。多次接种脊髓灰质炎疫苗，可使儿童获得终身保护。现有两种疫苗可用：口服脊髓灰质炎疫苗和灭活脊髓灰质炎疫苗。两种疫苗都安全有效，根据当地的流行病学和免疫规划情况，在世界各地以不同的组合方式使用，以确保能够向民众提供尽可能好的保护。

3）防治

（1）急性期患者，必须住院隔离治疗，卧床休息。

（2）病情稳定时，及时进行针灸推拿治疗。

（3）隔离病员，对自发病日起隔离期间食具及排泄物进行消毒。夏天有脊髓灰质炎发病时，有发热、上感症状的患者不宜去游泳池。接触者，接触后3天内可注射胎盘球蛋白或丙种球蛋白。

3．流行性腮腺炎

1）病因

病因是流行性腮腺炎病毒引起的急性传染病。病毒存在于病人唾液中，主要通过飞沫传染给他人。病毒侵入人体，引起腮腺或颌下腺肿胀。此病传染性很强。

2）症状

潜伏期3～80天，平均18天。起病大多较急，无前驱症状，有发热、畏寒、头痛、肌痛、咽痛、食欲不佳、恶心、呕吐、全身不适等症状，数小时后腮腺肿痛逐渐明显，体温可达39℃以上。

3）治疗方法

（1）应卧床休息，多饮开水，吃流质或半流质饮食。

（2）腮腺肿痛严重时，可局部冷敷或草药外敷（如意金黄散等）。

（3）患者有脑膜炎症状，应立即送医院治疗。

（4）最好的预防是隔离病人，直到腮腺肿胀完全消失为止。

4．猩红热

1）病因

猩红热是由乙型溶血性球菌引起的急性呼吸道传染病，病原菌隐藏于病人的咽部，在发病前24小时至疾病高峰时期，传染性最强。

2）症状

（1）起病急骤，早期以发热、咽痛、头痛、呕吐为主要症状。

（2）咽部发红，扁桃体红肿，表面有白色渗出物。舌面光滑呈肉红色，乳头隆起如同杨梅，故有杨梅舌之称。

（3）皮疹出现在高热1～2日之后，首先从耳根及上胸部开始，数小时后蔓延至胸、背、上肢，24小时左右至下肢。

（4）典型皮疹是在全身皮肤潮红的基础上布满针尖大小点状红疹，压之褪色。

3）防治

（1）接触病人者可口服磺胺药物及肌肉注射青霉素（可注射一周）。

（2）如发生化脓性并发症时必须用大量青霉素静脉点滴，局部化脓可作切开引流。

5．流行性脑脊髓膜炎

1）病因

病因是施行性脑膜炎双球菌引起的急性呼吸道传染病，是化脓性脑膜炎中的一种。脑膜炎双球菌存于病人的鼻咽部、血液、脑脊髓液、皮肤出血点和带菌者的鼻咽部。当病人或带菌者咳嗽时，通过含有病菌的飞沫传染他人。

2）症状

（1）潜伏期 1～10 天,起病很急,有时在发病前几小时或 1～2 天内。

（2）有乏力、咽痛和头痛等上呼吸道症状,高热达 39℃以上。

（3）脑膜刺激症状:高热后头痛,反复喷射性呕吐、烦躁不安或嗜睡,颈部强直。

（4）皮肤黏膜有散在的瘀点(出血点),有些病人口唇可发生疱疹。

（5）暴发型病人:除有高烧、精神极度萎靡外,皮肤迅速遍布瘀点或大片瘀斑,很快便四肢发冷,唇指青紫,血压下降。如不及时治疗,病人多于 24 小时内死亡。

3）防治

（1）在流行季节(冬、春两季,2～3 月),遇有高烧、头痛、呕吐、皮肤有小出血点的人,应考虑本病,应立即去医院注射磺胺类药物。

（2）在流行季节,尽量不到公共场所活动。另外,应讲究卫生、勤晒被褥衣服,开窗通风,及早预防接种。

（3）吃大蒜有较好的预防作用。

6．伤寒

1）病因

病因是由伤寒杆菌引起的急性肠道传染病。病人和带菌者是传染源,细菌从传染源的大小便中排出,通过水以及被水、手、苍蝇等污染的食品由口进入人体。

2）症状

（1）本病潜伏期平均 7～14 天,起病多数缓慢。体温呈梯度上升,至一周可达 39～41℃,并有畏寒、头痛、食欲减退、腹胀、便秘等症状。

（2）从第二周期开始,高热持续不退,一般持续 10～14 天,此时病情加重,可出现神态迟钝、表情淡漠、听觉减退,重者可有说胡话抓空症状(为无意识举动)或昏睡。

（3）脉搏增快,但和体温升高不成比例,医学上称相对缓脉,这是本病的特点之一。约 2/3 病人脾肿大;有 1/3 病人肝大;1/3 病人出现皮疹(为玫瑰色疹)。

（4）如病人不及时治疗(饮食和照顾不好)在病程第 2～4 周时可发生肠出血、肠穿孔等并发症。

3）防治

（1）对伤寒病人护理是极为重要的,病人卧床休息到完全恢复为止。注意饮食,高热时予以米汤、藕粉、豆浆等流质饮食。

（2）高热病人可用物理降温,便秘不可用泻药,宜用生理盐水低压灌肠。

4）预防

（1）隔离病人应彻底,对病人粪便、便器、饮食用具、痰杯、衣服、被褥等都应消毒。

（2）对炊事员每年应做大便培养 3 次,如找到伤寒杆菌,就是带菌者,应调动工作。

（3）个人卫生习惯应注意,养成饭前便后洗手、不吃不洁食物等良好卫生习惯。

（4）应预防接种伤寒、副伤寒(甲、乙)菌苗。

7．细菌性痢疾

1）病因

细菌性痢疾(简称为菌痢)是由痢疾杆菌所致的一种常见肠道传染病,多发生在夏秋季。

2）症状

（1）主要症状有发热、腹痛、腹泻、里急后重（肛门痛，有排便感又排不出）和脓血便等。

（2）病菌侵入人体后一般在1～3天出现全身症状，随后腹泻，开始大便为糊状或水样大便，次数每天多到几十次，量很少，常为脓血。

（3）少数病人中毒症状严重，起病急，发病极快（称为中毒性菌痢）。主要症状：病人突发高热（40℃或更高），精神萎靡，嗜睡或烦躁不安，有反复惊厥，神志昏迷，面色灰白，口唇发绀，四肢发冷，脉搏微弱，血压下降，循环衰竭（休克）等症状，病人死亡很快，应立即抢救治疗。

3）防治方法

（1）急性菌痢病人必须卧床休息、多喝水、饮食以容易消化的流质食物为主，如米汤、藕粉、稀粥、面条等。牛奶不宜多喝，以免增加腹胀感。

（2）病人呕吐不能进食或失水、高热时，要静脉注射生理盐水和5％葡萄糖液或加用氯霉素（一般应立即住院治疗）。

（3）针灸治疗可改善症状，消灭细菌等。

一定注意在夏季不食腐烂或污染食物，注意饭前便后洗手，彻底消灭苍蝇。

8．流行性出血热

1）病因

流行性出血热是病毒引起的急性传染病，主要症状有发热、出血和肾脏损伤等。传染源主要是老鼠，通过老鼠的唾液、尿等污染的尘埃而得病。流行季节是10月至次年1月，这种病发病率较高，对人体危害较大，病死率较高，早期发现，早期治疗可以缩短治疗病程，降低死亡率。

2）症状

患者常具备典型的三大特征：发热、出血现象和肾脏损伤。五期病程：发热期、低血压期、少尿期、多尿期和恢复期。非典型及轻型病人症状多不典型，五期过程多不明显。重型病人症状严重，五期中的前三期可重叠出现，来势凶猛，后果严重。

诊断流行性出血热主要依据是流行病学资料、早期症状、体征和化验检查，进行综合分析，而后确诊。在流行区和流行季节，要贯彻疑诊从宽、确诊从严的原则。在非流行地区和非流行季节，也应注意鉴别诊断，防止误诊和漏诊，延误病情。

3）治疗

本病尚无特效疗法。在流行季节，对可疑病人，特别是类似感冒病人，平素身体健康，很少发病的青壮年患者，尤应重视。应密切注意病情变化，不随意给予发汗解热药物，如APC、阿司匹林，以免掩盖病情。

应绝对卧床休息，给予多种维生素，如B1、C、B6、路丁等，频饮热茶、糖盐水，补充水分。随病程进展应就地就近进行检查和必要的化验，避免远途求医，加重病情。目前，治疗出血热一般都采用对症治病和免疫治疗，没有突破性效果。

4）预防

对流行性出血热的预防，主要是灭鼠。目前，已通过病毒分离证实，黑线姬鼠、褐豚鼠、大豚鼠等是本病的主要传染源。这种病全年各月均可发生,但有明显季节性,每年 4～7 月、10 月～次年 1 月是流行高峰,尤其冬季严重。因此,高峰前进行灭鼠防鼠,发动群众,土洋结合,利用药物、器械等灭鼠是控制发病的有效措施。

与此同时,要避免与鼠类接触,更不要用手接触或玩弄鼠类,加强个人防护,减少感染机会。流行性出血热疫苗已研发成功,但未大量生产应用。对于流行性出血热,只要措施得当是完全可防可治的。

17.1.3　传染病的防治措施

传染性疾病的流行要同时具备多种条件,其中任何一个条件被破坏,传染病就不能流行。预防时要做到以下几点。

1. 及早发现传染源

对病人和疑似病人要早发现、早报告、早隔离。

2. 切断传播途径

平时注意隔离、消毒、杀虫、灭鼠,要消除带菌媒介,搞好食品及环境卫生。个人养成饭前便后洗手的良好习惯。

3. 保护易感人群

在传染病流行期对易感染的人要预防接种疫苗,加强个人防护。只要做到以下几点,一般不会得传染病。

(1) 注意日常用品的消毒灭菌,经常保持室内及个人卫生。

(2) 保持室内空气流通,应每天开窗换气至少 2 次。如有空调设备,应经常清洗防尘网。

(3) 打喷嚏或咳嗽应掩着口鼻。用过的纸巾应放在有盖的垃圾桶内,每天清理一次。

(4) 如果自己患流感或其他上呼吸道疾病,最好在家休息,这样做有利于自身恢复,也避免传染他人。

17.1.4　学校传染病应急处置预案及措施

1. 建立管理宣传制度

(1) 学校分管领导要加大管理力度,建立学校安全工作领导小组和报告制度,健全传染病预防和控制工作的管理制度,掌握、检查学校疾病预防控制措施的落实情况,并提供必要的卫生资源及设施。

(2) 学校应建立各项卫生工作责任制,完善考核制度,明确各部门工作职责,并指定卫生教师每天做好晨检工作,认真填写学生日检统计表,保证学校预防疾病控制工作的顺利开展。

(3) 学校应普及卫生知识,利用黑板报、橱窗等各种形式做好预防传染性疾病的宣传,正确认识,做好防范。定期召开班主任例会,加强有关季节性预防传染病的知识培训,保证每周 20 分钟的健康教育,教会师生防病知识,培养良好的个人健康生活习惯。

2. 传染病预防操作程序

(1) 日检:班主任每天应密切关心学生的健康状况,统计学生的出勤人数。

（2）报告：一旦发现师生中有传染病症状的疑似病人，有关教师应立即告知卫生老师和学校领导，学校应按规定报教育局突发事件处理小组办公室，同时报区疾控中心。

（3）劝说：身体不舒服或有38℃以上高热症状的学生必须迅速隔离，及时通知其监护人带其去医院看病，并在家休养。

（4）记录：卫生教师应及时统计好患病学生的具体情况（班级、人数、症状、就医情况、上课情况、目前康复情况）并记录在册。

（5）家访：积极做好患病学生家长的思想工作，经常保持联系。

（6）消毒：根据有关规定做好（包括发病及相关班级、食堂、厕所、公共场所、共用教室等）消毒工作，学校领导要听从卫生部门的专业指导，积极采取有效措施，停止一切集体性活动。

（7）观察：加强宣传，正确认识，做好防范，确保稳定，每天加强巡视，对痊愈后的学生必须经卫生老师认可后方可进教室，对班级其他同学加强观察了解。

（8）新生报到，学校必须要求其监护人如实填写《在校学生健康情况登记表》。校卫生老师应当分类建立在校学生健康档案。

3．学校预防传染病的具体措施

由于学校是人员高度聚集的场所，室内活动较多，为进一步预防传染病，学校应采取以下具体措施。

（1）保持工作、学习、生活环境通风换气，教学和生活用房应每天开窗通风不少于2次。

（2）尽量不要组织师生到人群集中的地方去活动。

（3）注意个人卫生，经常用肥皂和流动水洗手，特别在打喷嚏、咳嗽和清洁鼻子后要洗手，不要共用茶具及餐具。

（4）注意增减衣物和均衡营养，加强户外锻炼，保证足够休息，增强体质。

（5）学生若发现有发热、咳嗽、乏力、肌肉酸痛等症状应马上告诉老师或家长，及时就医，教师发现上述症状应及时就医。

（6）学校卫生室应按规定定期消毒。

17.2 职业疾病的应对与安全教育

职业病危害广泛存在于冶金、机械、造船、纺织、化工、医药、轻工业、电子、仪表、建筑、采矿、农业等各个行业。大学生走向工作岗位后，会从事各种各样的工作，了解职业病的相关知识，有利于大学生在工作中保护自己的身体健康。

17.2.1 职业病的概念和分类

1．职业病的概念

职业病，是指企业、事业单位和个体经济组织等用人单位的劳动者在职业活动中，因接触粉尘、放射性物质和其他有毒、有害因素而引起的疾病。

要构成我国法律所规定的职业病必须具备以下4个条件，缺一不可。

（1）患病主体是企业、事业单位或个体经济组织的劳动者。

（2）必须是在从事职业活动的过程中产生的。

（3）必须是因接触粉尘、放射性物质和其他有毒、有害物质等职业病危害因素引起的。

（4）必须是国家公布的职业病分类和目录中所列的职业病。

我国政府规定诊断为职业病的患者，在治疗休息期间，以及确定为伤残或治疗无效而死亡时，按照国家有关规定，享受工伤保险待遇。

2．职业病的分类目录

根据《中华人民共和国职业病防治法》第二条的规定，职业病的分类和目录由国务院卫生行政部门会同国务院劳动保障行政部门制定、调整并公布。职业病主要包括以下几种。

1）职业性尘肺病及其他呼吸系统疾病

（1）尘肺病。矽肺、煤工尘肺、石墨尘肺、炭黑尘肺、石棉肺、滑石尘肺、水泥尘肺、云母尘肺、陶工尘肺、铝尘肺、电焊工尘肺、铸工尘肺，以及根据《尘肺病诊断标准》和《尘肺病理诊断标准》可以诊断的其他尘肺病。

（2）其他呼吸系统疾病。过敏性肺炎，棉尘病，哮喘，金属及其化合物粉尘肺沉着病（锡、铁、锑、钡及其化合物等），刺激性化学物所致慢性阻塞性肺疾病，硬金属肺病。

2）职业性皮肤病

接触性皮炎、光接触性皮炎、电光性皮炎、黑变病、痤疮、溃疡、化学性皮肤灼伤，以及根据《职业性皮肤病的诊断总则》可以诊断的其他职业性皮肤病。

3）职业性眼病

化学性眼部灼伤，电光性眼炎，白内障（含辐射性白内障、三硝基甲苯白内障）。

4）职业性耳鼻喉口腔疾病

噪声聋、铬鼻病、牙酸蚀病、爆震聋。

5）职业性化学中毒

铅及其化合物中毒（不包括四乙基铅），汞及其化合物中毒，锰及其化合物中毒，镉及其化合物中毒，铍病，铊及其化合物中毒，钡及其化合物中毒，钒及其化合物中毒，磷及其化合物中毒，砷及其化合物中毒，铀及其化合物中毒，砷化氢中毒，氯气中毒，二氧化硫中毒，光气中毒，氨中毒，偏二甲基肼中毒，氮氧化合物中毒，一氧化碳中毒，二硫化碳中毒，硫化氢中毒，磷化氢、磷化锌、磷化铝中毒，氟及其无机化合物中毒，氰及腈类化合物中毒，四乙基铅中毒，有机锡中毒，羰基镍中毒，苯中毒，甲苯中毒，二甲苯中毒，正己烷中毒，汽油中毒，一甲胺中毒，有机氟聚合物单体及其热裂解物中毒，二氯乙烷中毒，四氯化碳中毒，氯乙烯中毒，三氯乙烯中毒，氯丙烯中毒，氯丁二烯中毒，苯的氨基及硝基化合物（不包括三硝基甲苯）中毒，三硝基甲苯中毒，甲醇中毒，酚中毒，五氯酚（钠）中毒，甲醛中毒，硫酸二甲酯中毒，丙烯酰胺中毒，二甲基甲酰胺中毒，有机磷中毒，氨基甲酸酯类中毒，杀虫脒中毒，溴甲烷中毒，拟除虫菊酯类中毒，溴丙烷中毒，碘甲烷中毒，氯乙酸中毒，环氧乙烷中毒及上述条目未提及的与职业有害因素接触之间存在直接因果联系的其他化学中毒。

6）物理因素所致职业病

中暑、减压病、高原病、航空病、手臂振动病、激光所致眼（角膜、晶状体、视网膜）损伤、冻伤。

7）职业性放射性疾病

外照射急性放射病、外照射亚急性放射病、外照射慢性放射病、内照射放射病、放射性皮肤疾病、放射性肿瘤、放射性骨损伤、放射性甲状腺疾病、放射性性腺疾病、放射复合伤，以及根据《职业性放射性疾病诊断标准（总则）》可以诊断的其他放射性损伤。

8）职业性传染病

炭疽、森林脑炎、布鲁氏菌病、艾滋病（限于医疗卫生人员及人民警察）、莱姆病。

9）职业性肿瘤

石棉所致肺癌、间皮瘤，联苯胺所致膀胱癌，苯所致白血病，氯甲醚、双氯甲醚所致肺癌，砷及其化合物所致肺癌、皮肤癌，氯乙烯所致肝血管肉瘤，焦炉逸散物所致肺癌、六价铬化合物所致肺癌，毛沸石所致肺癌、胸膜间皮瘤，煤焦油、煤焦油沥青、石油沥青所致皮肤癌，β-萘胺所致膀胱癌。

10）其他职业病

金属烟热，滑囊炎（限于井下工人），股静脉血栓综合征、股动脉闭塞症或淋巴管闭塞症（限于刮研作业人员）。

17.2.2 易发生职业病的行业及常见职业病症状

1. 易发生职业病的行业

（1）鞋厂，皮具、皮件厂是使用黏合剂的企业，加工过程中常用含苯、正己烷、二氯乙烷的黏合剂，工人长期接触容易引起苯中毒、正己烷中毒、二氯乙烷中毒。

（2）玻璃厂、石材、宝石加工厂通常因切割、雕刻、抛光、打磨等工序接触粉尘，易引起尘肺病中的矽肺；长期使用多种电动工具，会引起肢端血管痉挛，末梢神经感觉障碍的振动病和噪声病。

（3）电工电子元件厂的焊锡工人易患铅中毒，清洗电路板用到三氯乙烯或天拿水等，易引起正己烷中毒、三氯乙烯中毒和苯中毒。一些电子产品中含铅、汞、镉等金属，可能会引起铅中毒、汞中毒、镉中毒。

（4）玩具厂用到的一些油漆中含苯、铅，容易引起苯中毒、铅中毒。用三氯乙烯、正己烷、天拿水（含苯）作为清洗剂，易引起三氯乙烯中毒、正己烷中毒和苯中毒。用含有二氯乙烷的胶水作黏合剂则易引起二氯乙烷中毒。玩具制造多有噪声，易损伤听力。

（5）医学影像专业和微机操作人员，由于经常接触放射线，会发生白血病、再生障碍性贫血、各种肿瘤、眼底病变、生殖系统疾病、早衰等。

（6）印刷厂常用白电油、汽油、天拿水作清洗剂来清洗印刷机器的油墨和印刷品，易引起正己烷中毒、汽油中毒、苯中毒。

（7）五金厂使用三氯乙烯、天拿水、白电油清洗产品，易引起三氯乙烯中毒、苯中毒、正己烷中毒，打磨、抛光产生的粉尘易引起尘肺、振动病和噪声病。

（8）陶瓷厂以陶土为原料，长期吸入这些粉尘极易引起陶工尘肺。烧制陶瓷温度很高，夏天易引起中暑。

（9）纺织制衣行业中，高温高湿环境易中暑，用眼紧张导致视力减退。染布、印花在干燥和蒸发过程中会接触可致癌的苯胺类染料。接触棉、麻粉尘引起的疾病有纱厂热、织布工咳、急性呼吸道病和棉尘症。

（10）金属制品加工厂的电焊、喷漆工人易患电焊工尘肺，焊条含铅、锰，还会引起铅中毒、锰中毒。喷漆含苯，很容易引起苯中毒。喷砂、打砂工人还会引起尘肺中的矽肺。铁板要经过打磨、冲压，在此过程中会产生很大的噪声，使听力下降，导致职业性听力损伤。电镀中使用的提取液和电镀液中含有氰化物，易导致相关化学品中毒。

（11）办公室白领疾病。目前中国职业病立法仅限于由实际物理、化学危害因素导致的疾病。虽然学理上职业病涉及劳动过程中诸如劳动制度、劳动压力等致病因素导致的疾病，但是法定职业病范围尚未扩展到办公室工作引起的疾病。办公室疾病要注意防止颈椎、腰椎疾病，痔疮，胃病，干眼症等疾病的发生。

2．常见职业病的主要症状

1）急性中毒

急性中毒主要引起中毒麻醉，其过程与醉酒或手术时的全身麻醉相似，轻者头昏、头胀、头痛、眩晕、酩酊感、意识稍模糊，或兴奋、欣快感、步态不稳等。如果继续吸入有毒物质，神志模糊加重，进入浅昏迷状态，呼之不应，无目的地工作（如一直在同一地点刷油漆）或乱动。再继续吸入有毒物质，陷入深度昏迷而倒下，严重者呼吸停止，继之心跳停止。

2）锰及其化合物中毒

轻度中毒常有嗜睡、淡漠、精神萎靡，继之有失眠、乏力、头昏、头痛、注意力涣散、记忆力减退等。中度中毒除上述症状和体征外，还有两腿发沉、走路笨拙并缓慢，易跌倒，语言单调、口吃，举止缓慢，完成精细动作困难，面部表情呆板。重度中毒的精神症状有四肢僵直，动作缓慢笨拙，说话含糊不清，面部表情减少呈面具样。

3）汞及其化合物中毒

最先出现一般性神经衰弱症状，如轻度头昏、头痛、健忘、多梦等。部分病例会有心悸、多汗等自主神经系统紊乱现象。易兴奋症，即慢性汞中毒的精神症状，其表现多种多样，如失眠或嗜睡、性情抑郁孤僻而又急躁，易紧张激动及发怒而自己不能控制。手指、舌头、眼睛明显震颤，而以手指及手部震颤最为突出。重病者讲话不灵活，步态不稳，下楼时更明显。病情较急较重者的口中金属味与唾液增加，早晨醒来时可见枕套潮湿。苯主要以蒸气形式由呼吸道吸入。苯的急性毒作用主要为中枢神经麻醉，慢性毒作用主要影响骨髓造血功能，表现为骨髓毒性和致白血病作用。

4）有机锡中毒

主要表现为皮肤黏膜刺激症状和中枢神经系统症状。皮肤黏膜刺激症状有眼痛、流泪、流涕、喷嚏、咽喉干燥、干咳等。严重时，出现咳嗽、胸闷、呼吸困难，可发生肺炎和肺水肿。中枢神经系统症状早期出现头痛，先为阵发性，后为持续性，可十分剧烈，也常见头晕，患者精神萎靡，疲乏无力，食欲减退，恶心，频繁呕吐，还常出现行动过缓、多汗、手指震颤。严重病人可突然昏迷，抽搐，呼吸停止。

5）铅及其化合物中毒

职业性铅中毒多为慢性中毒，临床上有神经、消化、血液等系统的综合症状。神经系统症状主要表现为神经衰弱、多发性神经病和脑病。早期和较常见的症状表现为头昏、头痛、全身无力、记忆力减退、睡眠障碍、多梦等，其中以头昏、全身无力最为明显。多发性神经病表现为四肢麻木和四肢末端呈手套袜子型感觉障碍或桡神经支配的手指和手腕伸肌呈腕下垂。消化道症状包括在齿龈边缘出现的蓝灰色铅线、口内金属味、食欲不振、上腹部胀闷、不适、腹部隐痛和便秘,大便干结呈算盘珠状,铅绞痛发作前常有顽固性便秘作为先兆。严重的腹绞痛易被误诊为外科急腹症。

6) 正己烷中毒

长期接触低浓度正己烷可引起慢性中毒,表现为感觉减退,通常波及两手、两足,跟腱反射减弱。较重者出现运动神经病,常伴有无力、食欲减退和体重减轻。通常下肢远端无力、肌肉痉挛样疼痛,上肢较少受累,仅手部肌肉无力。感觉运动型周围神经病也以运动障碍为主,痛觉、触觉消失常限于手及足部,振动觉及位置觉轻度减退。人吸入高浓度正己烷可引起急性中毒,出现眼和呼吸道刺激症状,以及头痛、头昏、恶心、乏力、胸闷,甚至意识不清。严重者会发生中枢神经抑制。

7) 三氯乙烯中毒

吸入性中毒多在接触半小时内,少数在数小时后出现症状。除眼睛及呼吸道刺激症状外,主要表现为头晕、头痛、乏力、嗜睡、欣快感、易激动、步态不稳及恶心、呕吐、肢体发麻、抽动、震颤、肌肉和关节疼痛等。长期接触本品可致慢性中毒。症状表现与急性中毒类似,但程度较轻。早期患者常诉疲乏、头痛、发作性眩晕、易激动、睡眠障碍、记忆力减退,以及心悸、震颤、食欲不振等,尤以神经症状及视神经病变突出。

8) 硫化氢中毒

轻者出现头痛、头昏、乏力、恶心、眼胀痛、咽干、咳嗽等症状。较重者上述症状加重,并出现胸闷、心悸等症状,视力模糊、眼结膜水肿及角膜糜烂,神志出现轻度意识障碍。重症者则神志昏迷,出现肺水肿、脑水肿,呼吸循环衰竭。吸入很高浓度的硫化氢后,会导致吸入者呼吸、心脏骤停。

9) 尘肺

尘肺病无特异的临床表现,其临床表现多与并发症有关。

(1) 咳嗽。早期尘肺病人咳嗽多不明显,但随着病程的进展,病人多合并慢性支气管炎,晚期病人多合并肺部感染,均可使咳嗽明显加重。咳嗽与季节、气候等有关。

(2) 咳痰。咳痰主要是呼吸系统对粉尘的不断清除所引起的。一般咳痰量不多,多为灰色稀薄痰。如合并肺内感染及慢性支气管炎,痰量则明显增多,呈黄色黏稠状或块状,常不易咳出。

(3) 胸痛。尘肺病人常常感觉胸痛,胸痛和尘肺临床表现多无相关或平行关系。部位不一,且常有变化,多为局限性。一般为隐痛,也可胀痛、针刺样痛等。

(4) 呼吸困难。随肺组织纤维化程度的加重,有效呼吸面积减少,通气—血流比例失调,呼吸困难逐渐加重。并发症的发生可明显加重呼吸困难的程度和发展速度。

(5) 咳血。较为少见,可能会由于呼吸道长期慢性炎症引起黏膜血管损伤,痰中带少量血丝也可能由于大块纤维化病灶的溶解破裂损及血管而使血量增多。

(6) 其他。除上述呼吸系统症状外,可有程度不同的全身症状,常见有消化功能减退等。

17.2.3　职业病的诊断、争议解决和救济

根据《职业病诊断与鉴定管理办法》的有关规定，职业病诊断及产生异议的职业病鉴定程序如下。

1. 职业病的诊断

劳动者可以在用人单位所在地或者本人居住地依法承担职业病诊断的医疗卫生机构进行职业病诊断，并提供以下材料。

（1）职业史、既往史。

（2）职业健康监护档案复印件。

（3）职业健康检查结果。

（4）工作场所历年职业病危害因素检测、评价资料。

（5）诊断机构要求提供的其他必需的有关材料。

2. 职业病的争议解决

当事人对职业病诊断有异议的，在接到职业病诊断证明书三日起 30 日内，可以向做出诊断的医疗卫生机构所在地设区的市级卫生行政部门申请鉴定。设区的市级卫生行政部门根据当事人的申请，组织职业病诊断鉴定委员会负责职业病诊断争议的首次鉴定。

申请职业病鉴定时应当提供以下材料。

（1）职业病诊断鉴定申请书。

（2）职业病诊断证明书。

（3）上述进行职业病诊断所需提供的全部材料。

（4）其他有关资料。

当事人对设区的市级职业病诊断鉴定委员会的鉴定结论不服的，在接到职业病诊断鉴定书之日起 15 日内，可以向原鉴定机构所在地省级卫生行政部门申请再鉴定。省级职业病诊断鉴定委员会的鉴定为最终鉴定。

职业病诊断鉴定委员会由卫生行政部门组织。职业病诊断鉴定办事机构应当在受理鉴定之日起 60 日内组织鉴定。职业病诊断、鉴定的费用由用人单位承担。

职业病诊断机构做出职业病诊断后，应当向当事人出具职业病诊断证明书。职业病诊断证明书应当明确是否患有职业病，对患有职业病的，还应当载明所患职业病的名称、程度（期别）、处理意见和复查时间。

3. 职业病的救济

对用人单位未依法参加工伤保险的，应向县级以上人民政府劳动保障行政部门提出请求，要求督促单位为劳动者参加工伤保险。

对单位在与劳动者订立劳动合同前未告知劳动者将从事的工作可能具有的危险，或者在变更劳动合同时没有告知劳动者新工作可能增加的患职业病的，劳动者可以向单位主张合同无效或者部分无效。单位不予认可的情况下，请求单位所在地或者劳动者居住地的劳动仲裁委员会申请确认合同无效。

（1）对未经体检，即安排劳动者上岗从事可能患职业病的工作，或者终止与从事可能患职业病工作的劳动者的合同时没有按法律规定对劳动者进行体检的，可请求卫生行政部

门督促单位为劳动者进行体检,并给予警告,责令改正。

(2)对用人单位不给劳动者建立个人健康监护档案的,可请求卫生行政部门责令用人单位建立健康监护档案,并给予警告,限期改正。

(3)对用人单位不安排疑似职业病劳动者检查的,可请求卫生行政部门责令单位安排检查,警告并限期改正。

17.2.4 常见办公室职业病及对策

1.颈椎病

1)颈椎病的病因

现在城市生活、工作压力大,计算机普及率较高,上班族长期在计算机面前坐着。由于长期坐姿的不正确,肌肉、软组织产生疲劳,导致颈椎超负荷承重。长期的、反复的劳损刺激,产生疼痛。除了颈椎疼痛外,如果出现骨质增生、韧带的肥厚,可以导致椎孔的狭窄,椎间盘的蜕变,产生椎间盘突出,那就不仅仅是劳损的问题,还会出现神经的刺激,如手、肩部发麻等。

2)对策

操作计算机时要保持正确坐姿。

(1)确保坐着时整个脚掌着地。使用让脚步平稳着地的可调节工作台、椅子,或者使用脚垫。

(2)如果使用脚垫,确保脚垫宽度足够使腿可以在工作区内自由活动。

(3)经常伸展腿部并改变腿的姿势。

(4)要经常站起来离开工作台走动,经常改变腿部的位置,使人整个放松。

(5)注意不要将箱子或其他物品放置在桌子下面,这样会限制腿部的活动空间。

2.腰椎病

1)腰椎病的病因

夏秋季长时间吹过冷的空调导致颈腰部受凉是疼痛的主要诱因。伸颈和久坐导致颈肩部、腰部处于慢性紧张疲劳状态,再加上空调低温,则会感到脖子痛、腰痛,严重者甚至出现头晕、手麻、失眠、健忘等神经症状。

2)对策

要尽量减少坐的时间,或坐一会儿变动一下姿势,站起来活动一下,中途可做一下腰部按摩。

3.尾骨受伤

1)尾骨受伤的原因

经常感到臀部尾骨隐隐作痛,有时接连两三天都坐立难安。别忽视这样的症状,这是女性易患的疾病——尾骨受伤。

尾骨疼痛的症状包括臀部尾骨附近有压痛点或腿痛现象,范围包括尾骨、提肛肌及周围的软组织等。长久坐姿不正确,压迫尾骨神经,即可造成尾骨受伤而疼痛。

2)对策

平时保持良好的坐姿,减轻对脊椎的压迫,多运动可减少尾骨受伤的机会。

患有慢性的尾椎骨疼痛者,最重要的是尽量减少或避免患处承受压力。

平常坐的时候,可在椅子上摆个类似救生圈的减压坐垫,减轻患处的压力。这种中空设计的坐垫,可分散尾椎骨及臀部的压力,使患者可以坐得久一些,工作更方便。

在家里,应经常热敷患处,或让中医用超声波治疗,加强疼痛部位的血液循环,提高疗效。

4．肌肉酸痛

1）肌肉酸痛的原因

人体内的细胞要靠血的运输来完成其新陈代谢功能,久坐可使体内携氧血液量减少,氧分压降低和携二氧化碳血液量增多,二氧化碳分压升高,引起肌肉酸痛、僵硬、萎缩。

2）对策

医学专家建议,凡因工作需要久坐的人,一次不要连续超过 8h,工作中每隔 2h 应进行一次约 10min 的活动,或自由走动、做操等。

5．消化不良

1）消化不良的原因

久坐缺乏全身运动,会使胃肠蠕动减弱,消化液分泌减少,日久就会出现食欲不振、消化不良以及脘腹饱胀等症状。

久坐不动者每日正常摄入的食物聚积于胃肠,使胃肠负荷加重,长时间紧张蠕动也得不到缓和,长此以往可致胃及十二指肠球部溃疡穿孔及出血等慢性难愈顽症。

2）对策

培养"植物化"饮食习惯。多吃干豆类、海藻类、地下根(茎)类、新鲜蔬菜及时令水果等。这些食物含有丰富的膳食纤维,可增进肠道蠕动,缩短食物通过的时间,使食物中所含有害物质接触肠黏膜的机会减少,还可吸附带走部分有害物质,减少毒害。

17.3 本章案例分析

【案例分析】 甲型 H1N1 流感的传染源及传播途径。

【事件经过】 时间：2009 年 5 月；

地点：四川、山东、北京、广东等地；

事件：发现甲型 H1N1 疑似病人。

甲型 H1N1 流感是一种因甲型流感病毒引起的人畜共患的呼吸系统疾病,早期又被称为"猪流感"。其最明显症状是体温突然超过 39℃,肌肉酸痛感明显增强,伴随有眩晕、头疼、腹泻、呕吐等症状或其中部分症状。如果个体身体素质较差,自身免疫力低,那么一旦感染,会直接引发很多并发症,甚至于危及生命。但该流感可防、可控。

【事件原因】 传染源主要为病猪和携带病毒的猪,感染甲型 H1N1 流感病毒的人被证实可以传播病毒。感染这种病毒的动物均可传播病毒。

【事件后果】 传播途径主要为呼吸道传播,也可通过接触感染的猪或其粪便、周围污染的环境或气溶胶等途径传播。某些毒株,如 H1N1,可在人与人之间传播,其传播途径与流感类似,通常是通过感染者咳嗽或打喷嚏等传播。

在人群密集的环境中更容易发生感染,越来越多的证据显示,微量病毒可留存在桌面、电话机或其他平面上,再通过手指与眼、鼻、口的接触来传播。因此,尽量不要与他人发生身体接触,包括握手、亲吻、共餐等。如果接触带有甲型 H1N1 流感病毒的物品,而后又触碰自己的鼻子和口腔,也会受到感染。感染者有可能在出现症状前传染其他人。

【安全警示】

1. 保护自己远离甲型 H1N1 流感,要怎么办

(1)对于那些表现出身体不适、发烧和咳嗽症状的人,要避免与其密切接触。

(2)勤洗手,要使用香皂彻底洗净双手。

(3)保持良好的健康习惯,包括睡眠充足、吃有营养的食物、多锻炼身体,如多吃水果、蔬菜,多锻炼,多饮水。

(4)不随地吐痰,打喷嚏时用纸巾捂住口鼻,擦鼻涕的纸巾要弃置于有盖垃圾箱内。

(5)居室要多开窗通风,尽量少去人流聚集的地方。

(6)避免用手接触眼睛、鼻子和嘴,避免人与人之间身体的直接接触,包括握手、亲吻、共餐等。

(7)避免接触流感样症状(发热、咳嗽、流涕等)或肺炎等患有呼吸道疾病的病人;避免前往人流拥挤的地方,避免接触生猪或前往屠宰场的人。如出现流感样症状,应立即就医,就医时应佩戴口罩。

2. 家中有人出现流感症状,要怎么办

(1)将病人与家中其他人隔离,至少保持 1m 距离。

(2)照料病人时应用口罩等遮盖物遮掩住嘴和鼻子。

(3)不管是从商店购买还是家中自制的遮盖物,都应在每次使用后丢弃或用适当方法彻底清洁。

(4)每次与病人接触后都应该用肥皂彻底洗净双手;病人所居住的空间应保持空气流通,经常打开门窗保持通风。

(5)如果你所在的国家已经出现甲型 H1N1 流感病例,应按照国家或地方卫生部门的要求处理表现出流感症状的家人。

3. 感觉自己感染了流感,要怎么办

(1)如果感觉不适,出现高烧、咳嗽或喉咙痛,应该待在家中,不要去上班、上学或者去其他人员密集的地方。

(2)多休息,喝大量的水。

(3)咳嗽或打喷嚏时,用一次性纸巾遮掩住嘴和鼻子,用完后的纸巾应妥当处理。

(4)勤洗手,每次洗手都应用肥皂彻底清流,尤其咳嗽或打喷嚏后更应如此。

(5)将自己的症状告诉家人和朋友,并尽量避免与他人接触。

4. 如果自己认为需要医学治疗,要怎么办

(1)去医疗机构之前,应该首先与医护人员进行联系,报告自己的症状,解释为何会认为自己感染了甲型 HINI 流感,例如自己最近去过暴发这种流感的某个国家,然后听从医护人员的建议。

(2)如果无法提前与医护人员联系,那么当抵达医院寻求诊断时,一定尽快把怀疑自己感染甲型 H1N1 流感的想法告知医生。

（3）去医院途中，用口罩或其他东西遮盖住嘴和鼻子。

17.4　本章小结

流行性疾病一般具有较强的传染性，因为大学生过着集体生活，社会活动较活跃，学校里人员的流动性较大，因此，学校和学生是传染病监控的重点场所和重点对象。一旦患上传染病，将对大学生的生活和学习造成非常大的影响。职业病危害广泛存在于冶金、机械、造船、纺织、化工、医药、轻工业、电子、仪表、建筑、采矿、农业等各个行业。大学生走向工作岗位后，会从事各种各样的工作，了解职业病的相关知识，有利于大学生在工作中保护自己的身体健康。

参 考 文 献

[1] 成平.大学生安全教育[M].大连：大连理工大学出版社,2020.

[2] 贺明华,李岚,杨爱民.大学生安全教育[M].北京：中国轻工业出版社,2020.

[3] 农毅.大学生安全教育读本[M].西安：西安电子科技大学出版社,2018.

[4] 邹礼均.大学生安全教育与管理[M].重庆：重庆大学出版社,2018.

[5] 汪洋,胡光荣,杨帆.大学生安全教育[M].西安：西北工业大学出版社,2016.

[6] 杨新生.大学生安全教育[M].北京：机械工业出版社,2010.

[7] 朱宝林,代保平.总体国家安全观融入高校思政课教学论析[J].学校党建与思想教育,2021(24)：
51-53.

[8] 田楠.用社会主义核心价值体系指导大学生思想政治教育分析[J].智库时代,2020(12)：200-201.

[9] 高开华.当代大学生安全知识读本[M].合肥：中国科学技术大学出版社,2009.

[10] 李洪渠,李友玉,洪贞银.安全警示录——大学生安全教育读本[M]武汉：武汉大学出版社,2007.

[11] 王威,呼东燕.大学生安全教育[M].北京：清华大学出版社,2017.

[12] 宋志伟.燕国瑞.大学生安全教育[M].北京：清华大学出版社,2007.

[13] 刘盛,刘明洁.消防安全知识教育读本[M].北京：中国法制出版社,2009.

[14] 杨炜苗.大学生安全教育导论[M].北京：清华大学出版社,2019.

[15] 王曙光.民族地区高校大学生安全教育的问题与对策[J].赤峰学院学报(自然科学版),2015,31(19)：
245-247.

[16] 张晔.中国居民膳食指南[M].北京：电子工业出版社,2017.

[17] 中国营养学会.中国居民膳食指南[M].拉萨：西藏人民出版社,2008.

[18] 中国营养学会.中国居民膳食营养素参考摄入量[M].北京：科学出版社,2014.

[19] 刘翠格.营养与健康[M].北京：化学工业出版社,2017.

[20] 马爱国.饮食与健康[M].北京：科学出版社,2015.

[21] 胡秋红,谢玮.食品营养与卫生[M].北京：北京理工大学出版社,2017.

[22] 刘基.高校思想政治教育论[M].北京：中国社会科学出版社,2006.

[23] 樊富珉.大学生心理健康与发展[M].北京：清华大学出版社,1999.

[24] 郑日昌.大学生心理健康[M]北京：高等教育出版社,2019.

[25] 赵娜.用尊重和爱心助学生成长——学生因自卑而自暴自弃的案例分析[J].河南教育(高教),2019
(04)：60-61.

[26] 贾水峰.大学生人际关系问题分析[J].中国科教创新导刊,2007(8)：112.

[27] 韦芬,许秀平.浅谈大学生应如何正确处理人际关系[J].现代企业教育,2008(20)：192-193.

[28] 于丽娜.大学生人际交往现状探究[J].出国与就业,2011(11)：19-20.

[29] 王川平.大学生人际关系问题及应对策略[J].读与写(教育教学刊),2008,5(2)：88,164.

[30] 姜玉洪,刘国权.中国文化"走出去"的时代背景与价值立场[J].学术交流,2019(3)：56-63.

[31] 黄长健.新时代高校国家安全教育课程建设刍议[J].教育现代化,2019(A5)：156-157,165.

[32] 于洋.融媒背景下高校网络思想政治教育创新研究[D].哈尔滨：黑龙江大学学报,2019.

[33] 张波.新编大学生职业发展与就业指导[M].北京：现代教育出版社,2018.

[34] 杨炜苗.大学生安全教育导论[M].北京：清华大学出版社,2011.

[35] 周榕贞,童怀忠,邹燕,等.福建中小学校园气象灾害防御宣传教育对策初探[J].海峡科学,2015(3)：
70-74.

[36] 李月亮.气象灾害的分类与防灾减灾对策[J].现代农村科技,2014(4)：77-78.

[37] 唐乾敬,孙婷婷.习近平关于抗御自然灾害的重要论述研究[J].重庆交通大学学报(社会科学版),2022,22(1)：1-6.

[38] 邱玉敏.高校岗位安全职责与应急处理[M].西安：西北工业大学出版社,2017.

[39] 赵升文.大学生安全教育[M].北京：中国人民大学出版社,2010.

图书资源支持

感谢您一直以来对清华版图书的支持和爱护。为了配合本书的使用,本书提供配套的资源,有需求的读者请扫描下方的"书圈"微信公众号二维码,在图书专区下载,也可以拨打电话或发送电子邮件咨询。

如果您在使用本书的过程中遇到了什么问题,或者有相关图书出版计划,也请您发邮件告诉我们,以便我们更好地为您服务。

我们的联系方式:

清华大学出版社计算机与信息分社网站: https://www.shuimushuhui.com/

地　　址: 北京市海淀区双清路学研大厦 A 座 714

邮　　编: 100084

电　　话: 010-83470236　010-83470237

客服邮箱: 2301891038@qq.com

QQ: 2301891038(请写明您的单位和姓名)

资源下载: 关注公众号"书圈"下载配套资源。

资源下载、样书申请

图书案例

书圈

清华计算机学堂

观看课程直播